语文」在思与诗之间

江苏省教育科学「十二五」规划普教重点资助课题
「基于教学品质提升的「境界语文」的理论与实践研究」成果

袁爱国

山西出版传媒集团　山西教育出版社

图书在版编目（CIP）数据

语文：在思与诗之间/袁爱国著．—太原：山西教育出版社，2017.9（2018.5 重印）

ISBN 978-7-5440-9078-0

Ⅰ．①语…　Ⅱ．①袁…　Ⅲ．①中学语文课-教学研究　Ⅳ．①G633.302

中国版本图书馆 CIP 数据核字（2017）第 026514 号

语文：在思与诗之间

YUWEN：ZAI SI YU SHI ZHI JIAN

责任编辑　祁　黎
复　　审　荆建强
终　　审　杨　文
装帧设计　李　珍
印装监制　蔡　洁

出版发行　山西出版传媒集团·山西教育出版社
（太原市水西门街馒头巷 7 号　电话：0351-4035711　邮编：030002）
印　　装　山西新华印业有限公司
开　　本　720×1020　1/16
印　　张　24.25
字　　数　375 千字
版　　次　2017 年 9 月第 1 版　2018 年 5 月山西第 2 次印刷
书　　号　ISBN 978-7-5440-9078-0
定　　价　49.00 元

序

追求真善美　走向高境界

江苏省教育学会会长　杨九俊

袁爱国老师是扬州宝应人，执教于宝应实验初级中学，18岁师范学校毕业后就走上工作岗位，二十多年来一直在语文教坛上勤奋工作，从一名师范毕业生成长为一名特级教师。在阅读爱国老师的文稿时，我发现他一路求真、向善、寻美，有梦想，更有坚实的行动，在思与诗之间发现了语文的魅力，在语文教学的实践中与学生共同成长。他成长、成才、成名的经历，给我们带来不少有益的启迪。

一、求真：做一个热爱生活、素心追月、明道正学的授业者

孟子曰："真者，精诚之至也。"爱国老师的精诚之至主要体现在三个方面：

1. 真课堂：建构意蕴丰厚的语文生活

爱国老师的求真首先是致力于课堂。其基本思想就是打通间接知识与直接经验，打通课堂与生活，努力建构意蕴丰厚的语文生活。

回归生活。爱国老师教学时十分注意引导学生回归生活现场，体会思想与情感。恰如叶圣陶先生谈美读时所说，"激昂处还他个激昂，委婉处还他个委婉"，"还"就是回到生活现场。爱国老师"还"的路径在于"思与诗"。思的深度，源于与文本的深度对话，唤醒学生内心的体验从而与自我对话，顿悟人生的哲理。诗的灵性，源于灵感的激发，心灵的交流，情感的激荡。有了"思与诗"才是语

文学习的回归生活，才是语文学习的回到现场。从《人琴俱亡》等教学案例可以看出，他的课堂洋溢深情之美，就在于“还”到了现场的情境。

面向生活。袁老师不甘于在思想上抱残守缺，也不甘于在行动上亦步亦趋，力求让每一节课都成为崭新的一课，他的语文课洋溢着生活的清新气息，充满着生命的活力。他执教的第20个教师节的口语交际课模仿央视《艺术人生》的对话形式，师生共话“教育人生”，孩子们随着袁老师的引领一起掠过20个教育春秋的图片，共同感悟生活的情趣和教育的幸福。汶川地震一周年，袁老师引导学生模仿媒体报道写作“编者按语”，学生与媒体文本、图片对话，与媒体的编者对话，感受地震后的人情故事。让学生在写作的同时，丰富了内心的体验，认识了生命的脆弱与坚韧。

参与生活。语文课程的目标，最核心最本质的是培养学生高水平语文生活的能力。参与生活，应该是语文学习的一种基本姿态。爱国老师注意把语文学习与语文生活打通，在生活中历练，在生活中学习，在生活中积累。在“一次有意义的视听活动”专题教学中，以“走近钱学森”为媒体学习素材，涉及音乐、电影和网络视频等多种媒介形式，在培养媒体解读能力的同时，让学生感受钱学森的科学精神和崇高人格。围绕“荷”专题，袁老师开展了“请到荷藕之乡宝应来”的综合性学习活动。在“广告多棱镜”专题教学中，引导学生发掘广告的实用与文化双重价值。校园里的那一棵百年朴树，那一架紫藤萝，成了他每一届学生作文写生的永恒素材。

超越生活。语文是生活，但是生活并非都是语文，更不都是语文课程。语文学习也是生活，但应是有超越意义的，是一种更规范、更有效的语文学习生活。爱国老师深明此理，提出生态作文、生态语文的主张，强调部分在整体视野中的有机性。体现生态主义主张的稳定、优质、美丽等质量要求，提升教学环境这一要素在教学系统中的地位和作用，使教学系统不断得到优化，这样的语文课堂生活是与高质量联系在一起的。

2. 真品质：寻求语文教学的本义

课改以来，有关语文教育的新理论、新主张、新模式层出不穷，在学习借鉴的同时，需要我们有独立的思想和教学的自信力。袁老师认为语文教师专业发展品质的提升在于自信、自觉、自然。自信，让教师从“被发展”走向“自主发展”；自觉，强调知行合一，做反思性实践家；自然，持之以恒，让研究成为一种生活，以非凡的毅力情系语文，学思并重，才会有所思，有所得。

探究语文教学的本义是需要悟性的。悟性需要熟参，更需要冥想。袁老师为了研究新课程作文教学，向叶圣陶、林语堂、于在春、季羡林等文人学者汲取营养，于是便有了《自觉：作文教学的生命之维》《合理：作文有效教学的必然诉求》等底蕴深厚、鲜活灵动的论文。同时，袁老师的语文教学研究选题独特，敢于争鸣，精于思辨。他借鉴马克斯·范梅南的“教学机智”理论，撰写了《教学机智：语文教育智慧的意蕴》一文；有语文教师研究“深度语文”，他做了反思：《“深度语文”的误区与学生意识的回归》；有效教学、高效教学研究渐热，于是便有了《微型写作课：透视作文教学高效的可能途径》等论文。针对目前流行的展示阅读教学模式，他撰写了《展示阅读教学的隐忧与对策——兼评杜郎口中学语文课堂教学》一文，由现象到本质，有的放矢，逐层深入地进行了深入剖析。

袁爱国老师关注教学品质的提升，认为有境界则能提升语文教学的品格，无境界则成为“应试语文”“庸俗语文”“非语文”。试想，当我们的语文教师终年仅是与一本教材、一本教参以及一套练习册打交道，语文学习美在何处？语文教育呼唤真心倾情于语文的教师。这样的教师对语文不只是一见钟情，更需要一往情深。这种恒久、专一的情感，不仅可以提升语文教师的教学品质，也能促进教师人生境界的超越。

3. 真性情：做一个精神明亮的人

王栋生老师拜访顾黄初先生，走进顾先生的书房，一壁书橱，满满当当，竟然全是“语文”。这是专业图书室，映照的是顾先生晚年的生活。王老师慨叹：“一个人一生做一件事，做得专一，做得高兴，不知疲劳，不知老之将至，不计时功，是谓之境界。”“精神到处文章老，学问深时意气平”，一个人，一辈子，一件事！其间的寂寞和坚忍，常人难以想象，懒人不可企及，俗人无人问津。

有境界的语文教师需要定力，甘于寂寞，常怀“清凉心”。袁爱国老师毕业于高邮师范学校，1988年9月走上语文教师岗位，在芦村中心小学工作四年，后来参加江苏省自学考试取得了大专学历，乡镇教办室领导安排他去芦村中学任教，担任职业高中和初中的语文老师，2000年通过业务综合考核，调入刚刚创办的宝应实验初中工作。其间不仅获得了本科学历，还参加了扬州大学的语文课程论研究班学习。难能可贵的是，袁老师在学历进修完毕以后，在参与学校管理工作的同时，以更大的热情读书、写作、教研。县城的人文书店成了他下班后的精神驿站，扬州师院的大学城书店、南京五台山的先锋书店成了他出差之余必去的站点。袁老师既读语文教育专业的书，也读文学、哲学乃至书画影视理论等杂书。同时撰写了许多极富个性化色彩的书评，陆续发表在报刊上。在繁忙的工作之余，教师如果能够留一段静谧时光，以书卷为友，与寂寞共处，这份清净多么难得。

有境界的语文教师更要有魅力，兴趣广泛，勇做生活家。“人无癖不可与交，以其无深情也；人无疵不可与交，以其无真气也。”语文教师大都是性情中人，但这样的性情是需要陶冶的。袁老师热爱书法，教学之余，临池不辍，多幅书法作品发表于报刊，《语文学习》杂志封面选登了他的一幅行书扇面，灵动飘逸，古意盎然，颇受同行好评。他常常将自己的书法作品赠送给学生，这样的礼物别有价值。袁老师在旅游的同时不忘记行，于是便有了《岳阳楼映像》《黄鹤之约》《驻足岳麓》《兰亭惠风》一系列游记，家乡的水泗荷园、老城的古街小巷以及学校门前的纵棹园，自然也成了他学生笔下流动的风景。

生活在信息社会，资讯畅达，交通便捷，语文教师如果固守故纸堆，不知“博客”何物，不知3D电影何面目，不仅与学生沟通困难重重，数字时代的科学的神奇与魅力，更是无从知晓。袁老师喜欢看一些经典大片，于是便有了他的电影写作课，他和学生一起看美国的大片《金刚》、伊朗电影《天堂的孩子》、李安的3D电影《少年派的奇幻漂流》，等等。这些电影为孩子们打开了认识世界的一扇窗，也让孩子们学习了写作，认识了人性的复杂与美好。

二、向善：做一个敬天爱人、知行合一、教学相长的实践家

做一名教师不只是与教案、作业以及课件打交道，还要与学生、同事和学生家长相处，常怀善心，与人为善，助人成功，这样的教师学生喜欢，同行敬佩，家长赞扬。“居善地、心善渊、与善人、言善信”，这样的生活方式，不也是谦谦君子的风度么！

1. 怀善心，关爱学生，让学生感受语文学习的魅力

日本企业家稻盛和夫为人题字，大都书写“敬天爱人”四字。稻盛以为“敬畏上天，关爱众人”乃是人生之道。作为一名语文教师，“敬畏语文，关爱学生”应该是敬业之道。

“教育是为儿童而‘操心’的活动，为自身而‘操心’的活动，为不熟悉的人而‘操心’的活动，为这个社会的学术、文化、艺术、伦理而‘操心’的活动，为地球的未来而‘操心’的活动。”日本的佐藤学先生用“操心”概括教育的意蕴，用心良苦。

有位作家曾经发出这样的慨叹，语文从教会人认字之后就完全是束缚人的想象力的课程。这句话看起来有些过激，但细想想不无道理。因为不难发现，许多中学生把语文当成“鸡肋”，食之无味，弃之可惜。语文课上，学生昏昏欲睡者不在少数。语文教师最高的德行就是让学生对语文课兴趣盎然，让每一个孩子感受到每一节课都是生命中不可缺失的美好时光。有位学生家长在给袁老师的明信片上写了这样一段话：“女儿感冒要挂水，我建议她下午去挂，她坚决不同意，原因是下午有两节语文课。感谢您精彩的语文课，让我的女儿感受到语文的魅力，享受到学习语文的快乐。”

袁老师以“水木清华”隐喻“生命在场”的语文课程文化，“清华园”的文化魅力不仅体现在优雅的自然环境，更在于其课程文化彰显了蓬勃的生命力。“生命在场”的课程文化本质上就是建设和谐的课程文化，因为它更关注学生的本质需求，更有利于师生的情感交融。因此，需要语文教师不断地浇灌和呵护学生的灵性和好奇心，关注学生独特的生命感受，引领学生走进文本，走近语文。“博学而笃志，切问而近思，仁在其中矣。”无论是做学问、写文章，还是教学反

思、陶冶性情，都需要我们有宽广的胸襟、敞亮的视界、仁爱的情怀，表里如一，方能悟得其中三昧。

2. 行善事，事上磨炼，在实践与反思中积累智慧

王阳明以为“为善”就是“致吾心之良知于事事物物”。多经历“事上磨炼”，对于语文教师而言，即磨教材、磨设计、磨课堂、磨反思，如此反复琢磨，方能感悟语言魅力，熟稔文本解读技巧，精于教学设计，勤于教学实施，教学智慧的积累才会与日俱增。

例如，袁老师的《张力：让阅读教学走向高效》一文中，围绕《都市精灵》一课，他搜集了相关的教学设计、实录及案例，发现相当一部分阅读教学方案流于程式，缺少张力，教学的有效性不高，于是他指出了当前阅读教学中存在的弊端，多角度地寻求阅读教学高效的突围路径。在教学过程中，他在词汇、句子、段落三个层面上，点面结合形成的立体阅读样式对语义和形象进行综合，同时引导学生反复朗诵吟咏培养语感，让学生倾听文本的声音，从而消除文本与阅读者之间的张力。通过“都市精灵”题旨的三度解读，不断挖掘，由浅入深，在理解文本的基础上，深入把握文本主题，丰富情感体验。袁老师注重“立体地读”，培养学生探究性阅读和创造性阅读的能力，拓展思维空间，提高阅读质量。

杨绛在百岁时如此感悟人生：“一个人经过不同程度的锻炼，就获得不同程度的修养、不同程度的效益。好比香料，捣得越碎，磨得越细，香得越浓烈。”无论是斯霞、李吉林、于漪、钱梦龙等语文大师，还是新课程改革以来涌现的诸多名师，因为他们在人生中经受的历练与考验超乎常人，能够坦然面对它、接受它、处理它，所以才有了超越常人的成就。

3. 积善德，互惠共赢，过一种幸福完整的教育生活

焕发着生命活力的课堂，不仅为学生的发展负责，也为教师自己的成长添彩。一名教师在年复一年的工作中感受不到职业的快乐，感受不到业务水平提高的幸福，这是多么的无趣和苦恼。许多教师忙着应试训练，学生的分数渐增，但教师的业务水平却未见提高，有时候连教师自己对语文都感到味同嚼蜡。其实，语文课原本是多姿多彩的，语文教师的面目也是最可亲最可敬的。魏巍笔下的蔡

芸芝先生，海伦·凯勒的老师沙利文小姐，她们与孩子共度美好时光，共享人生的幸福。

袁老师提出语文教学“尚德”的目标，即互惠共赢，持续发展，让师生过一种幸福完整的语文学习生活。语文学习关乎生活、生态、生命，崇尚有德性的学习生活，努力构建学习共同体，指向师生语文学习生活双重境界的提升，共享语文教育的财富。

同在职场，一个语文教师的工作活动空间构成的生态环境，影响着教师的职场幸福。一个备课组、教研组工作氛围的和谐程度和研究意识的强弱，决定着教师专业成长的快慢。一名教师抱着平常心，以谦虚好学的姿态融入学习共同体，自然收获多；相反，抱怨环境，埋怨同行，不仅自己一无所获，而且会影响自己的心境，丧失进取之志。

袁老师庆幸自己所生活的良好的工作环境，他不仅一个人奋斗，还带动一个学科、一个团队一起作战。从县里的名师班到市名师工作室、省中学语文特级教师联盟，一路结友，一路学习，学识与日俱增，境界逐步提升。

三、寻美：做一个自觉探究、自在表达、视道如花的语文人

美从何处寻？“风波即大道，尘土有至情”，美渗透在研读文本静心批注的字里行间，美流淌在课堂上师生对话的会心妙语中，美浸润在课外活动时发现自然奥秘的惊奇欢喜里。备课时，教师只有潜心文本涵泳细读，才会成为文本作者的知音；课堂上，只有在文本与学生之间构建多向性对话，语文的滋味才会醇厚绵长；当语文走向了生活，这样的语文学习，才会“天光云影共徘徊”。语文教学品质的提升在于内在价值的纯正追求，这样才会让我们的语文教学充满深情之美。

1. 真水无香——里下河语文人的朴素美

托尔斯泰以为，朴素是美的必要条件。袁爱国老师求学、工作、生活都在扬州地区的宝应、高邮，这里属于里下河地区，交通相对闭塞，经济欠发达，但河流众多，水网密布，植被丰富，生态环境极佳。里下河的水的气息、水的光影、水的清越、水墨一样的风景，也影响着语文教师的生活态度、审美情趣及人生秉

性。里下河语文人的品性表现在他们的言与行上。

其一，自觉求实的行走方式。

清代扬州学派重视一个“通”字，重在辨明学术源流，融会贯通。泰州学派极具平民色彩，又称“平民儒学”，宣传“百姓日用即道”，反对束缚人性，引领思想，解放潮流。这些学派的治学精神给后世的语文人留下了宝贵的财富，里下河的语文人尽管没有形成鲜明的流派，但求实融通、明理达用的精神却一以贯之。

近年来，扬州地区的语文教师在黄正瑶、蒋念祖、王安琪、陈玲玲等一批语文名师的带领下，开展了“重读叶圣陶”“‘顾黄初杯’语文教学竞赛”等一系列活动，一方面学习语文教学的经典理论，一方面践行新课程理念，形成了凸显“语言、思维、生活、生态”的语文教学特色。洪宗礼先生1960年毕业于扬州师范学院后一直在泰州中学工作，忙于教课、教务的同时，编写了一套语文教材，主持了国家教育重大课题“母语教材研究”，作出了令所有语文人惊叹的成就。洪宗礼坚信：“贫瘠的土地照样可以丰收，成事在天，谋事在人。”我和丁帆教授先后从扬州师范学院中文系毕业，曾在扬州、泰州地区工作多年，我们一起主编国标本高中语文教材，大概多多少少也有里下河地域风土元素的影响。

里下河广袤的田野上既有农人的劳作，也有语文教师课堂田野的耕耘。袁爱国老师的研究基于课堂。读他的随笔，与教育故事相遇，逐步迈向教育的智慧；读他的研究案例，不仅复原了鲜活的课堂场景，还有教者深刻的反思；读他的研究论文，选择的角度总是令人眼前一新，论述的道理源于课堂而高于课堂。就如扬州和泰州的许多优秀语文教师一样，他扎根田野的研究，务实接地气，灵动有思想，值得品味。

“十一五”期间，袁爱国老师主持了江苏省教育规划立项课题“新课程理念下的生态作文理论与实践研究”。自课改以来，“生态作文”研究似乎成果累累，网络上的研究文章不计其数，而且全国语文教师对此项研究的人数众多，有专家学者，更有许多一线教师参与。从2008年伊始，袁老师正式研究这一“老课题”，真正介入时他发现有含金量的研究成果屈指可数，大都打着“生态”的标签做一些应景的研究，实践浮于表面，理论东鳞西爪，不成体系。于是，袁老师从生态学入手，结合作文教学的传统理论与新课程理念，开展案例研究与理论探索，取得了一系列成果。《新课程理念下的生态作文教学策略》《生态文化视域下的作文教学评价初探》《有序·有法·有根·有魂：生态作文的追求》等10多篇论文陆续发表于《中国教育学刊》《教育理论与实践》等核心期刊，该项成果2013年获江苏省教学成果一等奖。

其二，自然温润的言说方式。

水乡多河流，田畴尽绿意。里下河语文人的语言表达自然质朴，不做作；语气亲切委婉，氤氲着河流的气息。顾黄初先生一直劝诫弟子要“说自己的话”，“别人的话是用来听的，不是照着说的”。顾先生的文字谨严质朴，清通冶炼，行文如流水，顺畅洁净，堪称语言典范。

袁老师也是一个对语言敏感的教师，他在努力寻找自己的表达方式。他的语言注重文白相间，长句与短句相结合，整句与散句交替，雅致而不失清新，自在叙述中不乏规范严谨。我留意他写的一组古典诗歌解读的文章，如《遭遇孤独：直抵心灵的旅行》《棹歌何处：报与西湖风月知》等，如话家常，将古典诗歌意境的呈现与自己潜心细读的体验，细腻妥帖地表达出来，读来有声有色，有滋有味。

2. 美的散步——寻求“我”的教学主张

尼采认为通向智慧之路有三个必经的阶段。第一阶段是“合群时期”，崇敬、顺从、仿效；第二阶段是“沙漠时期”，自由的精神茁壮生长，重估一切价值；第三阶段是“创造时期”，在否定的基础上重新进行肯定。洪宗礼先生的敢于“自以为是”与勇于“自以为非”的精神，让他在语文教学的研究之路上达到智慧的高峰。

袁老师的生活时空与运河相关，运河的流水或急或缓，看似平静的水面却有暗流潜行。生命也是一条不息的河流，湍急时不妨随波逐流，平缓时则可思量琢磨。语文教师的职业生活是忙碌不停的，但需要忙中偷闲，如何将“普众”的语文教学染上个性化的色彩，如何让孩子在课堂上既见语文的真味，又能见到语文教师的“真我”，这些难题是需要有清醒头脑的教师去追寻的。

近年来，袁老师一直在语言与思维之间寻求语文学习的本义。在阅读教学研究方面，从高效阅读教学到阅读教学品质的关注，探究阅读教学过程中的审美情感、渐悟与顿悟、深度学习以及言语生命的唤醒；在作文教学方面，从个性化作文教学、高效作文教学到生态作文进行了持久探索；在专题学习、口语交际、写字教学等领域均有深入细致的研究。2010年10月在《语文建设》“学习《纲要》，深化语文教学改革之我见”专题讨论中，袁老师撰写《境界：语文教学品质的价值追求》一文，第一次提出了“境界语文”的教学主张，认为语文教学的价值应追求教学品质的提升，在于对语文境界的追寻。

袁老师指出，“境界语文”意在通过品位高雅、风格鲜明、意味丰厚的教学，提升学生正确理解和运用祖国语言文字的品质，追求教师和学生语文学习和生活质量的提升。境界语文的“意味”出自“语文味”，其“品味”基于教学品质之上；境界语文实施路径有四：求真、审美、善悟、尚德；境界语文追求教学风格的形成。

袁老师提出这样的教学主张并非随波逐流，用“某某语文”为自己贴一个商标，他不仅有自己的一套说法，更有自己的一套做法，并将自己的思考与实践形成有价值的研究成果。近三年来，《境界语文：提升语文教学品质》《少教多学：提升作文教学品质》《深度学习：提升基于学案的阅读教学品质》《笃信·毅行·冥想：提升语文教师科研的品质》等20多篇专题研究论文发表于《中学语文教学》《语文教学通讯》《语文学习》等专业刊物。“十二五”期间，袁老师主持的江苏省教育规划普教重点课题——“基于教学品质提升的‘境界语文’的理论与实践研究”，获江苏省第四届教育科学优秀成果二等奖。

清代姚孟起说：“清则净，净则古，古则新。”语文教学主张如能回归清净，追溯传统，所谓“新”则有根基、有准则；相反，一味标新立异，漠视传统，远离语文，只能是南辕北辙。袁老师的“境界语文”借鉴“境界说”理论，同时回归语文教学本质，体现了求真务实的学术品质，发人深省，值得借鉴。《语文学习》杂志曾经将爱国老师的话印在杂志封面上：

教学品格的提升在于对教学境界的追求。

境界语文是“诗”的灵性飘逸，

境界语文是“思”的深邃宽广，

在诗与思之间，

蕴含着无穷的语文教学机智。

3.“我即语文”——走向人生高境界

清人刘熙载说：“书，如也。如其学，如其才，如其志，总之曰如其人而已。”其实，语文教师何尝不是如此，其学、才、志的多寡决定了教学品质的高低。陈日亮先生所谓“我即语文”，也是这个道理。语文教师的面目与思想影响着语文课堂的表情与内涵，课品即人品。因此，袁老师提出境界语文，不仅仅是对语文的追求，更体现了人生的追求。

按照一般的境界理论，境界是分层次的，有欲求境界、功利境界、道德境界、审美境界，后者包含前者有价值的东西，是对前者的超越，在这四种境界中，审美境界是最高级的。诚如张世英教授所论，道德境界有“应该”的意味，审美境界则是“甘愿”，更体现了主体的自由精神。爱国老师对语文教学确实是心甘情愿。正是这种“甘愿”，让他能超越功利化的目标，求知求真，向善向美，追求真善美的内在一体。“我即语文”，正是这种境界的重要表征。

2013年10月底，我去扬州参加《顾黄初语文教育文集外集》首发式，顾黄初先生的公子顾定红的一席讲话，让全场人员感动落泪。顾定红先生说：“人的一生学问要做、事业要做，但追求的路上不要忘记原点，那就是做人，父亲一生做人追求至情、至真、至善。”我想，做一名语文教师何尝不需要呢？爱因斯坦曾经说过：“照亮我的道路，并且不断地给我新的勇气去愉快地正视生活的理想，是善、美和真。”追求真、善、美，当是每一个语文教师追求的崇高境界，此语与诸位语文人共勉！

目　录

第一章 境界语文

第一节 境界：语文教学品格的价值追求

当关于“语文是什么”的争论已尘埃落定的时候，当课改的春风拂面吹来，课堂面目花团锦簇的时候，语文时空的立体梦幻依然虚幻脆弱，语文的现实住所也许便是一本本教科书、一系列辅导资料以及一份份练习试卷所构成的逼仄空间。于是我们不得不追问自己：语文教学何为?

王国维在《人间词话》中这样论词：“词以境界为最上。有境界则自成高格，自有名句。五代、北宋之词所以独绝者在此。”[①]语文教学也可移植“境界”一词，有境界则能提升语文教学的品格，无境界则成为“应试语文”“机械语文”“庸俗语文”……

有境界的语文教学首先崇尚“精神语文”。《国家中长期教育改革和发展规划纲要（2010—2020年）》（下文简称《纲要》）为我们确立了语文教学的“立人”目标：“把育人为本作为教育工作的根本要求。人力资源是我国经济社会发展的第一资源，教育是开发人力资源的主要途径。”语文教学有了精神，教师的教才会有灵魂，有人性，有灵气；学生的语文学习才会更加主动，更加生动。有了“精神”，“社会责任感”“创新”“善于实践”这些关键词才会有着落，有支撑。有境界的语文教学，会让语文教学的品格升级换代，体现知性、理性与审美的融合，实现教师和学生生命质量的提升和人格尊严的捍卫，书写“人”字的语

①王国维：《诗品·人间词话》，哈尔滨出版社2007年版，第77页。

文教学的旗帜才会在天地之间猎猎飘舞。

有境界的语文教学也是“精彩语文”。语文教学的过程是师生生命共同成长的过程，是共同分享语文魅力、体验生命幸福的旅程。心有多大，舞台就有多大。语文教师应努力同孩子们一起寻求语文诗意的精彩空间：在我们不仅与文本对话，也与作者、教材编者促膝谈心的时候；在我们阅读课本阅读经典，也阅读几米绘本、《独唱团》的时候；在我们一起观看电影佳作、一起畅游公园的时候；在我们已经觉得“三日不读书，便觉得面目可憎”的时候；在我们一起忙于复习，每周却恋恋不舍用自己的妙笔书写悸动的心声的时候……《纲要》指出：“注重学思结合。倡导启发式、探究式、讨论式、参与式教学，帮助学生学会学习。激发学生的好奇心，培养学生的兴趣爱好，营造独立思考、自由探索、勇于创新的良好环境。”“精彩语文”追求充满活力与思维张力的有机融合，在诗与思之间积累语文素养，提升教学品质。

有境界的语文教学还是“精粹语文”。《纲要》提醒我们，“过重的课业负担严重损害少年儿童身心健康”，危害民族未来。通过减轻课业负担，“促进学生生动活泼学习、健康快乐成长”。语文教学曾经是“杂烩”，也曾经是“鸡肋”。语文教学内容的繁杂，一度让人们谈“语”色变，百味杂陈。“精粹语文”呼唤语文教材成为精品，语文教学内容精要，语文教学过程精简，语文教学方法精选。“精粹语文”也提醒我们回归语文本位，进行教学设计，组织教学活动，营造浓郁课堂的语文味，凸显语文学科本色。

有境界的语文教学更应追求“精品语文”。“精品语文”要求教师成为会反思的实践者。提升教师素质，努力造就一支师德高尚、业务精湛、结构合理、充满活力的高素质专业化教师队伍，其实施的基本途径即在于学会反思、乐于反思、精于反思。一个有境界的语文教师，一定会有强烈的“精品”意识。出精品课，写精品文，育精品人。追求卓越的语文教师都有自己的精品课，追求课堂教学的高格调，才能提升日常上课的境界；追求卓越的语文教师热爱写作，都有自己的代表作，基于实践的精品论文，自然会提升语文教学的境界。“精品语文”更有利于培养创新人才，需要我们“尊重教育规律和学生身心发展规律，为每个学生提供适合的教育，培养造就数以亿计的高素质劳动者、数以千万计的专门人才和一大批拔尖创新人才”。

教学品格的提升在于对教学境界的追求。有境界的语文是“诗”的灵性飘逸，是“思”的深邃宽广，在诗与思之间，蕴含着无穷的语文教学机智。

“故能写真景物、真感情者，谓之有境界。否则谓之无境界。”[①]作为语文人，语文教学品质的提升在于内在价值的纯正追求，需要我们的内心细腻、敏锐、机智，这样才会有“拈花一笑”的默会瞬间，才会有如沐春风的和谐情境，才会让我们的语文学习充满深情之美。

①王国维：《诗品·人间词话》，哈尔滨出版社2007年版，第77页。

第二节　思与诗：境界语文的基本内涵

在课改迈过了十个年头以后，将“境界”与“语文”联姻，并非一味标新立异，哗众取宠，而是基于当下特定时空对于语文学科选择的一个新命题。“境界语文”作为一种教学主张，是课改背景下语文教育理念的深化与聚焦，也是一种个性化的教学见解，指向于语文教学特质的深度认识。

课改的第二个十年伊始，“境界语文”将理想追求转化为现实行动，在语文教学中探究基于教学品质提升的“境界语文”操作体系，倡导教学风格的个性化和自信力，坚持在教学实践中运用，使这种教学主张成为一种现实。

一、境界语文：语文教学品质提升的必然诉求

（一）境界语文：从有效教学、高效教学到教学品质的追求

“有效教学”“高效教学”近年来研究颇广，关注质量、关注效率成为热点话题，但带来的结果是教学模式高度的统一，教学个性和风格的消解；学校收获了高分，失去的却是学生的兴趣、激情、创造力。教学一味追求效率走的是技术化、工具化的路线。因此，有专家指出：“教学改革绝不能止于有效教学，绝不能以有效教学替代整个教学改革。”[①]国外的人本主义教学同样重视教学品质，如加德纳的“多元智能”、诺丁斯所谓“关爱”、弗里德强调的“激情”等，都强调良好的教学是科学与艺术的结合，“效率”侧重科学，而“品质”则可以实现科学与艺术的融合。

基于教学品质提升的“境界语文”追求教学的内在价值，强调生活品质、创造品质与关系品质的融合，“境界语文”以培养学生的语文素养为核心，以发展学生的创新精神和实践能力为主要方向，是教学效果、教学效率和教学品位三者的集合。

---

①成尚荣：《教学改革绝不能止于“有效教学”——“有效教学”的批判性思考》，《人民教育》2010年第23期，第36页。

（二）“境界语文”：“十二五”期间深化语文课改的一种选择

基于当代教育的人本主义倾向，立足于生命发展和语文学科特点，许多语文教学专家提出了一系列教学主张：“诗意语文”“生命语文”“文化语文”“本色语文”等，从不同维度展示了语文教学的特性和价值。《纲要》强调，教育要以“育人为本”，“激发学生的好奇心，培养学生的兴趣爱好，营造独立思考、自由探索的良好环境”。“境界语文”借鉴中国传统文化中“境界说”的丰富内涵，充分吸收当代课程新理念，以“立人”为目标，强调课程的丰富性、回归性、关联性、严密性，聚焦语文教学品质，构建基于教学品质提升的“境界语文”教学新思路。

二、从“境界说”到“境界语文”：一种内涵丰富的教学主张

（一）文学、美学、哲学及语文教学视野中的“境界说”

王国维认为“词以境界为最上”“境界有大小”。[①]这里的“境界”主要指诗词中情景交融所形成的艺术氛围或境地。自王国维后，宗白华、冯友兰、方东美等，从哲学、美学的维度深入探讨境界理论：宗白华赋予境界以形而上的品格，将境界提升到与宇宙本体融合的高度；冯友兰系统地把境界依次划分为“自然境界”“功利境界”“道德境界”“天地境界”，并认为境界的高低来自于人对宇宙意义的觉解；而方东美从哲学角度将境界区分为“艺术境界”“道德境界”“宗教境界”。[②]这些理论都是对王国维“境界说”的深化。

“境界”这一术语从生活世界到宗教世界，再到艺术世界，最终走向哲学世界，既表明境界这一概念的生成性，也表明其内涵的丰富性和多义性。语文教学最早引进“境界说”且产生重大影响的当为李吉林的“情境教学法”，借鉴“意境”所具有的真、情、思、美四大特征，她提出情境教育“形真、情切、意远、理蕴”的四大特点。[③]近期有学者及一线教师陆续将“境界说”直接引入语文教学，结合语文课程标准及课改实践中的总结体会，提出“阅读境界”“境界作

---

①王国维：《诗品·人间词话》，哈尔滨出版社2007年版，第77页。

②郭文成，周琳：《王国维境界说的哲学内涵新论》，《湖北社会科学》2010年第6期，第113页。

③李吉林：《从“情境教学”到“情境教育”的探索与思考》，《中国教育学刊》1994年第1期，第24页。

文”等理论，增加了语文教学研究的深度。

（二）“境界语文”：含意味、有品位、显风格的语文

“境界”一词本义指“土地的界限”，引申义“指事物所达到的程度或表现的情况”。作为语文教学语境中的“境界”，指语文教学的意味、品位、风格等。“境界语文”即指含意味、有品位、显风格的语文，以“立人”为核心，指向于“表现与存在”，与“功利语文”“庸俗语文”绝缘，成为人生的本体和基石。

1．境界语文的“意味”出自“语文味”。境界语文的“意味”在于让学生学纯正的语文，热爱祖国的语文，提升他们正确地理解和运用祖国语言文字的能力。目前语文教学存在着两个极端倾向，一是向“非语文”发展，过度强调人文性，语文课成了思品课、综合实践课；另一个则将语文窄化，跟着考试的指挥棒走，以考试说明及考试评分标准为目标，进行枯燥机械的烦琐练习，语文课成了习题训练课。“境界语文”强调语文是有界限的，语文课程应致力于学生语文素养的形成与发展。

2．境界语文的“品位”建基于教学品质之上。“品质”原指“物品的质量”，引申为“行为、作风上表现的思想、认识、品性等的本质”。“教学品质”即指教学的质量，也包含了教学的思想、认识、品性等的本质。“语文教学品质”就是引导学生正确理解和运用祖国语言文字的品质，具体可分为阅读、写作、口语交际及语文综合性学习的品质等。

3．境界语文追求教学风格的形成。许多教师寄希望于一种技术神话，能够借助于“金手指”点石成金；一些所谓专家则炮制一些高效课堂的模式，通过商业模式推广其产品。事实证明，这些想法及做法都未取得实效。帕克·帕尔默认为“好的教学来自教学的个性和整体性”，境界语文没有一种固定的模式，相信教师的个性活力和内在的创造力，需要教师具有教学的勇气，拥有漫步心灵的渴望与姿态，“个性和整体性并不是一块坚硬的花岗石，从这块花岗石上可以劈下一些虚构的超越常人的人”[①]。

综上所述，“境界语文”通过品位高雅、风格鲜明、意味丰厚的教学，提升学生正确理解和运用祖国语言文字的品质，在教学过程中实现良知和审美的融

①阿伦·C. 奥恩斯坦等：《当代课程问题》，余强译，浙江教育出版社2004年版，第101~102页。

合，追求教师和学生语文学习和生活质量的提升，过一种幸福完整的语文学习生活，追求人的价值与尊严的更大程度地实现。

三、求真·审美·善悟·尚德：基于教学品质提升的境界语文的实施路径

（一）求真：立足语文本位，融入教学机智，凸显生命在场

1．求真的语文：走进文本，倾听文本的声音，引领学生在语言的丛林里漫步。求真的语文应让学生倾听文本声音，或驻足观赏，玩味咀嚼；或闲庭漫步，心心相印。文学阅读的重点之一“应是对作品语言的感悟。真正的文学大师的语言，是具有生命的灵性的，它有声，有色，有味，有情感，有厚度、力度与质感，是应该细心地去体味、沉吟、把玩，并从中感受到一种语言的趣味的”[①]。而我们在平时的公开课中，经常看到许多教师追求花样的翻新、气氛的热闹，问题“连珠炮”，多媒体画面频繁切换和文本任意延伸。这种情况使学生无暇静心与文本对话，他们这种“扫描式”地浏览，只能提取一些表面信息或留有一些肤浅的印象。因此，课堂上必须留有足够的时间让学生倾听文本，这样才能提高他们个人阅读的质量，提高集体讨论、合作学习的质量，让师生对话、生生对话真正产生思想的碰撞。

2．求真的语文：激发灵感，催生教学机智，基于教学现场的即席创作。在语文课堂教学中，由于教师、学生、文本以及教材编者之间的对话是交互生成的，因此，教学不是一个演“教案剧”的过程，而是完善并再度创造师生语文生活的过程。在课堂教学中对于偶发事件的处理以及对于生成性教学资源的利用，往往取决于教师的教学机智。机智包含着敏感性，是一种全身心的、审美的感知能力。语文教学是师生共同完成言语实践的过程，离开了特定的文本和文字而进行的阅读教学，就会走入“泛语文”的歧途。因此，语文课堂的教学机智也是基于言语实践的即兴投入的审美感知和创造。

3．求真的语文：喜欢阅读，热爱写作，让读写成为生命自由呼吸的窗口。阅读与写作是师生互动对话的过程，也是学生之间、学生与文本、学生与自然、学生与社会对话的过程，教师要引导学生在对话中发现自然、发现自我、发现社会，展示青春花季的心声。如说明文《苏州园林》的教学，一般都是按说明文的

---

①钱理群：《用文学经典滋养下一代》，《中华读书报》2003年7月23日。

文体特征去处理教学内容，引导学生把握说明事物的特征，理清说明顺序，学习说明方法，分析语言的准确性。但是作为富有创造性的教师则更要培养学生捕捉关键信息的能力，在对话与交流中加强对学生的感悟、理解、表达、审美等综合能力的培养，同时通过欣赏苏州园林的图画美、自然之趣，引发学生对“人与自然和谐相处”主题的思考。这样的语文课着眼生态，融入生活，滋养生命。

（二）审美：构建读写情境，渗透情感体验，提升美学领悟能力

1．情境性：切己体验，进入审美现场。言语实践是一种情境性活动，语境是言语活动赖以发生和进行的前提条件。语文教学需要营造一个有利于主体情绪化的“场”，使他们积极主动地阅读，充满激情地写作，从而实现语文学习的场效应，师生的对话才能够实现心与心的交流。一位教师在中考作文专题《拿什么打动你的心》复习课中，用央视春晚节目《说句心里话》导入渲染氛围，然后让学生交流“这个节目为什么能够打动亿万国人的心？”这样朴素而直抵人心的问题，从而触发了学生表达的愿望。

2．整体性：胸有丘壑，提升美学领悟能力。基于审美的阅读注重文本的整体性把握。在阅读教学中肢解文本的分析是低效的。但现在不少课堂中盛行所谓的“摘句式”“美点”揣摩，就又返回到支离破碎地解读文本的老路上了。阅读教学“不应该是科学的认知，而是采用整体的印象主义的领悟的方法”，要“指导学生去欣赏、玩味，让学生逐渐形成一种整体的美学领悟能力”①。一位教师执教屠格涅夫的散文诗《蔚蓝的王国》时，首先让学生自由朗读课文感受散文诗的美；然后引导学生品味最能打动自己的语言，分享阅读感受；最后让学生通过与名人对话学会创造美。学生读得有声有色，有滋有味，课堂上极富美感，营造了浓浓的诗意。

3．过程性：涵泳体察，丰富审美体验。审美的阅读并不否认基础性阅读，阅读教学过程中的语感培养、知识建构、能力培养、方法指导、思维训练等，都是审美的具体方式。审美的读要给予学生充裕的阅读文本的时间，让学生进行诵读、涵泳、体验、思考，重新组织知觉环境并渗透审美体验和理性思考，从而提高学生对语言文字的感受力，激活其创造性思维。

---

①童庆炳：《漫议中小学语文教学的中国经验》，《中学语文教学》2008年第2期。

4．自主性：学会移情，享受审美情趣。审美活动是领悟美学的过程，也是情感体验的过程。审美主体是“自我”，审美介入阅读写作之时，也是移情之时，潜意识十分活跃，最能产生联想、想象和灵感。语文教学中的审美活动，是学生的个性化行为，学生在主动积极的思维和情感活动中，加深理解和体验，有所感悟和思考，受到情感熏陶，获得思想启迪，享受阅读和写作的乐趣。

（三）善悟：追求独立思想，注重思维训练，强化思辨色彩

1. 思想：让教师“不跪着教书”，让学生的脊梁挺得更直。一个有思想的语文教师，不会囿于教学参考书的解读而束缚学生的思想、窄化学生的思维；一个有思想的语文教师，不会只是将目光停留在学生每次测验的分数上，围着无数试题殚精竭虑；一个有思想的语文教师，会用思想的火炬点燃青春的激情，让学生挺起胸膛，卓尔不群。

2. 思维：让课堂更加充实美丽，让学生的发展空间飞舞灵性。一个精妙的问题，如一粒石子投入湖心，激起思维的涟漪向宽阔的空间弥散；一个独具匠心的教学设计，能为学生提供丰富的想象空间或意义领域，让学生的思维多向发展，在自由思考的灵性空间生发智慧，锐意创新。

3. 思辨：让教师教得安心、舒心，让学生学得放心、开心。新课程培训形式繁多，内容充实，许多教师大概景仰于专家深邃的思想，大多“失语”而成为“看客”，在专家奉献的“精神盛筵”面前，繁华过后更多的是落寞和疲惫。其实，我们只要留心一下，无论是于漪、魏书生等语文教育家，还是“新生代”的优秀语文教师，他们充满生命活力的语文课堂，都源自各自深厚的学养，源自于自身强烈的思辨意识。他们不人云亦云，不邯郸学步；而是择善而从，自出机杼。

（四）尚德：互惠共赢，持续发展，让师生过一种幸福完整的语文学习生活

1．关注主体间性，指向于师生语文学习生活双重境界的提升。“境界语文”指向生活、生态、生命，崇尚有德性的学习生活。“境界语文”不仅是“我的语文”，也是“我们的语文”。

“境界语文”是“我的语文”，着眼于教师境界的提升。教学品质提升的前提是教师专业素质的发展，“我的语文”应该是有自己鲜明特征的教学，是基于教

师自信和自尊的教学。“我的语文”倡导教学风格的个性化和自信力，让课堂返璞归真，避免“煽情”与“矫情”，拒绝浮躁与喧闹，展示教学个性，凸显创新元素。

“境界语文”也是“我们的语文”。“境界语文”不仅关注教师个性化教学，更应落实于引导学生理解和熟练运用祖国语言文字的品质。因此，教师备课时，不仅要研读教学指导用书，还要善于搜集与文本相关的新的解读信息，同时更要潜心阅读文本，思考教学策略。教师与文本的对话不是单纯的自我理解和赏析，而是为了指导学生学会阅读。教师要换位思考，时时处处为学生着想，把自己的阅读思路转化为学生的阅读过程，把自己的阅读感悟转化为学生的内化体会，这样，“我们的语文”才会有深度会谈，才能分享智慧的盛宴。

2．构建学习共同体，共享语文教育的财富。“学习共同体”不仅是跟随学习的课题在一间课堂里多元地、多层地产生的共同体，也是超越了课堂同新的生活方式与社会原理相通的共同体。[①]构建语文学习共同体，首先注重“情境性”，关注教学情境中师生关系的和谐程度；其次，追求“智能性”，以思维为核心，以语言文字为载体，在“思”与“诗”中提升语文素养；再次，凸显“审美性”，让语文教学回归生活、亲近审美，实现良知与审美的融合。

构建语文学习共同体还要处理好如下关系：一是“儿童本位”与“教师主体”的关系。强调儿童视角，意味着教学必须关注学情，以学生的言语实践活动为主展开教学；但教师的主体作用不容忽视，有深度的教学需要教师的必要支援，对话教学中教师应该充分发挥教学机智，加以深化引导，这样教学品质才会提升。二是“激情”与“冷静”的关系。课堂上需要教师燃烧生命的激情，讲台可以成为教师的舞台，但教师必须把握好一个度，因为激情过多，容易使学生变成“看客”；过分冷静，容易导致课堂沉闷乏味。释放一份激情，可以使课堂摇曳生姿；保持一份冷静，可以让对话走向纵深处。

①佐藤学：《学习的快乐——走向对话》，教育科学出版社2004年版，第384~385页。

第三节　和谐：语文课程文化追求的境界

课程文化是指“课堂上和学校里公开或隐蔽的信念、行为、习惯和价值观的体系”。[①]语文特有的学科特点赋予语文课程以独特的文化特点。语文课程文化是在语文学习活动中师生共同营造的课程精神、教学理念、教学规范及语文课程价值观的复合体。王国维以为“有境界则自成高格”，语文课程文化境界将“和谐”作为追求的终极目标，发掘师生的生命价值，赋予语文课程教学以生命的意义。

“人创造出文化并不是用来窒息自己，而是要把文化作为一种介质，以便在其中生活、运动、呼吸、发展……”[②]语文教学的魅力和课堂的温馨记忆有关，和质朴细腻的生命体贴有关。和谐是语文课程文化建设的境界和灵魂。新课程理念下的语文课程呼唤显在文化与潜在文化的融合，从而建设生命在场的和谐课程文化。和谐视界下的课程，其实质是凸显学生的主体地位，强化教师对话过程中的首席角色。有文化境界的语文课程，一定是充满生命激情、显示和谐气息的课程。

一、山的稳重：凸显和谐课程文化特质，建设语文课程的显在文化

“所谓显在文化，是指能够直接观察到的或是该社会成员谁都知道的文化层面，诸如寒暄的方式、日用工具的使用法、公认的善恶标准等。”[③]课程的显在文化包括以国家正式文件被明确规定下来的形式，如课程标准、教科书等，也包括课程中约定俗成的、符合社会要求但并无明文规定的那些行为方式以及表意象征符号等。语文课程文化着力于追求和谐，其显在文化的特质体现为扎实、朴实、厚实。

---

①帕梅拉·博洛廷·约瑟夫：《课程文化》，余强译，浙江教育出版社2008年版，第1~2页。
②帕梅拉·博洛廷·约瑟夫：《课程文化》，余强译，浙江教育出版社2008年版，第18页。
③钟启泉：《现代课程论（新版）》，上海教育出版社2003年版，第464页。

（一）教学内容的明晰化：追求扎实的语文课程文化

课程的本体是知识，语文课程显在文化的建立首先在于知识地位的确认与明晰。知识的传递需要文化的规范，生命的提升需要知识的积淀。李海林认为，语文知识创新是语文课程改革的突破口。从实践上看，教学方法的本质就是教学内容的呈现方式，因此在课程与教学内容没有变化的情况下，单方面展开教学方法的改革，实际上是玩空手道。[①]语文知识的学习，伴之以理性的引导，是提高语文教学效益、提升学生语文素养的基石。

作为文化过程的语文教育，知识是课程建构的基本元素。语文课程通过规范的语言文字训练和课程指导，帮助学生的认知发展是必然的。语文课程传递的语文知识，例如字的正确读音、字形的正确书写、标点符号的使用，以及不同文本的基本特征、写作各种文体的规范要求等，表现出的都是不可更改的显在文化。语文课程教学，为使学生在有限的时间内有效地掌握人类积累的语言文化遗产，课程上的知识教学必须有一系列的明确要求，注重有效性。因而，创建开发新型的语文知识，重建语文知识系统已成为当务之急。

（二）教学过程的规范化：追求朴实的语文课程文化

一个正处于成长期的学生，语文学习习惯需要规范的引导。显在的语文课程文化给予学生的是生命的必需养料，语文教师结合学生的文化接受水平和认知心理发展水平，有针对性地施以切合学生认知结构的文化影响，使学生顺利地将知识接受并纳入已有的认知结构中。

语文课程文化，包括教师文化和学生文化。在信息化社会中，学生的文化多样庞杂、良莠不齐。相对而言，教师的规范文化主要来源于国家规定的书面文字系统，规范、纯净、单一。因而，在语文课程上教师以规范化的标准要求学生，是有利于提升学生语文素养的。语文教材蕴含的价值观念，也必须通过师生之间的互动对话来实现。教师通过引导学生对经典文本的解读，对写作中价值取向的引导，从而让学生实现生命境界的提升，使正处于成长期的中学生的价值取向与社会价值取向相一致。

---

①李海林：《语文课程改革的进展、问题及前瞻》，《语文建设》2006年第3期，第6~9页。

(三)教学思想的敏锐化：追求厚实的语文课程文化

《义务教育语文课程标准》(2011年版)明确指出，语文课程必须面向全体学生，使学生获得基本的语文素养。教材编写应依据课程标准，全面有序地安排教学内容，设计教学活动，并注意体现基础性和阶段性，关注各学段之间的衔接。教材应体现时代特点和现代意识，关注现实，关注人类，关注自然。理解和尊重多元文化，有助于学生树立正确的世界观、人生观、价值观。但目前语文课程的目标与学生实际获得的语文素养之间还有一定的距离。单是教师选择教材中适宜的教学内容就是一大难题，不同地域、不同学校、不同年龄的语文教师处理同一篇课文的教学内容，往往大相径庭。好的语文课本应该做到：课程目标内容化、课程内容教材化、教材内容教学化，帮助学生有效地达到课程目标。①

二、水的灵动：赋予“境界语文”生命的内涵，建设语文课程的潜在文化

课程文化是关于人的文化，课程文化的主角是学生，生命的滋润更需要心灵的关怀，因而处于成长关键期的中学生更需要心灵关怀。温馨、柔软的课程文化才能真正抵达学生的内心。叶澜教授指出，课程教学应被看作师生人生中一段重要的生命经历，是他们生命有意义的构成部分。语文课程文化以其学科的特点，应被赋予人文关怀的一面，也应关注潜在文化的挖掘与实施。

所谓潜在文化，指“体现社会特色的行为与思考方式的自明的前提与价值观，一般是只能意会而难以言传的”②。潜在文化的教育力，对于学生人格的影响并不亚于显在文化。潜在的语文课程文化灵魂就在于心灵的关怀，在于品质的提升，在于境界的追求。

我们教师所面对的是一个个鲜活的生命个体，他们充满灵性与活力，具有独特的情感和智慧。因此，教师需要不断地浇灌和呵护学生与生俱来的灵性和好奇心，关注学生独特的生命感受，去激发学生探究的天性。从某种意义上说，只要教师在课堂上能够真正尊重学生生命的独立品性，呵护学生生命的成长过程，倾听学生生命的自由感悟，共享学生生命的真实体验，便不难营造出一个充满生命活

①王荣生等：《高中语文（必修第一册）》，上海教育出版社2007年版，第1页。
②钟启泉：《现代课程论（新版）》，上海教育出版社2003年版，第465页。

力的课堂。

生命化是课堂文化建设的根基和指导思想。有文化意义的课堂，一定是充满生命激情、生命动感的课堂。生命化课堂的实质是凸现学生的主体地位，尊重学生的生命价值，发挥学生的主动性，赋予课堂教学以生命的意义。一是赋予学生生命成长必备的共享的核心价值观。生命化的课堂关注学生生命成长过程中应该确立的基本生命价值观、人生价值观，把价值观教育有机渗透在教学过程之中。二是赋予学生生命的关怀与尊重。尊重学生的人格，尊重学生的发展需要，尊重学生的发展潜能，赋予学生生命的关怀，是生命化课堂的基本诉求。三是联系学生生活和社会实际，使课堂教学活动富有生命的意义。

三、水木清华：追求生命的和谐，建设生命在场的语文课程文化

“水木清华”是清华园内最引人入胜的一处胜景，其间有一副名联：“槛外山光历春夏秋冬万千变幻都非凡境，窗中云影任东南西北去来澹荡洵是仙居。”清华园的文化魅力不仅体现在优雅的自然环境，更在于其课程文化彰显了蓬勃的生命力。“生命在场”的课程文化本质上就是建设和谐的课程文化，因为它更关注学生的本质需求，更有利于师生的情感交融。

（一）和谐的语文课程文化：在思与诗之间

和谐的语文课程文化体现语文教学的价值追求。语文，应追求“诗”的灵性飘逸与“思”的深邃宽广的融合；语文，既有字词句篇的感知品味吟咏讽叹，又有思接千载心连宇宙的深思熟虑；语文，不仅引导学生感知美、欣赏美、创造美，也要关注学生思维品质的培养和探究能力的激发。语文学习，便是在诗与思之间确认生命存在的价值与意义。

（二）和谐的语文课程文化：倾听生命拔节的声音

审视我们的课程教学，似乎更多的是关注学生的倾听。真正的语文课堂要让对话教学走向纵深处，这并非要把学生培养为忠实的听众，而是强调对话情境中教师的倾听。

倾听是一种民主的氛围，消解师道霸权，放飞学生心灵，沟通无限，时时使师生交往气氛融洽、精神愉悦；倾听是一种真诚的谦虚，蹲下身子，眼睛平视，敞开心扉，心领神会，没有矫揉造作，没有故作姿态；倾听是一种热情的期待，

关注每一个学生，关注个性差异，饱含期望的等待，会促成心灵的共鸣。

“何谓儿童？看待儿童其实就是看待可能性，一个正在成长过程中的人。”①从某种意义上说，只要教师在课程上能够真正尊重学生生命的独立品性，呵护学生生命的成长过程，倾听学生生命的自由感悟，共享学生生命的真实体验，便不难营造出和谐的课程文化。

（三）和谐的语文课程文化：教学机智的结晶

和谐的语文课程文化倡导教学风格的个性化和自信力。和谐的语文课程教学，应该是有自己鲜明特征的教学，应该是富有个性的教学，是基于教师自信和自尊的教学。加拿大教育家马克斯·范梅南将机智定义为“充满思想的行动和充满行动的思想”“机智没有规则，然而，也不是不能加以规范”②，语文课程教学机智的催生和深化，必须强调语文教师思想的“在场”，倡导教学反思，从而提升专业化水准。

每一位教师都会有自我感觉良好或自我感觉失败的上课经历，而这种感觉往往是瞬间产生的，其间激发的教学机智的火花，如果不及时地反思、总结、研究、深化，往往随着时间的流逝会丧失殆尽。潘新和先生指出，每一个教师都可以寻找适合自己的一种或数种的体裁把“后教学”的自省写下来，这是教师的一笔丰厚的个人资产，教师教育人生和言语生命的见证。③

机智需要的是一个微妙的规范。机智要求我们能“读懂”或理解课程的情境，以便作出恰当的言行，并进而利用教学札记、教学案例、教学随笔、教学评论、课程叙事等形式及时地总结写作，这样可以帮助我们积累教学机智，丰富教育智慧。诚如窦桂梅老师所说：“正因为写，你的笔就要和你的课堂通过心灵的桥梁发生联系，你会忠于你的课堂，兼纳别人的‘声音’。写，让自己活得明白，更让自己活出了精彩。写，也许会改变你的课堂磁场，甚至改变你的生命属性。”生命这支“思想的芦苇”，只有借助于书写，才能使自己“在场”；只有细

---

①马克斯·范梅南：《教学机智——教育智慧的意蕴》，李树英译，教育科学出版社2001年版，第1页。

②马克斯·范梅南：《教学机智——教育智慧的意蕴》，李树英译，教育科学出版社2001年版，第194~195页。

③潘新和：《语文：表现与存在》，福建人民出版社2004年版，第1421页。

腻的情感的召唤，才会引起彼此的共鸣，在彼此心灵深处留下深深的烙印。

如果说显在的语文课程文化赋予了学生以广博的学识、理性的光照，那么，潜在的课程文化赋予学生以心灵的关怀、诗意的萌发。追求山的稳重与水的灵动的课程文化，正体现了显在课程文化与潜在课程文化的和谐统一。建设“生命在场”的和谐语文课程文化，为师生的发展奠定基础，促使他们完成人格的自我塑造，这也是语文课程文化境界应有的追求。

第四节　深度倾听：让对话教学走向纵深处

一、我们的智慧哪里去了

目前，“对话”已经成为当代社会的关键词。人类社会正逐渐步入一个对话的时代。“对话”将会发挥它在当代教育以至未来教育中的价值。随着信息时代的来临，作为学生，他们渠道多样，接受信息丰富，信息量很大，教师已不再是知识的权威，而且，这个时代的学生都有着强烈的自主要求，他们思想活跃，求知欲旺盛，兴趣广泛，独立求异，注重自我评价……这些都要求语文教师要适应新形势变化的需要，要讲民主、平等，使双方无拘无束，自由坦诚地袒露襟怀。

作为对时代精神的回应，语文对话教学以师生心理世界的开放为特征，以文本为平台，以互动为方式，语言交融，心灵交流，师生双方均从对话中获得道德和理性的升华。当对话教学逐步取代传统的“传话”教学，语文教学正孕育着全新的“对话”与“倾听”的意识，我们不仅要实践对话，而且需要学会倾听，更需要“深度倾听”。

可喜的是那种以教师为中心的“独白式”传话教学已很少存在，但现在的语文课堂教学又普遍呈现一种较为肤浅的“对话教学”——“问答式”教学，教师在课堂上连续提问，学生习惯性举手，仓促地回答问题，教师有时会补充追问。在这样“满堂问”的课堂模式中，尽管学生有机会发言，但教师仍是权威的代言人，按照预先设定的框架，垄断了沟通。这样的教学方式实际上还是忽略了倾听学生的心声，忽略了学生在自主探究中体验学习乐趣，进行理性的思考。因此，深度倾听是提升语文教学品质的必然要求，语文教师要做学生的知音，认真地倾听他们表达自己的独特见解，为学生营造一个自由、轻松的学习环境，让孩子们如痴如醉地探究、体验、交流。

英国诗人艾略特有这样一句发人深省的诗句：“在信息中，我们的知识哪里去了？在知识中，我们的智慧哪里去了？”这句诗引发我们的思考，在实践对话教学的同时，如何催生智慧的勃发，去探讨一下“深度倾听”的学问尤为必要。

二、关注对话情境中语文教师的“深度倾听”

《现代汉语词典》中这样解释“倾听”一词：“细心地听取（多用于上对下）。”审视我们的课堂教学，似乎更多的是关注学生的倾听（下对上），在《义务教育语文课程标准》中对学生的“倾听”提出了具体要求：“应培养学生倾听、表达和应对的能力，使学生具有文明和谐地进行人际交流的素养。”因此让对话教学走向纵深处，一方面要培养学生的倾听能力，另一方面要关注对话情境中语文教师的“深度倾听”。

毫无疑问，教师承担着教育的责任，而且无论专业知识还是社会阅历都在学生之上。但作为一个和学生同样有着求知欲的成年学习者，教师更应该是学生年长的伙伴和真诚的朋友。在倾听学生表达的过程中，学生的见解和来自他们直接或间接的生活经验作为个人独特的精神展示在教师面前，这对教师来说，同样是一份独特而宝贵的精神收获。师生之间人格的相遇、精神的交往、心灵的理解，便创造和分享了真正的教育。这种教育是师生双方的生活，是他们成长的历程乃至生命的流程。所以，对“深度倾听”可作如下理解：

深度倾听是一种民主的氛围。消解师道霸权，放飞学生心灵，走进文本深处，时时使师生交往气氛融洽、精神愉悦；

深度倾听是一种真诚的谦虚。教师要蹲下身子，眼睛平视，敞开心扉，没有矫揉造作，没有故作姿态；

深度倾听是一种热情的期待。关注每一个学生，关注他们的个性差异，饱含期望地等待，会促成心灵的共鸣；

深度倾听是一种欣赏和尊重。欣赏是一种风景，尊重是一份赤诚，互尊互爱的课堂如沐春风，其乐融融；

深度倾听是一种宽容和包含。海纳百川，兼容并蓄，这是一种真正的互惠，实现一个灵魂对另一个灵魂的亲和……

三、深度倾听的实施路径

在我们的语文课堂教学中，教师倾听学生的发言时有这样一些现象：一是“听而不闻”，教师害怕学生的发言影响教学进度，对学生的发言漠然处之，于是继续按教案预设的内容一讲到底；二是“表面应对”，只做简单的肯定或否定，“是的……对对对——”，“你简直是异想天开”；有时甚至未置可否，又转入下一个环节，对于学生发言的得失不给予评价，更不用说发现其中闪光的思想和创新的火花；三是“求索谜底”，问题一提出，学生匆匆发言，教师一听与标准答案不同，“不对，下一个——”，有时连问几个都没有结果，教师只好把谜底和盘托出……

加拿大著名教育家马克斯·范梅南这样说：“一个真正的发言者必须是一个真正的倾听者，能听懂我们日常听觉范围以外的深层含义，能倾听世间各物对我们说的话……无论是谁，如果想了解教师、母亲、父亲或者孩子的世界，就应该倾听他们生存世界中各种事物的话语，懂得这个世界各种事物的含义。”①作为对话教学中“平等中的首席”，语文教师必须做一个真正的倾听者，倾听文本的声音，倾听学生话语中的深层含义，方能走进他们的世界。如何才能做一个真正的倾听者呢？不妨从“五心”入手——

一是平常心。语文教师可以把自己的角色定为“导游”“主持人”以及“导演”等，这样便不再是高高在上独霸讲台的权威者，而是以一颗平常心，用和善欣赏的目光，紧扣文本，尊重作者，倾听学生的心声，进行师生之间平等的心灵沟通。当师生的心扉向彼此敞开，并随时接纳对方的思想，这时双方的对话同时也是一种双方的倾听，是双方基于文本共同在场、互相吸引、互相包容、共同参与以至共同分享的关系。

二是细心。深度倾听需要教师全身心地投入，教师注意力要高度地专注，还要有警觉意识，将有意注意与无意注意相结合，这样才能从学生的话语倾听出学生独到的见解，倾听出学生丰富的情感；倾听出学生的困惑或者疑虑，倾听出深刻的或者肤浅的思想；倾听出学生的欲望需求，倾听出学生的差异区别。相反，如果似听非听，只能停留于表面，无法触及学生的心灵，对话教学只是表面的热闹而已。

三是耐心。语文课堂教学中在进行有深度的对话时，学生常常处于疑惑的状

①马克斯·范梅南：《生活体验研究——人文科学视野中的教育学》，宋广文等译，教育科学出版社2003年版，第147页。

态，教师不要轻易打断学生的发言，要有充分的耐心和执着的精神。课堂气氛的活跃与热闹也是有度的，有时短暂的沉默之后，时常会绽放出智慧的火花和创新的光芒，对话教学中要给学生留一些思考的时间和发展的空间，留一些“空白”，这样学生往往会出现“渐悟”和“顿悟”状态，他们充分表达各自的意见，在审美享受的同时进而感受他者的美好，从而深入文本的核心地带，与文本作者进行深度对话，真正促进语文素养的提高。

四是信心。如果深度倾听是建立在信任的基础上，那么对话就可以成为水平关系，意味着彼此之间的开放与回应，否则，离开了对人的信任，对话就无可避免地退化成“家长式”操纵的“闹剧”。基于这样的认识，我们应该充分地信任学生，发现学生的闪光点，把他们看成是一个个特征鲜明的个体，充分发展他们的个性。无论是对话中有失偏颇的观点，甚至是一些“异端邪说”，教师都应该积极引导，切不可训斥或者嘲笑。在训斥与嘲笑声中，失去的是学生的信任，得到的是永远的缄默，从此再也无法进行平等的对话。师生在平等交换意见的过程中，教师专注的神情，亲切的微笑，信任的目光，其间产生的“张力”可以促使学生积极思考，最终孕育出“全新的果实”。

五是会心。学者肖川曾描述过教学过程中的最佳状态，可表现为“茅塞顿开、豁然开朗、悠然心会、深得吾心、怦然心动、浮想联翩、百感交集、妙不可言”，也可表现为“心灵的共鸣与思维的共振”，还可表现为“内心的澄明与视界的敞亮”，这也是对话教学追求的最佳境界。

比如特级教师胡明道老师在《狼》一课中与学生（扮演蒲松龄）的对话片段：

师：请问蒲先生，你为什么把故事安排在晚上？

生1：因为晚上更能突出恐怖的气氛。

师：你为什么要笑？

生2：因为狼想欺骗屠户，但手段并不高明，所以想笑。

师（补充问）：写的是狼的故事，为什么故事的结尾却说“禽兽之变诈几何哉，止增笑耳”，而不是说“狼之变诈”？

生3：由狼推广到别的禽兽。

师（恍然大悟状）：我懂了，不仅是狼，一切想害人的，只要想坑人，最后的下场一定是可悲的。

师：蒲先生，你为什么要写这个寓言？

生4：这个故事可以使后人得到启发。

师：蒲先生，你觉得自己写得最妙的地方在哪里？

生5：第4段第2句。（教师提醒他念出来）"久之，目似瞑，意暇甚。"

教师示意他表演一下这几句所写的状态，该生微眯眼睛，慢悠悠地摇头晃脑。

由上述案例看来，要提升语文教学的品质，教师要达到倾听的最高层次，必须参与和体验，深入学生的感情天地和理智世界。当然，"深度倾听"也需要一些技巧。如：

1．零距离接触。首先表现在缩小师生空间的距离。在课堂教学中，不能把讲台作为自己的永久根据地，始终与学生保持远距离。在学生自主学习、小组讨论、师生讨论交流的时候，教师不妨"弯下腰来"，走进学生中间，仔细倾听学生的对话。

其次表现为师生心理的零距离。教师要能站在学生的角度去思考问题，设身处地地倾听、鉴赏和学习。学会微笑与赞美，学会信任与鼓励，学会宽容和尊重，这些都有助于师生心灵的亲近。上述案例尽管是静态的文本，但如果我们细细品味并想象一下，可以还原胡老师教学的现场情境，胡老师温和可亲的态度、机智灵活的应答、幽默风趣的语言，营造了温馨和谐的教学情境，促进了师生之间心灵的对话和思想的交锋。

2．全方位沟通。据有关专家估计，人际沟通仅有一成是透过语句来进行的，三成取决于语调和声音，其余六成靠肢体语言获得。教师不妨学习导游的沟通技巧，许多导游仅与游客相处几天，就在融洽愉悦的氛围中实现了心灵的沟通。他们在用口语交流的同时，更多的是运用丰富的肢体语言，甚至略带一些夸张和滑稽的动作，因此，学会倾听要求教师不仅耳到、眼到，更要心到。在倾听时不仅要全神贯注，同时要积极响应，认真思考，通过点头、微笑、提问、解析、安抚、意译等方式作出积极反应。用眼睛去观察，用心灵去体会，才能使目光传情，让心灵贴近，使思想交融。例如胡老师在学生朗读的时候，给予点拨指导，示意学生表演文本内容，学生的表演惟妙惟肖，通过这种听说读演的多种沟通途径，充分走进文本深处。

3．纵深处发展。在上述案例中，胡老师采用角色对话，一边倾听，一边追问，与学生、文本、作者展开多向度对话，走进文本，走近作者。正如钟启泉先生所说："沟通和合作、对话和互动是建构教学的关键。学生学习经验的获得不是单向的构成，而是在教学情境中经由师生沟通与互动而产生意义的建构与交流。"[①]各种思想的碰撞，可以给学生以新的启迪，可以引发学生的深入思考，从而完成知识意义的建构。我们在倾听的同时，当学生的对话偏离轨道的时候，当学生的发言因思维阻塞难以进行的时候，当学生的观点各执一端的时候，当学生的认识从感性上升到理性的时候……此时应引申话题，巧妙启发，这样就可以给学生以新的启迪，可以引发学生的深入思考，从而建构语文素养。

四、追求深度倾听，即追求深度对话

深度倾听还应让学生倾听文本声音。于漪老师明确指出："感知是进入体验的大门。阅读语文材料，通过视觉接受文字信息，接受文字塑造的形象、场景、氛围，触摸作者的思想、情感，与作者心灵交往。把自己已有的学习经验、生活经验，通过联想、想象、比较、分析，产生新的体验。"[②]这种学习由入目到入心，使思维得到锻炼，情感得到熏陶，语言的理解能力和感悟能力在阅读实践中切实得到提高。因此，必须留有足够的时间让学生倾听文本，提高个人阅读的质量，这样集体讨论、合作学习的质量才会提高。

"对话"和"倾听"应当是互动的，是双向的交流，追求深度倾听，即追求深度对话，通过互动实现多种视界的沟通、汇聚、融合，从而在一定程度上使各自的认识偏见得以纠正，并产生新的视界。现代教学是合作的艺术，不是教师单方面的表演。在成功的教学中，教师与学生能够进行情感和思维上的对话，这种对话的发生和存在都依赖于情感合作的持续发展。

有位作家这样说："有的人会走过美丽而视若无睹，有的人会走过痛苦而漠

①钟启泉：《学科教学论基础》，华东师范大学出版社2001年版，第292页。

②于漪：《语文课要教出语文的个性》，《中学语文教学参考》2004年第4期。

然处之。而真正的仁人、哲人、诗人，才会用自己的心灵去体察，去感受，去分辨自己所听到的声音中不同的灵魂的震颤。”我们认为要提升语文教学品质，教师必须学会“深度倾听”，不仅要做一个忠实的听众，更要做一个仁者，拥有宽广的胸襟，播撒爱的种子；做一个诗人，倾听花开的声音，走进学生的心田；做一个哲人，指引理性的思考，将对话引向纵深处。

第五节　妙悟：语文课程深度学习的可能路径

什么是“悟”？“悟”就是觉悟、觉醒，与“迷”相对。当下的语文教学，“悟”的时间少，“悟”的空间小，“妙悟”则更鲜见。其实，阅读课有了“悟”，师生与文本的对话才会默契深刻，才能成为文本作者的知音；写作教学有了“悟”，学生写作素材的选择才会鲜活，写作技法的运用才会娴熟，立意才能新颖独特；书法学习更需要一个“悟”字，读帖需要细心揣摩，临帖需要心手相应，出帖更需悟得书法之道；综合性学习注重语文与生活融合，如能妙悟，才会有独特的体验和创新的火花。

深度学习需要活跃的思维活动，听说读写思，都离不开一个“悟”字，“悟”的缺失，导致学生理解运用语言文字的能力不强，教师教学的有效性不高。由此看来，语文教学如能渗透“妙悟”，开展深度学习应该不是难事，语文教学的品质也会得到提升。

一、妙悟的内涵

（一）什么是妙悟？

古代文论大都认为“禅学”与“诗学”相通，禅学研究生命觉解，诗学研究语言艺术，语文教学也可以借鉴“禅学”“诗学”的成果来丰富理念，指导实践。我们先看明代严羽在《沧浪诗话》中的叙述：

禅家者流，乘有小大，宗有南北，道有邪正。学者须从最上乘、具正法眼，悟第一义。若小乘禅，声闻、辟支果，皆非正也。论诗如论禅，汉魏晋与盛唐之诗，则第一义也……大抵禅道惟在妙悟，诗道亦在妙悟。

严羽关于“妙悟”的内涵有三个关键词：“最上乘”“正法眼”“第一义”。修禅必须以最上乘禅为研学根本，具有洞察一切的智慧之眼，才能悟得深妙的真理。所谓“妙悟”，是指经过长期的修炼，一旦受到某种启发，刹那间领悟其中的深妙义谛。语文教学中的“妙悟”，应是师生对经典文本能够生成个性化的解读成果，在写作实践中能够发现生活，认识世界，有自己独特的感悟，有自己的话语表达方式。

（二）妙悟与渐悟、顿悟的关系

渐悟指必须严格按照一定的顺序，经过长期修习，才有可能证悟。顿悟是思维系统对问题进行信息加工，在一定时间未得到解决方案后，突然获得解决时的一种主观体验，是思维系统进行思考时从混沌走向有序的一种状态。渐悟，侧重一部分一部分逐步累积，达到认知全体；顿悟是指一下子完整地认识全部。[①]

妙悟离不开渐悟与顿悟。渐悟强调学和思，注重涵泳体察，切己体验，循序渐进，在有序的听说读写等语文实践过程中提升语文核心素养。顿悟完全是一种个人体验，也可以说是一种灵感思维，强调自悟、自觉，表现为学生学习语文的敏锐的感受力、极高的悟性和自出机杼的灵气。语文教学中的妙悟可以先渐学，然后实现顿悟；也可以先顿悟，然后逐步渐修。但在悟的过程中，都强调主体的在场，注重冥思苦想；展开读写生活的孤独之旅，才能抵达言语的第一义。

二、妙悟的策略

（一）取法乎上：妙悟“入门须正，立志须高”

严羽在《诗辩》中如此阐述：

> 夫学诗者以识为主，入门须正，立志须高；以汉魏晋盛唐为师，不作开元天宝以下人物。
>
> 学其上仅得其中；学其中斯为下矣。
>
> 工夫须从上做下，不可从下做上。

时下阅读教学大都“取法乎下”，关注单篇阅读、时文阅读，习得解题套路，赢得考试高分。精读略读不分，名篇名作浅尝辄止，经典名著走马观花，抓住考试要点指点迷津。“向上一路”的阅读，阅读的内容要“最上乘”，阅读的眼光要“具慧眼”，阅读的根本在于悟“第一义”。因此必须注重以下内容的教学：

第一，完善古诗文教学目标，拓展古诗文教学内容。文言文教学不仅教文言

---

①王先霈：《中国古代诗学十五讲》，北京大学出版社2007年版，第59~61页。

字词句篇的理解，还要从文章形式、文学趣味、文化内涵等角度解读欣赏；不仅要读懂课内的文言文，还可以阅读《世说新语》《闲情偶寄》《陶庵梦忆》《浮生六记》《古文观止》等笔记散文。古诗文教学不仅要关注诵读，还要学会欣赏。欣赏不是机械地套用几句鉴赏术语，而是要学会设身处地为古人着想，这样才能领略到古诗词的妙处，也才能全面地了解古代文学的面貌，领略汉语言的魅力。

第二，重视整本书的阅读，尤其是经典名著的真实性阅读。现在初中生普遍读的是名著缩写本（美其名曰“青少年版”），这些版本的经典已经“变味”，他们有的文字缩水，语言改味，有的在内容上会有偏差。高中生读名著，跳读居多，圈画批注少，只关注考点，有时一本名著读完疲惫不堪，无泪点，无笑点，味同嚼蜡。那如何阅读名著才是真实性的阅读呢？选择好的译本，指引方法，全程交流，读写结合，方有所得。例如南京十三中开展“在大树下读书”经典夜读活动，组织跨年级、跨班级热爱读书的学生在灯光下读书，引导学生热爱阅读，走近经典，发现真理，探究人生。

写作教学“取法乎上”，不仅要关注考场作文“那一篇”的质量，更要关注日常写作的丰富性与多样性；不仅关注实用文写作的指导，也要注重文学性写作的学习。生活是写作之源，生命是写作之魂，生态是写作之场。关注生活，关照生命，关心生态，这样的写作教学才能提升学生的人生境界，抵达人类言说的本质要义。

中学生学习书法，如果仅仅满足于把字写端正美观，是远远达不到目标的。“从总体上看，习字和书法，是追求书艺的基础，因此我们的目标要定在书艺上，取法乎上，是行为的准则。”①在全民读屏时代，重视书法艺术的学习应是一件功德无量的善业。教学中首先要注重书法欣赏与习字训练相结合。欣赏名家碑帖，不仅能激发学生兴趣，拓宽学生眼界，也能提升学生的书法审美水平，让学生真正领略到书法的魅力。其次，教学中要注重软笔与硬笔书法交替进行。软笔书法与硬笔书法道理相通，可以将毛笔的书写原理借鉴到硬笔书法中来，可以用硬笔临摹毛笔书法作品。如学习正楷字，可以临摹钟绍京的《灵飞经》、文征明的《落花诗册》；学习行楷字可以临摹王羲之的《兰亭集序》、赵孟頫的《赤壁赋》。

①阿伦·C.奥恩斯坦等：《课程：基础、原理和问题》，江苏教育出版社2002年版，第133页。

（二）由“识”到“悟”：妙悟是直觉和理性的有机结合

首先，“识”是妙悟的前提。“学诗者以识为主”，这里的“识”，就是对文学作品艺术特征的判别能力，它包括对风格、结构、体裁、语言等方面特点的辨识和领会。如严羽《诗辩》中所述：

诗之法有五：曰体制，曰格力，曰气象，曰兴趣，曰音节。诗之品有九：曰高，曰古，曰深，曰远，曰长，曰雄浑，曰飘逸，曰悲壮，曰凄婉。其用工有三：曰起结，曰句法，曰字眼。

妙悟是一种直觉思维，直觉思维通常依赖于熟知所涉及的知识领域及其结构，从而使他能跳过一些步骤[①]，因此，妙悟也需要理性的介入、方法的运用。无论文本解读，还是写作实践，都需要相关的读写知识来指导。严羽的《沧浪诗话》可以说是一本读写常识的普及本，有文学鉴赏理论与方法指导，也有创作理论与实践的点化。语文教学中的“妙悟”，需要建立在语法修辞、文体以及文学等知识学习的基础上，从“语识”到“语用”，是知识向能力转化的过程，需要我们在读写活动中有机渗透，迁移训练。

笔者在《满井游记》教学设计中，紧扣袁宏道散文“有我”的特色，与《晚游六桥待月记》（《西湖游记二则》之一）进行比较阅读，从三个角度探究袁宏道山水游记如何“有我”：

“我”见：所见景物、人物，皆有独特眼光，发现其独特的“那一个”，北国初春图、西湖待月图中，诸多细节描摹细腻，生动传神。

“我”感：触景生情，满井游玩如“脱笼之鹄”的洒脱、畅快，于山石草木之间的潇然，西湖待月的恬静淡雅的隐逸情怀，都是作者心灵的真情流露，一吐为快，率真动人。

“我”思：因景议论，述一己之见，发常人之难言观点。满井游后对于“城居者”的感慨，由议论景色转而议论政事，论述“惟此官”的得意之处以及难言之隐。游玩西湖，发出此乐“安可为俗士道哉”的慨叹，发人深省。

此设计抓住“有我”这个中心，从文本内容、表达方式、文化意蕴等方面深入解读，突出了袁宏道散文直抒性灵的特点。明朝谢榛《四溟诗话》中说：“诗

①顾黄初：《顾黄初语文教育文集外集》，江苏教育出版社2013年版，第300页。

固有定体，人各有悟性，夫有一字之悟，一篇之悟，或由小以扩乎大，因著以入乎微，虽小大不同，至于浑化则一也。”“妙悟”的对象可以是文体特征，也可以是字词句篇；“妙语”的方式可以从部分到整体，也可以先综合分析再微观透视，但都需要逐步深化。

（三）由“饱参”到“活参”：妙悟需要融通语文的外延与生活的外延

严羽有言：“然悟有深浅，有分限；有透彻之悟，有但得一知半解之悟。”“饱参”是指多读，多写，多思考；“活参”既是指读写的对象，也指读写的方法。稍许观察一下我们的语文课堂，浅悟较多，深悟难得，透彻之悟何其少也！语文教师教语文，大都教一本语文书；学生学语文，最多的时间也是花在语文书上，或者是配套的练习题上。这样的语文，怎一个“苦”字了得！教师教得无味，学生学得无趣。课本之外的风景，试题之外的语文学习，难得一见。语文的外延与生活的外延相等，语文学习的对象不仅包括语言文字构成的有形之书，还包括生活这本无形之书。下面以笔者“慧眼识茶”教学片段为例进行探究：

师：你觉得何为“慧眼”？

生1：机智雪亮的眼光。

生2：有灵气，充满生机。

生3：能发现美和爱。

生4：能看透一切。

师：下面请同学们看一杯茶。这是我泡的一杯安吉白茶。说一说你看到了什么？

生1：深绿色的细丝状的茶叶，在水杯里一点点慢慢地舒展，仿佛跳动的小精灵。

生2：茶叶有的浮在水面，有的在水中央，还有的沉在了杯底，茶叶的颜色有深绿，有浅绿。

生3：茶水的颜色在慢慢地由浅变深。

师：同学们观察的非常仔细。现在我想再找几个同学闻一闻，说说自己的感受。

生1：有一股苦味儿。

生2：苦涩中有着淡淡的清香。

师：茶在浸泡时是用眼睛看的，在喝的时候是要用心品的。静心品味，由眼前的这一杯茶还想到了什么？

生1：我想到了春天来临，茶树慢慢抽芽，由那一抹淡黄变成了一抹新绿。

生2：我想到了种茶人采茶时的情景，他们沐浴在阳光下，享受着茶的芬芳，还哼着欢愉的小曲……

由观其色、闻其味到发挥想象，需要多种感官的介入，更需要生活的体验和深刻的思考。“夫诗有别材，非关书也；诗有别趣，非关理也。”“妙悟”过程中“兴趣”的渗透，审美情趣的生发，艺术境界的体悟，都需要我们引入“别材”，开发并挖掘语文课程资源；融入“别趣”，发挥教学机智，注重动态生成，让语文学习走向更深处，从而焕发生命的活力。

三、妙悟的追求

语文教学中的“妙悟”不是玄虚之道，而是实实在在指向语文课程核心素养的达成，是一种深度学习。语言文字的理解运用是“妙悟”的基本任务，除此之外，语文课程中的“妙悟”还担当着优秀文化的熏陶感染，审美情趣的体验感受，道德修养的境界提升，良好的个性和健全的人格的形成。

（一）言语之悟

“妙悟”不是凭空玄想，而是建立在丰富的语文实践过程中的独特领悟。因此，“妙悟”注重整体感悟，关注语感养成，在理解言语内容的基础上，更注重言语形式的把握。

例如，在上面所叙述的《满井游记》一课中，教学目标设定了两点：一是结合注释理解文意，掌握“之”“而”等虚词的用法，能够准确有感情地诵读全文。二是把握文本个性化写景抒情的特色，体悟作者“潇然于山石草木之间”的情感意蕴。前者侧重文意的把握，后者侧重写作特色（“怎么写”）、文本主题（“为什么这样写”）的分析理解。而上述的“慧眼识茶”写作课中，将观察、思考、表达结合训练，兼顾口语表达与书面表达，不仅解决“写什么”（素材选择）的问题，更关注怎么写（表达方式）和为什么写（立意角度）这两个问题。

（二）审美之悟

语文学习的过程，就是欣赏文字之美、文章之美、文学之美、文化之美的过程，就是感知美、体验美、创造美的过程。

例如，笔者在解读《满井游记》时，设计了三个教学环节：第一，译读文本，初识文心；第二，细读文本，赏识文心；第三，比较阅读，走近作者，理解主题。在第二个细读文本环节又分为两步：首先探访满井春色——“郊田之外未始无春”；其次体悟作者心迹——“潇然于山石草木之间”。笔者在此追问学生两个问题：①作者的“潇然”从文中的哪些地方表现出来？②作者为什么能够“潇然于山石草木之间”？

笔者这样设计体现了审美活动的层次性（感性到理性）和情感性（贴着文本体悟）。而笔者在“慧眼识茶”的写作教学中，让学生从茶的色、形、味感受美，再通过联想与想象创造美，将审美感知、审美体验与审美创造紧密联系。

（三）文化之悟

语文课程丰富的人文内涵为学生的精神发育提供了营养，需要我们仔细梳理，悉心培育。例如，《满井游记》的作者袁宏道是明代“公安派”的代表人物，倡导“性灵说”，其作品独抒性灵，不拘格套，他为文如此，做人亦如是，他的身上体现了中国文人的隐逸文化。在教学中，笔者引导学生诵读第三段：“夫不能以游堕事，潇然于山石草木之间者，惟此官也。而此地适与余近，余之游将自此始，恶能无纪？己亥之二月也。”引导学生注意三句话语气的变化：第一句是感叹句，带有自嘲、自慰、自傲的语气；第二句是反问句，表达春天“始游”的欣喜、快慰之情；第三句是陈述句，点明游玩时间，语气舒缓平静。在诵读中体味作者的人生态度和文化追求，这样的悟就有了着落，有了意味。

而笔者在“慧眼识茶”一课的教学中，通过“观茶、品茶、悟茶”，让学生领略了中国“茶文化”的芬芳意蕴。由此可见，语文教学在传承民族文化的同时，也应该吸收异域文化，并认识多元文化的斑斓图景。

（四）生命之悟

“生命始于交流，交流促进思维，思维催生感悟，这是生命历程的三大标志，而这一切都得凭借语言（言语）。”[①]这是顾黄初先生的“语文教育生命观”的要义。“妙悟”的最高境界是人生的觉解、生命的觉悟。师生通过阅读与写作

①顾黄初：《顾黄初语文教育文集外集》，江苏教育出版社2013年版，第283页。

中的对话与倾听，走向幸福完整的教育生活。

例如，在《满井游记》教学中，可链接如下资料认识袁宏道的人生追求：

计欲来岁乞休，割断藕丝，做世间大自在人。无论知县不做，即教官亦不愿做矣。

诗文是吾辈一件正事，去此无可度日者……

得意人间事，经年作旅人。

通过探究性阅读，认识古代文人崇高的生命追求，他们亲近自然，寄情山水，写诗作文抒写性灵，做一个大自在人。在如今崇尚物欲、漠视精神追求的世态下，如果中学生能够与"公安派"的文人心心相印，这应是生命的灵犀相传。

下面是一位学生"慧眼识茶"课堂习作的片段：

这是一种淡淡的但又浓浓的香味，苦涩中带着一丝清甜，就好比我们的人生，有苦也有甘甜。这种独特的香味顿时充满了我的心灵。一朵朵花瓣似的茶叶从底下慢慢地、悠悠地飘到了上面，打着圈儿，缓缓地摆动着，舒展着，跳着舞蹈，仿佛是一个个跳动的小精灵。上面是墨绿，中间是浅绿，夹杂着浅黄，下面便是严严实实的深绿了。许多大自然的颜色巧妙地融合在了一起，化作一缕清香，看起来是那么和谐、幽静、朴实……到底是怎样的精心栽培，才会有这样的美好？

品茶达到如此境界，该是一种"妙悟"！当我们的语文学习传递了生命的温度，拓展了生命的宽度，沉淀了生命的深度，当是一种理想的境界，值得追求。

第六节　课题研究：提升语文教师行动的智慧力

随着课改的深入实施，课题研究在各校逐步展开，但由于研究过程中组织化程度不高，研究课题缺少针对性，研究方案缺少系统性，教师主体参与不够投入，往往收效不够明显。一所学校的语文课题研究水平的高低直接影响着这所学校语文学科教学质量的优劣。开展课题研究，可以让语文教师的实践更具有教育智慧。

一、课题研究，让语文教师的行动充满理性的力量

语文教师的人文情怀相对浓郁一些，许多教师往往感性多于理性，使得不少课题研究囿于表象而无法深入，成了时事热点话题的即席沙龙，缺少了研究的广度和深度。所以，富有智慧的开展行动研究，可以让课题研究从松散型研究转变为紧密型研究，后者聚焦于课堂，更具有学术含量。

（一）依托课题开展行动研究，增强了研究的计划性

课题研究是一项有组织的且具有学术规范的研究活动。课题的组织化程度高，研究的计划性会更强。首先，我们要重视课题研究的管理工作。根据课题的不同级别和研究范围，成立不同的研究团队。由课题负责人担任组长，各备课组长或骨干教师担任子课题负责人，每一位教师确立自己的教研专题，从小处着眼，向深处探究。

其次，依靠制度规范课题的研究过程。通过制定严格的科研制度，如课题理论学习制度、课题沙龙研讨制度、课题阶段总结制度等，确保各项研究工作有序完成。在课题研究的过程中，总结制度的制定尤为重要。我们在回顾研究工作的过程中要及时发现问题，不断完善，所以每月的阶段性总结和每学期的科研总结，应着眼于研究工作的反思和提升，确保研究工作的常态化和有效性。

（二）基于课题开展的行动研究，提高了研究的系统性

缺少课题引领的行动研究，往往会变成跟风研修，盲从他人，零打碎敲，最后难出成果，即使有一些成果，也处于“碎片化”状态，不成体系。围绕课题展开的行动研究，要求具体，方向明确，从开题论证、中期检测到结题报告，每个阶段都有具体的规范化要求，还要将成果“打包”呈现，这就构建了研究的系统。

实行规范化管理必须注意课题研究资料的收集整理。需要设置情况分析、方案计划、课题研究大事记、学习材料、教学设计、案例分析、总结体会、论文论著、获奖证书等栏目，做到项目清晰，内容具体。科研资料的积累和归档，便于回顾工作的进程，分析存在的问题，总结取得的成果。

（三）扎根实践的田野研究，更利于发挥教师的主体性

课题研究源于教学实践中产生的问题，所以只有回归到课堂进行田野研究，才能取得实效。基于课题的课堂教学研究，方向集中，过程清晰，反思及时，成效显著。这种有计划的基于现场的研究，更容易让教师在自己的课堂营造独特的教学风景，形成个性化思考成果。

教师在课题研究项目中有各自的任务，他们会带着问题走进课堂，课后进行总结反思，再通过同伴互助，互惠共赢。这样的研究促进了教师的自我反思，激发了教师的研究热情，扩展了研究的广度，增加了研究的深度。例如一位青年教师围绕“基于学案的高效写作教学指导”这一课题，对“如何让中考作文立意深刻”一课进行教学，试教五次，五易其稿，从而进行了五次反思，一堂课最终从低效逐步走向高效，这不仅锻炼了教师的教学能力，也刷新了他的写作教学理念。

二、课题研究，基于教学实践问题而开展的智慧研究

有专家指出：“中小学教师与专业研究者一个根本的区别，就在于一直生活在教育教学实际的现场，是在现场中感受教育事实，生发教育理念，提升教育智慧的。”[①]课题研究直面现实，给教师提出了挑战，也提供了无数的可能性，这种草根式的研究也就更有价值。

---

①郑金洲：《教师如何做研究》，华东师范大学出版社2005年版，第49页。

（一）课题选择：直面教学中的真实问题

课题的选择既要参照上级教科研部门设定的研究方向，也要观照学校当下亟待解决的问题。课堂教学是课题研究的主阵地，课题研究主要是解决教学中的困惑和疑难问题，这样既为学生的发展负责，也为教师的专业发展提供了平台。

“十五”规划末期，我们发现初中作文训练缺少科学有效的体系，语文教材中的作文训练内容在实际操作中起到的作用微弱，许多教师甚至弃而不用。同时由于“话题作文”风行一时，教师在课堂上大都进行此类训练，偏重于话题的搜集罗列，盲目训练，这种训练指导往往缺乏系统性，使得作文指导有效性低，学生作文水平徘徊不前。“十一五”期间，笔者主持的江苏省教育规划立项课题“新课程理念下生态写作教学理论与实践研究”，在生态学理论和新课程理念的指导下，笔者进行“生态作文”的理论与实践研究，发现这一理论对建立科学有序、可操作性强的写作教学新思路，具有实践意义和推广价值。

（二）合作探究：构建课题研究共同体

课题研究不是一个人的“单兵作战”，而是一个团队的协作共进。不仅需要校内的合作，也需要校际之间的交流。我们采取多种方式鼓励教师互相学习，并大力倡导备课组、教研组、年级组内教师之间的合作切磋；在集体备课、课堂教学观摩时，结合具体教学案例，围绕课题进行深入探讨研究。同时，我们积极搭建各种活动平台，及时将教师近期的研究成果与校外语文教师分享。

专家引领可以提升课题研究的含金量。为了及时解决课题研究中的困惑和难题，让教师亲近名师，与专家对话，让每一位教师聆听名师的心声，可以了解前沿的教育教学理论，增强教师参与课题研究的内在动力。

（三）深度学习：含蓄丰富的理论素养

开展课题研究，首先要更新教师的知识结构。围绕课题开展文献研究，可以了解国内外同一领域研究的现状，筛选、整合信息的过程，也是知识同化的过程。为了深入了解当代国内外教育理论成果和最新动态，提高课题研究的深度与广度，我们采取自学和集体研讨相结合的办法，例如在报纸杂志中精选与课题相关的教育教学论文、教学设计方案等资料，购买优秀教育丛书，开展多种形式的读书沙龙活动等，学习科研方法、课程改革、课堂教学等理论。同时，我们会针对实践过程中遇到的问题，及时调整学习内容，力求给教师最及时、最有效的信息，让教师在深刻理解的基础上融入到实践工作中去。

笔者主持“生态作文”教学研究课题时，为了扩大研究视野，组织课题组成员进行多项专题学习：一是借鉴“生态学”“生态文化”的研究成果，吸收其理论精华。通过网络、杂志选择相关研究文章，进行学习整理、筛选加工、移植创新，形成自己的思考成果；二是研究中外有特色的作文教学理论，如朱自清、林语堂、季羡林等作家写作教学理论以及美国写作教学案例，吸收其合理成分，并结合新课程理念，形成自己的生态写作教学理论。

（四）走进课堂：积累有价值的典型课例

在研究过程中我们不断丰富研究形式，围绕课堂积极开展案例研究、叙事研究，在校本研究中提高实效。我们围绕课题研究的目标确定教学内容，从教学设计到课堂实施、教后反思等环节，进行全程研究。研究目标明确，主题集中，反思及时，收到了良好的效果。

近年来，围绕写作教学进行了下列典型课例研究：

《从生活中提取有价值的写作素材》《关注媒体表情：汶川地震一周年纪念特刊模拟写作练习》《运用联想丰富写作内容，提炼深刻的主题》《“四月天，校园那一架紫藤萝”》《让心灵走进自然——观察和描写景物特点》《读图作文——观察〈读者〉封面写作练习》

这些教学案例相继在《教育理论与实践》《中学教师》等刊物发表。我们还在校本刊物《翔宇教育报》《且行且思》中设置了“案例平台”栏目，刊发优秀教学案例。这些典型课例来自于教学“第一现场”。教师在课前能围绕课题精心进行教学设计，在课后能够围绕研究专题进行微观解剖，做到宏观与微观兼顾，点面结合，不仅提高了自己的教学反思能力，也为课题研究积累了原生态的教学案例。

（五）且行且思：形成充满智慧的系列化研究成果

课题研究在关注“田野实践”的同时，还必须进行理性的思考，才能形成有质量的研究成果；否则，教学研究便会凌乱、泛化，难以深入，事倍功半。各课题组围绕研究目标开展系列研究，循序渐进，力求成果的丰富性与个性化。如笔者围绕“生态作文”教学从理念到实践层面撰写并发表了系列论文，涉及“生态作文”教学理念、教学设计、教学策略、教学评价等方面，其中三篇论文被人大复印资料全文转载。

三、课题研究，从“我”的主张到“我们”的主张

（一）教研并重：形成“和而不同”的教学主张

“我”的主张往往注重教师的个性化教学，但个体的教学主张经常孤掌难鸣。如果将“我”升级为“我们”，形成共同的教学主张，则会产生群聚效应。“我们”的主张立足于教师个体对于教育的独到见解，通过课题研究，对话交流，追求共同的教学价值观。

我校语文教师不仅致力于“生态作文”的研究，还根据自己的研究特长进行了专项研究，如“语文阅读教学中民族文化心理及意蕴的研究”“基于预设接合与生成背离的多元理解阅读范式研究”“初中语文阅读教学中人文精神培养的策略研究”“初中口语交际教学的实践与思考”“中学语文教学中体验学习的应用性研究”等。这些课题从不同侧面对语文教学中的问题做了深入的探究。我们还利用“市县”“语文名师班”活动平台，多次围绕课题开设观摩课、专题讲座，具有针对性、可操作性，促进了全体语文教师教学理念的更新，也给教师的教学实践提供了具体的策略。“十二五”伊始，笔者主持了扬州市特级教师专项课题“基于教学品质提升的‘境界语文’的理论与实践研究”。我们试图以“境界语文”作为共同的教学主张，同时结合教师的个性化研究，提升教学品质。

（二）教学相长：促进教师群体智慧力的提升

依托课题研究形成的“学习共同体”，构成了紧密型的研究团体。如日本学者佐藤学所言，“学习共同体”是通过“学习”而构成的“情结”，这种“情结”是跟学习的课题和学习的内容不可分割地生成的。[①]“十一五”以来，通过五年多的课题研究与实践，我校实现学校、教师、学生的共同发展，培养具备较强的科研能力和教育教学能力的教师队伍，从而提升了学校的办学品位。

课题研究不仅提升了教师“教”的品质，也提升了学生“学”的品质。教师能运用恰当的途径和方法，将教学理念渗透到教育教学活动中去，努力调动学生

①佐藤学：《学习的快乐——走向对话》，钟启泉译，教育科学出版社2004年版，第384页。

学习的积极性、主动性，培养学生的创新精神和实践能力，在民主、自由、和谐的学习环境中形成自主进取、积极探究、勇于创新的学习品格，使他们在竞争日益激烈的未来社会中获得可持续发展的动力。课题研究在提高校本教研有效性的同时，也激活了教师的教学机智，使教师养成了从事教学研究的习惯，提高了教学工作的智慧含量。

第七节　笃信·毅行·冥想：提升语文教师科研的品质

语文教师要科研首先须“信”，唯有相信教科研有用，不仅自用，亦可他用，才会对科研产生兴趣，才会全身心投入其中且乐此不疲，才能在行动的过程中发现科研的魅力，享受收获科研成果的喜悦，从而提高自己的科研水平。相反，不少教师以为科研用处不大，甚至认为科研“无用”，认为科研是教育研究人员的“专利”，于是将教学与研究分离，“假研究”“不研究”的现象相当普遍。其实，教研水平无法得到有效提升，教学实践能力也就会长期停滞不前。对于教研，唯有教师拥有自信，才有动力；自觉参与，方有效益；“教”与“研”结合，日常的语文教学才会焕发出生命的活力。

一、自信·自觉·自然——语文教师科研品质提升的必然选择

跨入信息社会，终身学习已成为必然趋势。尽管教师继续教育的形式与内容在不断更新，但由于教师科研意识的淡漠，各种培训的成效便会大打折扣。因此，坚定语文教师科研的信念，引领教师乐于科研实践，才能提升教师科研的品质。

（一）自信：从“被发展”走向“自主发展”

信仰使人类有了生活的指南和目标，人类也通过信仰成就了生命的意义。相信也是一种力量。提高教师科研的含金量的第一要义，便是教师科研意识的觉醒，这样才能从“被发展”的状态中解放出来。有学者总结了成人学习者具有的四方面特征，即知识、经验、使命、信心。可见语文教师拥有了信心，他的知识更新速度才会加快，职场经验才会丰富，教育的使命感才会不断增强。

（二）自觉：知行合一，做反思性实践家

外在的压力只能管一时，内在的动力才会管一生。科研需要语文教师的自觉行动。阅读教育杂志时，我们不难发现这些论文既有教师工作实践的总结和升

华，也有教师思想和情感的流露；既有记录教师反思与成长的心灵日记，也有闪烁着教育智慧的深邃见解。教师是以经验的反思为基础，面向儿童创造有价值的某种经验的“反思性实践家”。教学与反思同行，不仅促进教学质量的提高，也能使教师的专业素质提升，教学相长的意义便在于此。

（三）自然：持之以恒，让研究成为一种生活

自然是习惯。要让语文教师平庸的工作变为创造性的劳动，不是一件容易的事情。教师科研带有功利色彩，但不能急功近利。为职称、为考核、为评比，许多老师会对科研产生一度热情，但时过境迁，便会弃之不理。其实我们也清醒地意识到，无论是于漪、钱梦龙、魏书生等语文大师，还是课改以来涌现的“新生代”语文名师，他们走的道路并非是一路的繁花似锦，而是一条“光荣的荆棘路”。正是因为他们自我的觉醒，才能以非凡的毅力投身教育，专心教研，锲而不舍，最终有所成就。

二、定点·穿线·多维——语文教师科研品质提升的实施途径

（一）定点钻探，建立原生态研究案例

案例研究是最常用的研究方式，但由于选点不新、思考不深，许多案例成了“流水账”；在研究中如果一味引用他人资料，就容易落入俗套，且可读性不强。原生态教育教学案例要具有原创性、新颖性，这样才会使研究材料新鲜，细节丰富，真实可信。只要我们精心设计，扎实实践，进而展开深度反思，就会形成有特色的课例。不断积累原生态案例的过程，也是教育智慧不断生成与发展的过程。

1．追踪热点，理性批判与建构。选题独特，必须关注研究热点。领先一步，才能胜人一筹。只有思想新锐，才能敢于争鸣，善于挖掘。马克斯·范梅南的“教学机智”一说引入我国，于是笔者便根据一节作文评讲课，撰写了《懂你：迈向教育的智慧——一次特殊的作文评讲课手记》；有语文教师研究“深度语文”，笔者进行了反思，形成《“深度语文”的误区与学生意识的回归——兼析〈世间最美的坟墓〉课例》；有效教学、高效教学研究渐热，于是便有了《张力：让阅读教学走向高效——〈都市精灵〉教学设计》《微型写作课：透视写作教学高效的可能途径》等受读者欢迎的论文；针对目前流行的阅读教学模式，笔者

撰写了《展示阅读教学的隐忧与对策——兼评杜郎口中学语文课堂教学》一文，对当前流行的课堂模式进行反思与建构。

2．寻找冰点，个性挖掘与解读。一味跟风研究，很容易造成撞车或雷同，如果能够回归教育的本真，把握教学的规律，坚守常识，寻找冰点，巧妙挖掘，便会有个性化的研究成果。在观课中，笔者发现许多课堂追求模式的建构，多了机械的操练，缺失了丰富的情感。联系20世纪80年代李吉林老师的“情境教学”，那时的课堂，学生和教师的情感水乳交融，于是笔者在《人琴俱亡》一课教学后，展开教学叙事《倾心：让语文课堂洋溢深情之美》。同样，在教学中笔者发现学生的思维训练不断淡化，课堂缺少了“渐悟”与“顿悟”，便围绕“顿悟”展开研究，撰写了《顿悟：个性化阅读教学的理性追求》一文。

（二）一线串珠，形成系列化成果

1．关注外在线索，围绕主题进行纵向研究。各级教科研部门以及各类核心期刊，都会根据当前研究的重点、难点开展专题研讨活动。关注这些研究主题，选择有质量的研讨活动并积极参与，长期跟踪，这样教师不仅可以了解最新的研究成果，还会对课题的研究更加深入。如“长三角中学语文教学论坛”举办了三年，笔者长期参与，并根据三年的主题“语文教学内容的确定”“文学作品教学内容的确定”“散文教学内容的确定”，搜集资料，并结合教学实践，系统反思，理性建构，撰写了三篇论文：《立主脑·简头绪·密针脚：教学内容的确定策略》《观看之道：基于剧本视角的教学内容的选择》《“不散”与“散”：散文教学内容的规定性与开放性的统一》，连续三年获得一等奖。

2．挖掘内在线索，围绕课题开展系列研究。为了形成自己的研究特色，必须参与课题研究，否则，教学研究便会凌乱、泛化，难以深入。开展课题研究，首先可以丰富语文教师的知识结构。围绕课题开展文献研究，可以了解国内外同一领域研究现状，同时筛选、整合信息的过程，也是知识同化的过程。其次，基于课题研究的课堂研究，方向集中，过程清晰，反思及时，成效显著。这种有计划的基于现场的研究，更容易形成系列成果。“十一五”期间，笔者主持了江苏省教育规划立项课题“新课程理念下初中生态作文理论与实践研究”，撰写了系列论文：《新课程理念下生态写作教学的辩证思考》《新课程理念下初中生态写作教学设计摭谈》《新课程理念下的生态写作教学策略》《生态文化视域下的写作教学评价初探》《有序有法有根有魂：生态作文的追求》等，这些论文陆续发表于《中国教育学刊》《教育理论与实践》等核心期刊。

（三）多维发展，开拓研究的空间

1．厚积薄发，展开多向度研究。

其一，跨学段学科教学研究。作为初中语文教师，不仅要关注初中语文教学研究，也要关注小学语文和高中语文教学研究。因为小学语文和高中语文教学也会从不同层面给我们启发，如小学语文强调儿童视角，高中语文注重文本深度解读。小学、初中、高中语文教学的衔接等问题，都给初中语文教学留下了许多研究的空间。

其二，语文教学与宏观教育研究相结合。只有关注宏观教育，才会认识到作为“人的教育”的本意，也才会在学科教学研究的“灰色地带”着上生命的色彩。语文教学论文要精心撰写，偶有一得写写教育随笔、教育日记，也会别有情趣。许多语文教师都在努力经营属于自己的教育博客，这是语文教师的“后花园”，也是各自的“朝圣地”。带有美学色彩的散步，能够直抵语文教育的真意。

其三，阅读与写作相结合。当下教师缺的不是实践，而是理论，属于自己的理论。目前不读理论、不积累理论、不思考理论的教师不在少数。我们倡导专业阅读，至少要阅读语文教学的业务刊物，有追求的教师还要读些当代的教育教学名著。有时，读些“闲书”也会有意想不到的收获。专业阅读与非专业阅读相结合，才能不断刷新教师的内存信息，思想才会不断升级。

2．转益多师，形成学习共同体。

立足岗位，校内互学。学校就是充满活力的生态研究环境。在备课、观课、研课的过程中进行的常态教研的质量优劣，也是衡量一所学校质量高低的主要标志。建立学习共同体，共建发展愿景，开展深度交流，都是需要苦心经营的；否则，松散式的孤军奋战，不仅教师个体发展不快，而且学校办学品质很难提升。

寻求外援，异校拜师。“独学而无友，则孤陋而寡闻”，各种论坛、研讨会、培训的活动为我们提供了许多对话交流的途径。听音乐，品香茗，可读名家博文，也可阅草根博客，或者在论坛上围绕争议的话题各抒己见，这种学习自由自在，有乐趣，有滋味。

三、静力·定力·慧力：语文教师科研品质提升的理性追求

（一）静力：甘于寂寞，学会冥思苦想

面对现代社会的喧嚣繁杂，人们已很难有清净的时刻，教师亦如此。八小时以外的生活方式与教师的科研质量密切相关。去除浮躁，澄心静虑，需要我们有一颗“清凉心”。一轮明月，四壁清风，心清如水，这是许多学者的书斋生活，教师作为“教书者”，也应养成这样的生活方式。“人类不是在沉默中，而是在词中，在工作中，在行动—反思中被造就的。”①清静读书，冷静反思，幽静写作，寂寞中出学问，孤独中有真知。

（二）定力：心灵漫步，积聚教学勇气

随着教学改革的深入，各种教育见解、教学主张以及教学模式众说纷纭，让一线教师不知风向哪一个方向吹。此时，我们需要定力，拥有教学的自信力，不亦步亦趋，不见风使舵。学者帕克·帕尔默在《教学勇气》中叙述：“教学的勇气就在于有勇气保持心灵的开放，即使力不从心仍然能够坚持。那样，教师、学生和学科才能被编织到学习和生活所需要的共同体结构中。”②教学是一门科学，更是一种艺术。每一个个性鲜明的语文教师，都应该拥有属于自己的特色课堂。

（三）慧力：自出机杼，形成教学主张

教学主张的特征即为“我以为”“我追求”，教学主张的形成，乃是一个专家型教师的标志。文化语文、诗意语文、情智语文、本色语文等，都是每一位或者某一类语文教师长期实践思考的结晶，因为拥有了自己的教学主张，他们的追求才恒久而坚定。教育智慧的累积，不仅需要教师锻炼专业技能，还要练就专业眼光，培养专业品质，这样才能形成自己的教学主张。“路漫漫其修远兮”，需要我们共同求索。

---

①保罗·弗莱雷：《被压迫者教育学》，顾建新等译，华东师范大学出版社2001年版，第38页。

②帕克·帕尔默：《教学勇气》，吴国珍，余巍等译，华东师范大学出版社2005年版，第11页。

第二章 阅读·论语

第一节 理念·观点

一、文本细读：触摸言语生命的体温

当下不少教师热衷于教学形式的创新，重视拓展延伸，在课件设计上下的功夫往往较多，却忽视了对文本的仔细研读，对于文本的解读显得粗糙肤浅，甚至是误解，使得课堂的“语文味”不浓，学生的有效学习因素不高。其实一些“出彩”的课堂，正是源于教师文本细读的能力较强，其个性化的解读加上巧妙的教学策略，使得课堂精彩纷呈，魅力无穷，耐人寻味。

（一）案例剖析：文本何以在解读中丧失“语文味”

1. 游离文本：盲目追求解读形式的创新。教师为了在解读文本时活跃课堂的气氛，于是便在解读形式上翻新花样，在设计教学环节时纷纷借鉴电视媒体的热点栏目形式。有位教师执教《皇帝的新装》时，采用“实话实说”的形式，教师扮演记者发问，学生扮演皇帝、老大臣、官员、骗子、观众、小孩等角色作答。由于将文本搁置一边，学生在教师的追问下信口开河，不着边际。还有两位教师在《明天不封阳台》一课的教学中，分别采用了“新闻会客厅”（人类与自然的对话）与“辩论赛”（围绕“明天封阳台与不封阳台”展开辩论）的形式，学生唇枪舌剑，煞是热闹，可惜同样将文本冷落，使得课堂上充斥着肤浅的对话和应景的问答。

2. 无限拓展：与“语文”渐行渐远。《散步》一课的教学设计中的拓展材料许多都是从文本“亲情”出发，通过对亲情故事的讲述，或播放与父母有关的视频、歌曲等，感受浓郁温馨的亲情，体会中年一代对生活的使命感。比如有的教师请同学说说发生在自己家中的亲情故事，现场模拟母子（女）对话；还有的教师在此课的教学过程中，播放视频《感动全球，母亲的勇气》和歌曲《父爱》，挖掘“尊老”内涵，探究歌词含义。这些课堂忽视了语文文本的教学，将语文课异化为思想品德课和音乐课，语文课的本质属性已不复存在。

3. 文本“读误”：曲解文本主题。某位教师在《皇帝的新装》一课教学临近结束时，将主题归结为“批判了皇帝的昏庸”，然后要求学生列举中国历史上有哪些昏庸的皇帝，学生列举了隋炀帝、商纣王、夏桀、秦二世等昏君的事例，教师为了丰富学生的历史知识，又补充了周幽王烽火戏诸侯的故事。另一位教师执教季羡林先生的《幽径悲剧》时，将这篇文章的主题归结为“环保”二字，引导学生善待自然，珍爱自然，与自然和谐相处。这两位教师的教学设计都是对文本的误读。

4. 浮光掠影：钟情于平面化阅读。个性化的阅读如登山探险，带有一定的挑战性，如果钟情于平面化的阅读，如履平地，走马观花，收效甚微。许多教师重视诵读，但安排方式不妥。有的是读的时间不够充分，几千字的文章仅给学生两三分钟时间诵读，自然无所收益；有的是读的方式单一，遇到重点段落就安排齐读，即使安排个别朗读，读得也比较肤浅。例如教学《幽径悲剧》这篇文章时，为了探究紫藤萝的美，很多教师会要求学生找出文中哪些地方表现了紫藤萝的美，然后让学生读相关语句，有的教师在学生读完后，并不进行任何鉴赏分析便转入下一教学环节。这样的教师，他的阅读教学目的仅集中于“写什么”，至于“怎样写”“为什么这样写”，一概置之不理。

（二）文本细读：让教师成为文本作者的知音

文学批评家孙绍振先生尖锐地指出：“中学语文教学中的作品解读，无效的自我愚弄比比皆是。肤浅的对话、豪华的多媒体包装充斥课堂。最令人悲观的是，权威的理论与生动丰富的阅读经验长期为敌。”[①]作为一线语文教师，细读文

---

①孙绍振：《名作细读》，上海教育出版社2006年版，第3页。

本，走近作者，尤为重要。

1．素读：摆脱教参的束缚。

不少教师备课时，研读的重点放在教学参考书上，精读细研，不放过每一个要点。然后唯“教参”是从，确定教学重点难点，设计教学思路。至于所教文本，最多标出段落序号，以便课堂宣讲即可。如果是公开教学，精力则会放在网上查找优秀教案、设计教学课件上。这样的课堂往往会老调重弹，缺乏活力，缺少韵味。方智范先生指出：“语文教师要成为文本作者的‘知音’，首先不能仅仅依靠教学参考书，而应如古人所说‘操千曲而后晓声，观千剑而后识器’，要多读古今优秀诗文。”①

教师晤对文本，要真正读懂作者，读出个性，读出自我，应倡导“素读”，将教学参考书暂且搁置一边，直面文本，将文本里里外外梳理个透，圈点勾画，字斟句酌，殚精竭虑，细致分析言语的表达手法、修辞手法，层层解剖言语内在的组织结构，全力开掘言语的多侧面内涵，甚至将文本内化为自己的生命化的言语存在，这样才能唤醒学生的言语生命意识，促进学生的言语生命发展。诚如潘新和先生所言：“教师应着力培养的不是被动的理解者、领会者、欣赏者，而是作为审视者、批判者和表现者的读者，不懂得审视和批判就不懂得阅读。”②

2．厚读：积累自身学养。

教师面对文本，兼有双重身份（读者与教者），既要个性化地解读文本，又要考虑如何将自身的解读体验转化为文本教学策略，因此首先要将文本“读厚”，方能深入浅出。教师的文本细读，既是一个接受的过程，也是一个发现的过程。教师在文本细读时，既要消化吸收、整理评判他人对文本细读的种种见解和观点，还要关注珍视、归纳梳理自己对文本细读的独特感悟和发现。只要有利于教学，他人的观点、自己的感悟就有必要兼容并包、相辅相成。

王崧舟老师认为，从根本上说，一切都取决于进入细读中的“我”的前结构。这里的前结构，包括“我”的解读姿态、解读经验、解读策略、解读智慧、解读动机、解读情绪等，也包括“我”的文化底蕴、思维方式、人生阅历、人格

①方智范：《语文教师要成为文本作者的“知音”》，《人民教育》2004年第21期。

②潘新和：《语文：表现与存在》，福建人民出版社2004年版，第1257页。

特征、学识修养、审美情趣等。只有“眼睛”在场的细读是无效的，只有“头脑”在场的细读是低效的，唯有“生命”在场的细读才是真正高效的。[①]有位教师在细读《幽径悲剧》文本时，读至深夜，直抵作者心灵深处，即兴创作了一首小诗：

先生走在燕园的幽径/思想从春到冬蓬勃生长/为一棵树的离去黯然/泪滴落在北中国的土地上/我把先生看作耕作的农民/朴质而真实/在炎黄民族的历史隧道里/挥犁凿石寻找精髓/您的文字能强壮一个民族/而您日渐弯曲的背啊/点燃我们的忧愁

在教学中这位教师基于自身个性化的解读而设计了教学思路，让所有听课教师眼前一亮，交口称赞。课程临近结束，用上面的小诗作结，余味无穷。

（三）涵泳体悟：在细读中触摸言语生命的体温

1. 悦读：在语言情境中激活学生的“期待视野”。

阅读的过程，就是读者以自己个性化的“期待视野”（气质、性格、知识、阅历等的总和以及当时的心境），与作者、文本对话的过程。王尚文先生指出：“期待视野不仅对阅读活动具有驱动作用，而且始终起一种经验背景和参考框架的作用。阅读的过程同时也是期待视野对象化的过程。”[②]因此，教师巧妙地设置情境，激发学生的阅读兴趣，可以唤醒学生的“阅读期待”。

例如，在萧红的《呼兰河传（节选）》教学过程中，整体感知文本，教师让学生用一个词语说说初次读完这篇小说的印象。学生用下列词语概括：纯真、怀念、趣、自由、生机、清新等。接着教师介绍茅盾先生评价这篇散文体小说的三个关键词：一篇叙事诗，一幅多彩的风土画，一串凄婉的歌谣。然后让学生走进文本，体会散文体小说的艺术特色。结合阅读主体的原初体验，再借用名家评论，这样可以激活学生的阅读期待，充满热情地投入到文本的深度阅读中去。

2. 悟读：在言语实践中实现“视野融合”。

潘新和先生认为，在表现论阅读视界下，读者理论主张读者介入解读，将文本作为审美感知的对象，在视界融合中去生成意义，有利于从解读到表现的言语

①王崧舟：《谈文本细读》，《福建教育》2006年第2期。

②王尚文：《语文教学对话论》，浙江教育出版社2004年版，第221页。

智能迁移和由读者向作者身份的转换。师生要在课堂上与文本对话从而达成视野融合，必须通过形式多样的言语实践活动，营造一个有利于阅读主体情绪化的“场”，使他们主动地读，专注地读。让学生在读中积累，在读中感悟，在读中熏陶，在读中迁移。

如《呼兰河传（节选）》课堂片段：

师：“一幅多彩的风土画”体现在文中哪些地方？

生1：描写果园里祖母种的樱桃树、李子树。

生2：一幅多彩的画不仅体现在人物身上，也体现在景物上。

接着讨论多彩的人物：祖父、“我”。教师让学生分组讨论，研讨文本。讨论归纳：祖父——和蔼、慈爱、耐心、勤劳。“我”——天真烂漫、调皮、无忧无虑、倔强。

然后师生探讨文本局部（第28~31段）多彩的景物，先是个人细读，然后交流。

生1：一是描写对象的丰富多彩；二是色彩缤纷，如黄瓜的“黄”，黄蝴蝶的“黄”，白蝴蝶的“白”，天空蓝悠悠的“蓝”，白云的“白”等。

师：文章开头也有许多描写色彩的词，找找看。

生1：白蝴蝶、黄蝴蝶、大红蝴蝶、金粉、蜻蜓金的、蚂蚱绿的，明晃晃，红的红，绿的绿。

师：用文中的一个词概括这些描写色彩的词的特点。

生1：新鲜漂亮。

生1：三是活动丰富多彩。花儿睡醒了，鸟上天了，虫子说话。倭瓜上架或上房，黄瓜可以开谎花也可以结瓜，甚至可以不开花，不结瓜。

师：你可以开谎花吗？

生（齐声）：不可以。

师：为什么？

生2：我们失去了自由，不能自由成长。

师：这一幅多彩的画的特点是什么？用文中的一句话归纳。

生2：“一切都活了，都是自由的：要做什么，就做什么；要怎么样，就怎么样。”

师：找出这句话中的关键词。

生2：活、自由。

师：这段话中哪些地方体现了这一点？朗读体会情感。

（学生朗读，教师指导，抓住重音：都要……就……）

师：给这句话换一种相反的说法：一切都活（死）了，都是（不）自由（封闭、受拘束）的：要做什么，就（却不能）做什么；要怎么样，就（不能）怎么样。这句话描绘了怎样的现实？

生3：冷酷、黑暗、专制。

师：能否用一个词归纳？

生3：生死场。

文本探究。

师：萧红描绘的呼兰河小城的后花园如此的温暖美好，多年以后怎么成了“一串凄婉的歌谣”？

然后让学生阅读链接资料“萧红简介”，说说自己的发现。

生1：她生活艰辛，曾离家出走，到过许多地方，抗日战争时期随战地服务团辗转各地。

生2：疼痛折磨，她曾因病到日本疗养，后来病逝于香港。

生3：感情纠葛；英年早逝，她仅活了31年。

最后让学生给节选部分加一个副标题。

生：“呼兰河的童年时光”“诗意的后花园”“童年的梦”“怀念我的后花园”……

这样的阅读样式实现了学生、教师与文本、作者及教材编者之间的深层对话。

3. 异读：在立体的对话中感受言语生命的魅力。

阅读教学是教师、学生、文本、教材编者之间互相对话的过程，“异读”首先是指变换角度多种维度去解读文本，在立体的对话渠道中丰富阅读图式，加深阅读体验，存养言语生命和言语素养。例如，在《幽径悲剧》一课中，有位教师如此设计：

读者与文本对话：文中哪些语句触动了你的灵魂？

走进文本，与文本中的人物对话：如果你是紫藤萝，你会对愚氓说些什么？

走出文本，与作者对话：如果你来到北大，你会对季羡林先生说些什么？

这种立体的对话方式，激发了学生的创造性阅读能力。动态的信息交流，实现了师生与文本的互动沟通、影响和补充，形成一个真正的阅读的“场”。

其次，“异读”还指“求异”的读，要逐步培养学生探究性阅读和创造性阅读的能力，利用阅读期待、阅读反思和批判等环节，拓展思维空间，提高阅读质量。例如，在《皇帝的新装》一课中，有位教师巧妙地利用“短信互动平台”设置崭新的阅读视角：

批判性阅读，体会文体特征：有人说这个故事太“假”，你的观点是什么？

探究性阅读，体验寓言寓意：有人认为小男孩揭穿了谎言，对他来说太危险，你怎么看？

反思性阅读，拓展思维空间：你还想设计什么话题加入短信平台让大家讨论？

“异读”要紧扣文本文体特征，重视学生探究心理的研究。要让学生在标新立异时、欲言不能时、心理障碍时，通过主动积极的思维和情感活动，加深理解和体验，有所感悟和思考，从而在教学过程中让学生受到了情感熏陶，获得了思想启迪，享受了审美乐趣。否则，为了标新立异，脱离文本，无视语境，盲目“异读”，只能适得其反。

二、“审美的读”：提升文学作品阅读教学品质

当前的文学作品阅读教学，一方面无视文体特点，一律采用“整体感知—文本细读—品味语言—拓展迁移”的固定模式，文学作品的丰富性和独特性与读者绝缘，文学作品美的元素被稀释甚至抛却；另一方面，不顾学生的认知水平，漠视文本或者堆砌文本，一味追求课堂的纷繁热闹，或在文本表面浅尝辄止，或挖掘所谓“深度语文”，热衷于贩卖后现代文学理论，课堂上层层盘问，问答频繁，教师的强势阅读取代了学生的自主阅读。

“从读物角度出发的研究认为，阅读不是仅仅解译文字符号，而是要达到理

解和欣赏，也就是‘审美的读’，即发现文学作品中美的质量。”[①]文学作品阅读教学在于实现阅读主体和阅读客体的和谐统一，通过审美介入，激活审美情感，识透文本中的美质，体验阅读中的美感，渗透美育，走出非“审美的读”的窠臼，在“思”与“诗”之间，倾听文本的声音，倾听学生心灵的律动，确立合宜的教学内容，寻求文学作品阅读的真义。

（一）“审美的读”：切己体验，发现文学作品中美的质量

阅读教学内容随阅读对象而不同。“文章中的科学信息明晰性强，阅读呈线性的对应关系，宜取分读法和冷读法；文学中的美感信息带含蓄性、朦胧性，要求全身心地去感受，宜取全读法和热读法。”[②]“审美的读”完全是一种个人体验，也可以说是一种美感领悟。“审美的读”必须具备对文感、语感的量的积累和外界情境的触发等要素。学生只有在探究性阅读和创造性阅读中，才能领略“审美的读”的美妙感受，因此要多角度的、有创意的阅读，同时利用阅读期待、阅读反思和批判等环节，拓展思维空间，提高阅读质量。

（二）“审美的读”：倾听文本声音，在语言的丛林里散步

非“审美的读”是读的起点或者零点，在向审美阅读迈进的路途中，应注重让学生倾听文本声音，在语言的丛林里散步，或驻足观赏，玩味咀嚼；或闲庭漫步，心心相印。“读书须知出入法，始当求所以入，终当求所以出。见得亲切，此是入书法；用得透脱，此是出书法。盖不能入得书，则不知古人用心处；不能出得书，则又死在言下。”[③]由此可见，与文本“亲切”对话，体会文本作者“用心”，必须先走入文本世界，才能踏上审美之道。

1．“审美的读”：细读文本，拒绝快餐式阅读。“审美的读”首先需要给学生以充裕的阅读文本的时间，“走马观花”式的阅读只能是浮光掠影，一知半解，甚或不解。如某位名师在《珍珠鸟》一文的教学中，要求学生阅读文本时安排了这样的教学内容：

师：我们再花一分钟时间，重新看一下这篇课文，然后，请从文中找出你最

①金克木：《文化卮言》，中国人民大学出版社2006年版，第421页。
②曾祥芹，韩雪屏：《阅读学原理》，大象出版社1992年版，第41页。
③徐应佩：《中国古典文学鉴赏学》，江苏教育出版社1997年版，第259页。

喜欢的一句话。

师：带着两个问题重读课文，一分钟以后，我请同学来回答。（一分钟阅读与思考）

师：两分钟比较阅读，比一比，想一想。拿起你的笔，关键的地方圈画一下。

无论是感知文本或带着问题探究文本、比较阅读，一两分钟快速浏览千余字的文本，只能提取一些信息或留有一些肤浅的印象。不少教师在阅读教学拓展延伸环节，总是链接许多文本，但时间有限，往往是文本展示后学生根本没有时间进行深入阅读，因而对文本的印象是模糊的，思考自然流于肤浅，更遑论提升语感了。商友敬老师指出“披文入情”是阅读的必由之路，要重视“提”的力量：“‘提’就是读者把自己的精神心灵和感情，提到作品中主人公的地位，似乎你就是他，他就是你，一切悲欢都与他共享，就是所谓‘感同身受’。”[①]因此，必须留有足够的时间让学生阅读文本，然后引导学生集体讨论、合作学习，从而提高阅读质量。

2. “审美的读”：善待文本，追求务本的语文课。“审美的读”需要善待文本，不要以教师的好恶左右学生的解读意图。《义务教育语文课程标准》（2011年版）中教学建议明确指出：“阅读是学生的个性化行为……不应以教师的分析来代替学生的阅读实践。”要珍视学生独特的感受、体验和理解。目前，张扬读者个性已成为阅读教学中的共识，但教师如果一味将自己的解读思路、解读感受（尽管似乎比照搬教学参考书分析显得更加高明些）和自己预设的唯一结论强加给学生，便扼杀了“读者个性”，无异于“请君入瓮”。

例如，一位教师在教学剧本《威尼斯商人》时，引导学生进行探究性阅读：夏洛克仅仅是一个吝啬鬼吗？也有人说他是一个受害者，是捍卫犹太人尊严的“战士”，请研读剧本说说你的看法。首先是自主探究，教师引导学生把两栏标题记下：“夏洛克是一个受害者”“夏洛克是一个残忍贪婪的吝啬鬼”，学生在每个标题下至少列出五点依据来证明自己的观点；然后是合作交流，一组学生准备与夏洛克“吝啬鬼”角色相关的信息（剧本中的相关情节列表）；另一组学生准备

①商友敬：《商友敬语文教育漫谈》，长春出版社2009年版，第73页。

为夏洛克辩护的信息（列出剧本中的相关台词）。

上述环节紧扣文本，依据学情，教师、学生与文本的对话就能够得到充分的展开。正如方智范教授所说，我们应追求“务本”的语文课，不仅要关注“人本”，还要关注“文本”。语文教学是师生共同完成言语实践的过程，离开了特定的文本，离开了语言文字进行阅读教学，就会走向“泛语文”“非语文”的歧途。对于这一点，每一位语文教师都应该有清醒的认识。

3.“审美的读”：紧扣文本，切忌无限制拓展。“审美的读”不可盲目依赖多媒体，无限链接“超文本”，因为这样只会让学生莫衷一是。例如，某位教师在《明天不封阳台》一课的教学中，解读文本仅花了20分钟，后半节课就开始拓展延伸，安排如下环节：

展示图片：投影显示人类猎杀果子狸、藏羚羊等图片，教者简介图片内容；

拓展举例：学生列举身边类似事件；

讨论探究：阐述自己面对这一切时的表现，教者随即进行思想教育；

写作练习：围绕“人与自然和谐相处”主题写一句宣传标语；

播放音乐：《地球是个美丽的圆》（音乐声起，学生鼓掌打节拍）。

在应接不暇的文本与超文本的切换过程中，学生根本来不及打开思维，品味文本，于是这些“快餐”变成了“夹生饭”，学生消化不掉。于是课堂上学生的回答，大多便成了肤浅应景式的对答，很少有闪耀着思想火花的语言。许多学生大概景仰于教师深邃的思想，课堂“失语”成为“看客”；在教师奉献的“精神盛筵”面前，学生更多的是落寞和疲惫。其实，“简化头绪”“删繁就简”“摒弃烦琐的解读”这些做法早已提出。简约是一种美，简洁而朴素的教学风格更是美不胜收。

“作者由气盛决定言之短长与声之高下，读者则从言之短长与声之高下中去求气，得到了气，就能体会到作者写作时的感情，这就是因声求气。”[①]周振甫先生的“意—词—气”的解读思路，启发我们必须加强文本的吟咏诵读、涵泳体察，这样才能体会文本情意，悟得文本妙处。语文学习是促进学生言语活动、运用、实践的过程，应引导学生与文本对话，在听说读写实践中感受语言、领悟语

①周振甫:《文章例话》，江苏教育出版社2006年版，第59页。

言、积累语言、培养语感，进而培养正确运用语言文字的能力。

（三）“审美的读”：关注阅读主体，倾听生命拔节的声音

“审美的读”，要求教师学会倾听学生的心声。教艺精湛的于永正老师这样总结：“戏曲艺术是自我表现的艺术，而教学艺术则是由师生共同创造、共同完成的，而且，课堂教学的精彩常常不是因为老师的精彩而精彩，而是因为学生的精彩而精彩。”①教学艺术是处理教材的艺术，更是善待学生的艺术。

教师与文本的对话不是单纯的自我理解和赏析，而是为了指导学生学会阅读。审美的读需要善待学生。我们要换位思考，时时处处为学生着想，把自己的阅读思路转化为学生的阅读过程，把自己的阅读感悟转化为学生的内化体会。因此，教师必须将阅读策略转化为阅读教学策略。

钱理群教授在南京师范大学附中给高中学生讲鲁迅，首先编撰了适合中学生特点的《中学生鲁迅读本》。从感受鲁迅入手，再阅读鲁迅、研究鲁迅、言说鲁迅，由浅入深，循序渐进。第一课时感受鲁迅，围绕“父亲与儿子”选题确定教学内容，通过“父亲和儿子”的关系，找到了鲁迅的生命与学生的生命的一个契合点；第二课时以“儿时故乡的蛊惑”为主题，用朗读来感受鲁迅文字的语言之美，在读《阿长与〈山海经〉》时，当读到“仁厚的地母呵，愿在你怀里永安她的魂灵！”一句时，出现了这样的场景：

整个课堂的空气突然凝固下来了，所有的人都呆住了，所有学生的眼睛都发亮了。我追求的瞬间的震撼产生了。在那个瞬间，我自己也非常激动。我觉得，我的心灵和鲁迅的心灵，我和孩子的心灵，孩子和鲁迅的心灵沟通了。②

“审美愉悦是一种情感的愉悦。不带情感的审美活动是不存在的……它是客体情感合乎主体需要而激发起的主体的情感反应。它不同于理智感、道德感，以自由想象和审美静观为基础。”③显然对于中学生而言，审美的读更多的是以感性的方式走进言语世界，一味偏执于理性的思考，烦琐的追问，显然不符合学生的认知水平、心理需要、知识基础以及文本解读的能力。

---

①于永正：《教学艺术来自对学生的尊重和理解》，《青年教师》2009年1月。

②钱理群：《把鲁迅精神扎根在孩子心上》，《语文学习》2004年第6期。

③曾祥芹，韩雪屏：《阅读学原理》，大象出版社1992年版，第541页。

三、实用文教学内容确定的可能路径

实用文阅读虽然一直在阅读教学中占有一定比例，但其教学内容的规范性和科学性却未得到足够重视。因为在学理上研究不够透彻，导致在实践层面上有偏差。不少教师忽视了实用文的文体特征和阅读规律，阅读知识陈旧，阅读方法错位，阅读评价浅陋，教学的有效性不高。因此，在新课标理念的指导下，深入探究实用文合宜的教学内容，尤为必要。

（一）明辨文体：依据实用文体式特性确定合宜的教学内容

1．研习新课标，明确实用文阅读教学目标与内容。

根据文本体裁，可以将阅读分为文章（实用文）阅读和文学阅读。文章阅读不同于文学阅读，文章阅读以认知为目的，获得某种知识或信息，主要通过判断、推理、分析、综合等抽象思维方式获得对文章内涵的理解。文章阅读以功利判断、知识判断等科学或实用的价值判断鉴别文本的内容。①

实用文阅读教学的目标在于获取知识与信息，理解文本思想内容，评判文本实用价值或科学价值，促进抽象思维发展。《义务教育语文课程标准》（2011年版）在“课程目标与内容”部分关于初中生实用文阅读（第四学段）提出如下要求：

阅读简单的议论文，区分观点与材料（道理、事实、数据、图表等），发现观点与材料之间的联系，并通过自己的思考，作出判断。

阅读新闻和说明性文章，能把握文章的基本观点，获取主要信息。阅读科技作品，还应注意领会作品中所体现的科学精神和科学思想方法。

在《高中语文课程标准》中关于选修课程“新闻与传记”提出如下目标与内容：

养成阅读新闻的习惯，关心国内外大事及社会生活，能准确、迅速地捕捉基本信息，就所涉及的事件和观点作出自己的评判。

阅读新闻、通讯（包括特写、报告文学等）作品，了解其社会功用、体裁特点和构成要素，把握语言特色。

---

①曾祥芹，韩雪屏：《阅读学原理》，大象出版社1992年版，第345~346页。

广泛搜集资料，根据表达需要和体裁要求，对资料进行核实、筛选、提炼，尝试新闻、通讯的写作。

阅读古今中外的人物传记、回忆录等作品，能把握基本事实，了解传主的人生轨迹，从中获得有益的人生启示，并形成有一定深度的思考和判断。

认识传记作品的基本特性，尝试人物传记的写作。

由此我们不难发现，实用文教学内容确定的首要依据便是区分文本体式。初中阶段主要阅读记叙文、议论文、说明文、新闻、科技作品等，高中选修课程涉及新闻与传记阅读，各类文体皆有相应的阅读目标与内容。高中实用文阅读更注重读写结合，要求学生尝试新闻、通讯及人物传记的写作。因此，针对课标要求给某一篇实用文辨清文体属性显得尤其重要。

2．辨明实用文类别，选择合宜的教学内容。

朱广贤先生在文体分类时，给“实用文章门”进行了界定：“该‘门’文章，是指与文学作品门对立统一而存在的一门文章；由记叙类、议论类、说明类、应用类四大‘类’组成；凡具备满足人们物质需求的价值取向和体样风范的具有现实意义的文章各‘体’，均须先从其类，再入此门。”①

《松树金龟子》（苏教版七年级下册第四单元）是法国作家法布尔的作品，依据朱先生提出的“两门—八类—多体”的文章三级次分类新体系，《松鼠金龟子》可以这样归类：实用文（门）—说明类文本（类）—科学小品（体）。

此篇课文节选自《昆虫记》，此书是以大量科学报告材料为基础写成的具有文学气质的巨著。作为一篇科学小品，本文在说明时同时采用文艺的笔调，融合作者的科学观察成果和人生感悟。鲁迅曾把《昆虫记》称为“讲昆虫故事”“讲昆虫生活”的楷模。周作人说：“比看那些无聊的小说戏剧更有趣味，更有意义。”

实用文教学内容的合宜，在于找准文本的文体特性，以“特性”定“内容”。“先见文字体式，然后遍考古人用意下句处。”②因此，学习这篇文章，要抓住“科学小品”的个性特征（科学性与文学性相结合）切入教学内容，既要赏析细腻准确的说明文字，也要体悟渗透主观情感的诗意叙述。学生在获得关于金龟

①朱广贤：《写作学概论》，民族出版社2004年版，第72~73页。

②周振甫：《文章例话》，江苏教育出版社2006年版，第31页。

子的科学知识的同时，感受字里行间洋溢着作者对生命的尊重与热爱之情。如果按照“说明文”的文体特征选择这篇文章的教学内容，在说明对象特征、说明顺序、说明方法、说明语言的特色等方面兜圈子，文本的科学品质与人文情怀会流失殆尽。

同样围绕议论文进行理解性阅读，要通过重要语句的理解抓住文章要点，仍然需要认识文章体式的特性。按照体式的特性去阅读，往往就能比较合适地判断重要语句的所在。[①]假设一个单元包括学术随笔、文艺随笔、杂文和学术演讲词的言论文章，如果仅仅按照“议论文”的三要素（论点、论据、论证）来选择教学内容，就会导致文本阅读样式千篇一律，教学内容格式化，根本无法触及文本内核，学生阅读实用文的能力也无法得到提升。

（二）细识文本：走近作者发掘“这一篇”的教学内容

1．走近文本，成为文本作者的知音。

依据文本体式选择合适的教学内容，仅仅是解决了实用文阅读的“这一类”文本的问题。教材中“某一篇”具体文本的个性色彩，也凸显了教学内容的差异性。相同题材的实用文，由不同作家来书写，其教学内容既具有统一性，也具有异质性。因此，用心的教师自然会成为文本作者的知音，倾听作者书写文本时的心声，细识文本思路与思想内容，选择并挖掘合宜的教学内容。

阅读教学内容的重点与文本体式特性及艺术个性的理解相关。阅读《松树金龟子》，必须要了解法布尔的独特之处和《昆虫记》的艺术特色。《昆虫记》不仅是一部研究昆虫的科学巨著，同时也是一部讴歌生命的宏伟诗篇。法布尔的独特之处在于并不局限于仅仅真实地记录下昆虫的生活，而是以人性观照虫性，并以虫性反观社会人生，睿智的哲思跃然纸上。全文充满了对生命的关爱之情，充满了对自然万物的赞美之情。正是这种对生命的尊重与热爱的敬畏之情，给这部普普通通的科学著作注入了灵魂。教师引领学生走进文本，目的不仅仅在于了解松树金龟子的一般生活习性，而在于唤醒学生尊重生命、关爱生命、敬畏生命的意识，从而感受法布尔执着追求的科学精神和博大温馨的人文情怀。

---

①王荣生：《语文教学内容的重构》，上海教育出版社2007年版，第329~330页。

2．精心设问，凸显文本的个性价值。

语文教学内容关注知识选择与转化的问题情境。面对具体文本，教师主动选择文本知识，并将其转化为一种问题情境，激发学生思考。①在《松树金龟子》这篇课文文本细读时，首先阅读教材题注：

选自《昆虫世界》（有的译作《昆虫记》）。法布尔（1823—1915），法国昆虫学家、作家。达尔文赞扬他是“难以效法的观察家”，他以毕生精力写出的《昆虫世界》（《昆虫记》）十卷本被认为是“科学与诗的完美结合”。

引导学生通过研读题注明确对法布尔的评价：一是昆虫学家——“难以效法的观察家”（达尔文）；二是作家——“科学与诗的完美结合”（对其著作《昆虫世界》的评价），进而提出主问题：

为什么说法布尔是一个“难以效法的观察家”？

为什么说《昆虫世界》这部著作体现了“科学与诗的完美结合”？

教学内容要体现师生的认识差异。一个文本往往有多个层面的内涵，选择对话的适宜层面是教学成功的关键。第一个问题侧重文本内容的理解，第二个问题侧重语言特色的品味。两个主问题构成本课教学设计的主体环节，不枝不蔓，纲举目张，易于深入开展理解性阅读和探究式阅读。

教师不仅要深入文本提出问题，还要落实引导策略，设计活动化、分层次、分步骤的问题解决方案。如在回答第一个问题时，学生大都会围绕法布尔观察十分细致、富有耐心、持之以恒、勇于实践等方面回答，这时教师要引导学生关注法布尔“难以效法”的独特性，认识其独特性更表现在他不同于当时的研究学者漠视昆虫生命残忍机械的研究方式，而是带着温情的目光，将自己化作“虫人”，深入昆虫的生活，用田野实验的方法，发现了常人不能观察到的昆虫世界的奥秘。

引导学生细读文本，结合具体语句体会法布尔独特的观察视角。如以下语句：

“松树金龟子长得仪表堂堂，它身披黑色或棕色外套，外套闪着金属的光泽，上面还点缀着一些白色斑点，显得既朴素又高雅。”

“随着小虫情绪的变化，流苏会像扇面般展开或合拢。”

①陈尚达：《对重构语文教学内容的思考》，《天津师范大学学报（基础教育版）》2009年第10期。

“很显然，它们是在向美人大献殷勤，每天都进行到深夜。”

“别去打扰它吧！它是暑天暮色的点缀，是夏至那天镶在天幕上的漂亮首饰。”

接着再通过补充下面的材料，引导学生探究。

“你们是把昆虫开膛破肚，而我是在它们活蹦乱跳的情况下进行研究；你们把昆虫变成一堆既可怖又可怜的东西，而我则使人们喜欢它们；你们在酷刑室和碎尸场工作，而我是在蔚蓝的天空下，在鸣蝉的歌声中观察；你们用试剂测试蜂房和原生质，而我却是研究本能的最高表现；你们探究死亡，而我却探究生命。”（《昆虫世界》卷二）

结合上文摘录的语段，体会两种研究方法的截然不同之处。同时抓住“活蹦乱跳”“喜欢”“本能”“探究生命”等词语，学生不难体会，法布尔是带着尊重生命、热爱生命、敬畏生命的感情去观察昆虫，才会成为一个“难以效法的观察家”。

（三）立足语文：在语文实践活动中提升实用文阅读素养

1. 统筹兼顾，领会教材编者的意图。

阅读教学是师生与文本、教材编者之间对话的过程，阅读教学内容的确定，必须关注单元教学目标（编者意图）与文本本身教学价值的结合。例如，《松树金龟子》所在的单元主题为“动物世界”，教材选编了一组有关动物的说明文，单元教学目标为：“接触了解动物世界，激发关爱、保护动物的热情；感受课文中准确的说明，生动、形象、细致的描写，学习准确生动的语言；学习辨别文章的优劣，选择有关内容的文章，能初步理解并推荐给他人。”

基于文本特征（科学小品）、作者立场（科学与人文融合）、编辑意图（单元教学目标）、语文实践（语言文字运用）的融合，从三个方面确立本课教学的核心内容：

一是把握科学小品的文体特征，在说明中兼用文艺的笔调；

二是认识法布尔观察的独特性，感受法布尔的科学精神和人文情怀；

三是品味语言的准确性和形象性，体会文本“科学与诗的完美结合”的特色。

2. 语文实践，在语言品析中提升阅读素养。

阅读教学的本质任务，即引导学生在丰富多彩的语言实践活动中提升语文素养。例如，《昆虫记》被认为是“科学与诗的完美结合”，这部描写微小的昆虫的书成为人类获得知识、趣味、美感和思想的鸿篇巨制。在文本解读时，应从语言的生动性和准确性领略其诗意和科学品格。语言的生动形象，一是体现在拟人化的表现手法的运用，二是在作者浓郁抒情色彩的叙述中，文字画面感强，充满情趣。语言的准确性则体现在善于运用表现力强的一系列动词说明松树金龟子的生态特征和一些修饰、限制词语的选用上。

为了夯实教学内容，还可以从以下两个角度来品析语言：

角度一，请学生举一反三，体会语言的准确性。

首先赏析语言的准确性。出示例子：

原句：雄虫的两根短短的触角末端各有7条紧挨着的流苏。

改句：雄虫的两根短短的触角有7条流苏。

教师要引导学生讨论交流修改前后的区别，体会“末端”“各”“紧挨”的准确性。然后让学生自主学习课文，从文中再举一些例子来交流，体会用词的准确性。如：“每只松树金龟子产20枚卵左右”中“左右”一词；“在通常的情况下，双双快乐地生活在松树枝头，它们是有可能一唱一和、夫妻对唱的”中“有可能”一词；“大多数金龟子嘴里啃着松针，后爪钩着树枝，露出很满足的样子”中“大多数”“啃”“钩”等词。

角度二，请学生引用评论，多角度体悟语言的“诗意”。

“这个大科学家像哲学家一般的想，美术家一般的看，文学家一般的感受而且抒写。”（法国戏剧家罗斯丹）结合名家评论，引导学生从下面三个方面入手：诗意的深邃——找出富有哲思的语句；诗意的画面——找出画面优美的语句；诗意的情感——找出情感丰富的语句。通过勾画、朗读句子并赏析交流。

交流过程中，为了充分体悟诗意，摘录文章中的两段语句进行变式，将整句化为散句并换行排列，形成诗歌：“在金龟子的世界里／歌声是用来表达痛苦的／而沉默则是欢乐的标志／别去打扰它吧／它是暑天暮色的点缀／是夏至那天／镶在天幕上的漂亮首饰。”将这首小诗命名为“松树金龟子之歌”，然后引导学生进行赏析，再结合有感情地朗读（可配乐），营造诗意氛围，让学生入境动情悟理。

（四）指导学法：在关注学情的基础上重构实用文教学内容

语文教学内容重构强调了语文教学过程的动态变化特征，其动态变化是由教师和学生这两个具有主观能动性的主体所策动和制约的，其内容构成体现为语文知识与生活经验的重组与统整。①

实用文阅读教学内容的重构，在明晰文体属性、发掘文本价值、专注语文实践的基础上，还要依据学情，习得学法，这样才能切实提高阅读素养。

1. 自学：创设有利于学生进行自主、合作、探究的学习环境。

过程以时间的形态展开，在过程中充满了学习主体的活动和方法。因此，学生主体的学习活动、学习方式和方法，就成为他们获取知识的途径、养成能力的手段和形成情感态度价值观的基地。阅读教学内容不仅要关注教师的“教”，更要关注学生的“学”，关注学生阅读过程中的生理活动和心理机制，关注学生在阅读过程中的智力发展和个性成熟。例如，《松树金龟子》一课根据学习目标和教学内容可进行相应的学法指导（见下表）：

学习目标	教学内容	学法指导
信息筛选，梳理文本结构。	根据听写词语梳理金龟子的生活习性。 概括信息并列出本文的结构提纲。	听写词语，小组之间互改。 概括内容，作补充或修改。 读课文列提纲，小组展示。
认识“难以效法的观察家”的独特之处。	研读题目注释，明确对法布尔的评价。 讨论：为什么说法布尔是一个“难以效法的观察家”？	细读文本，结合具体语句阐述。 结合“链接材料”探究阅读。
品味“科学与诗的完美结合”的语言特色。	赏析语言的准确性，学习科学态度。 赏析语言的生动性，感受诗意语言。	研讨示例，合作交流。 结合评论赏析、诵读。
感受法布尔的科学精神与人文情怀。	链接材料，展示法布尔人生简历。 模拟诺贝尔奖委员会写一段颁奖词。	探究阅读，交流发现。 写作颁奖词，小组交流展示。

①陈尚达：《对重构语文教学内容的思考》，天津师范大学学报（基础教育版）2009年10月，第41页。

学习是一种探究活动，教学内容必须与学生的要求、兴趣、爱好相适应，在关注全体学生发展的同时，尊重学生个体差异，强化学习方法全程指导。在上表的“学法指导”中，有学生独立阅读文本的个体学习，也有小组成员之间的合作学习，班级群体的探究学习，学生在听说读写的语文实践活动中，提升实用文阅读素养。

2. 导学：发挥师生在阅读教学过程中的主动性和创造性。

把教学过程等同于“学习过程”，则会削弱教师的指导作用，使学生的学习产生放任自流的危险。在充分发挥学生自主学习的前提下，我们同时强调教师的主动性，教师要在知识探源上下功夫，深入探究实用文阅读的核心知识、核心方法及其在阅读知识体系中的位置，精心设计核心问题和变式拓展方案。对课堂引导、评价作充分的预设，构建立体对话途径，鼓励学生问疑、探疑、释疑，以培养学生的探究能力和创新意识。

实用文阅读教学需要梳理文章思路，一般采用学生直接研读文本列出提纲的方式。例如，在上述案例中，先让学生听写词语，如仪表堂堂、大献殷勤、一模一样、抱怨、贪得无厌；然后根据文中法布尔对松树金龟子的发现，用上述五个词语分别组成一段话；接着研讨两个问题：①这五个词语分别介绍了松树金龟子哪一方面的内容？②除此之外，文中法布尔对松树金龟子还有哪些发现？最后概括信息并列出本文的结构提纲，参考如下：

生活习性
- 仪表堂堂：外形
- 大献殷勤：婚恋
- 一模一样：发音原理
- 抱　　怨：唱歌原因（死亡与繁衍）
- （不）贪得无厌：食量

上述步骤包含三个环节：第一个环节是还原语境，理解词义；第二个环节是联词造句，概括内容；第三个环节是整合信息，编写提纲。由写词语、造句子到说一段话，梳理篇章结构，循序渐进，由感知到综合，将扎扎实实的语言表达与思维训练紧密结合在一起，符合学情，易于操作，容易收到实效。

3. 助学：精选助读材料开展深度学习。

深度学习的必要条件包括时间、注意力、背景知识、详细而精确的加工程序，与主要发生局部学习的简单学习相比，大脑活动更趋于发散性。[①]实用文阅读教学过程中，借助于文本之外的助读资料，如作者介绍、作品写作背景、体裁体例材料、印证资料、类比资料、述评资料等，往往可以加深学生对文本的理解，使得阅读活动更具挑战性、探究性、批判性。但如何选择适宜的材料，用何种方式呈现材料，在什么时候呈现，如何利用链接材料进行探究学习，则需要我们审慎对待。教师要对学生学习困难进行预测，并收集助学资料，设计选择性指导预案。

例如，对《松树金龟子》一课教学时，许多教师在导入新课后，就让学生交流作者介绍及写作背景，然后再阅读文本，这样设计使列举的材料成了识记的静态知识，与下面的文本阅读研讨分离，助读材料的价值没有得到充分利用。

其实可以将相关的助读材料放在拓展环节，要求学生根据下面的链接材料说说自己的发现。

15岁法布尔报考师范学校，毕业后任初中数学教师；

19岁他读了一本昆虫学著作，萌生做一个为虫子书写历史的人的想法；

24岁通过自学取得大学物理数学学士学位；

31岁发表两篇学术论文一举获得自然科学博士学位，这时他仍然是一位中学教师；

52岁他远离城市喧嚣返回乡间小镇，花费四年时间完成《昆虫记》第一卷；

57岁他花了一小笔钱购得荒地上的一处旧宅，起名——荒石园。在这座百虫乐园里他孤独、欢欣、清苦、平静地度过了35年，给人们留下了10卷本《昆虫记》……

上述材料是根据法布尔的传记材料精心编写的，时间跨度大，信息丰富而集中，可以引发学生的多角度思考，如对理想的执着追求，持之以恒的求学精神，艰辛跋涉的人生历程，甘于寂寞成就伟业的人生智慧等。在此讨论的基础上，教

①Eric Jensen，LeAnn Nickelsen：《深度学习的7种有力策略》，温暖译，华东师范大学出版社2010年版，第11页。

师随即补充一段有关法布尔的文坛轶事，让学生为诺贝尔文学奖候选人法布尔——“昆虫世界的维吉尔”，写一段颁奖词。这样读写结合，促进学生与文本、作者展开心灵的对话。在语言训练的同时，帮助学生养成乐于进取、不畏挫折的人生态度，树立踏实做事、追求崇高的人生观。

四、涵泳体察：让个性化阅读教学返魅

审视当下的个性化阅读教学，不少课堂上“个性化”与“阅读教学”日趋分离。所谓“个性化”即标新立异，各秀风采：有的热衷于文本解读花样的翻新，有的钟情于多媒体声像的异彩纷呈，有的在小组合作形式上殚精竭虑……当这种浮躁的阅读风气日渐弥漫的时候，可借鉴我国古代传统的阅读经验并寻求相应的对策。

（一）虚静而明：“涵泳体察”的价值阐释

为应对这种浮躁的阅读之风，我们可以在传统的阅读理论中寻求对策。朱熹告诫读书人：“学者读书，须要敛身正坐，缓视微吟，虚心涵泳，切己省察。”“涵泳体察”的前提是“虚心”“切己”；阅读姿态强调“敛身正坐”，其用意在于入境；阅读样式“缓视微吟”，旨在细读慢品。曾国藩在家书中对“涵泳”作了形象的诠释：“涵者，如春雨之润花，如清渠之溉稻。雨之润花，过小则难透，过大则离披，适中则涵濡而滋液。清渠之溉稻，过小则枯槁，过多则伤涝，适中则涵养渤兴。泳者，如鱼之游水，如人之濯足……善读书者，须视书为水，而视此心如花如稻如鱼如濯足，则涵泳二字，庶可得之于意言之表。”[①]

“春雨润花”“清渠溉稻”说得多么形象！如此涵濡浸润的读书过程应是个性化阅读的基本样式。

“涵泳体察”需要的是一种平静从容的阅读心态，“静故了群动，空故纳万物”，“静”与“空”中蕴含的禅意，同样适用于阅读，正如学者张隆溪所言：“像空白和无言一样，‘空’和‘静’在诗中也极为重要——因为虚空和静寂中蕴含着丰富的想象与可能。”[②]在阅读教学中，“虚空”充满了布白之美，“静寂”蕴含了顿悟的可能，朱熹所言“虚静而明”也有这样的道理。

---

①李维鼎：《语文言意论》，上海教育出版社2000年版，第104页。

②张隆溪：《道与逻各斯》，江苏教育出版社2006年版，第234页。

（二）辩证实践：“涵泳体察”的实施策略

1．阅读的心态：“慢”的艺术——从容涵泳，自然生其气象。

学生要能在默读静观中驰骋想象，十分重要的是教师必须认真钻研教材，选准能启发学生想象的“触发点”。[①]如韩军老师执教的《大堰河，我的保姆》的教学片段：

生：我有个问题，那个“黄土下紫色的灵魂”，为什么是“紫色”的灵魂？

师：好，大家谁给她解释一下。

（学生展开讨论，明确了“紫色”的含义）

师：同学们，大家看看，这个结论是谁得出的呢？结论是大家自己共同讨论、研讨、集思广益得出的。在学术界，这个问题仍然是一个悬案，没有一个统一的结论。今天大家得出的结论，也可以成为众多学术观点之一。这就是研究性学习呀！

师：艾青对色彩非常敏感。大家数一数，看看全诗中艾青用了多少颜色词语，一一找出来。（陆续全部找出）

师：共有多少处用了颜色词语？

生：8处。

师：说说各自的意义。（生阐述色彩意义）

师：大家可以写成一篇学术性的小论文，题目可以叫作《〈大堰河，我的保姆〉中颜色词的运用》。

韩军老师引领学生由“紫色”探究紫色的含义，再找出8处色彩词语，再次探究，然后布置小论文写作，一路从容读来，自然精彩纷呈。

2．阅读的策略：“细读”文本——宁详毋略，穷尽其词。

钱理群先生关于经典作品教学提出这样的看法：“应引导学生读原著，一字一句地疏通，一篇一篇地老老实实地读，弄清原义、原意，培养学生细读文本的能力和习惯，不要‘抽出而讲之’，做不着边际的发挥。”[②]例如，在《幽径悲剧》一课的教学时，教师在完成对文本的深度解读后，提炼了这样的探究主题的

---

①于漪：《语文教学谈艺录（修订本）》，上海教育出版社2012年版，第115页。

②钱理群：《我对经典作品教学的一些看法》，《中学语文》2007年第10期。

思路：初读，认识紫藤萝的悲剧—再读，体会人性悲剧—三读，体会时代的悲剧。为了帮助学生探究人性的悲剧，教师没有直接向学生点明，而是通过具体语言的品味来体察主旨，要求学生圈画出第12～14段中含有“人”字的句子：

“我是一个没有出息的人。”

“真正的伟人们是绝不会这样的。”

“这一棵古藤的灭亡在我心灵中引起的痛苦，别人是无法理解的。”

“它在控诉无端被人杀害。”

“它虽阅尽人间沧桑，却从无害人之意。”

“每年春天，就以自己的花朵为人间增添美丽，焉知一旦毁于愚氓之手。”

“在茫茫人世中，人们争名于朝，争利于市，哪里有闲心来关怀一棵古藤的生死呢？”

同时提示学生从基本的人性，比如生存、尊严、亲情、名誉、自由、是非美丑的判断等方面思考。这样的细读将感性认识（语言品味）与理性思考（主题探究）巧妙地结合在一起，问题指向明确且具有开放性，学生的回答自然有了深度（主题深刻）、广度（发散思维）和温度（气氛融洽）。

3．阅读的指向：“品”的韵味——沉潜讽咏，玩味义理，咀嚼滋味。

罗兰·巴特认为文本是复数的，文本的意义不是一般的意义，不依赖于解释，只靠“爆炸”和“传播”。“人们要获得文本，就要把它重新恢复为一种演奏、一种任务、一种生产、一种实践。”①因此，教师引领学生走进文本要付出艰辛的努力，要消除和减少写作与阅读之间的距离。

有位教师在《幽径悲剧》一课教学中，设计了填写“北大派出所被害花木档案”（见下表）这个环节，让学生在通读全文的同时，在寻找中去体验“悲剧”，然后在师生共同分析中“感受悲情”，为下一步“挖掘主旨”做准备。教师处理这个环节的时候并不只是填表而已，有语言的咀嚼，如对“微笑”“摇曳”等词的体会，对紫藤萝别名的探究；有写法的赏析，如对紫藤萝多角度描写的手法的分析；有吟咏体味，如对重点段落有感情朗读的指导。

①滕守尧：《文化的边缘》，南京出版社2006年版，第221~222页。

北大派出所被害花木档案

<table>
<tr><th>姓名</th><th>紫藤萝</th><th>别名</th><th>吊死鬼</th><td rowspan="7">紫藤萝照片</td></tr>
<tr><td rowspan="2">主人</td><td rowspan="2">生命属于历史
遗体下落不明</td><td>年龄</td><td>“大概几百岁”“二三十年”</td></tr>
<tr><td>现住址</td><td>北大燕园</td></tr>
<tr><td rowspan="4">外貌特征</td><td>形</td><td colspan="2">盘曲而上，直上青云　　外在美</td></tr>
<tr><td>香</td><td colspan="2">幽香</td></tr>
<tr><td>色</td><td colspan="2">紫红色　　万绿丛中一点红</td></tr>
<tr><td>精神面貌</td><td colspan="2">气势不凡　　内心美</td></tr>
<tr><td rowspan="2">现在生命特征</td><td rowspan="2">微笑</td><td>性格行为特点</td><td colspan="2">需求甚少，顽强生长</td></tr>
<tr><td>最后露面事由</td><td colspan="2">哭泣　万分委屈投诉无门</td></tr>
<tr><td>现在外貌特征</td><td>摇曳</td><td>推测原因</td><td colspan="2">愚氓灭美</td></tr>
</table>

“涵泳体察”强调“慢品”“细读”“沉潜”，但亦需辩证把握，适度操作，其要领有三：

其一，宜慢，处理好缓与急的关系。强调“慢”并不排斥“快”，整体感知、提取信息时的浏览、速读也是需要的，鉴赏品析则宜慢嚼。

其二，宜细，处理好整体与局部的关系。细读文本不是肢解文本式的条分缕析，应在整体感知的基础上进行细读，不能“只见树木，不见森林”。

其三，宜沉，处理好入与出的关系。可以“深入”文本，但须知“出”。“深入浅出”是最佳境界，“浅入浅出”属于平面阅读，“深入深出”费力不讨好，“浅入深出”则会错误迭出。

（三）切己体验：“涵泳体察”的深度指向

作家朱大可如此叙述自己的阅读体验：“识读就是自我携带着全部生存（此在）气味和印记进入话语世界，对它进行清洗，然后在它里面居住下来，并且最终转换成它里面的一棵树、一个纹饰、一种记号和一片尘土。”[①]只有经过体验，学生才能把陌生的、外在的、与己无关的言语材料变为自己熟悉的、可以交流的，甚至是融于自身的生命存在。学生在现实生活中可能经历过、听到过、看到

①朱大可：《话语的闪电》，华龄出版社2003年版，第160页。

过文中类似的事例，教师要启发学生唤醒以往生活体验，强化心灵参与，让文中的事例与现实社会中的事例全方位、多层次、多角度地接触、碰撞、交流，促进学生更好地去理解、感悟文本。如在阅读《读者》的随笔时，我的学生写下这样的感言：

在所有的列车中，最美的是充满精神的列车，而不是看这个车的豪华和乘车人的高贵。车上最美的是最有意念的，而不是买到卧铺的人。

——读《开往春天的列车》有感（学生沈日明）

没有了双手，剩下的还有双脚。没有了母亲，剩下的还有信念。生活总会在你关上一扇门的同时又开启另一扇门。上帝对每个人也都是公平的。用一颗宽容的心对待生活吧！那么，一切都会海阔天空！

——读《我最幸福》有感（学生郝文璇）

学生体验的深度，源于他与文本的深度对话。用文本唤醒学生内心的记忆，让他们能与自我对话，倾听内心的独白，从而激荡情感的涟漪，催生智慧的火花。

五、顿悟：个性化阅读教学的理性追求

当下阅读教学的课堂形态大都游走在平淡与热烈两极：有时过于冷清，整堂课波澜不惊，缺少惊奇与发现；有时过于喧闹，肢体活动频繁，你方唱罢我登场。学生或成了被动的“看客”，或变成活动舞台的演员，思维的时间大大缩水，思维的空间更加逼仄。“顿悟”成了一种稀缺的思维品质，“豁然开朗”“恍然大悟”“茅塞顿开”“醍醐灌顶”等形容顿悟后的美妙状态已很难见到。

顿悟是思维系统对问题进行信息加工，在一定时间未得到解决方案后，突然获得解决时的一种主观体验，是思维系统进行思考时从混沌走向有序的一种状态。顿悟，是一种可贵的创新思维，强调“自悟”“自觉”；也是学生自主学习能力的显性标志，表现为学生学习语文的敏锐的感受力、极高的悟性和自出机杼的灵气。顿悟在促进学生思维品质提升的同时，也可促进学生精神生命的发育，从而丰厚语文素养，完善自身人格。

（一）顿悟的内涵：“即时豁然，还得本心”

“顿悟”指对“真理”的顿然觉悟，东晋竺道生主张顿悟成佛，后来禅宗认为人人身心本有佛，只要顿然醒悟，便可“见性成佛”。有了顿悟，便可缩短学

习的进程。顿悟学习理论在国外又称直觉学习理论，心理学家苛勒认为，学习不是盲目试误的渐进过程，而是豁然开通、突然顿悟的结果。这种顿悟不是对个别的刺激物所产生的反应，而是对整个情境、目的和解决问题的方法之间相互关系的整体理解。

（二）顿悟的特征："云覆千山不露顶，雨滴阶前渐渐深"

1. 自主性。顿悟是"禅"的觉解的一种状态。禅的本意是沉思，禅的状态就是沉思的状态。顿悟的主体是"自我"。顿悟之时，也是潜意识十分活跃的时候，最能产生联想、想象和灵感。阅读教学中的顿悟，就是学生的个性化行为。

2. 整体性。顿悟注重对文本的整体性把握。整体直觉的阅读方式是汉语文学鉴赏的重要思维方式，"这样的思维方法体现于文学批评便是将文学作品所有的各部分作为一个整体进行观赏，泯去读者与作者的界限，充分地投入，体会其精蕴，同时发挥自己的想象，加以理解，作出判断"[①]。

（三）顿悟的途径："博采而有所通，力索而有所入"

1. 积累催生顿悟：遍参—熟参—深参。

禅宗以为"悟"的前提为"参"，"参"即指通过静坐冥想探究并领会义理。"参"有三个层次：遍参—熟参—深参。[②]"遍参"指明参的面要广阔，侧重量的积累；"熟参"强调参的程度要熟练，侧重能力的养成；"深参"指向于参的深度，侧重参的智慧的获得。这三种方式对阅读教学中的顿悟学习是有启发意义的。

其一，遍参（通读）。因为强调阅读的量的积累，所以对应于"通读"或"略读"的阅读方式。通过大量的语言材料的感知，不仅可以培养学生语感，也可以丰富阅读图式，磨砺思想境界。要树立"广角阅读"观念，通过课内外结合的途径，进行多种方式的阅读训练，如课本与补充教材链接阅读、节选文本与全本著作互补阅读、某位作家专题阅读、人文主题探究阅读、文本阅读与超级文本阅读相结合等，这种全方位、大容量的"广角阅读"，为"顿悟"提供了无限的可能性。

---

①刘明今：《中国古代文学理论体系·方法论》，复旦大学出版社2000年版，第254页。

②李建中：《中国文化与文论经典讲演录》，广西师范大学出版社2007年版，第349页。

其二，熟参（精读）。目前不少版本教材都采用了以人文主题为单元的编排体系，各种文体的文本混合在一起，有的文本本身体裁也比较模糊，这就导致不少教师在阅读教学中不区分文体特征，一律采用“整体感知—文本细读—总结归纳—拓展探究”的模式组织教学。这种“泛文本”的阅读教学对于学生解读文本的能力提升帮助不大。“熟参”要求阅读教学重视文体感的习得，依据文体及学情确定教学内容。学生在精读中习得文体知识，掌握文体阅读样式，形成阅读技能，这样“顿悟”的含金量也会大大提高。

其三，深参（味读）。日本19世纪末流行这样一股阅读教学思潮：阅读教学是对作品及课文的知觉（认知和直觉）和理解的指导。“教师的任务是在指导时，引导学生不断地进行阅读。它包括‘读’‘深入读’，即‘知觉指导’‘理解指导’。”[①]“深入读”为“顿悟”提供了契机。

例如，在《都市精灵》一课教学中，笔者设计了由浅入深的阅读思路：第一层次，感知性阅读，通过筛选信息，认识都市精灵就是“每座城市钟爱的小动物”；第二层次，理解性阅读，通过语段分析，分析作者如何描绘“每座城市钟爱的小动物”；第三层次，反思性阅读，引导学生质疑——“文中所述城市中人们钟爱的动物，能够称得上真正的‘精灵’的是哪些?”然后抓住“其实，每座城市都应该有每座城市钟爱的小动物，而且形成传统，是它的一种标志和象征”这句话中的“传统”“标志”“象征”三个关键词去辨析文中的相关语句，通过讨论领悟到，只有旧金山的“海兽海鸟”才称得上是真正意义上的“都市精灵”，因为旧金山看“海兽海鸟”一直是“传统节目”；上海、昆明的人们有了“钟爱动物”的意识，还没有形成传统；北京人与“大众化鸟类”结为伙伴已成为过去的传统。由此，学生才能深刻体会到作者舒乙先生写这篇随笔的“别样用心”。这样的“顿悟”才会入格、入神、入味。

2．体验诱发顿悟：反复玩味，切己省察。

朱熹在《朱子语类》中说：“读书之法，先要熟读。须是正看背看，左看右看。看得是了，未可便说道是，更须反复玩味。”阅读者必须根据自身的体验去反复吟诵，玩味欣赏。

---

①倪文锦，欧阳汝颖：《语文教育展望》，华东师范大学出版社2002年版，第276页。

解读文本时，我们可以设置多向性对话，让学生走进文本，与作者对话，与文本对话，与自我对话，让学生倾听文本声音的同时，倾听自我心声，加深阅读体验，求得“心头一颤”，顿悟自然会生发开来。例如，在教学唐诗《闻王昌龄左迁龙标遥有此寄》时，笔者采用多种方式设置对话情境，丰富学生体验，反复诵读欣赏，引发顿悟。安排了以下环节：

（1）比较诵读（自读、范读相结合），初步领略诗歌情感；

（2）创意编读（依据诗意设计MTV画面脚本），学会感悟诗歌意境；

（3）情境对话（变换角度体验角色），设身处地走进诗歌；

（4）探究精读（揣摩用字造句的妙处），咀嚼语言读出情味；

（5）拓展研读，将本诗与《赠汪伦》《送孟浩然之广陵》比较，互文链接探究阅读。

朱自清先生在《〈唐诗三百首〉指导大概》一文中指出：“会读诗的人，多读诗的人能够设身处地，替古人着想，依然觉得这些诗真切。这是情感的真切，不是知识的真切。这些人不但对于现在有情感，对于过去也有情感。他们知道唐人的需要，唐人的得失，和现代人不一样，可是在读唐诗的时候，只让那对于过去的情感领着走；这种无私、无我、无关心的同情教他们觉到这些诗的真切。”①在阅读教学中，如何引领学生站在作者的角度“读得真切”，设身处地与文本进行多重对话就显得尤其重要。唐诗写作虽年代久远，但诗人抒发的诸如离别、失意、思念等情感却是千古相通的，通过多向度对话，让学生打通古今隔膜，进行心灵之间的对话，知“唐人的需要”，懂“唐人的得失”，“真切”地体验到诗歌的原生态情感，课堂上的“顿悟”自然丰富多彩，有滋有味。

3．质疑激活顿悟：小疑则小进，大疑则大进。

“顿悟”的前提是心头有疑问、有困惑，且有急切觉解的愿望。阅读教学关注质疑这个环节的意义便在于提出疑问、探究疑问、解决疑问这一系列创造性阅读的过程。如何引导学生质疑？朱熹在《朱子语类》中说：“读书，须是看着他缝罅处，方寻得道理透彻。若不见得缝罅，无由入得。看见缝罅时，脉络自开。”这“缝罅”可以在文本中寻找，也可以在师生与文本对话的过程中寻找，

①朱自清：《朱自清语文教学经验》，教育科学出版社2007年版，第158页。

还可对前人与文本对话的论述进行质疑。

首先是对文本的质疑。可以从文本外部结构入手，如标题、开头、结尾、过渡段、重点段等；也可关注文本内部层次，如结构、语言、主题、表达方式等；文学作品还可以从人物形象、意象、叙述角度、表现手法、作品风格等方面。

其次是在师生与文本对话的过程中质疑。在阅读教学的对话过程中，教师对于文本的理解、同学对于文本的理解、师生互动过程中生成的理解，其间都包含了“顿悟”的部分成果，同时也隐藏了质疑的“缝罅”。因此，“批判性思维的培养显得尤其重要”。“批判性思维既对固有的和情境共通的一致性和规律性具有敏感性，也对整体的或个别的情境所具有的特点具有敏感性。”（马修·李普曼《批判性思维——功能何在》）[①]在教学中激活学生的“敏感性”，顿悟也就有了“由头”。

再次还可对文本已有的相关评论质疑。接受美学认为，文本更像管弦乐谱，在其演奏中不断地获得读者新的反响，使文本从词的物质形态中解放出来，成为一种当代的存在。在教学中，借助作品评论既可以丰富思想观点，也可以让学生“顿悟”出新的观点。如在教学《孔乙己》时，链接了下列材料：

①通过科举考试失败者与获胜者的对比描写，揭露科举制度的毒恶。（教参）

②作者的主要用意是在描写一般社会对于苦人的凉薄。（孙伏园《鲁迅谈〈孔乙己〉》）

③以沉痛的嘲讽为旧文化人谱写了一曲挽歌。（程捷《鲁迅和人文精神的重建》）

④鲁迅的乡土小说中对这种森严的等第思想作了生动的揭示。（杨剑龙《论鲁迅的乡土小说与文化批判》）

通过对上述材料的探究阅读，学生的思维自然不会囿于教参上的一种说法，他们会从新的视角去挖掘小说的意义，这样的“顿悟”就有了广度与深度。

（四）顿悟的境界：走向妙悟——“惟悟乃为当行，乃为本色”

“妙悟”乃是“顿悟”追求的最高境界。古代文论中多有描述：“心潜岁月之久，自能探索幽微。妙悟者不在多言，善学者还从规矩。”（王维《山水诀》）“大抵禅道惟在妙悟，诗道亦在妙悟……惟悟乃为当行，乃为本色。”（严羽《沧

①阿伦·C. 奥恩斯坦等著：《当代课程问题》，余强译，浙江教育出版社2004年版，第223页。

浪诗话》）现代阅读教学视域中的“妙悟”，指向于审美欣赏与审美创造，进而走向审美人生。这也是“顿悟”追求的人生境界。

在“顿悟”走向“妙悟”的行进途中，我们在确立“自悟”“自觉”的主体性原则的同时，也不能否认或淡化教师的引领作用；所谓“迷时师渡，悟了自渡”，也有这样的道理。我们还须深思的是：学生顿悟的同时，教师有何做为？富有智慧的教师应在“有所为”与“有所不为”之间平衡课堂生态，“有所不为”要求教师给时间，给空间，让学生有充裕的时间阅读、思考、讨论、探究，有广阔的平台进行小组合作、展示、评价、总结；“有所为”则指教师在学生迷惑时营造情境，指点方法，纠正方向，引导深入，这样“顿悟”才不致无效、低效，并力求有效、高效。明末学者陆进仪如此叙述“悟”的过程：

“人性中皆有悟，必工夫不断，悟头始出，如石中皆有火，敲击不已，火花始现。然得火不难，得火之后，须承之以艾，继之以油，然后火可不灭。得悟亦不难，须继之以躬行，深入以学问，然后悟可以常继。”①

这段话指出“悟”的源头在于生命个体持之以恒，不断敲击；“悟”的升级还在于必要的援助，如“艾”（灯芯）、油的供给；悟的不断升华，更在于躬行与学问并举。这样的“顿悟”可以常悟常新！对于学生如此，而教师何尝不需要这种反复“悟”的过程呢？这一点也许更值得每一位教师深思并实践。

六、张力：让阅读教学走向高效

“张力”在物理学里指物体受到拉力作用时，存在于其内部而垂直于两相邻部分接触面上的相互牵引力；按哲学理解，指两个事物之间的距离和落差；从接受美学的角度理解，作者的语言活动背景与他表现在作品中的意象主体总是存在一些差距，文本的策略据此产生一种张力，这种张力造成一系列不同的活动和相互作用，而审美对象的出现最终消除这种张力。在阅读教学中，文本与读者保持适度的张力，可以让阅读教学走向高效。如果其间张力过小，只能流于平面阅读，学生收效甚微；张力过大，超出学生的认知水平，阅读视野很难融合，阅读教学的有效性则会大大降低。

例如，围绕《都市精灵》一课，笔者搜集了相关的教学设计、实录及案例，

①李建中：《中国文化与文论经典讲演录》，广西师范大学出版社2007年版，第354页。

发现相当一部分阅读教学方案流于程式，缺少张力，教学的有效性不高，主要存在以下一些现象：

1．思的缺失：琐碎问题的低效罗列。

如有教师解读文本时设计了这样三个问题：

（1）作者在文中谈论了一个什么话题？流露出了哪些情绪？表达了怎样的愿望？

（2）都市动物减少乃至灭绝的原因是什么？

（3）你能说出几种已经灭绝或濒临灭绝的动物吗？

第一个问题涉及文本主题的把握；第二个问题与文本内容有关联，仍然是主题的探究；第三个问题已脱离文本，指向生物知识了。诸如此类的提问蕴含的有效思维含量极少，学生对文本的理解只能是平面的感知，缺少立体的深入解读。因此，增加思维的含金量，首先需要教师对文本进行深度解读，设计有思维张力的问题，才能把学生真正引入情境，深入文本世界，沟通其内心的深刻体验，从而形成阅读期待。

2．言的模糊：语言品析的泛泛而谈。

不少教师为了所谓的个性化阅读，在语言赏析时大都抛出一个格式化的品析框架，让学生自由赏析。如本课有这样一些类似的赏析角度：

（1）下面我们来看一看这些可爱的精灵们，看完后要告诉大家你觉得文中的哪幅画面最精彩。

（2）我选段__________，我认为这段描写最美，美就美在__________。

（3）请同学们找出能够表现作者感情和观点的句子，读一读，品一品。

这种貌似尊重学生个性的阅读，但在具体实施时，往往是东一榔头西一棒槌，虽涉及的点很多，但大多是浅尝辄止，把文本搞得支离破碎，这样的“细读”缺少系统性、深刻性。

3．图的蛊惑：多媒体将文本与读者分离。

在信息时代，不少教师艳羡于多媒体的绚丽画面、纷繁信息、快速便捷，于是在上课前往往对课件制作投入过多精力，对文本的先期阅读仅停留在教学指导用书的解读层面。如在本课教学的一些实录中，很多教师链接了许多环保主题的视频材料，如《一个真实的故事》（音乐MTV）、《动物世界》（电视专题片）、

《哥本哈根气象大会开幕专题片》（公益广告）等；还有的教师在文本解读时，把文本中涉及的动物图片同步一一展示出来，或者在拓展部分将搜集的各种珍稀动物，用大量图片密集展示。阅读教学理应走出光怪陆离的声像立体冲击的怪圈，回归文本，化繁为简，这样的教学才会发掘出文学作品的张力。

上述现象往往源于教师对于文本的肤浅解读，过分依赖多媒体课件，不能根据学情选择适宜的教学内容，导致阅读教学低效乃至无效。阅读教学如何充满张力，下面笔者以《都市精灵》一课为例试作阐述。

（一）纵向开掘，发现张力："都市精灵"题旨的三度解读

在阅读文本之前，读者与文本之间存在张力，而作为特殊的读者，教师拥有比较宽裕的阅读时间、丰富的阅读经验和较强的文本解读能力，在上课前可以发现文本存在的张力并消除、减弱这种张力。在此基础上，教师还要根据学生已有的阅读能力，结合文本特征和编者意图，设计主要问题（张力的显性标志），逐层深入，帮助学生发现并消除张力。《都市精灵》一课笔者安排了三个环节，由浅入深，在理解文本的基础上帮助学生深入把握文本主题。

1. 感知性阅读——解词：都市精灵就是"每座城市钟爱的小动物"。

导入课题后首先引导学生讨论："精灵"原指什么？在文中"精灵"又指什么？明确"精灵"原指"神仙""精怪"，在文中指"可爱的动物"。接着追问：文中哪一句话对"都市精灵"作了准确的解释？文中第6段作了概括："其实，每座城市都应该有每座城市钟爱的小动物，而且形成传统，是它的一种标志和象征。"明确"都市精灵"就是"每座城市钟爱的小动物"。第一问比较浅易，学生在初读文本时一般即可找到答案；第二问则有一定难度，学生须浏览文本整体感知后，进行信息筛选，才能找出概括性的语句作答。

2. 理解性阅读——解句：作者如何描绘"每座城市钟爱的小动物"？

在文本细读时，可先梳理文本内容：作者描绘了哪些都市？又写了这些都市的哪些精灵？通过浏览式阅读，讨论板书（如下）。

北京喜鹊、松鼠、乌鸦等

昆明红嘴鸥

上海鸽子

旧金山大海狮大海鸟

接着通过自主探究、合作交流的方式，品析作者对这些精灵所作的精彩描写，感受精灵形象，体会作者对他们的情感。这是本课的重点环节，学生必须深入文本，品词析句，与文本对话，与作者对话，了解作者的言语方式及言语意图，才能触及文本内核，为下面的反思性阅读打下基础。

3．反思性阅读——解篇：“每座城市钟爱的小动物”都是“都市精灵”吗？

在解读文本时，必须倡导反思性阅读、批判性阅读，不断丰富学生的认知经验，利用并超越以往的经验，不满足于既定答案，也不囿于表层信息，这样的阅读才会弥漫张力，富有挑战性，才能提升学生的阅读能力。在细读文本的基础上，引导学生质疑：课文中叙述的城市中人们钟爱的动物，能够称得上真正“精灵”的是哪些？然后抓住“其实，每座城市都应该有每座城市钟爱的小动物，而且形成传统，是它的一种标志和象征”这句话中的“传统”“标志”“象征”三个关键词，辨析文中的相关语句（如下）。

以鸟来说，麻雀、老鸹、燕子，是北京的最大众化的鸟类，多少年来，它们都陪伴着北京人生活，是北京人生活中不可缺少的空中伙伴。如今，老鸹和燕子在北京已经很稀有了……

我很羡慕春城昆明，近年来那里每年春节前后都有成千上万只红嘴鸥由西伯利亚飞来过冬……

我佩服上海人，他们开始在城市广场上放养鸽子……

看海兽，看海鸟，便成了旧金山人的传统节目和一大享受……

通过讨论认识到，只有旧金山的“海兽海鸟”称得上是真正意义上的“都市精灵”，因为旧金山看“海兽海鸟”一直是“传统节目”；上海、昆明的人们有了“钟爱动物”的意识，还没有形成传统；北京人与“大众化鸟类”结为伙伴已成为过去的传统。由此，学生才能深刻体会到作者舒乙先生写这篇随笔的别具匠心。最后让学生再读课文题目，给文章加一个副标题。学生拟的副标题有：“人类密不可分的伙伴”“不要成为孤城寡人”“尊重生命关爱动物”“城市的符号”“共享一片蓝天”“让我们与狼共舞”……显然这样的标题已显示出学生对文本独到而深刻的理解。

（二）横向比较，扩充张力：文本阅读的散点透视

阅读教学不应满足于张力的发现与消除，应在不断探究中扩充张力，这样的课堂才会有深度（多角度阅读、充满理性的思考、积极的自主探究）、有宽度（作品拓展阅读、与其他学科链接、与生活沟通），才能逐步培养学生探究性阅读和创造性阅读的能力，才可以拓展思维空间，提高阅读质量。阅读也是一种线性过程，当文本的文字一行一行进入读者视线时，阅读行为同时就汇聚在词汇、句子、段落三个层次上，这时教师要引导学生对语义和形象进行综合，同时引导学生反复朗诵吟咏培养语感，让学生倾听文本的声音，从而消除文本与阅读者之间的张力。

1．词语的推敲阅读——读出画面感。

新课程倡导课堂走向开放和综合，但语文课应凸显“语文味”。教师要引导学生在语言实践中，可以通过“换、调、增、删”等多种方式，揣摩语言妙处，构建语文综合素养。如“只要鱼群一到，这上万只大海鸟便一起腾空，作低空滑翔，然后，一抿（合）翅膀，像炸弹一样，射（窜）入水中，百发百中，钻（露）出水面时，嘴中必有活蹦鲜灵的鱼。”如果孤立地赏析动词“抿”“射”“钻”等，学生可以感知到语言的形象性，但作者用词的精妙处则很难体会。通过换词推敲“抿”与“合”、“射”与“窜”、“钻”与“露”三组词语，同时必须结合具体语境，才能体会到用词的传神之处，也才能体会到“像炸弹一样”这个比喻的妙处。这样，学生在朗读时就能充分感受到画面的生机与活力。

2．句群的变式阅读——读出节奏感。

为了帮助八年级学生把握句式的特点和表达效果，将第1段中关于喜鹊的描写语句变式为诗歌句式，投影显示（如下）：

喜鹊多是成双成对，
而灰喜鹊则成帮成伙，
一来就是一大群，
它们高高地在树枝上
跳来跳去，
飞来飞去，

叫来叫去，

非常活跃，

为这座学府式的大庭院带来了一派生机和欢快。

这样学生很容易分辨出句式特点：整散结合（对称句式、排比短语与散句的交替运用），长短句结合。接着通过朗读感受语言的节奏感和音乐美。

3．段落的比较阅读——读出情味感。

文中第4～5段形成对比，在学生逐段解读的基础上，引导学生多角度比较描写乌鸦的文字：

冬天，在院中，在很高很高的枯枝上，常蹲着一对硕大的乌鸦，连大嘴都是漆黑的。它们并不叫，呆呆地蹲着，居高临下地瞧着这忙碌的大城市，像两个孤独而寂寞的旁观者。

清晨，成群飞向城外，在乡下地里觅食；黄昏，成群飞回城里，在城里类似万寿寺这种多树少人的深宫大院里过夜。数量之多，达到遮天的地步，一飞就是乌压压一大片，总有几百上千只，叫着闹着，给清冷的天际增添了一点无序的伴奏。

这里有数量的对比："一对"与"成群""几百上千只""一大片""遮天"；生活范围的对比："院中"与"城里""城外"；动作的对比："蹲"与"飞"；情态的对比："呆呆""孤独而寂寞"与"叫着闹着"等等。教师可以引导学生进一步明确，通过对比描写，写出了作者对几十年前乌鸦成群成伙充满活力的北京城的怀念和对现在北京城连"老鸹不老呱"的现实的难过之情。再引导学生进行分角色对比朗读，读出作者笔墨中的"悲"与"喜"。

（三）有机链接，消除张力：助读资料的精心筛选

在阅读教学过程中，为学生提供的助读资料含有陌生信息，并高于学生原有的知识水平，教师通过引导不断丰富学生的理解模式，打破他们的认知平衡，从平衡到不平衡，通过消除张力，达到新的平衡。显然，精心筛选助读资料并适时适量地引入阅读教学流程中，可以消除读者与文本的张力，提高学生语文综合素养。

1．引用创作文论——基于文体感的有机渗透。

文学作品阅读注重个性化理解及语言品味，于是文本解读时往往忽视“文体”特点，不关注“这一篇”文本的独特价值和共性特征。引用创作文论可以帮助学生生动准确地掌握文体的特征，如上述案例中，在小结环节可以引用舒乙先生谈创作《都市精灵》文字片段进行体会：

一篇散文，要以记实为出发点，选准一个切入点，找到一点特别的意思，深入进去，举一反三，加以类比，最后借题发挥，既抒发感情，又引出见解，切中时弊，成为有景有情有思的文字。

这段话准确地揭示了“随笔”的文体特征：“选准切入点”“举一反三”（构思方式）；“借题发挥，既抒发感情，又引出见解”（表达方式）；“有景有情有思”（语言特点）。这样的文体知识是精当适切的，也有助于学生阅读能力的提升。

2．介绍作者简况——促进多向性对话的深入。

张力发现和消除的关键在于建立、打开读者的自我视界，体现个性化的阅读，这样才能使阅读接近审美的本质。本课在拓展时通过“设计名片”环节链接生活，丰富学生体验。先展示舒乙先生名片（如下），然后让学生体验“中国野生动物保护协会资深会员”这一角色，联系生活选取“城市精灵”做形象代言，说说选择的理由，再发挥想象描述精灵在我们城市生活的情景。这样将文本、读者、生活联系在一起，进行思维、语言训练，同时给学生进行了审美教育和情感熏陶。

个性名片	**我的名片**
姓名：舒乙 单位：中国现代文学馆原馆长 兼职：中国野生动物保护协会形象大使 代言精灵：“雉鸡”形象代言人	姓名： 单位： 兼职：中国野生动物保护协会资深会员 代言精灵：

3．链接名人名言——引发生命意识的深度思考。

在《都市精灵》一课，笔者的结束语选用法国学者史怀泽《敬畏生命》中的名句作为座右铭：“善是保存和促进生命，恶是阻碍和毁灭生命。”“只有人能够认识到敬畏生命，能够认识到休戚与共，能够摆脱其余生物苦陷其中的无知。”

通过激情诵读，与学生一起体悟：一切生命生来平等，我们只有和谐相处，尊重生命，关爱生命，共建乐园，才能找到生命的真谛！这样的睿智话语不仅记录在学生的笔记本上，也流淌在学生内心深处的港湾。

七、展示阅读教学模式的矫正策略与发展趋势

（一）基于展示的阅读教学模式的矫正策略

基于展示的阅读教学模式必须重新审视这样一些问题：为什么展示？应该展示什么？如何展示？展示如何评价？除了展示还有没有其他的学习方式组合达到最优化？要解决这些问题，我们必须审视阅读教学目标，确定适宜的教学内容，进而优选教学方法，提高课堂教学的有效性。下面借鉴余映潮老师《纪念白求恩》教学实录[①]做探究。

1. 教学目标的明晰——人文精神与言语实践的融合。

阅读教学是师生与文本、教材编者之间对话的过程，阅读教学目标的确定，必须关注文本特征（教材价值）、编者意图（课标分解）、学情分析（八年级议论文需要学什么）三个维度的融合。余映潮老师本课确立了三个目标：一是感知文章，认识叙议结合的写法，概括内容要点；二是精读一段，品析表达手法；三是背诵一节，感受课文主旨。本课教学目标清晰有序、可操作、可评价，言语实践贯穿始终，以“朗读”为主线，从感知初读到精读、熟读成诵，由易到难，循序渐进。在文本的多重解读中，领悟作者情感，感受人物精神，陶冶思想情操，提升人生境界。

教学目标的明晰不仅体现在总目标的确立，还要关注子目标的细化分解，这样才能将目标落实。如在精读环节，余老师安排了这样几个子目标：“先读课文，理解词语的含义；再读课文，了解课文的句式；又读课文，感知这一段的层次；还读课文，品味对比的手法，最后达到有感情地朗读的目的。”上述五个环节，“词语—句式—层次—写法—诵读”，层次清晰，将知识与能力训练紧密结合，渗透了学习方法指导，最后通过朗读感受人文情怀，巧妙地将三维目标有机融合在一起，让学生在形式丰富的语文实践活动中提升语文素养。

---

①黄发连：《余映潮〈纪念白求恩〉教学实录》，《语文教学通讯》2003年第4期，第22~23页。

2. 教学内容的落实——在对话中走进言语的感性世界。

教学内容是根据教学目标确定的，从课堂教学实践层面来看，我们更应关注学生实际“学什么”“学到了什么”，这才是落到实处的确定的教学内容。相同的教学内容，由于实施的策略不一，最后呈现的具体教学内容的形态也是不一的。

例如，在教学环节中让学生整理文章思路，有的学校的学生这样展示：“就让我和同学们一起把文章思路梳理一下，请同学们拿起手中的笔，边听边画，文中第一段……第二个方面……第三个方面……最后……”生硬刻板。余映潮老师这一环节的教学设计与之相比，则更为妥帖（场景如下）。

师：下面我们就来概括各段的主要意思，通过概括对课文的内容加以浓缩，吸收其精华。下面大家先准备一下，用“这一段赞扬了……的精神”的句式来概括第1～3段各段的意思。

生1：第1段通过叙述白求恩同志为了帮助中国的抗日战争不幸牺牲在中国的事迹，赞扬了他的国际主义精神和共产主义精神。

师：噢，概括要简要、简练、简洁，哪个同学再试一下？

生2：第1段赞扬了白求恩同志的国际主义精神和共产主义精神。

师：对，继续这样概括第2段。

生2：第2段赞扬了白求恩同志毫不利己、专门利人的精神。

师：非常精确。第3段谁来？

生3：第3段表现了白求恩同志对技术精益求精的精神。

师：对，第4段换个说法：“作者怎么样？”

生4：作者赞扬了白求恩同志毫无自私自利之心的精神。

师：哦，要换个说法，就说作者号召或要求我们怎么着，哪个同学把它完整地表述一下？

生5（继续）：号召我们学习白求恩同志毫无自私自利之心的精神。

师：非常好，请大家把刚才说的内容旁批在课本上。

有的学校把学生推向前台展示，教学内容直接照搬教参内容，学生被动接受，缺失了“学”的环节，自然教学内容被虚化了。而余老师更关注学生的

"学"：先教给方法"指导学"，再让学生"自主学"，通过对话"展示学"，提醒总结"记录学"，这样就把教学设计时的教学内容，实实在在地转化为实施时的教学内容。阅读教学倡导师生与文本进行多重对话，真正走进文本，成为文本作者的知音，而并非仅是展示学生的个人独白。

3. 教学方法的选择——个别学习与合作学习的有机整合。

阅读教学的组织形式受诸多因素的制约，如单元教学目标、文本的长度与难度、学生现有的解读能力等。佐藤正夫将教学组织形式分为同步学习、分组学习、个别学习三种形式，认为它们各有其优缺点，"因此我们不能片面地固执于一种形式，而应当交替运用这三种形式，使它们各自处于准确的位置，扬其利，抑其弊，才能提高教学的效果"[①]。

基于展示的阅读教学模式必须注重个别学习与合作学习的有机整合，这样的课堂才会张弛有度、静动相宜。我们强调个别学习，即让学生在课堂上有静读文本的时间，有独立思考的空间，澄心静虑，涵泳领悟，圈点评注，及时将自己的发现和感悟记录下来。在此基础上的展示才会有根有据（紧扣文本），有声有色（呈现个性化的解读成果），学生才不至于将教辅资料上的解读成果照搬过来。另外，还要注意展示形态的多样化：将小组展示与个人展示相结合，将有序展示与随机展示相结合，这样学生的合作学习不仅有广度，也会有深度。

基于展示的阅读教学模式教师往往扮演"旁观者"的角色，教师几乎不需要语文专业知识与语文教育技能。事实上，"在场"的语文教师必要的援助，才会将语文学习的重点聚焦，才能将难点突破。同时，只有充分发挥教师在对话过程中的"首席"职能，学生与文本的对话才会走向纵深处。

（二）基于展示的阅读教学模式的发展趋势

1. 优化模式：高效的语文课堂的前提必须是轻负的学习。

基于展示的阅读教学模式已产生了广泛的影响，但只有存利去弊，这种模式才会有科学发展的生命力。目前这种模式存在着"过度预习""表演展示""机械反馈"的迹象，学生在摘抄教辅资料、排练展示节目上花费了大量的时间，加重了学生课前的学习负担，背离了阅读教学的正道。

---

①佐藤正夫：《教学原理》，钟启泉译，教育科学出版社2001年版，第399页。

素质教育背景下的阅读教学必须走“轻负高效”的道路。我们倡导“适度的预习”“精要的展示”“简练的反馈”。预习适度，指时间长度适宜（20分钟左右），分量适度（问题精要），难度适中（符合学生的解读水平，不要让学生借助教辅资料预习）。课堂上的组织形式要将同步学习、个别学习、小组学习（包括合作展示）优化组合，展示要控制频度、长度，合理调控课堂上个别学习与合作展示的节奏。反馈应集中于阅读素养的测评，进行阅读能力的迁移训练，不宜经常采用说唱之类的外在反馈。

2. 思想在场：高效的语文课堂必定指向于有深度的课堂。

目前的许多展示课，尽管学生滔滔不绝，但往往是游离于文本的发挥。课堂上学生的思考是即兴的、零碎的、芜杂的；课堂上喧嚣多于沉静，导致思维肤浅、思想泛化。

基于展示的阅读教学模式要培养学生思维的条理性、严密性、深刻性，就要给学生独立思考的时间、空间；教师要有清晰的教学思路，学生的学习思路才不会偏离轨道；学生的思想要基于文本，不可天马行空，妄想瞎想。有深度的高效的阅读教学必须关注学生思维的过程，让学生从不理解到理解，从模糊到清晰，从肤浅到深刻，这也是“思想在场”的语文学习的精髓所在。

3. 教学勇气：高效的语文课堂必须从“技术崇拜”走向“艺术追求”。

基于展示的阅读教学模式给我们探究高效课堂提供了路径，但不是唯一的路径。一些教师往往寄希望于一种课堂神话，或一个通用的不变的高效课堂范式，他们只需要通过技术操作，按图索骥，就能达到教育的理想境界。但这种盲目借鉴乃至照搬的“课堂革命”行为，并没有达到预期的效果，甚至导致一些课堂的教学质量下降。

“好的教学不能归结为技术，好的教学来自教师的个性和整体性”，美国学者帕克·帕尔默不断提醒我们，“好教师不是通过方法来将各方面连接起来的，而是在他们的心里编织各方面的连接”①。没有一种万能的模式来改革课堂，只有回归教师自身，探求教师自己的内心世界，寻求专业素质的提升，才能优化教学模式，从“教有定规”走向“教无定法”。当下更值得我们关注的是回到阅读教

①阿伦·C. 奥恩斯坦等：《当代课程问题》，余强译，浙江教育出版社2004年版，第98~99页。

学的原点，深入学习语文课程标准，把握阅读教学的基本实施策略；刷新自己的文学理论内存，增强文本解读的能力；持续关注学生，力求教学设计科学高效；积累课堂教学机智，追求符合自己特色的教学艺术。

八、深度学习：提升基于学案的阅读教学品质

当下不少学校在推行“学案导学”的阅读教学模式，主要存在以下问题：一是课前学案内容复杂，加重了学生的预习负担；二是学案问题设计照搬教参等资料，学生预习时大都将文本放在一边，直接抄录教辅资料内容；三是课堂活动方式单一，阅读教学的立体对话过程简化为师生校对答案的过程；四是机械训练过多，工具性异化，人文性淡化，脱离了语文学科的本质属性。

《义务教育语文课程标准》（2011年）进一步明确语文课程的核心任务，强调语文课程的目标和内容必须聚焦于“语言文字运用”，突出“实践性”“综合性”特点。阅读教学的高效必须遵循语文学科特点，符合阅读教学规律，才能开展深度学习，提升阅读教学品质。

（一）学案设计，与文本深入对话，追求“生命在场”的阅读

1. 学案不等于习题集，要让学生走进文本。

不少教师在设计学案时，会将所有问题逐一罗列，使学生完成学案的过程变成回答习题的过程，很多学生甚至连文本都不去通读一遍，只会对照教材辅助材料照抄。阅读文本的过程变成了阅读教辅资料的过程，这样不仅加重了学生的学习负担，也无益于阅读素养的提升。

学案设计必须突出语文课程的核心任务，让学生通过阅读文本，强化语言和思维训练，促使学生养成独立思考、质疑探究的习惯，学会正确的理解和得体的表达，发展思维的严密性、深刻性和批判性。如《幽径悲剧》学案，笔者设计了如下问题：

（1）快速阅读课文，用简洁的语言概括一下作者写了一个什么悲剧。

（2）仔细阅读课文，思考活着的古藤萝美在何处？请圈画出描写古藤萝之美的语句。

（3）请找出表现藤萝被毁后的惨状的词句，作简要分析。

（4）对于古藤萝之死季羡林先生的感情如何？找出抒发作者情感的语句加

以体会。

上述问题紧扣文本，由文本整体感知到文本细读，从语言品味到主旨探究，由浅入深，循序渐进。学生利用学案，先研读文本独立自学，同时记下自学过程中的困惑与疑难；继而在小组内开展讨论，个别问题在组内解决，较普遍的问题全组共同研讨解决。阅读如登山探险，带有一定的挑战性，教师要关注学生思维品质的训练，只有深入文本的思维活动，才会有思维的碰撞、精彩的对话、独特的发现。

2. 学案不等于教案，要引领学生自主阅读。

学案设计必须依托文本并引导学生走进文本，因此，不仅要设计富有挑战性的问题，还要有学习方法的指导。学案栏目一般包括："学习目标""学法指导"（"助学链接"）"预习导航""课堂探究""课堂检测"等。新授课、复习课、讲评课等不同课型的学案应该有各自的个性要求，但都应贯彻"明晰学习路径"这一原则。如笔者在讲授新闻《"神舟"五号飞船航天员出征记》一课时，就"浏览标题法"作学法提示：

题目是新闻的眼睛，新闻的标题有正题、引题（在正题之上）、副题（在正题之下），要求用极简洁的文字概括消息的最主要的事实，或揭示消息的主题，浏览标题即可了解新闻主要信息。

再如在学习《录音新闻》时，笔者在学案设计时向学生介绍了"想象读书法"：

在读书时我们根据文字的描述，运用我们头脑里已储存的表象，进行加工改造，形成新的形象。阅读录音新闻时，我们不妨以时间为顺序，根据广播稿正文和括号里的录音内容的说明，依次想象不同的空间场景，这样整个发射过程如在眼前，有身临其境的感觉。

通过具体的阅读方法指点，学生借助学案并依托教材进行自主学习，往往收效甚佳。学案设计"预习"环节，还要关注学生质疑能力的培养，让学生写下阅读中发现的问题，为课堂上集体探究做好准备，同时也可以让教师进行学情预测。因此，设计学案力求结构规范、思路清晰、学法明确。

（二）高效课堂，注重辩证实践，展开有深度的学习

1. 立足文本，辅助学案，处理好文本与学案的关系。

在低效的学案导学的阅读课上，学生常常将语文教材放在一边，拿着学案（或教辅资料）将一节语文课进行到底，一课下来，学生对所学文本一无所知。学案是集预习、课堂探究、反馈三项功能于一体的，所以高效的课堂首先必须发挥学案的结构功能，引领教学流程。

其次，高效的课堂还要发挥教案的“导演”功能，引导师生与文本展开多向度对话。不少学校进行教学案一体化试验，貌似尊重学生主体，实际上这样的阅读课不仅让教师缺席，也让学生的学习肤浅松散。缺少教案就很难展开有深度的学习，只有备好课堂流程，才能提高课堂教学效益。基于学案的教案设计必须注意：一是与学案的内在逻辑一致，便于同步实施；二是突出问题，导引策略设计，要对学案中提出的问题，提出活动化、分层次、分步骤落实的行动方案；三是要对学生学习的困难进行预测，并收集助学资料、设计选择性指导预案；四是要对学案的核心问题设计变式拓展方案。

再次，高效的阅读教学必须用语文的手段阅读文本。阅读教学是师生与文本、教材编者对话的过程，离开了特定的文本，漠视教材编者意图进行的阅读教学，就会走入“泛语文”“非语文”的歧途。语文学习是促进学生言语感知、理解、运用的过程，应引导学生与文本对话，在听说读写实践中形成语感，进而形成正确运用语言文字的能力。

2. 适度预设，关注生成，处理好课前自学与课堂探究的关系。

基于学案的阅读教学，一般按照“预习交流—合作展示—课堂反馈”的步骤组织教学。课堂上交流的内容一般都是课前学生准备好的成果，课堂上很少有自主探究的环节。这样一方面增加了学生课前的学习负担，另一方面，课堂上的学习也缺少了深入探究和有效生成。高效阅读不仅要围绕教案组织预定的教学活动，也要根据学情处理好生成性问题。如在《安恩与奶牛》一课教学中，笔者引导学生探究作者的写作意图。学生普遍认识到要理解、尊重、爱护动物，这也是教参中给出的参考答案。接着，笔者让学生进一步探究，作者的意图仅仅是关爱动物吗？提醒学生从“奶牛”“安恩”“安恩与奶牛”和作者等角度展开多向思

考，通过讨论得出下列看法：

我们要关爱那些孤独、受伤的人和动物，让他们感到温暖，明白这个世界是有真情的。

“奶牛”暗喻社会上遭受不幸的人，作者呼吁社会上有更多像安恩一样的人去关爱这些不幸者。

作者是想把自己比喻成奶牛，写出自己的孤独。

文章中“奶牛的买主们”暗喻社会上那些追名逐利的人，抨击了那些为了利益而不尊重生命的人。

奶牛孤独是因为没有朋友，作者孤独是当今社会上没有值得信任的人。

语文教师要做实做优“知识探源”，深入探究所教内容的核心知识、核心方法，对讨论、竞赛、辩论等合作学习和展示活动要加强管理与调控，及时处理合作过程中生成的问题，正确评价合作学习的成果，这样，师生与文本对话才会有广度、有深度，精准又不乏创新。

3. 动静协调，活跃思维，处理好合作学习与个体学习的关系。

基于学案的课堂往往喧闹有余，静谧不足。学生的集体发言多、表演多，而个体独立学习的时间少、空间窄。阅读教学的课堂需要安静，需要留一段静谧的时间，让学生澄心静虑，晤对文本，静静思考，只有这样才会触摸文本的词句，才会与文本的作者进行心灵的对话。

言语实践是一种合作性的活动，只有充分发挥教师的指导作用及学生之间的互相学习功能，将个体学习与群体学习结合进行，相互学习，相互提高，才能达到共赢互利的目的。日本学者佐藤学以为，学习共同体是尊重差异的，如“交响乐般的共同体”，是跟随课题在一间课堂里多元地、多层地产生的共同体。

阅读教学中学习共同体的建立，可以改变教师、学生各自为政的单边教学状态，特别是避免了教师个人唱独角戏，强调教师和学生双重主体的投入，师生可以充满激情、和谐相处，共同参与到学习的整个流程中去。因此构建阅读学习共同体，可以促进全体学生语文素养的发展。

4. 优化课件，有机整合，处理好单向对话与立体对话的关系。

我们发现当学案占据主导地位以后，多媒体课件常常成了装饰品，甚至是多余的“鸡肋”。因为师生借助学案与文本进行对话已经相当复杂，再加上课件就更加无所适从。因此，教案、学案、演案（课件）的一致性，便是教学最优化的必然选择。

有专家以为，语文课的程序是一种非知识论的程序论，它不以语文知识体系为参照背景，而以学生的言语结构为参照背景，它不以知识结构为教学活动的序列，而以学生的语文能力的发展规律为教学活动的序列。高效阅读不仅关注师生与文本的对话，更要充分利用多媒体辅助教学进行立体对话。

基于多媒体的教学环境是开放的，空间得到了拓展，增加了立体对话的语境，信息交流更加顺畅，信息量不断扩充，信息由线性的传播转变为交织的网络传播。课件成为学案和教案统一实施的有机平台，课件设计必须依据学案和教案展开，要注意两个原则：

一是综合性原则。不仅要将学案、教案的主要信息择其要点呈现，还要利用多媒体的特点，恰当引入现代媒体资源，加大课堂容量；同时注意简洁精要，力戒烦琐花哨，要有利于教学活动的有序组织。

二是一致性原则。根据教学重点、难点，安排好教学环节，明确各个环节教学时间，注意环节之间的衔接，将学案、教案的内容进行整合。还要根据教学内容选择音像、图片、动画等信息有机链接，注意课件呈现的时间和频率，同时借助于学案，引导教师、学生与文本展开有深度的对话。

（三）教学反馈，聚焦语言文字运用，提升语文素养

1．课堂反馈，让“非语文”训练缺席。

阅读课的反馈环节，教师为了“出彩”，刻意制造所谓高潮，经常安排一些外在的活动表演环节，这种表面应景的活动往往失去了语文学习的本义。如学习《木兰诗》让学生唱一唱有关《花木兰》的歌曲或戏曲，有的学生甚至将流行歌曲《真心英雄》演绎一遍；学习贾平凹的《月迹》，让学生唱《花好月圆》《明月几时有》，这已将阅读课异化为综合实践课。课堂反馈应立足语言的理解运用，从字词句段篇等不同单位进行多种形式的语言实践活动。如在《三颗枸杞豆》《“神舟”五号飞船航天员出征记》两课反馈环节可以设置以下练习：

（1）设想你是文中的“我”，在你已经成为一个植物学家之后，你要为三叔

立一座墓碑，在墓碑上你会写什么？写一首小诗作为墓志铭。

（2）杨利伟被评为2003年感动中国人物，请你为他写一段颁奖词。要求主题鲜明，突出人物特点，语言优美，150字左右。

这些练习紧扣文本，在阅读的基础上进行片段写作练习，读写结合，课内向课外迁移，通过讨论交流，点拨启发，有利于学生听说读写能力的提升。

2．创意练习，浸染语文课程文化。

基于学案导学的高效阅读教学，倡导书卷气息浓郁的课堂文化。传统练习选材不太关注学生的生活现状，主要侧重于学科知识体系与知识结构，语文作业往往枯燥乏味，机械训练较多。在设计练习题时要突出现代应用意识，力求将语文学科知识与当代科技、经济、文化、社会发展的现状结合起来，尝试引进鲜活的语言材料扮靓习题，让学生充分体验到语文学习的生动性、趣味性，让学生在练习中感悟生活，在练习中提高语文素养。

如学习《木兰诗》《月迹》，设计了以下反馈练习：

（1）《木兰诗》这首叙事诗塑造了花木兰怎样的形象？有人说，木兰的性格中有四个字："孝""忠""勇""智"，请你结合课文谈谈自己对木兰这个形象的认识。

（2）联系我们读过的古代吟咏月亮的诗句，思考《月迹》这篇课文与传统的吟咏月亮的诗文在思想感情表达上有什么不同。

这样的反馈练习将课内文本阅读与课外文本链接，将已有的解读成果与学生的个性化体验相结合，学生不仅要联系文本中具体的词句理解感悟，还要展开思维的翅膀，进行深入的探究，才能形成正确的见解，激发创新的火花。

3．自我反思，养成良好的语文学习习惯。

学案的设计、编制，增加了预习准备环节和课堂反馈交流环节，通过学案结构的变化谋求教学功能的增值。但必须警惕的是，学案不能成为习题的汇编，加重学生的学习负担，成为语文学习沉重的包袱。学案是培养学生自主学习和建构知识能力的一种重要媒介，更注重学习过程与方法的总结交流，让学生"能够自己去探索，自己去辨析，自己去历练，从而获得正确的知识和熟练的能力"。如《从百草园到三味书屋》一课的反馈环节，一位教师安排了自我反思环节，让学生通过图表总结景物描写的相关知识，如下图：

关于“景物描写”概括化知识

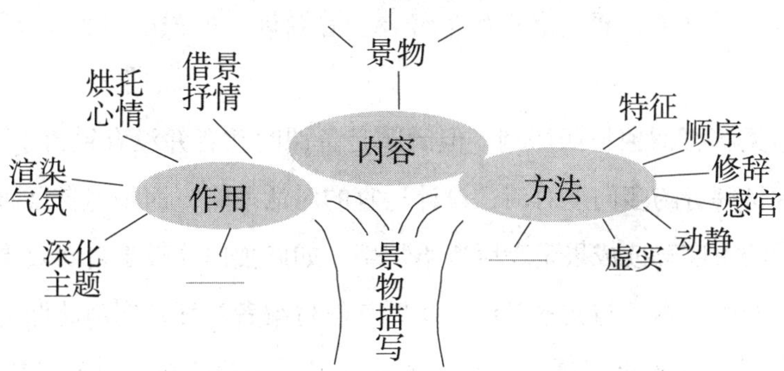

学生通过画“知识树”的方式，揭示了景物描写的关键特征，掌握了有关景物描写的概括化知识就容易在新的情景中迁移应用。因此，课堂反馈不仅要关注知识与能力，还要注意过程与方法的反思、梳理和总结，这样学生不仅能习得语文知识，训练语文能力，还能逐步掌握语文学习方法，培养良好的语文学习习惯。只有会学乐学，才能走上语文学习正道。

九、“深度语文”的误区与学生意识的回归

时下不少教师在语文教学中一味追求所谓的“深度”，沉浸于文本的深度阐述而漠视学情，这样往往事倍功半；一堂好课应致力于语文课程目标的有效达成，即教学内容与语文课程目标一致，教学内容切合学生的实际需要。近日重读一位教师的《〈世间最美的坟墓〉教学札记》，对此更有感触。下面结合这位教师的札记，进行一些问题的探究。

（一）“深度”语文：教师一厢情愿的独白？

1. 备课：是追求文本解读的深度，还是致力于多向度的对话？

我们不妨梳理一下这位名师在研读文本时发现的一个问题及其解读的概要：

“上面开满鲜花，没有十字架，没有墓碑，没有墓志铭，连托尔斯泰这个名字也没有！”这是文中第二次出现坟墓的意象。三个“没有”，要细细体会。

这位名师备课时写下的教学札记阐述了对上述问题的理解，渗透了个性化的解读因子：

由“开满鲜花”想起了弘一法师临死前对自己的评价：“华枝春满，天心月

圆。”又想到海子的诗：“面朝大海，春暖花开。”《诗经》有句：“既雕既琢，复归于朴。”庄子说：“朴素而天下莫能与之争美。”老子提倡“抱朴守素”，托翁是中国文化的崇拜者，更是老子的爱好者，曾翻译了老子的《道德经》，自然能领悟其中奥秘。

这些见解可谓独特而深刻，但问题是备课时教者并没有致力于文本、学生、教师及教材编者的多向度对话，设计适宜的对话策略，而是将自己研读文本的疑问与所谓的深度解读成果全盘照搬给学生，如此独白式教学自然效果不佳。备课不仅仅是研读文本，与文本对话，还要与教材编者对话，明确此课的前后联系与单元教学目标的要求，更要留意学生的状况，关注学情，这样才能真正实现由“教教材”向“用教材教”的教学方式的转变。

2．教案：是教师课堂的讲稿，还是教与学的设计文本？

上述案例中的教案，仅课堂导入部分就将近2000字，占了整篇教案的三分之二，导入语包括以下内容：

介绍两个人物：托尔斯泰和茨威格

介绍托尔斯泰晚年两个巨大的精神痛苦

朗读茨威格剧本《逃向苍天》（片段）

介绍托尔斯泰去世的场景

研读文本时，教者串讲课文，即边读课文边讲该“教学札记”文本解读部分的内容。也就是说这位教师比别的教师所谓的高明之处，在于自己解读文本时独辟蹊径，而没有将教学参考用书的内容原封不动地照搬给学生。但究其本质同出一辙，只不过其搬运的产品属于“自主知识产权产品”。通篇教案成了讲课的底稿，看不到教学设计的痕迹。

蒋成瑀先生认为：“阅读教学不应该让一种声音淹没众声大合唱。凡有阅读就有不同。师生、生生之间的认知结构、阅读经验和性格爱好相异，对文本的提问与找到的答案也必然不同。”[①]阅读是学生的个性化行为，不应以教师的分析来代替学生的阅读实践。教师应让学生在主动积极的思维和情感活动中，加深理解和体验，有所感悟和思考，从而受到情感熏陶，获得思想启迪，享受审美乐趣。

①蒋成瑀：《阅读教学的四种对话关系考察》，《中学语文教学参考》，2004年第5期。

3．课堂：是教师的独角戏，还是学生展示的舞台？

教者在札记中这样叙述："对文本有深入理解后，决定采用串讲式。一面读一面讲，一面讲文本，一面结合内心的感受，联系我的经历，把自己放进去，把我们的时代放进去。"这样课堂上教师主控了文本解读的全部流程，掌握了文本解读的至高真理，"把自己放进去，把我们的时代放进去"，却把学习的主体——学生，放逐于对话的外围，让他们做一个忠实的听众，倾听教师的内心独白。于漪老师指出："教学中有三个因素，这就是学生、学习和学习环境。其中最为重要的是学生，因为没有学生就没有学习，也就没有教学。教师必须树立目中有人，也就是目中有学生的观念。"①

适宜的教学方法不仅取决于教学内容，也取决于教学对象，如果忽视了"学情"分析，任何教学方法都是低效的。只有遵循学生的身心发展规律和语文学习规律，采取合适的教学策略，才能促进学生语文素养的整体提高。

（二）学生意识：回到语文有效教学的原点

1．语文有效教学的基础在于对学情的准确把握。

在上述案例中，从教学内容来看，教师先期的文本细读水平确实高超，但仅仅关注文本而不关注学情是不可取的。李维鼎先生以为："教师作为与文本对话在先者和对话更优者，学生作为对话在后者与对话不成熟者，两者之间的对话便因此而具有明显而重要的策略性。""教师先行对话之所得如何拿去交流（拿哪些、以什么方式、在什么时候、到什么程度等），如何引起交流并不断推动，如何促使教与学的相互转化"则显得特别重要。②

在上述案例中，这位教师提出的所有问题，学生真的根本无法解决吗？学生通过自主探究是否能解决其中的部分问题？即使不能完满解决，在教师的点拨引导下能否解决呢？我们可以先看一下问题：

（1）"记1928年的一次俄国旅行"。这次旅行是怎么去的？谁邀请？邀请者出于什么目的？

---

①于漪：《语文教学谈艺录》（修订本），上海教育出版社2012年版，第37页。

②李维鼎：《阅读理论的分歧、阅读理解的弹性与阅读教学的策略》，《语文学习》2004年，第3期。

(2) 为什么凭空而来的第一句，就带着这样强烈的感情？“再没有比”是与谁比？他所见到的“景物”是什么？

(3)“将被”，那就是说，现在还未被人“敬畏”“朝拜”。“敬畏”，为什么要“畏”？“远离尘嚣”，“尘嚣”指哪里？“孤零零”，为什么不用“静悄悄”？

(4)“上面开满鲜花，没有十字架，没有墓碑，没有墓志铭，连托尔斯泰这个名字也没有！”这是文中第二次出现坟墓的意象。三个“没有”，要细细体会。

实际上前两个问题涉及本文的写作背景，如果让学生在课前查找一些资料是不难得出答案的；后两个问题侧重对含义深刻的语句的理解和关键字词的表达作用的揣摩，学生通过自主探究、合作讨论完全可以解决这些疑问。

教育心理学家奥苏伯尔曾讲过，如果要把教育心理学的全部内容归结为一句话，那就是“我要知道学生的经验是什么，没有这个，一切教育都是无效的”。因此，针对不同的学生，选择或设计有所差异的语文教学内容，从而使他们逐步达成共同的课程目标，这是一堂语文“好课”的最高境界。

2. 语文有效教学的策略在于实施民主平等的对话教学。

在上述案例中，教师将“串讲”进行到底，一个人唱“独角戏”，但课堂教学的有效性是不高的。那如何教学才是高效的呢？比如关于上文提到的这句话：“上面开满鲜花，没有十字架，没有墓碑，没有墓志铭，连托尔斯泰这个名字也没有！”笔者认为可以采用如下教学设计：

想一想：这句话最值得关注的是哪一个词语？四个“没有”有何意味？

议一议：结合你了解的其他名人墓地的状况，联系此句说说你的感受。

读一读：能否通过你声情并茂的朗读传达出此句的情感和氛围。

这样的设计从学生出发，引导学生独立思考和合作交流，关注学生的阅读体验，深化学生的解读层次，可以让学生与文本、学生之间、师生之间展开充分的对话。

需要提醒的是，随着新课程理念的逐步深入，教师要对对话教学中“首席”角色有准确定位，不可独占课堂、变“首席”为“独裁”；也不能退而求其次，变“首席”为“看客”；更不能变“首席”为“客串主持人”，实施肤浅的“对话教学”——“问答式”教学。

3．语文课堂有效教学评价的目标在于指向学生所得。

在上述案例中，我们这位教师执教后的反思如下：

课是上完了，总觉得还有许多遗憾，一个就是太满了，想把自己想到的都告诉学生，反而使学生少了思考的空间。自己平时爱作画写字，字画最讲究留白，而我上课时恰恰忘了这一点。看来，还是教艺不高超，以后再教时，要舍得“扔”！

苏霍姆林斯基强调：“正是在这个时期，当学生的头脑需要考虑、深思和研究问题的时候，人们却让它摆脱思考，教师使出教育学上所有的奇妙办法，使自己的教学变得尽可能地容易理解，以便像习惯所说的那样让学生更容易掌握。这样做的结果是很荒谬的；按教师的设想来说，这样做应当使学生的脑力劳动变得轻松，然而实际上却使它变得更艰难了，这就好比是给聪明伶俐的头脑做催眠术，使它变得迟钝起来。”①

一堂语文课的终极目标应该指向学生的所得，即关注本课教学对于学生语文素养的形成究竟起了多少作用，他们听说读写的语文能力有没有得到提升。在学习过程中，有没有把握语文学习的一些方法，如果仅仅指向人文精神的熏陶显然就过于单薄了，但这一点往往被不少教师忽视。

①苏霍姆林斯基：《给教师的建议》，教育科学出版社1984年版，第225页。

第二节 实践·反思

一、散文教学内容的规定性与开放性的统一

关于散文教学内容的确定，近期有两种不同的观点，一种认为以文本体式为依据确定教学内容，“关键是引导学生往‘散文’里走，往‘作者的独特经验里’走”①。另一种则认为，“超越文本体式的约束，走向哲学思维”。②

两种观点围绕《幽径悲剧》一课展示了相应的教学实录。前者“第一个考虑的是它的体式”，并且因为学生能知道文本的基本内容，所以便不教学生深入“认识散文所写的东西，而是教学生去理解和体验‘写’这个行为”。于是，教者把重点集中到作者“自述所感的方式”上，即“散文抒发作者的思想情感有两种方式：直接陈述；隐藏语气语调中”③。后者不计较《幽径悲剧》的文本体式，而是面对文本记叙的事件，从事件发生的时间、空间、事物存在的状态以及作者对事件的感受，体会文本的“悲剧味”。④

这两则案例引发我们思考：散文教学内容仅仅依据文章体式有哪些利弊？超越散文体式选择的教学内容有无边界？如何有机处理好散文教学内容的规定性与开放性？这些问题的探究不仅有助于我们明晰散文教学内容确定的路径，也能对其他文学体裁教学内容的确定有所启发。

（一）散文教学内容的规定性：依据散文体式

只有认清散文文体范畴，我们才能确认散文教学内容的基本指向。由于散文文体范畴宽泛无边，因而从某种意义来说散文是文类而并非文体，但在不同的时

①李海林，王荣生：《散文教学要从“外”回到“里”》，《中学语文教学》2011年第2期。

②徐江：《文本解读不要蜗居在“文本体式”里——〈幽径悲剧〉解读与教学》，《语文教学通讯：初中B》2011年第6期。

③李海林，王荣生：《散文教学要从“外”回到“里”》，《中学语文教学》2011年第2期。

④徐江：《文本解读不要蜗居在“文本体式”里——〈幽径悲剧〉解读与教学》，《语文教学通讯：初中B》2011年第6期。

代变化过程中，散文文体不断成熟，不断净化。从包含着某些文学观念的非文学的文章系统的古典散文到文学“四体之一体”（即小说、诗歌、戏剧、散文）的现代散文，散文文体当下的定位是把散文作为“文学”，以“人”为主要观照主体，情理并茂，充满意趣，主体色彩鲜明，并以其个性化的审美特征，日常化的题材选择，随意性的写作风格，富有意蕴、意味、意境的文学性语言，获得了人们的广泛认可。这也是高等院校写作教材中普遍使用的散文定义。

厘清文学作品的分类谱系及其概念范畴，也就确认了某种文体的规范性。俄罗斯文论家卡冈在《艺术形态学》中指出：“摆脱困境的出路只有一个：揭示出分类诸方面本身的坐标联系和隶属关系。”①依据散文体式确定教学内容，必须考虑作为散文文体的整体特征以及每个类别的不同特征，这样才能走进散文纷繁复杂的审美世界。因此，建构散文教学内容，还需要教师了解不同类型的散文特征，这样才能发挥“这一篇”散文的教学价值。

现代散文一般分为三类：抒情散文、叙事散文和议论散文。抒情散文的审美特征重在意境美和语言美，教学设计时要走进作者的情感世界，挖掘文本的情感意蕴；叙事散文以叙事为主，语言明白晓畅，朴素传神；议论散文则是感性与理性交融，饱含厚重的文化底蕴和生命意识，学习这类散文，既要挖掘思想价值，更要注重生命体验和人文关怀。随着时代的发展，“文化散文”“学者散文”“励志散文”“新媒体散文”等纷纷登场，散文文体呈现开放性与多元性发展趋势，“借景抒情”“卒章显志”“形散而神不散”等手法已无法用来深入解读当代的许多散文，所以散文阅读需要我们摒除陈见，重建散文的审美视角，才能有效确定散文教学内容。

依据散文体式选择教学内容必须从散文类别特征、作者个性风格、文本个体特征三个维度进行考察并加以整合。下面以《幽径悲剧》为例进行阐述。

1. 认识散文的类别特征。《幽径悲剧》属于抒情散文，也是学者散文。从抒情散文的角度来看，作者借古藤萝的悲剧，表达了维护真、善、美的情感。如果我们从学者散文的角度来解读，更能把握文本的审美价值。20世纪90年代的一批学者散文审美特征表现为：鲜明的人文立场和精神姿态，深刻的理性批判意识

①卡冈：《艺术形态学》，学林出版社2008年版，第572页。

以及道义与责任的担当。显然，《幽径悲剧》是符合上述审美特征的。

2．认识散文家季羡林的艺术风格。季羡林在《漫谈散文》中自述："我理想的散文是淳朴而不乏味，流利而不油滑，庄重而不板滞，典雅而不雕琢。"[①]散文要"惨淡经营"，要"炼字""炼句"，还要"炼篇"。《幽径悲剧》巧妙地运用层层铺垫的手法来突出中心。写幽径是为写古藤做铺垫，写古藤是为写一棵古藤做铺垫；在文章中写众多古藤未能幸免于难，而独有"这一棵"躲过了劫难，是为下面写它受到愚氓砍伐的悲剧命运做铺垫。从全文看，前面的描述为后面的抒情做铺垫，这样文本"波涛起伏，曲折幽隐，才能有味"。

3．了解散文具体文本的价值。"散文的精髓在于'真情'二字，这二字也可以分开来讲：真，就是真实，不能像小说那样生编硬造；情，就是要有抒情的成分。"[②]《幽径悲剧》描绘现实的针对性，抒发情感的个人化以及人性解剖的深刻性，充分体现了季氏散文的个性风格。同时，语言典雅自然，体现了这位学贯中西的学者的追求，"有时可以采用点文言辞藻，外国句法；也可以适当地加入一些俚语俗话，增添那么一点苦涩之味，以避免平淡无味"[③]。《幽径悲剧》文本整句与散句相间，长短句结合，清新晓畅之间又有一些艰深滞涩，语言令人回味无穷，值得初中生仔细咀嚼借鉴学习。

（二）散文教学内容的开放性：超越散文体式

依据散文体式确定教学内容，其文体范畴、审美特征可以让我们避免教学内容的泛化，既不会用阅读文章的方式来解读文本，也不会用阅读小说、诗歌的方式来解读散文，这样的阅读取向有助于学生阅读散文能力的提高。但如果局限于"文本体式"的范畴内，不仅没有认识到散文文体自身的开放性与多元性，也忽视了中学语文教育的基础性以及语文素养形成的综合性，所以散文教学内容还需超越文本体式选择教学内容。

一是因为散文文体边界的模糊性。首先散文艺术手法没有限制性，就像南帆先生说的"散文是最没有规范的，它允许作家以各自的方式进入世界和写

①季羡林：《季羡林随想录（7）》，中国城市出版社2010年版，第46页。
②季羡林：《季羡林随想录（7）》，中国城市出版社2010年版，第44页。
③季羡林：《季羡林随想录（7）》，中国城市出版社2010年版，第47页。

作”[1]，可以同时运用多种文学手段写人、记事、绘景、状物，叙述、描写、抒情、议论兼用，具有灵活多样的艺术表现力。其次，当代散文在写作艺术上作出了新的探索，兼容小说、诗歌元素的新散文跨文体的写作方式，呈现出开放的姿态，融入想象与虚构的品质，把叙述推到散文描写的前台，散文的表现力进一步拓展，文本内部张力得以扩张。其鲜明的主体性色彩以及新颖的散文文本的营构，对旧有的散文观念形成挑战，也对散文教学内容的确定带来很大的研究空间。如余光中的《听听那冷雨》、史铁生的《我与地坛》、刘亮程的《今生今世的证据》等散文，都是各级各类公开课、研究课热衷探讨的篇目。

二是课程标准不同学段目标体现的基础性与发展性的需要。《义务教育语文课程标准》（2011年版）有关散文阅读的阶段目标表述如下：

7~9年级	高中
能够区分写实作品和虚构作品，了解诗歌、散文、小说、戏剧等文学样式。 欣赏文学作品，能有自己的情感体验，初步领悟作品的内涵，从中获得对自然、社会、人生的有益启示。对作品中感人的情境和形象，能说出自己的体验；品味作品中富于表现力的语言。	（必修课程）在阅读鉴赏中，了解诗歌、散文、小说、戏剧等文学体裁的基本特征及主要表现手法。 （选修课程）阅读古今中外优秀的诗歌、散文作品，理解作品的思想内涵，探索作品的丰富意蕴，领悟作品的艺术魅力。 学习鉴赏诗歌、散文的基本方法，初步把握中外诗歌、散文各自的艺术特性，注意从不同角度和层面发现作品意蕴，不断获得新的阅读体验。

7~9年级阶段仅初步了解散文文学样式，提倡从文学角度解读散文文本，这是基础教育以及初中生特点的需要。而高中阶段的必修课程与选修课程也有不同的要求，它的散文教学内容必须具有开放性和灵活性。

三是语文素养综合性特点的需要。九年义务教育阶段的语文课程，要求指导学生正确地理解和运用祖国语言文字，丰富语言的积累，培养语感，发展思维。高中语文课程强调注重学生在“积累·整合”“感受·鉴赏”“思考·领悟”“应用·拓展”“发现·创新”等五个方面获得发展。散文教学内容只有走向开放，才能让学生切实提高语文素养。

综上所述，在依据文本体式之外，散文教学内容确定的多元途径主要有：

---

①金莹：《散文：在场精神的时代意义》，《文学报》2011年9月29日第13期。

1. 审美介入——散文文学性的必然选择。

一位作家这样叙述自己阅读《世说新语》《聊斋志异》《夜航船》等书时的体验：“读至酣处，恍觉白驹过隙，衣袂飘飘，影影绰绰处，柳暗花明间，你不仅见得斯人，斯人亦见得你。一声别来无恙乎，挑帘入座，可对弈纵横、把盏擎歌，可青梅煮酒、红袖添香……”①

文学作品阅读教学在于实现阅读主体和阅读客体的和谐统一，通过“审美的读”，识透文本中的美质，体验阅读中的美感。

如《幽径悲剧》一课在细读文本时设计的教学内容：

【第一幕】古藤萝生前之美

仔细阅读课文，思考：活着的古藤萝美在何处？请圈画出描写古藤萝之美的语句，读一读，并说一说古藤萝美在何处。

请尝试有感情地朗读表现藤萝之美的句子。要求：(1) 朗读时应注意语音的轻重，节奏的缓急；(2) 朗读时应把握作者的感情基调，语气语调要得体；(3) 朗读要注意在头脑中想象画面。

【第二幕】孤儿在风中“微笑”

找出表现藤萝被毁后的惨状的词句，谈谈你的理解。请尝试有感情地诵读。

【第三幕】谁的眼泪在飞

对于古藤萝之死，季羡林先生的感情如何？文中哪些语句集中抒发了他的感情？请找出来读一读，并说说你从中读到了先生的什么感情。

上面三个环节的教学内容紧扣散文文本，通过听说读写训练，领略文字之美、形象之美和情感之美。“审美的读”是一种美学领悟能力，也是一种情感体验的状态，“审美的读”的主体是“自我”，“审美的读”之时，也是移情之时，潜意识十分活跃，最能产生联想、想象和灵感。阅读教学中的“审美的读”，是学生的个性化行为。通过这一个性化的行为，可以使学生的思维和情感得到碰撞，获得思维的启迪，从而加深对文本的理解，提高审美能力。

2. 依据学情——基于不同学段学生的需求。

学生的生活现实、学习经验以及已有的知识水平是一切教学的起点。教学要

①王开岭：《古典之殇》，书海出版社2010年版，第155页。

做到从学生的生活实际出发，在日常教学中注意观察、了解学生的实际生活、思想发展状况，注意调查学生对相关文本的看法、态度、经验、困惑和需求等，在此基础上，根据学生的认知水平、身心特点、发展需要、生活经验和课程要求进行教学。“针对不同的学生，选择或创生有所差异的语文教学内容，从而使他们逐步达成共同的课程目标，这是一堂语文‘好课’的最高境界。”[①]一位教师在解读《幽径悲剧》文本时展示的PPT如下：

小说是旁述体，剧本是代言体，诗歌是韵体，散文是什么体？自述体。我们读小说，主要是读什么？是读故事情节吧。我们读剧本，是读什么呢？是读人物的语言吧。我们读诗歌，是读什么呢？是读诗歌的节奏与韵律吧……

《幽径悲剧》是苏教版八年级上册的课文，学习对象是八年级的学生，“旁述体”“代言体”“自述体”这些术语只能让学生坠入云雾里，更遑论用这些高深的知识来解读文本。

3．视野融合——文学素养形成的有效途径。

教学内容要体现师生的认知差异。“教学对话的目的，是让文本中还没有进入学生视野的层面在教师或其他同学的帮助下顺利地进入学生视野，从而提高学生的理解和鉴赏水平。”[②]师生要在课堂上与文本对话从而达成视野融合，必须通过形式多样的言语实践活动，营造一个有利于阅读主体情绪化的“场”，使他们主动地读，专注地读。让学生在读中积累，在读中感悟，在读中熏陶，在读中迁移。

（三）散文教学内容的规定性与开放性的有机统一

1．知入知出——从文本出发，处理好文木（“这一篇”）、散文（“这一类”）与文学不同层次的关系。

散文教学内容的确定必须紧扣文本，充分发挥文本的教学价值，让学生读得透彻，读得亲切，这样才能走进文本的内核。在倡导深度阅读文本的同时，还需注意广度阅读。前者是纵向发展，重在读懂；后者则是横向发展，重在运用。由“这一篇”文本到“这一类”文本，由作者的“这一篇”再到作者的另一篇、另

---

①王荣生：《从教学内容角度观课评教》，《语文学习》2005年第5期，第23~25页。
②李山林，李超：《语文教学内容理据例谈》，《语文建设》2009年第3期，第12页。

一部著作。

“散文是一种无法遮拦的文体，散文的发达取决于知识分子的胸襟、思想、人格以及无时不在起作用的文化背景。”[①]要让学生初步了解学者散文的文化背景，例如，阅读季羡林《幽径悲剧》时，可联系季羡林先生在“文化大革命”时的经历，再结合感动中国组委会给他的颁奖词[②]进行探究。同为学者散文，还可将《幽径悲剧》与宗璞的《紫藤萝瀑布》、舒乙的《都市精灵》开展比较阅读。这样学生在读文本的同时，也在读作者、读文学，了解作者的艺术风格，领略文学的无穷魅力。不仅使阅读方法得到迁移训练，也培养了学生阅读的兴趣和习惯。

2．涵泳体察——以学生为主体，处理好读者、文本、作者、教者多向对话的关系。

教师细读文本的目的不是单纯的自我理解和赏析，而是为了指导学生学会阅读。阅读教学是教师、学生、文本、教材编者之间互相对话的过程，我们要换位思考，时时处处为学生着想，把自己的阅读思路转化为学生的阅读过程，把自己的阅读感悟转化为学生的内化体会。因此，教师必须将阅读策略转化为阅读教学策略，让学生“虚心涵泳，切己体察”，感受言语生命的活力，全面提高语文素养。

涵泳体察需要变换角度多维地解读文本，在立体的对话渠道中丰富阅读图式，加深阅读体验，存养言语生命和言语素养。通过立体的对话方式，培养学生的创造性阅读能力，实现师生与文本的互动沟通、影响和补充，形成一个真正的阅读的“场”。教学设计要真正给学生自由阅读、思考的时空，尊重学生语文实践中的感受，呵护学生在语文实践中闪现出的智慧火花，让学生成为真正意义上的学习的主人。

3．据言寻义——凸显语文味，处理好言语内容与言语形式的关系。

语文课程是一门言语教育课程，语文教学内容应该以言语教育为主，言语教育的重点侧重于言语形式，而并非言语内容。“真正体现语文教学性质的还是带

①王尧：《2001中国最佳随笔》，辽宁人民出版社2002年版，第2页。

②颁奖词为：“智者乐，仁者寿，长者随心所欲。曾经的红衣少年，如今的白发先生，留得十年寒窗苦，牛棚杂忆密辛多。必有良知璞玉，笔下道德文章。一介布衣，言有物，行有格，贫贱不移，宠辱不惊。”

着语言内容的语言形式教育。”[①]一位教师执教《幽径悲剧》一课时，为了探究悲剧发生地与悲剧的悲剧性，先举例说明人民英雄纪念碑建在天安门广场的原因，然后让学生说说对北京大学的印象，最后教者说明古藤被砍伐，丑恶的事件与富有文化背景的空间环境形成对比，这就是《幽径悲剧》表现的悲剧性。这样架空文本忽视言语形式的解读是苍白无力的。

二、小说阅读教学的有效质态

语文课应该以怎样的面目呈现于公众的视野，成了一个颇具争议的话题。表演色彩丰富的课具有观赏性，“好看”有时不大“中用”；扎实平易的课具有实效性，“中用”有时不大“好看”。不少名师的课既有观赏价值，也有实用价值，但名师自身的禀赋、特质而形成的许多绝招，让一般教师难以效仿。将观赏性、实效性、可借鉴性结合在一起，不是一件易事。如何让语文课洗尽铅华返璞归真，回归语文的家园？这是一个值得思考的问题。下面以南京十三中特级教师曹勇军执教的《最后的常春藤叶》一课为例，对此问题进行一些探究与解读。

（一）回归常识，用语文的手段建构小说阅读素养

当下不少语文课呈现出花团锦簇的景象，教学花样不断翻新，教学手段百般变化，教学步骤密不透风，表面的繁荣似乎预示着学生回归了主体的地位，但事实上学生的语文素养并没有得到提高，种种“非语文”“泛语文”现象将语文教学引入歧途。“把尊重学习等同于保障儿童学习活动的量的观点，甚至会带来种种危险：使儿童远离科学，扼杀了儿童潜藏的学习可能性与发展可能性。”[②]因此，回归语文教学的常识，凸显语文教学的学科价值，显得尤其重要。

1．语文的手段：用好语文的“常规武器”。

一些语文课热衷于用娱乐、多媒体等手段制造课堂繁荣的局面，课堂上多媒体画面异彩纷呈，音乐、歌声此起彼伏，《实话实说》《快乐大本营》之类的电视节目形式也亮相课堂，学生肢体活动频繁，笑声不断。显然，上述手段不属于“语文”范畴，自然难收实效。“‘内容决定方法’这一命题必须考虑学科教学方法的特殊性。”“各门学科的教学必须运用适于各自学科内容的思维方法、研究方

①李山林：《语文教学内容理据例谈》，《语文建设》2009年第3期，第11页。

②佐藤正夫：《教学原理》，教育科学出版社2001年版，第5页。

法、研究手段。教师要探讨并把握各门学科方法论的特性。”①曹老师一直主张用好语文的“常规武器”——听、说、读、写，所以他的语文课不仅体现在听说能力的训练上，更重视读写训练。

首先“读”得充分。一是读的方式多样，采用分角色朗读、指名读、教师范读、齐读等多种方式，梳理情节，把握人物特点，让学生进入文本，获得审美体验。二是读得透彻深入，重视寻常处的发现，浅显处的挖掘，每次定点钻探，深入浅出，追索意蕴，提高学生的鉴赏能力。三是读时点拨精当。如学生读了指定的两部分内容后，曹老师立即指出这两部分处理的感情色彩应不同：“第30～36段有一种调侃意味，朗读时可以略带一点夸张，结尾55段作者收敛起调侃的语调，变得庄重，有一种圣洁的抒情味。”同时提醒学生注意倒叙的悬念感：“今天在医院去世了”“头天早上”“后来”“末了”，以及两个“亲爱的”领起的抒情高潮。这样的点拨指导，兼及文本样式与内在情韵，独到而深刻，不仅有助于学生提高朗读水平，也能加深学生对文本的理解和感悟。

其次是“写”得扎实。要求学生展开想象，写一段文字，描写贝尔曼那天夜里画常春藤的场景。交流想象描写片段，小组讨论推荐，教师点评。难能可贵的是在这样规模的大型观摩课上，曹老师没有让这一环节走过场，而是留一段静寂的时光让学生投入写作，留有充裕的时间让学生进行小组合作交流，展示写作成果时推选了4名学生发言。教师中肯的评点、欣赏的态势，激发了学生言说的热情。在听说读写的过程中，采用感受、体验、想象等语文学科特有的学习方式，这样的手段不复杂，但处理得当也能让课堂不断出彩。

“所谓教法‘常规’，不是一种模式，因为它不是一成不变的，只是提供了一种宽泛的可能性、一种基本的教学思路、一个常量。这些‘要素’的设计和组织，要因课制宜、随机应变。”②由此看来，“常规武器”要“用好”，还需要我们进行巧妙地选择与组合。

2．教出小说味：阅读教学应强调“文体意识”。

文学作品阅读注重个性化理解及语言品味，于是乎文本解读时往往不太关注

①佐藤正夫：《教学原理》，教育科学出版社2001年版，第289页。

②潘新和：《语文：表现与存在》，福建人民出版社2004年版，第1144页。

"文体"特点，经常出现这样的鉴赏现象：不论何种文体都让学生揣摩美点，各抒己见，说说这段文字妙在何处，有哪些特别的理解，却忽视了"这一篇"文本的独特价值和共性特征。"只有当这些审美兴趣成为中心议题时，文体学才能成为文学研究的一部分；而且它将成为文学研究的一个主要部分，因为只有文体学的方法才能界定一件文学作品的特质。"①

例如，《最后的常春藤叶》既能体现欧·亨利式小说的个性化特征，也能体现短篇小说的普遍特色。曹老师抓住小说在情节、人物、叙述角度、作者立场等方面的特点，主要安排以下学习活动：

（1）研读有关常春藤叶的语句，梳理小说的基本情节；

（2）想象补写小说的"空白"，体会人物性格和精妙的构思；

（3）探究小说的结尾，评价理解作者的人格理想。

这样的学习活动，既能促进学生阅读小说能力的提升，也能提高学生的写作水平。如在展开想象写一段描写贝尔曼那天夜里画常春藤场景的文字时，曹老师先让学生反复诵读，然后揣摩小说中的细节，充分利用原文中的"想象点"，如湿透的鞋子和衣服、燃着的灯笼、挪动过的梯子、散落的画笔以及调色板上剩下的颜料；在交流想象描写片段时，引导学生从合理想象重现当时的场景，用好动作、语言、心理、细节等手法进行评价。这样的解读和写作训练可以让学生充分领悟小说写作技法，也能加深学生对文本的深刻体悟。"小说有许多类型，不同类型的小说其特点是不同的，其'可教点'也是不同的。"②因此，强调文体意识，不同类型的文学作品采用相应的"可教点"，才能落实语文课程文学教学的功能。

（二）呈现常态，小说阅读教学品质提升的着力点

于漪老师认为"课要上得一清如水。语文课最不可'糊'，也最容易'糊'"，进而指出："思路清晰是教课的基本要求，教学流程清晰，学生学起来心中才明白。"③曹老师采用的操作方案，易操作、可借鉴，教师教得轻松，学生学得愉快。

---

①杨义等：《中国现代文学图志》，生活·读书·新知三联书店2009年版，第376页。

②李海林：《李海林讲语文》，语文出版社2008年版，第212页。

③于漪：《语文教师的使命》，《全球教育展望》2008年第4期，第25页。

1．教学设计平中见深：可以预约的精彩。

在新课程理念指导下的课堂，不少教师对于“生成”情有独钟，以为一堂课“预设”过分，似乎有碍学生自主能力的发展。曹老师这一课“预设”得好像更加“过分”，课前布置了三道预习题，预设了本课的基本教学内容，课堂实施时老老实实地围绕预习题展开，略加拓展延伸，并没有生成许多藤蔓加以发挥。这样的设计似乎过于平白，其实匠心独运。“预习—课堂研习—课后训练”这一流程，符合语文学习的基本规律，实效显著；充分的预设也能使教者突出教学重点，突破教学难点。如曹老师备课时写下的某一环节的分解图如下：

序号	流程	环节	教学双边内容	学法解析
2	画出小说第一、二、三天描写常春藤叶的语句，概括琼珊心情的变化，并分析为什么会有这样的变化。	画语句	梳理、分析“琼珊的故事”，了解小说表层含义。师生交流研讨。	找关键语句。
		说心情		体会其中的感情。
		析原因		梳理、分析小说表层含义。关键是“找”，涉及技法知识、过程知识、策略知识、情感知识等。

“实际上真正的精彩应是预设和生成的平衡。学生的文化和智慧就是在预设和生成中获得、积累、发展和丰富的。”[①]因此，上述环节尽管是预设的，但生成的“意外”情境的处理，确实能体现一个教师的教学机智。课堂上学生找出的语句是多种多样的，有的学生找出的语句不属于描写常春藤叶的，有的学生对于琼珊的心情把握不准确，有的学生不能把握琼珊心理变化的历程，这些生成的“意外”情况，曹老师都能及时巧妙地引导，这样的教学机智源于教师对于文本的透彻解读和学情的充分预测。

2．教学方法平中见奇：讨论法、点拨法让对话焕发活力。

为了在教法上出新，有的课堂模拟法庭形式，为主人公打官司；有的课堂采用辩论赛形式，在判断人物的好坏是非上动脑筋；有的课堂热衷于合作，动辄就让学生围成一团议论一通……似乎传统的教法已经过时了，其实“讨论法”就是“对话教学”的一种常用方式，关键是讨论的话题或者问题的选择是否精当，讨论的方式是否科学合理，讨论的过程是否让对话逐步走向深入。教者关键时候的

①成尚荣：《语文教学再“语文”一些》，《人民教育》2004年第18期，第32页。

点拨，则发挥了“对话中的首席”的职能。“教学沟通正是借助教学的共同构成者的合作才能创造。在这个过程中交换彼此的思考、见解和知识，交流彼此的情感、观念与理念，丰富教学内容，求得新的发现，实现教学相长。”①

曹老师在处理《最后的常春藤叶》时，选择的问题主要有三个：（1）探究人物心理变化的过程及原因；（2）把握贝尔曼的人物个性；（3）辨别标题翻译的妙处。问题的选择精要得当，有广阔的思维空间，也有层次性。同时，曹老师还注意小组合作交流规则的引导，分组交流写作成果时，要求学生提出修改意见，并推荐一位发言人、一位评价者，所以课堂上学生的讨论热烈高效。当学生的发言出现偏差时，曹老师适时指出学生的不足，教给方法，点明方向。

师（笑）：我觉得这位同学写得还是不错的。通过一些心理描写，写出了一些想象的东西。不足呢，是文段中有好几句抒情的话。抒情的话不是不可以用，但是我们看这篇小说，我们发现最有力量的是什么东西啊？

生（齐）：是细节。

师：就是说我们通过语言的、动作的、心理的这样的细节的东西来感染读者，这也是欧·亨利小说教给我们的。我们应该学这个，而不是“啊，老贝尔曼，四十多年了，你终于画出了一片绿叶”。这样感人的效果实际要欠缺一些。

（请第3组代表发言）

生：窗外，凄风苦雨。贝尔曼的脑中却不断地想着白天所发生的事，一种想法在不断地冲击着他……

（该生叙述完，师生一起鼓掌）

诚如钱理群教授所言：“真正的理想的文学教育，课堂应该是一个情感的共振场——这样的情感共振，有时是激昂亢奋的，更多的是一种情感的沉潜状态，教师与学生在共同阅读、鉴赏过程中，达到了精神的愉悦与生命的升华。”②

3．教学手段平中见实：淡化多媒体，重视板书设计。

许多教师备课时往往在课件设计上耗费了大量精力，忙于图片的搜集、音像的剪辑、动画效果的设计，上课时忙于展示多媒体的文本、图像、音乐，一堂课

①钟启泉：《学科教学论基础》，华东师范大学出版社2001年版，第291页。
②钱理群：《语文教育门外谈》，广西师范大学出版社2003年版，第136页。

下来，黑板上一个字都没有。少数教师仅仅写个题目，其余的内容都交给屏幕展示。板书具有示范性、即时性与生成性，这些优势是课件无法代替的。例如，曹老师关于这节课的课件仅仅呈现了三道预习题和课后作业题，白底黑字下角配上一枚常春藤叶，仅此而已，估计这样的课件10分钟即可搞定。课堂上的板书却是精心设计的（板书如下）：中英文标题的对举；两个主要人物，一个侧重心情变化历程，一个侧重细节；写法的精要概括。这样的板书突出了教学的重点，也是随着教学的思路逐步生成并归纳呈现的，灵活而实在。

最后的常春藤叶

（A last leaf）

欧·亨利

琼珊：消沉→绝望→振作

贝尔曼：雨中画常春藤叶

人物突出
叙述简洁
想象丰富

“含泪的微笑”
（人格理想）

（三）追求简约，积累小说阅读教学的智慧

1．懂得舍得：“多则惑，少则明”。

用心的语文教师在备课时有两种倾向：有的在文本细读上动脑筋，追求所谓“深度语文”，课堂上往往成了展示教师解读成果的汇报会，学生成了被动的“看客”；有的在搜罗各种教学设计上下功夫，集各种优秀教案于一炉，不知取舍，教学环节烦琐，课堂容量过大，实施起来师生都感到十分疲劳。“尽管有良好的教材组织，学生仍会在教学中迷失。为了帮助学生理解，教师要以一种有组织的、简单的，不快不慢的方式呈现与演示。”[①]因此，如何将教者的解读成果转化为教学内容，教什么，怎么教，才是教学设计的着力点。

曹老师在备课时写下的阅读札记达3000多字，但整个教学流程十分简洁：课前预习→谈话导入→由叶子探究琼珊心情→分析贝尔曼人物形象→片段想象作文→辨析标题妙处→课后作业。在教学实施与教学设计时，曹老师又做了怎样的取舍，透露出怎样的机智？我们不妨探究一下导入的妙处。一上课曹老师即用舒缓苍凉的语调叙述：

① Stephen L.Yelon：《教学原理》，单文经泽，华东师范大学出版社2003年版，第127页。

“四天时间，三个底层的穷艺术家，一段感人肺腑的故事。窗外是寒风中抖动的叶子，窗内是年轻女画家的挣扎。让我们顺着小说打开的审美窗口，看看老贝尔曼冒着夜雨画的永不褪色的常春藤叶……”

随即转入第一个预习题，找出小说中四次描写常春藤叶的语句。这中间省略了一个环节，让学生交流课前收集的介绍欧·亨利及其小说的资料。这不经意的省略，让环节过渡更自然。关于作者及其小说的特色，曹老师巧妙地穿插在结尾对标题妙处的探究过程中，联系欧·亨利小说结尾的生活经历以及“含泪的微笑”体悟作品崇高的人性美，这样的处理更顺畅。语文教学的内容，“既包括在教学中对现成教材内容的沿用，也包括教师对教材内容的‘重构’——处理、加工、改编乃至增删、更换；既包括对课程内容的执行，也包括在课程实施中教师对课程内容（正的或负的）创生”①。显然，这种“重构”与“创生”的能力是需要教师的语文教学智慧的。

2．打磨细节：“简约而不简单”。

课堂结构如此简单，是否会让课堂单薄无味，要避免这一点，关键要在细节上琢磨，在简约的设计中传达丰富的内涵。“我们可以说教育智慧是知识的一种形式，然而，教育智慧与其说是一种知识，不如说是对孩子们的关心。”②例如，曹老师教学细节的处理是充分体现了“关心”这一品质的：

上课伊始，曹老师要求学生回答人物心理变化的历程及其原因，但学生答非所问，回答的却是小说的故事梗概。此时，曹老师如此引导：

“可能是我刚才复述得不太清楚。我们的题目是这样的，圈出小说中第一天、第二天、第三天描述叶子的句子，你先告诉曹老师是哪一个句子，把它读一读，然后你说说琼珊此刻是什么心情，第一天是什么心情，第二天是什么心情，第三天是什么心情。”

曹老师的“关心”体现为三个层次：首先强调刚才答错的责任主要在于老师交代不清；其次，又用过渡语“我们的题目是这样的”做提醒；接着做具体解

①王荣生：《语文科课程论基础》，上海教育出版社2003年版，第300页。

②马克斯·范梅南：《教学机智——教育智慧的意蕴》，李树英译，教育科学出版社2001年版，第270页。

说，让学生先读相关语句，再探究人物心情。在曹老师的引导之下，一位女生完整准确地回答了这一组问题。这种循循善诱的长者风范让学生如沐春风。在语文课临近尾声时，曹老师还赠送给全班学生一本《欧·亨利短篇小说选》，并强调此版本为王永年先生所译，这一细节恐怕多年以后，此班学生都会铭记在心，可谓意味深长。

"充满智慧的反思本身就是一种经历。它是一种感知或赋予其所反思的经历以意义的经历。因此，我们通过充满智慧的反思，对过去的经验所赋予的意义就留下了活生生的记忆。"[1]马克斯·范梅南教授的这段话提醒我们，面对课改背景下多姿多彩的课堂，我们只有常怀审慎的目光，充满智慧的反思，回归教学常态，在常态教学中提升教学的品质，追求教育的本真，才能修得语文教育的正果！

三、诗意的消解与建构：诗歌教学的问题与对策

不少教师有这样的感慨：写诗难，读诗亦难，诗歌教学尤其难！诗意如"羚羊挂角，无迹可求"。在当前诗歌教学中，不少课堂教学思路依然机械陈旧，文本解读粗浅鄙陋，诵读不足，分析有余，学生与诗歌却渐行渐远。因此，寻求诗歌教学的策略颇有必要。

（一）案例剖析：诗意何以在解读中消解

1．肢解文本：教学思路机械陈旧。

某教师在教学穆旦《赞美》一诗时采用如下教学思路：初读了解主题→分段（分层）解读文本→总结归纳主题。细读文本时采用了所谓的"问题教学"：

师：第1段可以分为几层？

（学生有的说两层，有的说三层，还有的说四层）

师（微笑）：我看我不如问有几个句号。

生（恍然）：有三个句号，是三层。

师：那我们现在先看第一句。

---

①马克斯·范梅南：《教学机智——教育智慧的意蕴》，李树英译，教育科学出版社2001年版，第274页。

学习第2段时，教师如法炮制："这一段有几个句号?"学生回答两个。教师问第一句写了什么？于是学生便在字里行间寻找信息，这样的解读又回到了从前肢解文本的老路。而教师解读文本的目的便在于把握主题，即了解《赞美》一诗赞美了什么，其实学生刚接触文本即知晓"赞美了农夫的牺牲精神"，在劳心费神研读后得出的结论依然如故，教师本想挖掘出主题的"别的方面"，但最后一无所获。王家新教授指出，中学诗歌教学"普遍缺乏一种语文本位、文学本位意识。过于偏重于诗的思想意义，甚至把诗歌课变成了思想教育课。要注重从审美层面引导学生进入诗歌，真正把诗歌当作诗歌来教，让教学回归诗歌本身"①。因此，机械解读诗歌文本，只能让学生远离诗歌，远离文学，远离语文。

2．望文生义：文本解读肤浅鄙陋。

王尚文先生认为："文本的空白包括语义、句法、意境等方面的空白，这些空白是老师设计提问引发思考，发现落差达成理解的关键之处。"②教师如果忽视诗歌文本中的"空白"，仅以一家之解乃至个人之见进行教学，就会"误读"甚至"歪解"。

《赞美》诗中有这样一句："是干枯的眼睛期待着泉涌的热泪。"当学生提出"看不懂"时，教师立即解释："这是一个令人感动的场面，应该是说大家从来不曾对农民说一声谢谢，如果说一声，农民的干枯的眼睛也许会被这泉涌的热泪润湿。"其实，我们完全可以引导学生挖掘此句"留白"的意蕴。一问："眼睛何以干枯？是因灾难痛苦而泣泪成血，还是因苦苦期盼而无因无果？是因瘦弱老迈而目断神枯，还是因生活赤贫而满目枯干?"二问："'干枯的眼睛'何以依然期待？是饥饿期待温饱，还是动乱期待和平？是黑暗期待光明，还是苦难期待幸福?"这样的提问才能让学生认识到一双干枯的眼睛和一份执着的期待，浓缩了人生的无限沧桑和民族的沉痛记忆。在"补白"的同时，学生会把握诗句中蕴含的精神元素，获得审美体验。

①王家新：《"它来到我们中间寻找骑手"——谈新理念下的中学语文诗歌教学》，《中学语文教学》2005年第2期。

②王尚文：《语文教学对话论》，浙江教育出版社2004年版，第195~196页。

3. 虚应对话：思维缺席理智引退。

例如，某教师执教《将进酒》，在理解文本时，教师进行了一连串发问："李白劝谁喝酒？李白劝朋友怎样喝酒呢？量怎么样？李白怎样饮？纵情到什么程度?"学生照搬诗句回答，味同嚼蜡，诗意顿消。

审视目前的课堂教学，那种以教师为中心的"独白式"传话教学已很少存在，但普遍呈现一种较为肤浅的"对话教学"——"问答式"教学，教师在课堂上连续提问，学生习惯性举手，仓促地回答问题后，教师有时还会补充追问，在满堂问中，尽管学生有机会发言，但教师仍是权威的代言人，按照预先设定的框架，垄断了沟通，根本顾不上倾听学生的心声，更不用说让学生在自主探究中体验学习的乐趣，进行理性的思考了。

4. 诵读不足：诗歌情感韵味丧失。

韩军老师认为，诵读人之"心"与文本之"心"共鸣，淡然说，自然说，随心说，便动人心，撼人魄！因此韩军读杜甫《登高》，他化身杜甫，有了"不尽长江滚滚来"的悲愤苍凉；韩军读李商隐《隋宫》，他直入隋炀帝魂魄，嬉笑怒骂出神韵；韩军读《大堰河，我的保姆》，他与艾青心脉相通，上千听课人潸然泪下……

诗歌诵读注重情理，悟得诗情，晓得诗理，方能入味。朱自清先生在《朗读与诗》一文中指出："'读'原是'抽绎义蕴'的意思。只有朗读才能玩索每一词每一语每一句的义蕴，同时吟味它们的节奏。默读只是'玩索义蕴'的工作做得好。""新诗不要唱，不要吟；它的生命在朗读，它得生活在朗读里。"①

5. 言说不"诚"：盲目参考虚伪叙事。

例如，《乡愁》一课的实录中，在"品读，说发现"这个环节时，学生发言颇具"学术"含量：

生1：美在结构，寓变化于统一。节与节之间整齐均衡，每节内部长短句错落有致，显现出层叠式的建筑美。

生2：美在韵律，重章叠词的运用，造成一种回环往复、一唱三叹的旋律，为全诗营造了一种低回惆怅的基调。

①张国风：《清华学者论文学》，清华大学出版社2001年版，第10页。

生3：美在对称——“邮票”“船票”“坟墓”“海峡”四个意象对应了四幅画面：母子别、夫妻别、生死别、故国别。

生4：美在简约、凝练，作者精心选择了四个意象，凝聚了一份浓得化不开的乡情。

如此精彩的言说有两种可能：一是课堂上学生确实这样讲述，因为学生现在手头上的教辅资料分析全面精当，在预习时完全可以把这些精彩的分析记在书上；二是教师在做实录时，为了增加可读性及课堂的深度，进行了必要的文字修饰。前者课堂上十分普遍，当然这种照搬现成的分析显然做的是无用功；后者反映出教师对目前倡导的叙事研究认识不清，其实，原生态的实录才具有反思价值，才能促进自身专业化素质的提升。

（二）诗歌教学：为何难寻真正的骑手

王家新在谈新理念下的中学语文诗歌教学时呼唤：“让诗歌通过我们的教学来到年轻的心灵中间，寻找它未来的骑手。”[①]为何新课堂仍然让学生在诗歌的丛林里迷路，我们不妨探究一下其中的原因。

1．教材诗歌阅读知识的缺失。

21世纪之前，语文课程教材专家研讨出不无泄气的结论：“文学鉴赏能力如何具体化，理论界还缺乏研究。”[②]倪文锦接着指出：“其实，何止是文学鉴赏，文章阅读、文章写作、口语交际等等，情况也大抵如此。”[③]就如穆旦的《赞美》一诗，意象繁密朦胧，表达新奇，情思深奥，但语文教材注解寥寥，教学指导用书只收录了一篇介绍穆旦诗歌的评论文章，市面上所见到的各种教辅资料也有意无意地回避对此诗的解读，语文教学杂志也少有刊登解读《赞美》的文章，于是有些教师慨叹：《赞美》太难，《赞美》无解！

李海林认为：“语文知识创新是语文课程改革的突破口……从实践上看，教学方法的本质就是教学内容的呈现方式，因此在课程与教学内容没有变化的情况

①王家新：《“它来到我们中间寻找骑手”——谈新理念下的中学语文教学》，《中学语文教学》2005年第3期。

②顾之川：《中学语文课程教材专家研讨会综述》，《课程·教材·教法》1999年第8期，第8页。

③倪文锦，欧阳汝颖：《语文教育展望》，华东师范大学出版社2002年版，第100页。

下，单方面展开教学方法的改革，实际上是玩空手道。”[①]解读诗歌如果不吸收“隐喻”“矛盾修辞”“反讽”等当代文论成果并加以转化，仍然因袭诗歌解读知识的陈旧话语，自然低效甚至无效。

2．语文教师解读能力的匮乏。

新课程培训形式繁多，内容充实，教师的理念也确实或多或少得到了更新，但语文教师对于文本解读能力的提高，不是靠一些培训就能奏效的。其实，优秀语文教师的充满生命活力的阅读教学课堂都源自其深厚的文学素养，源自于他们对文本的个性化的深刻解读。但目前不少语文教师的阅读视野狭窄，不深入研读文艺学理论著作，于是解读古诗囿于成见，面对现代诗歌更是无从下手，误读误解也就在所难免了。

3．诗歌评价考查的局限。

近年来，关于诗歌鉴赏的考题多采用主客观题并置形式，客观题（选择、填空）侧重理解分析立意，主观简答题侧重鉴赏评价。试题趋于开放，但评分标准则比较苛刻。如果考查课内篇目，答案则以教学指导用书为唯一标准，其他说法则很难得分，以至有些教师只好把教学指导用书上的分析文字原版复印，学生熟记即可。

例如，2005年四川某市中考有这样一道填空题：《如梦令·昨夜雨疏风骤》（李清照）作者采用________手法，表达了对春花的留恋和惜别的一种伤感情绪。

这道题问的是用什么手法，一般应是借景抒情或象征手法，但标准答案为“委婉含蓄”。答案如此“标准”，教师只好唯“本”是从。即使考查课外篇目，主观题标准答案“采点”不全，“采意”不周密，也会影响评分的客观公正。因此，诗歌教学在现实与浪漫、感性与理性、急功近利与精神建构之间徘徊不定，甚至停滞不前。

（三）张力：诗歌教学的个性化追求

新批评理论家艾伦·退特认为，“诗的意义就是它的张力”，即我们在诗中所能发现的全部外展和内涵的有机整体。[②]王尚文先生提出“张力：阅读的审美价

①李海林：《语文课程改革的进展、问题及前瞻》，《语文建设》2006年第3期。

②王纪人：《文艺学与语文教育》，上海教育出版社2001年版，第39页。

值之源”的主张，并指出阅读教学的本质在于张力的发现与消除。[①]由此可见，诗歌教学的魅力在于张力的彰显，在于教师的个性化教学，韩军《隋宫》课例极具启发意义。

1. 发现张力：在研读文本中选择阅读策略。

教师对于诗歌文本的先期阅读，仅停留在教学指导用书的解读层面远远不够，还要善于搜集整合相关研究成果，悉心揣摩文学作品内在情感并诉之于激情四溢的朗读。这样才会发掘出诗歌的张力，才会让学生“诗意地栖居”于课堂。例如，韩军老师执教《隋宫》一课，不是将自己的研究成果一股脑儿搬给学生，而是抓住了《隋宫》一诗“矛盾修辞”的语言特色，在“不缘、应是、于今、终古、若逢、岂宜”六个词的品味上推敲斟酌，以“平字见奇”领悟写法，同时结合自己的阅读体验加深学生的理解，从而消除文本与阅读者之间的张力。

2. 消除张力：在言语实践中走进诗歌家园。

诗歌教学应凸显“语文味”，所以教师要引导学生在语言实践中构建语文综合素养。例如，韩军老师的课不追求课堂花样的不断翻新，而是踏踏实实地与学生走进文本，通过“换、调、增、删”等多种方式，引导学生反复推敲字词，揣摩语言妙处，让学生倾听文本的声音，培养语感，从而消除文本与阅读者之间的张力。韩老师还重视读书方法指导，如结合注释理解诗文的方法、圈点批注读书法等，这些经典的读书方法简易管用，但不少教师往往会忽视。

3. 扩充张力：在研究性学习中激发创新潜能。

诗歌教学不应满足于张力的发现与消除，还应在不断探究中扩充张力，这样的课堂才会有深度、有宽度、有温度。如韩军老师在《隋宫》一课对文化常识的探究：“紫渊”为何写成“紫泉”；对语言深层意蕴的探究：“应是”“必失”的辩论等引起学生进一步思考。再如他在《大堰河，我的保姆》中引导学生对“颜色词”的品味探究[②]，进而拓展到课外让学生开展研究性学习的这一教学设计，确实巧妙。

①王尚文：《语文教学对话论》，浙江教育出版社2004年版，第188~189页。

②韩军：《〈大堰河，我的保姆〉教学实录》，《语文教学通讯》2005年第7~8期。

四、观看之道：基于剧本视角的教学内容的选择

毕淑敏的作品《一厘米》选入教材有两个版本：一为小说（语文版），一为剧本（苏教版）。本案例围绕苏教版九年级下册第一单元的课文进行，这篇课文节选自电视连续剧《咱老百姓》。笔者查阅关于此课的诸多设计方案，大都是从小说角度，如分析故事情节、人物形象、作品主题等方面去阅读此剧本。如果按这样的教学设计来执教此课，就会混淆了文体特点，使得学生戏剧感体验不足，剧本体察不透。于是笔者重新设计，力求从剧本的文体特征出发，让学生懂得观看剧本之道，获得剧本的演员感、舞台感、观众感、剧场感。

这个单元是初中第一个戏剧单元。通过对《威尼斯商人》《江村小景》《陈毅市长》三个剧本的学习，学生已经初步了解了戏剧的基本常识，掌握了阅读剧本的基本方法，有的学生甚至已经开始尝试着改编或创作剧本、表演戏剧了。所以笔者将本课的学习目标定位于通过赏析剧本语言，如台词及舞台说明，采用辨析、表演、评价的方式，从感知人物形象到体验人物角色、赏析人物形象。

同时，也要围绕本单元阅读训练主题"比较与辨微"，将剧本与同名小说作比较阅读，进一步把握剧本的文本特点，激发学生的阅读兴趣，激活学生的求异思维，培养学生的批判性阅读与创造性阅读能力。下面是笔者的教学设计，以此为例来进行探究。

（一）"一厘米"的波澜——走进剧本，感知情节，梳理剧本冲突

1. 导入语。女作家毕淑敏关注普通人的生活情景，选择司空见惯的琐屑小事，这样的内容最易平淡无奇、枯燥乏味，但在她的笔下却平地陡起波澜，"一粒沙中看世界，半瓣花上说人情"，作家正是通过对这些琐屑事件的"煎炒"，烹饪出人间生活的百味。

2. 认真阅读课文，用简洁的语言概括故事情节，剧本主要写了哪些冲突。（组织交流、评价）

明确：陶影带孩子去公园，因为公园门口的尺度不准确而被误会是逃票，她投书报社，最后公园领导登门了解情况，矛盾才最终得到解决。

冲突主要有：一是陶影和公园门口卖票的"红衣青年"的冲突；二是陶影和儿子小也的冲突；三是陶影和丈夫的冲突。陶影和儿子小也的冲突应是戏剧的主

要冲突，主题在这一对冲突的解决中得到了体现。

（二）“一厘米”的情味——体验剧场，品析语言，赏演人物形象

1. 剧本的语言包括台词和舞台说明两个方面。剧本的语言主要是台词。剧本主要是通过台词推动情节发展，表现人物性格。因此，台词语言要求能充分地表现人物的性格、身份和思想感情，要通俗自然、简练明确，要口语化，要适合舞台表演。

“舞台剧本是文学的一部分，因为它的对白中所呈现的理念和人物构成了它的特质：而且对白向来都是文学的。”

（引用著名导演塔可夫斯基的电影文论深化解读）

赏析：结合第2场台词分析陶影及儿子小也的性格特质和心理状态。示例：

小也　妈妈！快买票！

小也　妈妈，你快给钱，我去买票！

小也　妈妈！我够了！我够了！……你为什么不给我买票？你说话不算话！

（小也：成长过程中自尊心的觉醒，对妈妈的不信任和责怪）

陶影　您就别管了，我买两张票。

售票员　给您票，请拿好。

陶影　小也，不要把票放在嘴上，不卫生。

（陶影：维护孩子的尊严，关心孩子的成长）

2. 舞台说明是剧本里的一些说明性文字。舞台说明包括剧中人物表，剧情发生的时间、地点、服装、道具、布景以及人物的表情、动作、上下场等，对刻画人物性格和推动、展开戏剧情节发展有一定的作用。语言要求写得简练、扼要、明确。

讨论：以第2场为例，探究舞台说明对刻画人物性格和开展故事情节有什么作用。

公共汽车上。（剧情地点）

小也走过去量身高。（推动剧情发展）

小也　妈妈……（焦急而略带哭腔）（刻画人物表情）

小也把票粘在嘴唇上，像个风车似的吹得噗噗响。（提示人物动作及表演情态）

3. 小结。剧本语言，它包括人物的个性化语言、动作性、潜台词三个方面。台词必须符合戏剧人物的性别、年龄、身份、经历、气质。剧本语言只有富于动作性才适合演出。所以读剧本，要对戏剧中人物听其言而观其行。剧本语言还要关注潜台词，领略精练语言中的言外之意、弦外之音。

4. 分角色表演第2场。（小组合作排练、展示、评价）

5. 结合全剧，说说主人公陶影的特点。

(1) 含辛茹苦、任劳任怨。

一天班上下来，累得不想动弹，真想凑合凑合算了。可一想孩子，还得打起精神让他吃饱吃好。咱们这辈子就这样了，就指望孩子有出息了！

(2) 执着、认真。

（轻声但是极坚决）他不够1.1米的。不够！

我不知道国际米尺是什么造的，可我知道我的儿子没有那么高，我知道我们没有逃票！

(3) 竭力维护人格尊严，立场坚定。

这事对我来说就是最大的。

（郑重地）小也，你离两位爷爷再近点，我什么都不图，只请两位爷爷把那天的事同孩子讲清楚，告诉孩子：妈妈没有错！……

（赏析时可以通过诵读台词表现人物的个性，体会人物特定情境下的心理）

（三）《一厘米》的特质——细读剧本，比较辨微，把握剧本特点

1. 比较同名小说与剧本不同的表达特点。

第一组

小说：

今天她说："买两张票。"

面容凶恶的售票员眼睛很有准头："这小孩还差一厘米，不用买票。"

小也立刻矮了几厘米，而绝不是一厘米，买票与不买票如此强烈地关系着一个小小男子汉的尊严。

两毛钱就能买到尊严，只发生在人的童年。没有一个妈妈能够拒绝为孩子提供快乐。

"我买两张票。"她矜持地重复。

剧本：

陶影　我买两张票。

售票员　这孩子够高了吗？

陶影　您就别管了，我买两张票。

明确：小说通过议论的表达方式直接点明主题：买票等于争取尊严；而剧本必须通过潜台词体会人物复杂的心境，需要读者结合语境及人物的个性体悟其间的空白点。

第二组

小说：

"你到底要哪样呢？"两位干部一齐问。

是的，陶影在这一瞬，也在问自己。她是个生性平和的女人，别说是两位素不相识的老年人登门致歉，就是红衣青年本人来，她也不会刁难他的。

她究竟想要什么呢？

她把小也推到两位老人面前。

"叫爷爷。"她吩咐。

"爷爷。"小也叫得很甜。

剧本：

主任、书记　（异口同声）那你到底要怎样？

陶影　（恬淡温和地）小也，你过来。

小也乖乖地走过来。

陶影　小也，叫"爷爷"。

小也　爷爷，爷爷。

明确：小说穿插心理描写，表现陶影生性平和、善良宽容的个性；剧本通过舞台说明点出陶影"恬淡温和"的神态，含蓄地说明人物此时的心理状态。

还可以进一步探究：小说写陶影"把小也推到两位老人面前"，剧本改为"小也乖乖地走过来"，为什么？

（明确：从情节的合理性去理解，陶影的态度发生了转变，由气愤不平转为恬淡温和；小也“乖乖”走过来，才会甜甜地叫“爷爷”）

2. 归纳总结。小说叙述的方式是多样的，可以讲述、显示或议论，而剧本主要通过台词、舞台说明陈述；小说的情节结构具有连贯性，剧本的情节结构具有跳跃性。读小说，我们需要与人物对话，把握人物个性；读剧本，我们不仅要做观众，还要做演员，既要懂得编剧的意图，还要体察剧中人物的个性、心理和情感的变化起伏。

（四）“一厘米”的深度：互文阅读，探究主题，领悟多元内涵

1. 链接《一厘米》小说节选段落，帮助学生深化对主题的理解。

这是一道生命之门，它半开半合，外面的世界像水一样，从这里流进去。每当抚到这道若隐若现的门缝，陶影就感觉到巨大的责任。是她把这个秀气的小男孩带到这个世界上来的。她很普通，对谁都不重要，可有可无，唯独对这个男孩，她要成为完美而无可挑剔的母亲。

明确：从“生命之门”到“巨大的责任”，陶影要努力成为一个“完美而无可挑剔的母亲”的执着追求，塑造了一个平凡而伟大的母亲形象，肯定了主人公对完美的执着和全力以赴的追求。

2. “一厘米”虽然微小，却表达了深刻而丰富的主题，你从剧本中读出了什么？说说你的理由。

（学生结合剧本内容进行解说，可以从主要人物及其关系等方面多角度展开探究）

从教育角度：如何塑造孩子的健康心灵，如何培养孩子的精神人格；

从道德角度：对正直、善良与责任感的褒扬；

从伦理角度：母亲对孩子成长付出的爱和应尽的责任；

从人性角度：一个人应该怎样对待尊严；

从社会学角度：人与人之间需要理解与宽容。

3. 小结。毕淑敏在《妈妈无小事》一文中谈及《一厘米》的创作感受时说道：“我想把自己的笔，贴到她们心灵的触角上，感受她们的窘境，描绘她们的苍凉和锲而不舍的挚爱。”“一厘米”让我们读出了真挚的母爱、美好的人性、人格尊严的维护、人生责任的担当！

（五）《一厘米》的公演——创意舞台，广告写作，表达观看感受

1．如果电视剧《一厘米》即将上演，请你为它拟写一则广告词语。

可以是一段话，可以是几个富有概括力的句子，也可以是一组不连续的主题词。看谁写得最有创意、最有吸引力。

示例：

（1）一厘米，一件微不足道的小事；一位母亲，一颗捍卫尊严的心灵；一则短剧，一个发人深省的故事。

（2）毫不起眼的“一厘米”，小题大做的年轻母亲，值得关注的成长故事。

（3）一个生性平和的女人，为何小题大做？一件鸡毛蒜皮的小事，演绎怎样的人情世故？

2. 盘点收获，归纳总结。通过本戏剧单元的学习，你认为可以从哪些角度欣赏剧本？

明确：利用矛盾冲突表现人物个性；剧本语言（台词及舞台说明）的个性化、动作性，善于理解潜台词；通过表演体会演员角色，走进剧场；剧本阅读需要移情与想象，获得亲身体验。

五、倾心：让课堂洋溢深情之美

《人琴俱亡》（出自《世说新语·伤逝》）一课选自苏教版语文教材八年级上册的第三单元，单元主题为“至爱亲情”，本课侧重表现深厚的兄弟情谊。全文语言简洁，寥寥数十字，叙事曲折有致，人物刻画栩栩如生。在本课的教学设计中，笔者倾心思考，短文细教，让课堂洋溢着深情之美。

（一）倾心文本细读，读出广度、深度、温度

教师对于文本的前期阅读质量，决定了学生阅读文本的状态与效果。《人琴俱亡》一文共84个字，在研读了教材与教学指导用书以后，发现获得的信息量与感悟还比较少，于是循着相关线索进行拓展阅读。

1．互文阅读，将文本读厚。

有专家指出，世界上没有一个文本是单一的，文本之间相互指涉，构成了互释、互训与互通的交会网络。因此首先要将文本“读厚”，方能深入浅出，厚积薄发。教师对于互文阅读，既是一个接受的过程，也是一个发现的过程。教师面

对文本，兼有双重身份（读者与教者），既要个性化地解读文本，又要考虑如何将自身的解读体验转化为文本教学策略。

（1）同一章节文本。

首先查找《世说新语》一书，重点阅读“伤逝”一章19篇文章，根据本文内容及八年级学生的文言文阅读水平，选取了《鼓琴吊丧》一文，如下：

顾彦先平生好琴，及丧，家人常以琴置灵床上。张季鹰往哭之，不胜其恸，遂径上床，鼓琴，作数曲竟，抚琴曰：“顾彦先颇复赏此不?”因又大恸，遂不执孝子手而出。

（2）同一内容文本。

为了进一步了解王徽之、王献之两兄弟的交往情况，又搜寻资料查找与之相关的故事，于是在《晋书·王徽之传》中读到了《人琴俱亡》另一个版本的故事：

时二人俱病笃，有术人云：“人命应终，而有生人乐代者，则死者可生。”徽之谓曰：“吾才位不如弟，请以余年代之。”术者曰：“代死者，以己年有余，得以足亡者耳。今君与弟算俱尽，何代也！”未几，献之卒，徽之奔丧不哭，直上灵床坐，取献之琴弹之。久而不调，叹曰：“呜呼！子敬人琴俱亡！”因顿绝，先有背疾，遂溃裂，月余亦卒。

（3）同一主题文本。

循着这些文本的内在脉络，突然发现“人与琴”这样一个故事内核，清越高雅的“古琴”始终与“文人”相伴、相知、相融，而其间流淌的深情可以追溯到春秋时期的“高山流水”的故事：

伯牙鼓琴，志在高山，钟子期曰：“善哉，峨峨乎若泰山！”志在流水，钟子期曰：“善哉，洋洋乎若江河！”伯牙所念，钟子期必得之。（选自《列子·汤问》）

2. 深度阅读：将文本读透。

有深度的阅读，一方面来自教师对文本的细读，另一方面也应该吸收相关专家的权威解读成果，这样才能准确透彻地把握文本的思想内容、艺术特色。虽然教师指导用书一般都有一些介绍，但是真正有价值的信息还需要教师自己搜集钻研，尤其需要教师在平时的阅读中开阔视野，积累文学素养。笔者就此课重点研读了下面3篇文章：《论〈世说新语〉和晋人的美》（选自宗白华《美学散步》）、《美在深情》（选自李泽厚《华夏美学》）、《论风流》（选自冯友兰《三松堂学术文集》）。

通过研读上述相关文论，对于《人琴俱亡》一课的写作背景、主题思想、艺术特色有了更加深刻和周密的理解，可以归纳为以下几点：

（1）“伤逝”情结：中古文人永恒的悲美。

汉末魏晋时代，频繁的自然灾害和瘟疫、朝代的更迭和战乱造成了凄凉可怖的惨象。一系列政坛上的腥风血雨更让世人时刻处于死亡的威胁之中。生命无常，朝不保夕，成为人们最深刻的感受。亲情、友情和爱情使这个时代呈现出浓浓的人情味，但魏晋人的深情更多地体现在深沉的生命悲情上。《世说新语·伤逝》忠实地记录了魏晋士人悼亡伤逝的言语，笔精墨练，文辞悲怆，一往情深，具有很强的艺术感染力。它们共同组成了一部惊风泣鬼、如怨如慕的安魂曲，读来令人黯然神伤。

（2）深情之美：“情之所钟，正在我辈。”

竹林名士王戎的一句“情之所钟，正在我辈”堪称魏晋士人的情感宣言。冯友兰先生认为“必有深情”是“魏晋风流”的重要特征之一。魏晋名士追求一往情深，率性而为。诚如宗白华先生所说，“深于情者，不仅对宇宙人生体会到至深的无名的哀感，扩而充之，可以成为耶稣、释迦的悲天悯人”。无论是亲情、友情还是爱情，魏晋士人都表现出了可贵可敬的真情实意，深沉，真挚，绝不虚伪。

（3）敏锐执着：对人生的真谛深刻的省察。

李泽厚先生说：“魏晋时代的‘情’的抒发，由于总与对人生——生死——存在的意向、探询、疑惑相交织，从而达到哲理的高层。”[①]《世说新语·伤逝》中的19篇小品文，一方面表现了深情之美，另一方面也渗透了珍爱生命的意识，以及对于人生意义的执着追求和生命价值的体认。

①李泽厚：《华夏美学》，中外文化出版公司1989年版，第141页。

3．体验温度：生命在场的阅读。

教师在文本细读时，既要消化吸收、整理评判他人对文本细读的种种见解和观点，更要关注珍视、归纳梳理自己对文本细读的独特感悟和发现。

在阅读教学中要强调“生命在场”，不仅指向于教师，更应关注学生阅读的“生命意识”。学生在面对静态的文本阅读时能唤醒情感的体验，触摸到文本的温度，这样的阅读才是可亲可敬的。汉魏六朝是“最浓于热情的一个时代”，正如谢安对桓伊的评价，魏晋士人“一往有深情”。师生通过晤对文本，共同对话，感受古代文人情感世界焕发的智慧的光辉，领略有限的人生富有无限宇宙的含义，体会魏晋士人对死亡、人事、自然兴发的种种情感，从而丰富内心的情感，体验生命的意义。

有了上述的细读与思考，于是“人与琴：深情之美”这个教学主题便生成了。

（二）倾心教学设计：酝酿语文味、书卷味、人情味

在教学设计时，笔者沿着“人与琴：深情之美”这个教学主题，着力于三维目标的达成，通过以下途径实施：

其一，深情之美：体现在诵读吟咏之中；

其二，深情之美：体现在互文阅读之中；

其三，深情之美：体现在拓展体验之中；

其四，深情之美：体现在语言积累之中；

其五，深情之美：体现在多媒体的巧妙运用之中。

具体教学设计如下：

1．导入。

（1）上课前播放古琴曲《高山流水》，设置情境。

（2）成语（出自《世说新语》）填空练习。

望（梅）止渴　渐入（佳）境　（顾）名思义　管中窥（豹）

（鹤）立鸡群　口若（悬）河　应接不（暇）　一（往）情深

（3）简介《世说新语》，积累文学常识。

2．解读课文《人琴俱亡》。（选自《世说新语·伤逝》）

（1）初读：正确地读。

（生字注音；自由朗读；指名读；齐读）

（2）二读：理解地读。

（结合注释，自己译解文本；质疑问难，合作讨论；译讲文意）

（3）三读：发现地读。

（读出疑问，读出发现）

重点研讨：①为何“了不悲”，“都不哭”？

②“弦既不调”说明了什么？

（4）四读：有感情地读。

3. 拓展。

（1）拓展一：《人琴俱亡》。（选自《晋书·王徽之传》）

指名读。

疏通理解。（指导理解词义方法：结合注释；联系旧知；结合语境）

与课文进行比较阅读。

（2）拓展二：《鼓琴吊丧》。（选自《世说新语·伤逝》）

了解《世说新语·伤逝》，理解“伤逝”的含义。

阅读材料《鼓琴吊丧》。

比较阅读：两则故事的异同。

4. 文化探究：人与琴，深情之美。

（1）讲述“高山流水”的故事（播放古琴曲），投影文本《高山流水》（选自《列子·汤问》）

（2）探究上述文本蕴含的深情之美。

琴	人琴俱亡	王徽之	王献之	一往情深
	鼓琴吊丧	张季鹰	顾彦先	
	高山流水	俞伯牙	钟子期	

（3）介绍“一往情深”的出处：“桓子野每闻清歌，辄唤奈何，谢公闻之，曰：‘子野可谓一往有深情。’”

5. 链接诗文与生活：体验深情之美。

（1）深情之美：探访文人墨客的心迹。

结合语境，填写诗句。

深情之美无处不在，是李商隐关于坚贞爱情的一声赞叹，（“春蚕到死丝方尽，蜡炬成灰泪始干”）；是贾岛临行前母亲的一针一线，（“意恐迟迟归，临行密密缝”）；是苏轼中秋月夜遥寄兄弟的美好祝愿，（“但愿人长久，千里共婵娟”）；是龚自珍看到落花的由衷抒怀，（“落红不是无情物，化作春泥更护花”）……

（2）深情之美：留心身边的细枝末节。

结合语境，仿写句子。

深情之美萦绕于我们身边：是困难无助时，朋友伸出的热情的双手；是失落寂寞时，老师充满温情的鼓励的话语；是疲惫困顿时，母亲送来的一杯香浓的牛奶……

深情，人间之大美！

（3）播放《高山流水》音乐，朗诵上述诗文。

在设计时，笔者力求短文细教，凸显语文的滋味，散发书卷的气息，营造浓郁的人情味。

语文味。本课在设计时着力于学生的语言实践，注重语言品味，对文言实词、虚词和重点语句的意义进行理解和把握；关注语感的习得，课内文本采用多种方式进行诵读，课外拓展文本更有利于学生文言语感的熏陶；通过听说读写训练，积累词语，感悟诗文，举一反三，这些迁移训练有利于学生文言阅读能力的提升。

书卷味。本课链接的文本材料紧扣“人与琴：深情之美”教学主题，角度同中有异：一是同一故事不同版本的比较阅读，《世说新语》与《晋书》中的《人琴俱亡》版本；二是同一出处同一章节情节类似的文本比较阅读，《人琴俱亡》与《鼓琴吊丧》（选自《世说新语·伤逝》）；三是同一主题情节类似的互文阅读，《人琴俱亡》《鼓琴吊丧》《高山流水》。这些文本之间体现的文化意蕴和情感美学的探究，无不体现浓浓的书卷气息。

人情味。一是文本研讨关注细节中的人情味。如王子猷掷琴时“人琴俱亡”的悲恸倾诉，张季鹰鼓琴吊丧后“不执孝子手而出”，俞伯牙“绝弦”以谢知音，都是对文本细节的琢磨。二是诵读体味情感。如对课文《人琴俱亡》的反复诵读，链接文本的诵读，结束语言训练时创作的诗文的配乐朗诵，都处处渗透着一个“情”字。

（三）倾心设计反思：在思与诗之间感受语文的魅力

我们的语文课堂魅力需要在思与诗之间探寻，本课结束以后学生写下的课后感言引起笔者如下的思考：

路上来去匆匆的行人的脸，常常是沉默或者冷漠的。然而他们心灵深处必定有个角落激荡着对于某个人的情感。因为如果没有情感的遇合、碰撞，那些纷乱而又美妙的世事从何而来？换句话讲，如果不存在一个人对另一个人的深情，我们怎会经历如此气象万千风光旖旎的人生？

深情的记忆就如同一汪深澈的潭水，幽邃澄清，缓缓深入心底，润物细无声。深情的故事就如同广袤厚实的泥土，悄然演绎，它的温暖和芬芳已在黑暗中四处弥漫，沁人心脾。（许振亚）

——思的深度，源于与文本的深度对话，并唤醒学生内心的体验，从而与自我对话，倾听内心的独白，激荡情感的涟漪，催生智慧的火花，顿悟人生的哲理。

纵观历史，人与琴的交流胜过语言，琴声饱含演奏者的心声；注目今朝，人与琴的沟通何尝不是一种美——深情之美。深情之美，在于密林深处清泉边鼓琴时知音之间的心心相印，在于超凡脱俗的琴声中寄托对逝者的哀悼之情，在于伯牙断弦、子猷掷琴的悲壮与钟情……在历史的宝匣中打开尘封已久的琴，擦掉千年的尘埃，在时间之弦上奏一曲歌，一曲人与琴的深情赞歌！（徐伟伟）

——诗的灵性，源于灵感的激发。“人与琴：深情之美”这一教学主题源于教者的灵机一动，这一教学机智也激发了学生的灵感，于是古与今融合，人与琴沟通，读者与文本的对话视野逐渐融合。

深情是坚贞的爱情，是每年七夕星空上永不褪色的神话，是李商隐“春蚕到死丝方尽，蜡炬成灰泪始干”的赞叹；深情是殷殷母爱，是岳飞背上触目惊心泪水浸润的“精忠报国”，是孟郊“谁言寸草心，报得三春晖”的感念；深情是手足之情，是缟素之下“人琴俱亡”的悲恸，是苏轼“但愿人长久，千里共婵娟”的祝福；深情是纯洁的友情，是桃花潭水旁依依惜别的踏歌声，是李白“此地一为别，孤蓬万里征”的牵挂……（严明雯）

——诗的语言需要“学得”，有效的课堂语言训练有助于学生表达水平的提高。如此富有文采的语言，使课堂上展示的例句都显得黯然失色，况且这例句还是教者的精心之作。也许，“功夫”并非在“诗外”！

在这节课上，我充分感受到老师上课的激情。我想，老师上课之所以这么好，肯定在于课前认真地准备，而这点正是我们所要具备的。袁老师上课的激情也是我们所需要的，因为只有对上课有了兴趣，有了激情，才会认真去学，真正参与到课堂之中，这样的学习才是有意义的，有效果的。（蔡雨晨）

轻拨琴弦，那高山的巍峨，流水的清澈萦绕在我心头；品读故事，那人世的深情、世间的真爱又拨动着我的心弦。琴传递着人们的美好感情，从琴弦中跳跃而出的音符架起了人们心与心之间的桥梁。（夏苗）

——倾心架设桥梁，激情演绎精彩。教师的激情执教唤起学生的激情对话，有意义的课堂、有效的课堂需要师生的激情互动，这样的激情并非表面的冲动，而是心灵深处的震撼，智慧火花的碰撞，精神世界的启蒙。

六、段落教学的反思与改进策略

段落教学曾经在相当长的一段时间被重视过，但由于实践中将段落教学等同于分段教学，导致肢解文本现象频繁，机械训练过度，于是新课程实施以来，段落教学被打入“冷宫”，许多课堂的文本阅读从篇章整体感知开始，然后就直接进入词句细读，在重点段落上很少下功夫去研读。“阅读教学应关注学生个体阅读的心理过程，对语言作品要按部分‘停下来读’”[①]，这样不仅让学生有足够的时间进入文本，与文本对话，与作者对话，也能够边思考边进行个性化阅读。因此，我们有必要对当下的段落教学进行反思，进而寻求改进的策略。

①张先富：《基于语段修辞的阅读教学策略》，《中学语文教学参考（初中）》2015年第11期，第58页。

（一）案例透视：被遗弃的段落教学

围绕《散步》一课教学设计，笔者查询相关教学设计和参考资料，发现一般的教学设计都会设计下列三个教学环节：一读课文，整体感知文本内容；二读课文，美点寻踪；三读课文，感悟亲情。第二个环节中所谓的“美点寻踪”，就是找出文章中自己认为写得最恰切、最生动、最形象的，并给人强烈美感的词句。这种“寻美”的阅读样式，在文学作品（特别是散文）的阅读教学中已被许多教师普遍采用。只要到文本细读环节，教师几乎都要用这一招。但这种阅读方式也有很多不足之处，主要存在以下几个问题：

1．浮光掠影多，定点钻探不足。例如，在《散步》一课细读“寻美”时，教师一般会做以下引导：“美在文中对春景的生动描写；美在文中对称句式的反复运用；美在‘小家伙’的话表现出他的天真可爱；美在用生活细节表达出深沉的爱；美在结尾段表现出家庭的幸福、温馨；美在结尾的最后一句话……”上述赏析的美点涉及写作手法、语言特点、人物形象、文本主题及句意理解等多个角度，这样会导致学生在课堂上往往“东一榔头西一棒槌”，看似面面俱到，实际上是走马观花式。这种教学设计难以深入到文本内部，导致学生与文本之间的对话肤浅而凌乱，课堂上教学重点不能突出，教学难点容易忽视或遗漏。

2．感性体验多，理性思考不足。许多教师把文学作品都当作“美文”来教，不仅散文教学找美点，小说、诗歌教学亦如此，而且对所谓“美的特质”的挖掘，也处于庸俗粗浅的理解层面。如一位教师给学生示范《散步》一课第一句的赏析：“‘我们在田野上散步：我，我的母亲，我的妻子和儿子。’这个句子的句式很美，这样写很庄重，表现出‘散步’在‘我’心中是一件很重要的事情。”这样的美点品析大都泛泛而谈，不能引发学生的深入思考。这样的教学设计缺少语文知识的介入，更缺少理性的认识，所以课堂上难有思维的碰撞。

3．琐碎讲读多，系统训练不足。因为忽视了具体段落的阅读，课堂上大都是采用了寻章摘句式的阅读方式，文本仅仅成了一个引子或由头。教师只会反复问“美在何处”，学生或匆匆作答，或将事先抄录的教辅资料的内容生搬硬套。这种缺少重点段落的反复品味和听说读写综合训练的细读文本的方式，无益于学生阅读能力的提升，也让不少语文教师的阅读教学模式僵化，难以提升阅读教学的品质。

（二）追根溯源：为何将段落教学遗弃

1. 阅读教学目标的位移造成的错位。

20世纪后期的教学大纲阅读目标主要有：给课文分段，归纳段落大意，了解段与段之间的关系，理清课文的叙述顺序，概括课文的主要内容和中心思想。这种偏重文本结构形式及固定化的文本解读方式，导致了阅读教学的格式化和形式化，漠视了学生的个性阅读。

《义务教育语文课程标准》（2011年）强调阅读教学的目标："在通读课文的基础上，理清思路，理解、分析主要内容，体味和推敲重要词句在语言环境中的意义和作用。""欣赏文学作品，有自己的情感体验……品味作品中富于表现力的语言。"目标涉及篇章及词句的阅读目标，而对段落教学的目标只字未提。

但是，段落在结构上具有相对的独立性和完整性，张志公先生强调要重视段的研究，"一段是一篇的具体而微"①，因此，段落教学对于阅读教学起着核心作用。教学大纲曾经提出，要帮助学生理解对表达中心有重要作用的词句和段落，了解词与句、句与句、句与段、段与段、段与篇之间的联系，经常进行这些训练，有助于学生阅读素养的提升。

2. 阅读教学策略的转换导致的遗漏。

由于段落教学中的分段训练导致肢解文本的荒诞阅读行为一度盛行，新课程阅读教学力戒烦琐分析和机械训练，注重整体感知文本，强调阅读是学生的个性化行为，以情感体验、感悟熏陶、思想启迪等为主要阅读策略。事实上，阅读不仅是感受体验文本的过程，也是理解、分析、概括的思维活动过程。只有通过持续的概括、分析、推论、假设等思维活动，才能建构学生的阅读素养。

所以，我们教学时要从整体阅读着眼，进行段落教学，注意段落的内在联系、每个部分和整篇课文的内在联系，使学生对文本有比较完整、深刻的理解。有日本学者从文章到段落到小段落到句子到语汇，对课文进行仔细的分析，再反转过来加以归纳总结，这种段落指导被誉为"入神之技"。②因此，段落教学的过程，既是局部文本逐渐细化阅读的过程，也是通篇文本深化阅读的过程。

---

①张志公：《〈段落教学〉序》，《中学语文教学》1987年第5期。

②曾祥琴，韩雪屏：《国外阅读研究》，大象出版社1992年，第203页。

（三）改进措施：段落教学内容的确定与实施

1. 段落教学内容的确定。

（1）段落的选择。在文本细读时，选择段落的依据有哪些呢？主要有两个维度：学情和文本。

一是依据学情确定疑难段。如《散步》一文第4段：

这南方的初春的田野！大块儿小块儿的新绿随意地铺着，有的浓，有的淡；树枝上的嫩芽也密了；田里的冬水也咕咕地起着水泡儿。这一切都使人想着一样东西——生命。

前文交代了散步的缘由和经过，后文写散步过程中的分歧及解决的方法，中间这段文字写景的同时提及“生命”，用意何在？这是学生容易忽视也难以理解的段落。当代散文创作一直穿插在传统和创新之间，许多作家一手写文化散文，一手写生活散文，他们忠于现场挖掘素材，积累生活阅历，提炼思想元素，也体现他们对人性的拷问、对良心的感知、对生命的高度自觉。莫怀戚就是如此，他既留意传统文化，也关注现实生活，关注身边的人和物。《散步》写于1985年，作者莫怀戚因为是发一种“生命的感慨”，所以，“生命”一词也是解读文本的密码。

二是依据文本确定重点段。文本重点段落的确定，不仅要关注文体特征，还要体现具体作者的“个性”特征，这样学生获得的不仅仅是某种文体的阅读方法，还有具体作家作品样本的独特价值。例如，莫怀戚的散文具有当下散文语境的共性特征，也有自己的特色。如本文结尾：

这样，我们就在阳光下，向着那菜花、桑树和鱼塘走去了。到了一处，我蹲下来，背起了我的母亲，妻子也蹲下来，背起了我们的儿子。我的母亲虽然高大，然而很瘦，自然不算重；儿子虽然很胖，毕竟幼小，自然也很轻。但我和妻子都是慢慢地，稳稳地，走得很仔细，好像我背上的同她背上的加起来，就是整个世界。

文字在平实叙事中见波澜，抒发情感寓于画面、情境之中，说理精练含蓄，语言晓畅优美，因此，上述段落在阅读写作方面具有可供初中学生借鉴的范本价值。

（2）段落教学内容的确定。段落教学内容的确定可以从内、外两个角度寻找：

第一，段落外部的研读。探究段落与段落之间、段落与篇章之间的联系。以段落教学为纽带进行文本细读，可以诵读一段带动感知一篇，示范分析一段自主欣赏其他段落，细读一段迁移训练咀嚼全篇语言，熟读一段感悟全篇主旨，这样通过对重点段落的琢磨，举一反三，引导学生感知、理解、体验、欣赏，从而走进文本。

第二，段落内部的研读。可以从字词、句子、句群等不同单位细读文本；可从内容入手理解、分析、概括文本；也可从形式角度，如结构特征、表现手法、修辞手法等切入。如《散步》中“这南方初春的田野！”一段可以从四个角度细读：一是精妙的字词，如“新绿”“嫩芽”“随意”“密”等词语；二是从内容入手，探究作者为何从初春景物联想到“生命”；三是揣摩写法，认识虚实结合的写法，还可分析多角度的描写：有远有近、有动有静、有声有色；四是理清段落结构特点，先总后分，先概括写初春的田野，再分写各种景物，条理分明。

2．段落教学策略的改进。

（1）整体感知文本的抓手——巧妙切入，变机械分段训练为理清文本思路。

段落教学如果局限于分段训练，往往在段落的起讫方面纠缠不清，这种费时费力的训练理应摒弃。但整体感知文本仍然需要我们梳理文本写作思路，因此，根据文本的结构特点，除了从头到尾逐层梳理之外，我们仍然需要寻找分析文本思路的新方法。以段落为切入点实施的路径有两种：一是中间切入，拦腰爆破；二是追根溯源，直奔中心。

如《散步》一课在初读文本时，首先从文本第4段切入，研读语段，诱发体验，欣赏一幅春天的图画——“这南方初春的田野！……这一切都使人想着一样东西——生命”，写一家人步入田野看到富有生机的景色，“我”衷心希望母亲像春天里的万物一样充满生命的活力。然后研读第1～3段，明确这部分交代散步的缘由和经过。再研读第5~8段，明确这部分写散步的发展和高潮，叙述散步过程中的分歧及解决的方法。这样，学生就能清晰地认识这篇散文精巧的结构，作者叙述故事避免平铺直叙，把平凡的小事写出波澜，情节富有变化，突出了散文叙事的情趣之美。

再如《社戏》一文，先从“去看社戏”切入，再瞻前（“盼看社戏”）顾后（“怀念社戏”）；还有如《背影》一文，可从第6段“描绘背影”入手，再以“背影”为线索梳理全文思路。

运用“追根溯源法”理清文本思路，即从文本后半部切入，然后研读前文。如《幽径悲剧》，先抓住“紫藤萝悲剧”，再回溯前文“燕园幽径”。再如《明天不封阳台》一文，先直奔结尾中心句“明天先不封阳台”，再梳理前文“明天要封阳台”“明天还封阳台吗”。这样前后勾连，便于学生迅速理清文本思路。

（2）文本细读的局部系统——咬文嚼字，变单项训练为听说读写的综合训练。

阅读教学的课堂节奏讲究变化之美，对于具体段落的多角度研读，通过听说读写等多种训练，往往能够形成阅读教学的“场效应”。如《散步》一文第4段可进行如下综合训练：

一是诵读（悟感情）与说话（说体验）结合。学生读后说说自己内心的感受（如活力、希望、生机、春光美等），也可以联系具体语句说说理由。再次诵读，让学生体会作者内心的欣喜、赞美及对生命的赞叹之情。

二是诵读与思考（揣摩写法）相结合。认识虚实结合的写法：读实写的句子，再读虚写的句子。分析多角度的描写，虚实结合的妙处。

三是诵读与语言品析相结合。首先典型示例，进行比较阅读，咀嚼语言的妙处。通过讨论明确：“新绿”点明了季节是“初春”，也表现了田野充满了盎然的生机。“密”字写出了嫩叶的数量多，突出了嫩芽旺盛的生命力。“咕咕地”运用拟声词，写出了冬水充满了生机和活力。然后让学生再赏析其他精妙的词语，如“我的母亲又熬过了一个严冬”一句中的“熬”字，再如“今年的春天来得太迟，太迟了，有一些老人挺不住”一句中“太迟了”反复手法的作用等。

有语言学家指出：“语言学习不仅仅是一个积累的过程，也是一个结合的过程。”①段落教学可以构建一个局部的语言学习情境，从言语内容到言语形式，进行诵读感悟、问题探究、字词赏析、概括归纳、读写结合等多种训练，从而提高学生的阅读素养。

（3）追求文本的深度解读——思想在场，变浅尝辄止为深入探究。

---

①倪文锦，欧阳汝颖：《语文教育展望》，华东师范大学出版社2002年，第282页。

张志公先生曾说："段的训练是语言的训练，逻辑思维的训练，思想认识的训练，又是文体、风格以至艺术的训练。"[①]段落教学的优势在于围绕教学重点深度掘进。如《散步》一文为了探究文本，超越生命，领悟多元主旨，引领学生欣赏生活之美，可围绕结尾一段文字进行深入探究：

"这样，我们就在阳光下，向着那菜花、桑树和鱼塘走去了。……好像我背上的同她背上的加起来，就是整个世界。"

首先让学生分别用一个字、两个字、三个字、四个字概括这一段话，并说说理由。如一个字：爱、和、背、亲、美等；两个字：春晖、责任、生命、和谐、温馨等；三个字：寸草心、三春晖、母子情、春光美、合家欢等；四个字：尊老爱幼、继往开来、爱的延续、和谐家庭、人间真情等。每一次提炼与解说，都是对文本主题的又一次深入把握。这样学生对文本的主题把握不仅仅停留在"亲情"的肤浅理解上，而是会变得丰富深刻，他们能领悟到这样的一次散步，表层的是生活，深层的是生命；表层的是温馨和谐的亲情，深层的是对生命的爱惜和珍视；表层的是亲人的互亲互爱，深层的是对生命的追问和思考。

近期有文化学者指出"年轻人的阅读现状堪忧"，"在阅读方式上，他们倾向于网络阅读、习惯于走马观花；在阅读内容上，好看、好玩的类型小说，往往是他们的最爱"[②]。由此看来，课堂上的阅读教学理应拒绝肤浅阅读，应关注思想、思维和思路。有思想的阅读，是不会盲从的；有思维的阅读，是不会肤浅的；有思路的阅读，是不会迷路的。段落教学为锤炼思想、培养思维、理清思路提供了平台，值得我们重视并进行实践。

七、探究练习：深度阅读的得力抓手

教学设计是提高课堂教学效率的重要环节之一，以现代教学理论为基础，依据教学对象的特点和教师自己的教学观念与方法，分析教学中的问题和需要，确定教学目标，建立解决问题的步骤，合理组合和安排各种教学要素而制订实施方案的系统的计划过程。高效的阅读教学设计必须遵循语文学科特点，符合阅读教学规律，才不至于误入歧途。

---

①张志公：《〈段落教学〉序》，《中学语文教学》1987年第5期。

②周慧虹：《年轻人阅读，"堪忧"何时变"堪优"》，《文学报》2011年11月17日。

《台阶》一文能够同时入选多家初中新教材（苏教版九年级下册、人教版八年级上册等），表明这篇发表于1988年《上海文学》的短篇小说具有强烈的文学魅力和较高的艺术水准。作者李森祥虽不是名家，但艺术视野开阔，文学素养深厚。这篇小说短小精悍，意蕴丰厚，语言优美含蓄，是一篇十分“散文化”的小说，适合初中生阅读。但在研读教材走进文本时，笔者也发现，因为这篇小说的主题呈多元化，小说主人公父亲的形象复杂厚重，小说语言具有诗化朦胧效果，给学生解读文本带来了一些困难。面对这篇特殊的小说，教师如何根据初中生的阅读水准选择适宜的教学策略呢？下面笔者将结合这篇文章进行探究：

（一）困惑：研读教学指导用书面临的两难选择

笔者选用的是苏教版教材，于是先到九年级下册的《语文教学参考书》中寻找策略，教材编者在教学建议中指出两种教学思路：

思路一，作为小说的教法。

①通过细节分析人物形象。

②通过有关文字分析，认识小说背景。

③通过小说结构发展规律，体会小说巧妙的构思。

思路二，作为叙事散文的教法。

①注意记叙文的要素：时间、地点、人物及事情的发生、发展和结果。

②欣赏语言，体会语言的精当之处。

③了解前后呼应的写法，体会针脚细密之处。

思路一沿袭传统的小说文体知识，围绕“人物、情节、环境”三要素对文本进行剖析。思路二选择了作为叙事散文的教学思路，实际上采用的是传统的记叙文的讲读法：一是梳理记叙要素；二是领略平实自然、诗意浓郁，寓叙述之中寄予丰厚的意蕴的语言；三是了解前后照应的写法；面对这篇散文化的小说，如果仍囿于传统的文体知识而选择其中的一种思路实施教学，显然是老调重弹，毫无新意，既辜负了作者的艺术匠心，也让学生收获甚微。

（二）援助：利用网络资源，寻求教学策略

首先，笔者搜索了人民教育出版社的专题网站，其电子版的《教师教学用书》（八年级上册）中提出如下教学建议：

可以用“三问”引导学生把握内容，分析人物。

一问：父亲为什么要造一栋有高台阶的新屋？

二问：父亲是怎么造起一栋有高台阶的新屋的？

三问：新屋造好了，父亲怎么样？

抓住全文关键的一句是“台阶高，屋主人的地位就相应高”，就容易理解故事内容和人物思想感情。

此教案把文本定位于“小说”，选择了以“人物”为中心的解读方法，集中于小说“写了什么”（理解故事内容和人物思想感情），而“怎么写”“为什么这样写”一点都未涉及，显然这样的解读是过于简单了。

于是笔者又搜寻了网络上的一些优秀教案，其中一则如下：

整体感知

回忆性的记人文章，总会有一根线索贯穿始终，请同学们根据文章的标题和开头第一句话，找出这篇文章是围绕什么命题立意、组织材料的。

文章围绕“台阶”写了哪些事？（从小说情节展开的四要素来分析）

问题研讨

既然父亲一生的愿望就是造一栋有高台阶的新屋，为什么文章不就造新屋来详写，而在老屋的三级青石板上用了那么多的笔墨？在造新屋时，作者对父亲作了怎样的描写？新屋造好后，父亲怎么样了？

拓展延伸

你如何理解本文的“文眼”？

找出最让你感动的描写父亲的语句，有感情地谈一谈，说说使你感动的原因。

显然，这篇教案思路清晰：整体感知，把握情节→细读文本，分析人物→拓展延伸，把握情感→总结全文，归纳中心。但整个设计过于平稳，缺少个性化的阅读指导，忽略了这篇小说散文化的独特风格，课程实施时缺少深度和广度。

（三）突围：整合探究练习，设计高效教学思路

语文教学的根本任务是组织、引导学生学习语言，培养和提高学生理解和运用祖国语言文字的能力。阅读教学设计，就是要设法引导学生走进文本，去感受

语言，领悟语言和积累语言和运用语言，让学生在规范的语言感受和语言运用中提高语文素养。那么个性化阅读的策略从何入手呢?

回过头来研读教材，看到文本后面的“探究·练习”，笔者顿时豁然开朗，这个部分设计了4道习题如下：

①阅读后思考：父亲为什么“总觉得我们家的台阶低”? 在九级高台阶筑好之后，他为什么又感到失落?

②简要分析下列句子中的细节所表现出的人物性格特点和内心情感；再从文中找出这样的细节加以体会；并把你平时作文中描写细节的语句摘出来与同学交流。

③从文中找出暗示性语言，看看作者从哪些地方来表示时间的推移和父亲的衰老。

④静听回声，有许多事物能唤起我们对过去岁月的回忆与想象。比如古树、老街、旧房子、城墙、昔日楼台等等，你生活的地方能接触到这些吗? 如果有，请你站在它的旁边，根据它存在的历史，请以它为中心，想象出一个故事。

一问是让学生整体感知文本，这两个问题极具思维的张力，对学生富有挑战性，可以帮助学生了解小说的内容，同时把握小说的主题。

二问是引导学生细读文本，层次感分明：典型引路，分析例句细节体会作用；举一反三，寻找文中细节，学会迁移运用；交流习作细节，互文对照借鉴写法。

三问是让学生探究语言的暗示性意义，通过语言的表面意义探究其深层含义，从而把握小说深刻的意蕴。

四问是拓展延伸，根据提供的词语描述其情境，属于创造性阅读。《义务教育语文课程标准》（2011年版）明确指出：“要珍视学生独特的感受、体验和理解。”“提倡多角度、有创意的阅读。”静听大千世界中“古树、老街、旧房子、城墙、昔日楼台”的回声，会让学生生发想象的翅膀，绽放创新的火花。

于是，笔者做了一回“懒教师”，直接按照课后“探究·练习”组织教学，效果比预计的好得多。不妨列举王璇同学根据第④题要求写的习作片段：

如水的日子里。老屋的轮廓已经在记忆深处蔓延沉淀，不经意想起时，已恍若隔世。

我是一个过客，路过的是老屋模糊的身影。安静地游走在老屋的某个角落里，看着屋顶下暖暖的阳光温和地揉碎在空气里，于是，我开始想念它，想念着这间深藏在胡同里的老屋……

记住的，是童年的某个章节，在屋前的老槐树旁，绿叶笼罩的一片阴影下，几个孩子认真地拣着那洒落一地的槐花，作为对老屋的一种纪念。

记住的，是那条悠长的青石小道，在槐树下的藤椅里，一位老人安闲地躺着，扇着扇子，安闲地回忆着往事……

于是，我驻足屋檐下，享受着老屋给我的一丝祥和和恬静……

由此可见，苏教版教材设置的“探究·练习”或人教版设置的“研讨与练习”，不仅有利于培养学生探究性阅读和创造性阅读的能力，也为教师进行科学高效的教学设计提供了帮手，但这一点在日常备课中往往被我们忽视，我们在研读教学参考书及搜索参考信息上花了很多功夫，而忽视了文本的研读以及对“探究·练习”的精心揣摩。

教材每篇课文基本上都安排了相应的语文活动或练习，旨在为学生阅读服务，引导学生进行语言实践活动，既充满了人文教育内涵，又着眼于学生语文素养的养成。如苏教版“探究·练习”的设计，不停留在对课文内容的记忆、理解、分析上，更着重引导学生去独立完成阅读的过程，自己去探求问题的答案。所以，教师在平时的教学中，应在这个基点上选择题点，设计题型，确立题的量和度。例如，苏教版七年级上册的教科书中“探究·练习”仅有85道练习题，其中属于感知的23道，揣摩品味、语言运用的21道，多解创意的20道，比较阅读的4道，记忆积累的（主要是片段和全文背诵、熟读）17道。85道中有关链接生活、沟通学科联系的占72%。每篇课文后的题型安排与新课程倡导的阅读理念基本一致，下面对课后习题的设置进行具体分析：

第一，整体感知题。引导学生初读文本，培养概括整合信息的能力，重视学生阅读的最初感受和独特见解。如《为你打开一扇门》的第一题，是要求学生“在反复诵读、深入领悟课文的基础上，结合平时阅读文学作品的感受，说说自己心中的文学是什么”。学生在研读文本的基础上，可以结合自身的体验表述独特的见解。

第二，揣摩品味、语言运用题。从多角度克服肢解性、孤立性语文训练的弊端，将语言文字的理解与运用，置于知情义结合的语境之中；运用的内容与生活联系，跟其他学科沟通；把课内的“用”作为课外“用”的起点，从而举一反三，引导课内向课外迁移。

第三，多解创意题是开放式的设计。学习多角度多层次的阅读，对优秀作品能够常读常新，获得新的体验和发现。在探究活动中，勇于提出自己的见解，尊重他人的成果，不断提高探究能力，逐步养成严谨、求实的学风。如《十三岁的际遇》《伟人细胞》两篇文章写了两位少年，一位是立大志成大才的田晓菲，一位是伟人梦破灭只能做普通人的贾里。文章后面设计了一道比较阅读题和一道喻理题。这种开放性试题的设计，让学生可以多角度的思考，获得新的感受。

第四，记忆积累题。主要是熟读、背诵。有两种类型：一种是“精读”的诗文或片段，强调在理解的基础上熟读背诵；一种是“诵读欣赏”的诗文，仅要求“粗知大意”后的熟读成诵，不必句句理解。

显然，课文后面设置的练习题在备课中的作用不可小觑。“整体感知题”可以安排在课堂初读文本阶段，也可作为预习题处理；“揣摩品味、语言运用题”可安排在文本细读阶段；而“开放式创意题”则可安排在拓展延伸阶段；“诵读积累”则可灵活安排，穿插其间。但这样的方法不可机械照搬，一是教材此处的设计主要是服务于学生自主阅读，教者必须根据自己研读文本及学生的阅读水准，选择“最优化”的阅读策略，“择其善者而从之”；二是部分习题比较单薄，尚不够科学有序，如果“按图索骥”，效果自然不佳。

八、立体的懂：阅读教学的真义

周振甫先生在《立体的懂》一文中作如此阐述：“读了一课书，记住了多少生字，记住了多少句子，这只是‘点线的懂’。记住的生字是点，记住的句子是线……平面的懂只懂得这课书中的字的意义和用法；同样的字，在别课书中，它的意义和用法假如有了变化，就看不懂了。因此，平面的懂还不够，不够解决一个字的解释和用法的多种变化。把一部书全部读熟就不同了，开始读时不懂，读多了渐渐懂了。”[①]这才叫“立体的懂”。随着课程改革的逐步深入，语文阅读教学“离文本渐行渐远”的现象比较普遍，课堂上的教学“对话”趋于肤浅杂乱，小组合作学习流于形式，多媒体的纷繁画面及信息转换挤兑了学生思考想象的空间和时间，于是阅读教学的效益大打折扣，学生课堂上甚至连“平面的懂”都难以达到。

著名特级教师、湖北省武汉六中的胡明道老师提出“生本阅读教学方式”的四点要求：一是课程目标要体现知识和能力、过程和方法、情感态度和价值观三个维度目标的整合；二是要积极探究自主、合作、探究的学习方法；三是对教材价值观的发掘要有深度；四是要重视学生与文本、师生、生生之间的对话。显然，“生本阅读教学方式”使学生对于文本能够“立体的懂”，同时也体现了新课程阅读教学的基本理念，即阅读是学生的个性化行为，不应以教师的分析来代替学生的阅读实践。下面笔者结合胡明道老师在南京市执教的《花的话》的实录，谈几点对“立体的懂”的理解。

1. 立体的懂：把问题的探究权利交给学生。

“疑”是深化语文阅读教学的一个强有力的“抓手”，它包括两个方面的内容，一是如何“提问”，二是如何解决“问题”。例如，胡明道老师在《花的话》这堂教学示范课中，她把问题的“首发权”交给学生，通过谈话设置情境，搭建问题平台，然后让学生提问，全课由“问题”始，由“问题”终；学生在自主合作探究中，解决问题，形成了问题的“场效应”，课堂充满了张力。

在阅读教学中，要重视引导学生发问、思考的方向，引导学生从资料中产生疑问，从积累中寻找信息，从生活中引进“活水”，从感受中抓住特征，从联想中进行比较，从想象中发现疏漏，从移情中体验情理，从增删比较中鉴赏评论，只有这样，阅读教学才能促进学生良好语文素养的形成。正如胡老师课堂上所说：“结果其实并不重要，关键在于过程。过程才能体现探究与创造的价值。探究与创造的过程才是阅读的精髓。”

2. 立体的懂：让对话走进心灵的深处。

阅读教学是教师、学生、文本、教材编者对话的过程。解读文本时，教师要

①周振甫：《周振甫讲怎样学习古文》，江苏教育出版社2005年版，第7页。

求学生以剧中人物、事物等身份演读，揣摩不同情境下的神态、心理，实际上是让学生走进文本，进行角色体验，这样的个性化阅读才能使学生贴近文本，贴近作者的情感脉搏，才能使学生的内心体验趋于深刻而持久。

例如，胡明道老师在讲述《花的话》一文中，设计了“热线电话”板块：让学生和作品中的小男孩、花儿以及作家宗璞奶奶通话。这种立体的对话方式，激发了学生的创造性阅读能力。这种动态的信息交流，实现师生的教学互动、沟通、影响和补充，形成一个真正的“师生学习共同体”。

3. 立体的懂：让学生学会创造性阅读。

深度阅读要逐步培养学生探究性阅读和创造性阅读的能力，提倡多角度的、有创意的阅读，利用阅读期待、阅读反思和批判等环节，拓展思维空间，提高阅读质量。例如，胡明道老师在讲述《花的话》一文中，在结束时要求学生向作者质疑：“是否只有送二月兰给老师作为礼物最合适，其他花儿就不能作为礼物吗？”其实，作为一名教师，内在的美与外在的美的有机结合，才是理想的美。这一点因为时间短的关系，学生的思想认识没有得到深化。

除此之外，教师还要重视学生心理的研究。在学生标新立异时，欲言不能时，有心理障碍时，应让学生在主动积极的思维和情感活动中，加深文本的理解和体验，有所感悟和思考。

4. 立体的懂：积极营建绿色的课堂情境。

绿色的课堂情境首先要帮助创设良好的语文学习的心理环境。教师可以像朋友似的向学生倾吐心声；就授课内容与学生进行民主性的协商；变换角色，直接参加学生的讨论活动；对学生的标新立异做中肯的评价；对学生的见解作欣赏性的评析；在教学过程中进行亲切的鼓励和鼓动；友好地倾听学生对教学内容的不同见解；对学生学习语文的信心和能力进行表扬；就学习语文的心得作感染性、鼓动性很强的精彩表述…… 这些手段在教学中往往像万花筒一样，“一摇又是一朵花”，变化无穷，且形式多姿多彩，将它们穿插运用在不同的课型之中，能给学生以新鲜感。它们中的每一朵“花”，都是一个良好的学习语文的小环境，都能让学生的学习积极性和参与意识得到极大的激发。如果每节语文课中都有几朵这样的“花”，就能显示“高效率”的非凡效果。

例如，胡明道老师上课时，往往喜欢认真地着力于有气氛、有情味的语文学习环境的创设，并往往能用三言两语的点拨和调动，创设和谐情境。胡老师强调课堂上的“心电交流”，在语文学习过程中加强师生间的情感交流、友谊交流、信任交流。如上述案例中，在“热线电话”讨论时，学生讨论交流5分钟后，教师征求学生意见可否结束讨论，学生表示要继续讨论，教师便又放手让学生讨论了2分钟。

绿色的课堂情境，需要教师对学生有悉心的支持，亲切的教诲；有友好的赞同，善意的批评；有热情的表扬，中肯的评价；有信心的激励，人格的尊重。学生信心增强，情趣增长，兴致勃发，会说、敢问、善思，学习的主动性和参与率大大提高。相反，如果教师独霸讲坛，垄断沟通，缺少人文关怀，学生学习的课堂环境经常笼罩在强权和专制的氛围之中，话语权被剥夺，缺少了尊严，自然畏畏缩缩，很少有作为甚至无所作为，这样的课堂自然教学效率低下，“生命之花”难以茁壮成长。

第三节 案例·创意

案例一：《雪》教学设计

设计意图：

《雪》是人教版八年级下册第二单元的一篇精读课文，它是鲁迅先生的散文诗集《野草》中的一篇。文中景物描写细致生动，语言凝练，形象极富诗意。主要描写了江南与北方的雪景，并在对比中体现出作者的倾向。但由于文体特点和作者思想的广博，表现手法艺术性强，多元解读的同时确定一个界限显然是有必要的。

《雪》是一首散文诗，散文诗是介于诗歌与散文之间的一种文体。教学这篇文章应致力于多向性对话：与文本对话，品味语言的诗意；与作者对话，把握思想情感；与评论家对话，提高鉴赏水准；与自我对话，敞亮精神视野，走进鲁迅先生博大深邃的精神世界，与鲁迅先生柔暖而坚硬的灵魂交流，打好“精神的底子”。

教学目标：

1. 诵读文本，品味语言，感受文本诗意。

2. 细读文本，赏析探究，领悟作者表达的思想情感。

3. 拓展阅读，感受鲁迅丰富的精神世界和高尚纯净的灵魂。

教学过程设计：

（一）设置情境，还原写作现场

教者用平静舒缓的语调叙述：

1924年岁暮，北方降雪。12月31日鲁迅在日记中写道：“雨雪。……下午霁，夜复雪。”翌日，天放晴而有风，《鲁迅日记》又载：“大风吹雪盈空际。”这七字颇富诗意。可见作者“遵四时以叹逝，瞻万物而思纷”（陆机《文赋》），此时已萌发创作冲动。十七天后，题为“雪”的散文诗便诞生了。

同时，投影显示：

鲁迅日记

“雨雪。……下午霁，夜复雪。”（1924.12.31）
翌日，“大风吹雪盈空际”。

“遵四时以叹逝，瞻万物而思纷。”（陆机《文赋》）

今天我们一起来学习鲁迅先生的散文诗《雪》，看看1925年1月，鲁迅先生笔下的雪是什么样子，这“雪”又寄寓了作者怎样的人生理想。下面我们就跟随鲁迅先生，进入他笔下的雪的世界。

（二）走进文本，感受诗意之“雪”

1. 教师导语。这是一首散文诗。散文诗是介于散文与诗歌之间的一种文体。对于散文诗诗化的语言之美要靠反复诵读去体会。请同学们反复诵读本文，举例说明本文的诗意体现在何处，可仿照下面的表述方式叙述。

同时，投影显示如下：

诗意的雪美在色彩……
诗意的雪美在画面……
诗意的雪美在想象……
诗意的雪美在语言……
诗意的雪美在……

2．讨论交流。

示例1：诗意的雪美在色彩缤纷，“雪野中有血红的宝珠山茶，白中隐青的单瓣梅花，深黄的磬口的蜡梅花；雪下面还有冷绿的杂草”一句中描绘色彩的有血红、白中隐青、深黄、冷绿等，突出了江南雪的“滋润美艳”的特点。

示例2：诗意的雪美在画面奇丽，“在无边的旷野上，在凛冽的天宇下，闪闪地旋转升腾着的是雨的精魂……” “无边”突出“原野”的“空旷”，“凛冽”突出天气寒冷，前两个短语突出北方气候环境的恶劣，“闪闪”既是对雪花在空中飞舞的情形的描摹，也是对雪花抗争精神的表现，而且契合雪花的特点，充分表现了雪花同严寒战斗的品格。

示例3：诗意的雪美在想象丰富，“江南的雪，可是滋润美艳之至了；那是还在隐约着的青春的消息，是极壮健的处子的皮肤”，“极壮健”联想到生命的活力，“处子”表现青春的美丽，仿佛嗅到了江南的雪中充满了春天的气息和生命的活力。

示例4：诗意的雪美在语言简洁凝练，“暖国的雨，向来没有变过冰冷的坚硬的灿烂的雪花”，“冰冷”“坚硬”“灿烂”三个修饰语，从温度、硬度和颜色三个不同角度写出雪花“冷”“硬”“白”的特点，显示了雪花不向严寒屈服的品格。

互动对话时须把握两点：一是学生生成性问题应加以引导。例如，诗意的雪美在语言的节奏感，如结尾三段文字长短句相间，整散结合，节奏明快富有气势；诗意的雪美在意象，如“塑雪罗汉”一段文字等。二是结合学生分析的同时，指导其有感情地朗读，并及时进行评价，充分感受诗意的雪。

（三）细读文本，领悟思性之“雪”

1.《野草》多用象征、隐喻等手法。如何理解《雪》的思想情感呢？

同时，投影显示如下：

走进雪国，感知画面特点 走近鲁迅，体悟作者情感 （知人论诗　文如其人）

2．走进雪国，感知画面特点。

思考讨论：①作者为我们描绘了哪两幅截然不同的画面？②它们各自的特点是什么？

明确：①记忆中的江南雪景、现实中所处的北方的雪景。②前者：滋润美艳、相互粘结、蕴含着春温、晴日下渐消释；后者：冰冷坚硬、如粉如沙、抗击严寒、晴天里蓬勃奋飞。

3．走近鲁迅，体悟作者情感。

（1）知人论诗法：请同学们结合作品的写作背景谈谈文章蕴含的思想感情。

背景明确：《雪》写于1925年1月，那时鲁迅生活的北平仍然在北洋军阀黑暗的统治之下。反动势力猖獗，斗争极其激烈。当时的鲁迅也很苦闷与彷徨。这时的作品以内心抒发为主，交织着严肃的自制和不倦的战斗，感受非常深切，探索非常艰苦。

（学生结合写作背景资料，再读文章后展开讨论）

明确：对记忆中的故乡江南有一种怀念之情，对现实中的朔方的雪有种赞美之情。

（2）文如其人法：联系鲁迅先生的两句诗“横眉冷对千夫指，俯首甘为孺子牛”，说一说鲁迅思想性格中的双重性。

（学生诵读探究）

明确：鲁迅性格中既有温情的一面又有冷峻的一面。温情和善的一面用江南的雪可以代表，冷峻坚毅的一面用朔方的雪可以代表。

4．质疑探究。

（1）对文章结尾“是的，那是孤独的雪，是死掉的雨，是雨的精魂”这一句，有许多不同的理解：有人认为，这个结尾是歌颂了雪和寒冷环境不屈斗争的品格；有人认为，这个结尾写出了朔方的雪在抗争中献身的悲壮；还有人认为，是和开头写雨相照应，说明雪是由雨而来。你如何理解这句话？

明确：这是一道开放性题目。学生可以各抒己见，无论是赞同其中一种意见，还是发表自己独到的见解皆可。

（2）本文重在突出朔天飞雪，却用四分之三的篇幅写江南雪景，而其中几乎一半的文字是描写雪罗汉的形象，为什么？

明确：《雪》中两个情调不同的雪景，正是在作品精巧的结构中，经作者感情的熔铸，产生了一种壮阔的空间美。我们阅读这篇作品，既可欣赏到优美的江南雪景和壮美的朔方飞雪，又能从中感受到作者博大的胸襟和坚强的斗志。

（四）走近鲁迅，触摸柔软而坚硬的灵魂

1．深度阅读黄蓓佳《灵魂的柔软和坚硬》。

讨论：当代作家黄蓓佳的这篇评论文章的观点是什么？作者认为鲁迅“灵魂

的另一面是顽强和坚硬”，这种认识是从何而来的？作家黄蓓佳阅读《雪》的方法有哪些值得我们借鉴？

2．互文阅读。

（1）回顾学过的鲁迅先生的文章，说说你感受到的鲁迅先生笔下的故乡的印象，并描述鲁迅先生的形象特点。

投影显示文章片段：

两岸的豆麦和河底的水草所发散出来的清香，夹杂在水气中扑面的吹来；月色便朦胧在这水气里。淡黑的起伏的连山，仿佛是踊跃的铁的兽脊似的，都远远地向船尾跑去了，但我却还以为船慢。（《社戏》）

这时候，我的脑里忽然闪出一幅神异的图画来：深蓝的天空中挂着一轮金黄的圆月，下面是海边的沙地，都种着一望无际的碧绿的西瓜，其间有一个十一二岁的少年，项带银圈，手捏一柄钢叉，向一匹猹尽力的刺去，那猹却将身一扭，反从他的胯下逃走了。（《故乡》）

不必说碧绿的菜畦，光滑的石井栏，高大的皂荚树，紫红的桑椹；也不必说鸣蝉在树叶里长吟，肥胖的黄蜂伏在菜花上，轻捷的叫天子（云雀）忽然从草间直窜向云霄里去了。（《从百草园到三味书屋》）

学生进行轮读，讨论探究，在学生各抒己见的基础上，小结归纳（投影）：

江南：富足、温暖、安逸、春光无限的故乡
鲁迅：温情、柔软、童真、率性、孩子气

（2）参考链接资料，结合散文诗《雪》，说说鲁迅先生对于北国的印象，并描述鲁迅先生的形象特点。

我自爱我的野草，但我憎恶这以野草作装饰的地面。

地火在地下运行，奔突；熔岩一旦喷出，将烧尽一切野草，以及乔木，于是并且无可朽腐。

《〈野草〉题辞》

站在沙漠上，看看飞沙走石，乐则大笑，悲则大叫，愤则大骂，即使被沙砾打得遍身粗糙，头破血流，而时时抚摩自己的凝血，觉得若有花纹，也未必不及跟着中国的文士们去陪莎士比亚吃黄油面包之有趣。

《华盖集·题记》

北国：无边的旷野，凛冽的天宇，冰冷的空气，残酷的现实 鲁迅：孤独的行者，顽强的斗士，坚硬的灵魂

3. 回归文本，熟读背诵，吟咏品味，升华情感。

（1）熟读背诵结尾三段文字。

（2）结语：同学们，在纷扰琐屑的日常生活中，在灯红酒绿声色鲜活的滚滚红尘里，在快餐文化泡沫文学的重重包围中，让我们与经典为伴，与鲁迅先生对话，走进《雪》的晶莹世界，触摸先生柔软而坚硬的灵魂。让我们将《雪》结尾的文字印在心灵的深处，作为人生路上永远的坐标！

（五）课后拓展，读写深化

1. 拓展阅读：萧红《回忆鲁迅先生》；陈丹青《我谈大先生》。

2. 写作小论文。

参考文题："我眼中的鲁迅先生""南国梦：鲁迅先生的故乡情结""塑雪罗汉：是欢歌，还是悲剧"

另附板书

雪

鲁　迅

江南雪景：滋润美艳、相互粘结　　朔方雪景：冰冷坚硬、如粉如沙、

蕴含着春温、晴日下渐消释　　抗击严寒、晴天里蓬勃奋飞

↘　↙

对比衬托

知人论诗：　怀念之情　　赞美之情
文如其人：　俯首甘为孺子牛　　横眉冷对千夫指
美文借鉴：　柔软　灵魂　　坚硬

案例二：《威尼斯商人》教学设计

设计意图

《教学指导用书》对《威尼斯商人》这一喜剧作了如下概括性解读："剧本的主题是歌颂仁爱、友谊和爱情，同时也反映了资本主义早期商业资产阶级与高利贷者之间的矛盾，表现了作者对资产阶级社会中金钱、法律和宗教等问题的人文

主义思想。这部剧作的一个重要文学成就，就是塑造了夏洛克这一唯利是图、冷酷无情的高利贷者的典型形象。”结合教材编者关于文本的具体解读内容，本课大致集中于以下两点：一是通过夏洛克与安东尼奥、鲍西娅等形象形成对照，体现人性的善与恶，表现作者崇尚正义、仁爱和友谊的人文主义理想。二是刻画了夏洛克这个贪婪、阴险、偏执、冷酷、凶残的高利贷者形象。他因为自己的利益和尊严受到损害，就无情报复，结果适得其反，自食其果。

如果摆脱以上成见直接进入文本时，我们会发现以上的解读是苍白的，其解读的视角烙上了机械化的印记：坏人代表了恶魔，可以用一切恶毒的词语来归纳他的个性；而好人则是天使的化身，他们是真善美的代表。这样简单的解读是远远不够的。

美国学者房龙把莎士比亚比作“蒸汽挖掘机手”，他挖掘的对象不是大地，而是人类。他提醒我们：“看吧，我的朋友们，我知道这是多么可怕的事实，但不会因为你们不喜欢而对我恼怒我就不这样写出来。人类不是按照我的规格创造的。我所能做的一切就是把他们真实的样子还原给你们。”

普希金曾说：“莎士比亚创造的人物，不像莫里哀那样，是某种情欲或者恶行的典型，而是活生生的，具有多种情欲、多种恶行的人物，环境在观众面前把他们多方面的多种多样的性格发展了。”莎士比亚笔下的夏洛克，是一个具有多种性格的人物。作为父亲，他热爱女儿，情深意切；作为商人，他贪婪狡诈，唯利是图；作为犹太人，他敏感自尊，复仇心切。他有情、有爱、有恨、有仇，他是独特的人，一个疼爱女儿的父亲；他是一类人，一个资本主义早期商业社会中有心计的商人；他也代表了一个一直处于弱势的民族，一个历经苦难、饱受欺凌的民族。

《威尼斯商人》作为文学艺术长廊中的经典作品，塑造了典型环境中的典型人物，不仅是夏洛克这个形象丰满逼真，安东尼奥、鲍西娅等形象也同样立体可感。莎士比亚笔下的商人形象具有丰富性和歧义性，每个人都是一个整体，一个小宇宙，一个完满的有生气的人。布克哈特有句名言：“文艺复兴，是在发现世界、发现人。”因此，任何脸谱化的解读都是有损于这部经典作品的教学价值的。我们只有从人性的视角去细读文本，咀嚼语言，才能够还原剧本的现场感，体验剧本人物的情感，与这位伟大的剧作家展开心灵的对话。

本课设计首先从莎翁这一伟大剧作家创作的丰富性和深刻性走进剧本，力求避免肤浅的、先验的观点干扰学生的个性化阅读体验，引导学生从“圆形人物”的多样性特征分析剧中人物，从人性、人道、人情、人理的角度认识一个真实的“夏洛克”，踏上戏剧的审美之旅。

其次，从剧本的视角确定教学内容。通过梳理剧情，分析矛盾冲突，把握人物形象；品味诗剧语言，了解诗剧语言的特色及表达效果；认识戏剧的一般技巧，了解技巧运用的目的。通过诵读、欣赏、表演、评论，增加学生的剧场感，丰富学生的喜剧知识，陶冶学生的审美情感。

再次，通过预习检查确定学生学习的起点能力，选择本课的教学重点（人物形象的立体性、诗剧语言的丰富性、诗剧手法的多样性）和教学难点（夏洛克形象的复杂性、莎翁诗剧主题的深刻性）。

教学目标：

1．理清在戏剧冲突中情节发展的过程，认识剧中塑造的主要人物形象的丰富性和典型性。

2．认识“夸张”“对比”“悬念”“突转”等戏剧技巧，品味戏剧丰富生动的个性化的人物语言。

3．感受莎士比亚的人文理想，体会人道主义的悲悯情怀，丰富审美体验，深化人生思考。

课前预习：

1．初读文本，了解剧中角色和主要情节，用简要的语言概述剧情。

2．细读文本，把握矛盾冲突，品味戏剧语言，初步认识夏洛克、安东尼奥、鲍西娅的个性特点，在文本中圈点批注。

3．把阅读剧本过程中的独特体验和疑问记下来，准备交流。

教学过程：

（一）导入谈话：认识莎士比亚——人性的“蒸汽挖掘机手”

马克思称莎士比亚为“人类最伟大的戏剧天才”，同时代的本·琼生称誉他是“时代的灵魂”，说他“不属于一个时代，而属于所有的世纪”。美国学者房龙把莎士比亚比作“蒸汽挖掘机手”，认为他挖掘的对象不是大地，而是人类。今天我们一起走进他的名作——《威尼斯商人》。

（二）把握剧情：分析矛盾冲突，初步认识人物形象

1. 概括课文中的戏剧冲突及主要情节、主要人物。

主要情节：前半部分是夏洛克执意报复，一定要按约处罚。（前半场是夏洛克的戏）

后半部分：鲍西娅智挫夏洛克，最后取得胜利。（后半场是鲍西娅的戏）

戏剧冲突：围绕要不要“按约处罚”展开，写得波澜起伏，扣人心弦。

主要人物：安东尼奥、鲍西娅、夏洛克。

2. 阅读课文，说说鲍西娅在法庭上是如何一步步制服夏洛克的？剧情这样展开与一次性和盘托出相比有什么好处？

（思考后小组讨论）

明确：鲍西娅利用了夏洛克要严格执行契约这一要求，采用了欲擒故纵、先退后进的策略，一步步终于将夏洛克引进她用智慧设计成的圈套，给夏洛克以致命的打击。这样的安排使情节充满强烈的戏剧色彩，表现了鲍西娅的果敢、沉着、博学和聪慧，人物形象更加丰富，人文主义主题得到进一步表现。

小结：莎士比亚的人文主义理想并非正义战胜邪恶的是非之争，他充分肯定人的尊严、价值、力量和智慧，认为人是上帝的“杰作”，是造物中“完善的典型”。《威尼斯商人》是莎士比亚的著名喜剧，创作于1597年，属于莎翁创作第一阶段。在后期，随着莎士比亚对现实的认识的加深，他逐渐意识到自己的理想与残酷现实之间存在的矛盾，戏剧中人文主义的乐观精神逐渐向批判现实主义精神发展。

（三）人物形象探究：夏洛克，是一个受害者，还是一个残忍贪婪的吝啬鬼？

1. 导入。外国文学的人物画廊中有著名的四大吝啬鬼，他们是法国戏剧家莫里哀笔下的阿巴贡，法国小说家巴尔扎克笔下的葛朗台，俄国作家果戈理笔下的泼留希金，还有一位是本文中的夏洛克。夏洛克仅仅是一个吝啬鬼吗？也有人说他是一个受害者，是捍卫犹太人尊严的“战士”，请研读剧本说说你的看法。

2. 自主探究。把“夏洛克是一个受害者”“夏洛克是一个残忍贪婪的吝啬

鬼”作为两个标题，在每个标题下至少列出五点依据来证明自己的观点。

3. 合作交流。一组准备夏洛克吝啬鬼角色相关的信息（剧本中的相关情节列表）；另一组准备为夏洛克辩护的信息（列出剧本中的相关台词）。

小组发言辩论，教者补充节选剧本前面的相关台词：

夏洛克　安东尼奥先生，好多次您在交易所里骂我，说我盘剥取利，我总是忍气吞声，耸耸肩膀，没有跟您争辩，因为忍受迫害本来就是本民族的特色。您骂我异教徒，杀人的狗，把唾沫吐在我的犹太长袍上，只因为我用自己的钱博取了几个利息。……

夏洛克　他曾经羞辱过我，夺去我几十万块钱的生意，讥笑着我的亏蚀，挖苦着我的盈余，侮蔑我的民族，破坏我的买卖，离间我的朋友，煽动我的仇敌；他有什么理由吗？只因为我是一个犹太人。难道犹太人没有眼睛吗？难道犹太人没有五官四肢、没有知觉、没有感情、没有血气吗？……你们要是用毒药谋害我们，我们不是也会死的吗？那么要是你们欺侮了我们，我们难道不会复仇吗？

引导探究课文中不同的人对夏洛克的称呼，说说你的看法。

公爵　一个心如铁石的对手，一个不懂得怜悯、没有一丝慈悲心的不近人情的恶汉。

公爵　来人，传那犹太人到庭。

巴萨尼奥　你这冷酷无情的家伙。

葛莱西安诺　万恶不赦的狗；你的前生一定是一头豺狼。

明确：我们不妨先除去夏洛克“吝啬鬼”的商标，看看一个真实的夏洛克——

作为高利贷者的夏洛克。他生活的唯一目的就是积累财富，他富有却又吝啬，他贪婪、奸诈、狠毒，唯利是图。课文中夏洛克一上场，双方的争辩立刻开始，并且越来越激烈。夏洛克先是断然回绝了公爵要他“仁慈恻隐”的规劝；接着拒绝了巴萨尼奥加倍偿还欠款的请求；继而再次回绝了公爵要他发“仁慈之心”的劝说；然后得意忘形，磨刀霍霍，准备动手。当鲍西娅出庭迫使他放弃割肉企图时，他仍然提出愿意接受三倍的偿还，其商人贪婪的本性始终不改。

作为犹太人的夏洛克，是一个捍卫犹太人尊严的“孤独的斗士”。犹太民族是一个灾难深重的民族。犹太教相对于基督教是异教，犹太教徒在中世纪的威尼斯更是一个弱势群体。剧中大都用“犹太人”称呼夏洛克，夏洛克即代表了犹太民族。人们称呼夏洛克是“冷酷无情的家伙”“万恶不赦的狗”“豺狼”“恶狗”“恶魔”……夏洛克既痛恨又无奈，既气愤又可怜，既恼怒又悲伤。

作为人父的夏洛克，他热爱自己唯一的亲人——女儿杰西卡，他不愿女儿多接触外界，多接触基督徒，只因为他们是犹太人。

4. 小结。法国作家雨果曾经说：“夏洛克与任何一个高利贷者都不同：从高利贷者总体中提取出完整的一个来，他就是夏洛克。他是整个希伯来教和整个犹太人，他的伟大在于他表现了一个处于压迫状态下的民族。”所以说，夏洛克既是一个残忍贪财的高利贷者，又是一个被侮辱被损害的形象。夏洛克这个形象塑造得如此成功，是因为莎士比亚始终用一颗关怀博爱的心去观察着这个人间，以一种悲悯的情怀关心着每一个人，即使是夏洛克这样的一个所谓“恶人”，也有“善”的因子，也有人的尊严，他用平等、自由、公正的眼光去看待世间万物。

（四）感受诗剧魅力：品味诗剧语言，归纳诗剧技巧

1. 诵读表演，感受语言魅力。

（1）导入。莎士比亚是语言大师。歌德曾说：“莎士比亚用生动的语言来使人感动。”莎士比亚的戏剧语言是绚丽多彩和质朴自然的巧妙结合，既有浓郁的诗意又有如话般的流畅的特点，词汇之丰富在世界古典作家中也是罕见的。让我们来领略一下他的语言魅力吧。

（2）活动。全班学生自由组合，选自己喜欢的段落分角色有感情地朗读课文，在朗读中品味人物语言的特点，并充分体会人物性格。

（读后小组讨论后再在全班交流、评价）

明确：一是语言的诙谐生动、高度个性化，如巴萨尼奥与夏洛克的对白诙谐幽默；二是贴切而又新颖的比喻，如安东尼奥连续用“大海的怒涛无法减低威力，豺狼害得母羊为失去它的羔羊而哀啼，以及松柏受到天风的吹拂不能不发出声音”等比喻，来强调夏洛克的残忍之无法改变。

（3）经典台词研读。

夏洛克：我又不干错事，怕什么刑罚？……请快些回答我，我可不可以拿到

这一磅肉？

明确：夏洛克在上场之后，能言善辩，或用逻辑推理而无懈可击，或用反问加强语气，或用冷嘲热讽迫使对方无言以对，或用生动的比喻增强语言的表现力，词锋逼人。

鲍西娅：慈悲不是出于勉强，它像甘霖一样从天上降下尘世；它不但给幸福于受施的人，也同样给幸福于施与的人……只好把那商人宣判定罪了。

明确：鲍西娅劝说夏洛克，精辟、深刻、动情地阐述了她认为做人应当慈悲为怀的观点，直接表达了莎士比亚的人文主义理想。

总结：莎士比亚的语言是戏剧的语言，既个性化而又丰富多彩、生动形象、精练优美、富有诗意。

2. 分析戏剧技巧，加深人物形象认识。

速读课文，思考本文运用了哪些戏剧技巧，读完后小组讨论。

明确：（1）夸张。如：夏洛克提出割一磅肉的荒唐要求；鲍西娅对“割一磅肉”的法律解释；鲍西娅与尼莉莎女扮男装和他们丈夫同时出庭丈夫却不明真相。

（2）对比。如：公爵等人的“宽厚仁慈”与夏洛克“固执凶残”；夏洛克开始的“嚣张气焰”与最后“哀怜绝望”；夏洛克对鲍西娅的赞美与葛莱西安诺对鲍西娅的赞美。

（3）悬念。如：夏洛克拒绝一切条件，坚持履行“割一磅肉”的契约。

（4）突转。如：鲍西娅抓住契约中的破绽制服夏洛克，使冲突朝有利于安东尼奥的方向发展。

3. 拓展延伸阅读，丰富戏剧阅历。

（1）小结。莎士比亚是文艺复兴时期最著名的戏剧家，无疑也是划时代的戏剧家。他的喜剧中隐含着悲凉，在批判中对社会、人生都怀着一种悲悯情怀。莎士比亚的人文主义精神将永远散发着人道主义的光芒，闪耀着人性的光辉！让我们与经典同行，共同走进莎士比亚的剧作王国，感受他的非凡的艺术魅力。

（2）布置作业。课外阅读《威尼斯商人》全剧，请自选内容，写一篇有关此剧的戏剧短论。角度要小，可以评论戏剧个性化的语言，也可以评论其中某个人物，还可以评析剧本所运用的戏剧技巧。

案例三：《背影》百年浦口车站实景课堂教学实录

时间：2016年11月24日（感恩节）下午2点

地点：南京浦口车站月台

天气：晴朗寒冷（11月23日入冬第一场雪）

授课对象：南京市第十七中学七年级（1）班学生

场景导入

师：同学们，今天天气冷不冷啊？

生齐答：冷！（师板书：冷）

师：我们用“冷”来组一个词语吧？

生1：冷天气。

生2：寒冷。

生3：冷漠。

生4：冰冷。

生5：冷清。

生6：冷冻。

生7：冷水。

师：同学们，今天用一个字概括我们的感受，那就是一个“冷”字。其实呢，不单单是天气冷，我们今天来到了百年的浦口车站，这浦口的车站给我们的感受也是一个“冷”字。我们一路走来看一看，这周围的景色、周遭的氛围，哪些地方你读出了一个“冷”字呢？

生1：寒冷的风扑面而来，身体感觉冷。

生2：树上的叶子让人感觉十分凄冷，叶子是枯黄的。

师：观察得很仔细，你知道这是什么树吗？

生2：应该是梧桐树吧？

师：这是梧桐树。他从梧桐树泛黄的叶子读出了一份凄冷。还有呢？哪位同学讲一下。

生3：四周人迹罕至，感觉非常冷漠。

师：你很细心，人迹罕至，你觉得很冷清、很寂寥，是不是？

（生3点头）

师：同学们，这百年的浦口车站，让我们感觉到冷清和寂寞。这伸向远方的铁轨，上面有雪迹；这法国梧桐，叶子是枯黄的，还在不断地飘零；还有刮在我们脸上的风是冷的。在这样一个寒冷的天气，我们一起回到一百年前的1917年（板书：1917），随着朱自清先生来寻访他父亲的背影。

研读《背影》中的“冷”

师：同学们，一百多年前还是同样的地点，还是同样的场所，这铁轨旁也停着一辆列车，即将去北京的列车。当年朱自清先生他也感觉到冷，这篇散文名作《背影》里面也充满了一个“冷”字。散文里许多地方都充斥着一种悲凉的气息，有“冷”的影子在里面。（板书：悲凉）我们来找一找《背影》当中哪些地方写了“冷”呢？

（学生默读思考，教师巡视，提醒学生圈点读书）

师：同学们，我们来交流一下好不好，你从这篇散文哪些地方中读到了“冷”呢？

生1：“我看见他戴着黑布小帽，穿着黑布大马褂，深青布棉袍。”父亲穿的衣服可以衬托出天气的寒冷。

师：你读得真仔细。从父亲的衣着读出了天气的寒冷。同学们把它画下来，因为当时正值冬天。还有哪些地方你读出来了呢？

生1：“回家变卖典质，父亲还了亏空；又借钱办了丧事。这些日子，家中光景很是惨淡，一半为了丧事，一半为了父亲赋闲。”当时朱自清家里惨，情况很不好，他的祖母也去世了，父亲还失业了。

师：我觉得这当中有一个词语突出了一个“冷”字，哪一个词语？

生2：惨淡。

师：什么叫“惨淡”啊？

生2：凄惨、暗淡、不景气。

师：朱自清家庭的凄惨、黯淡表现在哪些地方呢？谁能不能结合文本来讲一讲啊？

生3：他的父亲“戴着黑布小帽，穿着黑布大马褂，深青布棉袍”，衣服都是很普通的布衣服，可以看出他们家情况很不好。

师：你是联系下文来讲的，我觉得这一段当中也有一些体现家境惨淡的地方。

生3：“回家变卖典质，父亲还了亏空；又借钱办了丧事。”他回家把财产都抵押出去了。

师：这说明他家境贫困是吧？（生3点头）我觉得第2段也有。

生3：在第2段开头：“那年冬天，祖母死了，父亲的差使也交卸了，正是祸不单行的日子。”还有后面“到徐州见着父亲，看见满院狼藉的东西”。

师：从这一段中，你概括一下家庭惨淡体现在哪些地方。

生3：首先是祖母去世了，然后是父亲丢了工作没有了收入来源。

师：祖母去世、父亲赋闲，还有看到满院狼藉的东西，此时家中的光景很是惨淡，这个家庭逐渐走向贫困。此时，让我们感觉到冷，这是家庭惨淡的“冷”。同学们，除了写家庭惨淡的“冷”，还读出了哪些地方的“冷”呢？

生4：“我将他给我做的紫毛大衣铺好坐位”，这一句父亲用紫毛大衣铺好座位，能够体现天气的寒冷。

师：除了天气的寒冷、家庭的惨淡之外，还读出了其他方面的“冷”吗？

生5：在第7段“我读到此处，在晶莹的泪光中，又看见那肥胖的、青布棉袍黑布马褂的背影。唉！我不知何时再能与他相见！”这句话写出了朱自清与父亲好久没见了的悲凉、寂寞、冷清。

师：有一种悲凉寂寞的感觉。

生6：“他嘱我路上小心，夜里要警醒些，不要受凉。又嘱托茶房好好照应我。我心里暗笑他的迂；他们只认得钱，托他们只是白托！而且我这样大年纪的人，难道还不能料理自己么？”写出了“我”自作聪明，对父亲的冷漠。

师：刚才他读出了“我”对父亲的冷漠，对父亲百般关心的不理解，还暗笑他的迂，说明了“我”的冷漠。其实不单单是“我”不理解父亲。父子之间的关系生疏、冷漠，还体现在父亲对待“我”的态度上。同学们有没有看出来，文中哪些地方可以看出来朱自清的父亲对他又是怎样呢？

生7：在第7段——“他少年出外谋生，独力支持，做了许多大事。哪知老境却如此颓唐！他触目伤怀，自然情不能自已。情郁于中，自然要发之于外；家庭琐屑便往往触他之怒。他待我渐渐不同往日。”

师：哪一句话可以看出父亲对“我”的不好？

生7：“待我渐渐不同往日”。

师：“他待我渐渐不同往日”具体表现是什么？你刚才读的句子当中，我觉得有两处体现了父亲对“我”的不好。

生7：“情郁于中，自然要发之于外”，然后“家庭琐屑便往往触他之怒”。

师：你很会思考，读得很仔细。她从这一处读出了父亲对“我”的不好，由此可见父子之间长期冷战，情感冷漠。

同学们，《背影》这篇散文不仅写了1917年冬天天气的寒冷，还写了家道中落的“寒冷”，更写出了父子之间关系的冷漠。同学们，其实当年的时代，也体现了一个“冷”字。这篇文章写于1925年，1917年到1925年，这八年中国处于军阀混战时期，帝国主义列强也在打中国的主意。在文中有一处可以看出当时中国老百姓的生活在逐渐地走向困顿。同学们有没有读出来？

生8：“到徐州见着父亲，看见满院狼藉的东西，又想起祖母，不禁簌簌地流下眼泪。”这句话写出当时遭受困难，也体现了当时中国社会的……（生支支吾吾找不到合适的词语来形容）

师：中国社会的没落。有一处暗示了当时整个社会民众生活的困难。同学们有没有发现？

生8：“近几年来，父亲和我都是东奔西走，家中光景是一日不如一日。他少年出外谋生，独力支持，做了许多大事。哪知老境却如此颓唐！”这里看出当时社会的混乱，父亲和“我”不得不东奔西走，家中光景也是一日不如一日。

师：父亲是一个少年做了很多大事的人，“我”也是一个北京大学毕业的学生。父子俩东奔西走，可家中光景却——

生（齐答）：“一日不如一日。”

师：由此读出当年特定的社会环境给老百姓的生活带来了灾难，使家中生活陷入困顿的状态。同学们，看来1917年的这个冬天是寒冷的，这样的寒冷不仅仅是像今天这样的天气寒冷，还有当时作者的家道中落的寒冷，还有父子之间关系的冷漠，更有当时社会动荡、飘零给民众带来的困顿之冷。那么多“冷”，其实都是在告诉我们当时生活是如此的辛酸，生存是如此的艰难，而生命是如此的悲凉。

研读《背影》中的“暖”

师：《背影》这篇散文写得好，不仅是写出了一个“冷”字，写出了悲凉之情，它更重要的是写出了一个“暖”字。(**板书：暖**) 我们读这篇经典的课文，其实内心无处不在地涌有一股暖流，内心里总有一种温情。(**板书：温情**) 那一份人间的温情透露在字里行间里，请再去找一找。

(生默读圈画)

师：同学们，我们来交流一下，这篇散文当中哪些地方让你有暖意呢?

生1：在第4段，“父亲因为事忙，本已说定不送我，叫旅馆里一个熟识的茶房陪我同去。他再三嘱咐茶房，甚是仔细”，从“再三”“嘱咐”这两个词可以看出来父亲对“我”很关心。

师：在这关心当中我们感受到一份暖意。还有同学要讲吗?

生2：“他只说‘不要紧，他们去不好!’”这里体现了父亲对孩子的细心，还有他的爱，还写出离别时对孩子的依依不舍。

师：在第4段中，还有哪些地方?

生2：“踌躇了一会”，说明父亲对他儿子要去北京，要思考很多东西。

师：什么叫“踌躇”啊?“踌躇”出现了两次，你读一下。

生2 (读)：“但他终于不放心，怕茶房不妥帖；颇踌躇了一会。其实我那年已二十岁，北京已来往过两三次，是没有什么要紧的了。他踌躇了一会，终于决定还是自己送我去。”

师：他为什么“踌躇”了？从他的两难、犹豫、拿不定主意来思考：父亲一方面想怎样，一方面又想怎样?

生2：他怕茶房对“我”有些事情管理不好，怕“我”有些事情出错。

师：从两个“踌躇”读出了父亲的那一份爱意。这是临行前父亲再三嘱托、反复踌躇之后，终于决定送“我”，给“我”带来的暖意。

生3：第5段“我将他给我做的紫毛大衣铺好坐位。他嘱我路上小心，夜里要警醒些，不要受凉。又嘱托茶房好好照应我”，这里写出了父亲对“我”的无微不至和关心。

师：你能具体说一下吗？这个“嘱”用了多少次？

生3：两次。一次是“嘱”“我”要自己小心，一次是“嘱”茶房好好照顾“我”。

师：这两次嘱托看出父亲对儿子的那一份——

生3：无微不至的爱。

师：“给我做的紫毛大衣”，同学们把它圈下来，有没有从“紫毛大衣”中读出一份暖意呢？

生4：因为祖母去世，然后父亲失去了工作，家里光景很是惨淡，但是父亲还是给“我”留下了紫毛大衣，铺好座位，这里我体会到了父亲对儿子的那种关心和细心，父亲怕儿子受凉，所以给他准备了紫毛大衣，体现了他对儿子的关心。

师：你可以联系下文，他给儿子做紫毛大衣，他自己呢？

生4：父亲自己却“戴着黑布小帽，穿着黑布大马褂，深青布棉袍”，这种衣服很平常，没有紫毛大衣那样温暖，这一对比又体现出了父亲对儿子的细心和关心。

师：同学们，这是临行前父亲对儿子的一份关爱。这无微不至的关爱当中透露着父亲对孩子的温情，让我们心中涌起一股暖流。还有哪些地方呢？再看看。

生5：“他和我走到车上，将橘子一股脑儿放在我的皮大衣上。于是扑扑衣上的泥土，心里很轻松似的。”这里从“一股脑儿”看出父亲对儿子无私的爱。

生6：从第6段“我本来要去的，他不肯，只好让他去”，体现出父亲很希望为孩子做几件事情。

师：为孩子做事情，父亲觉得这是他的天职。

生7：第5段“他给我拣定了靠车门的一张椅子”，可以看出父亲给“我”挑了一个很好的位子，也可以看出父亲对“我”的关心和深沉的爱。

师：从一个“拣定”读出了父亲对他深沉的爱。

生8：在第6段中，从“我看见他戴着黑布小帽，穿着黑布大马褂，深青布棉袍，蹒跚地走到铁道边，慢慢探身下去，尚不大难。可是他穿过铁道，要爬上那边月台，就不容易了。他用两手攀着上面，两脚再向上缩；他肥胖的身子向左微倾，显出努力的样子。这时我看见他的背影，我的泪很快地流下来了”这中间有很多动词，像“蹒跚地走”“慢慢探身下去”“要爬上那边月台”“用两手攀”“两脚缩”，然后“肥胖的身子向左微倾”写出了父亲爬过栅栏的吃力，但是也要为孩子去买那些橘子，表现了对孩子深深的爱。

师：你从父亲去买橘子的一系列动作当中读出了他的爱。今天我们在这百年的浦口车站，在这当年父亲送儿子上学的月台上，我想请一位同学去表演一下“买橘子”的情节，在表演买橘子的过程中要抓住哪些动词？

生8：蹒跚、慢慢探下身、双手攀着上面、双脚再向上缩、肥胖的身子向左微倾、显出努力的样子。

师：这些动词要注意，还有“努力”的状态要表现出来。我们选一位同学，哪一个同学比较合适呢？

（生推荐张涵同学表演，因为他体型较胖）

师：酝酿一下你的情感，想象你是那年迈的父亲，为了你心爱的儿子去买橘子。当然，我还要交代一下：注意安全。听到“呜呜”的汽笛声，就立马跑过来。我们掌声鼓励他一下，给他勇气。

（生鼓掌，张涵同学爬过月台表演买橘子的情节）

师：（回来后）看看哪一个同学是朱自清，你一股脑儿把橘子给他。

（张涵同学选择了一个比较瘦小的学生，把橘子一股脑儿放到他的面前）

师：同学们，我们把掌声送给他，感谢他为我们带来精彩的表演。（生鼓掌）张涵表演得很好，我要给他99分，还有一点点不足的地方，你们看出来了吗？

生8：他应该走得慢一点，应该像朱自清的父亲一样，慢慢地、蹒跚地走着，不应该走得太快。

生9：我看见他爬月台是直接爬上去的，没有用手紧紧地攀着上面，两脚向上缩。

师：一个“攀”、一个“缩”没有做到，但是不能怪他。因为当年的月台很高，今天为什么看起来很低呢？只有一米多一点。因为现在用石子把轨道下面的路基填满，当年铁轨和路基之间有一段很大的距离。今天这个月台已经很低了。

师：同学们，刚才我们看到父亲去买橘子，一股脑儿地把橘子放到儿子的身边，心中感到无比的温暖。其实这个温暖也来源于橘子的颜色，这个橘子是什么颜色？

生（齐答）：朱红色

师：把“朱红色”这个词圈起来。你知道为什么强调“朱红色”吗？

生10：朱红的颜色给我的感觉很温暖，可见父亲挑橘子的过程很认真，想把最好的都给自己的儿子。

师：你有没有发现周围的环境是怎样的色调啊？

生10：暗色调。我觉得他的衣服是暗色调，这样形成了鲜明的对比。

师：父亲的衣着是灰色的，是暗色调，其实冬天周围的环境也是那种苍茫的色调。那朱红的橘子不仅是颜色鲜艳，更是体现了父亲那一颗火热的心。除了这处之外，这篇散文结尾的地方和第2段也有父子之间的温情，你读出来了吗？

生10：“我最不能忘记的是他的背影”“我不知何时再能与他相见”写出了父子之间的温情。

师：很好。那第2段中有没有？

生11：“到徐州见着父亲，看见满院狼藉的东西，又想起祖母，不禁簌簌地流下眼泪。父亲说：‘事已如此，不必难过，好在天无绝人之路！’”这里写出父亲安慰儿子。

师：儿子在当时的困境当中“簌簌地流下眼泪”的时候，你觉得父亲的哪一句话给他带来温暖？

生11：“好在天无绝人之路！”

师：“好在天无绝人之路”，可以看出在这样的困境下，父亲的那份坚毅、那份自信，给儿子带来了信心。我们这篇散文的结尾中也有这一份温情，有同学找到了吗？

生12：“最近两年的不见，他终于忘却我的不好，只是惦记着我，惦记着我的儿子。”这里写出了父亲很爱自己的儿子和他的孙子，所以他惦记着“我”和“我”的儿子。

师：两个“惦记”，读出了父亲对儿子和孙子的那一份牵挂。

研读《背影》：一段百感交集的旅程

师：同学们，朱自清先生这一篇散文写的是1917年的背影，这一百年前的背影到2016年正好是一百年。这一百年的背影不仅仅留在了这一篇经典的散文当中，也留在了一辈辈读这篇散文的读者心中。每一个阅读《背影》的人的心中都有一个父亲的背影。记得三十年前，我与你们差不多大的时候，我读《背影》的时候，更关注父亲对儿子那份无微不至的关爱。二十多年前，我做父亲以后，我体会到的是如何做一个负责任的父亲。今天在这篇散文描写场景的一百年后，我们在这里共读《背影》，感慨更多。每一次阅读《背影》，都是百感交集的旅程，同学们把这句话写在标题下面。（**板书：一段百感交集的旅程**）阅读《背影》不仅仅是与文学经典相遇的过程，也是一次情感洗礼的过程。我们从冬天的悲凉，读到那一份冷意，更读到了父子之间的那一份温情，心中会有百般的滋味。读了这篇散文后，你心中涌起的感情，请用一个词来概括。

生1：我读出了无微不至的爱。

师：这无微不至的爱给我们内心带来感动，你觉得读完文章以后最让你感动的是哪一个场景？你为什么感动？

生1：我最感动的是父亲为“我”买橘子的那一段。父亲身体本来就比较胖，还要做出那些让他为难的动作。“这时我看见他的背影，我的泪很快地流下来了”，这是朱自清体会到了父亲对他的关爱。

师：请你把“感动”写在黑板上。（**生板书：感动**）在这一份感动当中他读出了父亲无微不至的爱，读出了父爱的无私。除了“感动”之外，你们还读出了什么呢？

生2：除了感动，我还读出了不舍与怀念，作者在原文中说：“在晶莹的泪光中，又看见那肥胖的、青布棉袍黑布马褂的背影。唉！我不知何时再能与他相见！”这里体现出他对病重的父亲的疼惜。

师：那么这里表达的是朱自清对父亲的那一份不舍和怀念，我想用一个词，

那就叫“感念”。你到黑板上写一写。(生板书：感念)

生3：我还读出了孩子对父亲的感恩之心。在最后一段：“唉！我不知何时再能与他相见!”这里读出了“我”对父亲的感恩之心。

师：文中的感恩之举，不单单是这里，其中“望父买橘”有一个细节就可以表现“我”的感恩之举，找到了读一读。

生3：“到这边时，我赶紧去搀他”，“赶紧”和“搀”这两个词写出了“我”对父亲的感恩。

师：聪明！请你用感恩的心把这段话读一遍。

生3（读)：“我读到此处，在晶莹的泪光中，又看见那肥胖的、青布棉袍黑布马褂的背影。唉！我不知何时再能与他相见!”

师：那就请你把“感恩”写在下面。(生板书：感恩）除了感动、感念、感恩之外，我们还读出了一份什么呢？

生4：还有一份理解。在第6段“他走了几步，回头看见我，说：‘进去吧，里边没人。’等他的背影混入来来往往的人里，再找不着了，我便进来坐下，我的眼泪又来了。”这里写出了“我”对父亲的理解和感伤。

师：读出了对父亲的理解和感伤。麻烦你把这个词写一下。(生板书：感伤）透过一百年前的迷雾，1917年那令“我”难忘的背影，那蹒跚的步伐里有感动的泪水，有父爱的无私和包容——

生（齐读)：“我读到此处，在晶莹的泪光中，又看见那肥胖的、青布棉袍黑布马褂的背影。唉！我不知何时再能与他相见!”

师：透过百年的迷雾，我们读到了儿子的那一份感念的心，读到了父亲那如海般深的爱——（师引读)

生（齐读)：“我读到此处，在晶莹的泪光中，又看见那肥胖的、青布棉袍黑布马褂的背影。唉！我不知何时再能与他相见!”

师：那一百年前蹒跚的脚步、肥胖的身影啊，永远留在儿子的心头儿。那一份感恩的心哪，永远让人们铭记——

生（齐读)：“我读到此处，在晶莹的泪光中，又看见那肥胖的、青布棉袍黑布马褂的背影。唉！我不知何时再能与他相见!”

师：在那个惨淡的冬天，在那个让人无比伤感的冬天，在那个父亲的背影逐渐走向悲凉的时刻，我的心头不禁一颤，于是——

生（齐读）：“我读到此处，在晶莹的泪光中，又看见那肥胖的、青布棉袍黑布马褂的背影。唉！我不知何时再能与他相见！”

师：“唉！我不知何时再能与他相见！”“唉”，这一声叹息里有哪些情感包含在里面？

生5：这一声叹息里有“惋惜”。

师：为什么“惋惜”？

生5：因为他已经和父亲隔了很久没见了。他思念父亲，而且课文中曾提到过“我”是多么的聪明，其实这是作者在嘲讽自己，自己当时不懂父亲对自己的爱。

师：这一声叹息里有一份自责，而不是惋惜，对吧？（生点头）同学们看，开头写什么，“我”与父亲——

生（齐声）：“不相见已二年余了”。

师：圈起来。这“不相见”是为了什么呢？是不是就是没时间，他太忙了？

生6：“我”与父亲关系不好。

师：他是不想见、不愿见。结尾是怎样写的呢？（师引读）

生（齐读）：“唉！我不知何时再能与他相见！”

师：从“不相见”到“再相见”，心中有无比的自责。当年，“我”是多么聪明吗？笨啊！没理解父亲的那一份深深的爱啊！唉！这一声叹息里还包含什么？

生6：还包含着对父亲的愧疚、不舍与怀念。（生板书：愧疚、怀念）

师：你为什么说“愧疚”呢？

生6：因为父亲之前对他很好，为他无微不至地做了很多事，他却不理解父亲，还嘲笑他的迂。

师：那对父亲的那一份怀念又体现在什么地方呢？

生6：课文中的第1段“我与父亲不相见已二年余了”体现出作者对父亲的思念之情。

师：这一段还有一句？

生6:“我最不能忘记的是他的背影。”

师：哪一个词？

生6：最。

师：再读一遍！

生6:“我最不能忘记的是他的背影。”（生重读“最”）

师：“最不能忘记”，一个“最”字体现出他对父亲的怀念。同学们，“唉”这一声叹息里有自责、有愧疚、有怀念，还有什么呢？

生7：应该是难忘，对父亲的疼惜。

师：父亲最后给他写了一封信，信中有一句话让他心中悲痛且深深地叹息。

生7（读）：“我身体平安，惟膀子疼痛厉害，举箸提笔，诸多不便，大约大去之期不远矣。”

师：最后一句“大去之期不远矣”什么意思？

生7：快要去世了，一去不复返。

师：这里读出了对父亲的那一份疼惜。请写下来。

（生板书：痛惜，师纠错应为“疼惜”，疼爱之意）

（师引读）“唉！”这一声叹息里有儿子的那一份自责。“唉——”

生（齐读）：“唉！我不知何时再能与他相见！”

师：“唉！”这一声叹息里有儿子的那一份愧疚——

生（齐读）：“唉！我不知何时再能与他相见！”

师：“唉！”这一声叹息里有儿子的那一份怀念，有他对父亲年迈生命的那一份疼惜，让我们一起读——

师生（共读）：“我读到此处，在晶莹的泪光中，又看见那肥胖的、青布棉袍黑布马褂的背影。唉！我不知何时再能与他相见！”

师：同学们，一百年前的那个冬天，在浦口车站，父亲渐行渐远的背影逐渐地在我们的心中清晰起来。我们今天在百年的浦口车站与朱自清先生对话，我们在读这一篇百年的经典，其实也在读父亲，在读我们自己。今天我们来到这里上这一节课，其实不仅仅是阅读经典，更是为了传承民族的文化，请同学们把这句话记在标题旁边。（师板书：阅读经典　传承文化）

亲爱的同学们，让我们最后再一次重温那1917的冬天，越来越清晰的背影，我们读到了爱，读到了孝，读到了父子之间的温情。让我们带着百感交集的心情，再来回味一下这经典散文的片段——

师生（共读）："我读到此处，在晶莹的泪光中，又看见那肥胖的、青布棉袍黑布马褂的背影。唉！我不知何时再能与他相见！"

另附板书

	背影	
1917	一百年	2016
冷	一段百感交集的旅程	暖
悲凉		温情
	感动　自责	
	感念　愧疚	阅读经典
	感恩　怀念	传承文化
	感伤　疼惜	

第三章　写作立人

第一节　温故知新

一、叶圣陶写作教学理论的再认识

21世纪是人的生命价值凸现的时代。在课改背景下，我们探寻写作教学的真义，把“生命”作为写作教学的思维原点时，意味着写作教学的思考应从生命的思考开始，建立起独特的写作教学视野，从“自觉”的角度构建写作教学的生命之维。要探究这一崭新而又富有挑战性的领域，我们不妨重读叶圣陶先生关于写作教学的一系列著作论述，以“生命”之维汲取叶老的理论精髓，丰富写作教学的认识并指导实践。

（一）“去生命化”：当下写作教学的困境

审视当下的写作教学，许多师生大都致力于所谓考试的“入格文”“高分文”“保险文”，形式主义训练充斥作文课堂，导致学生作文多了匠气，少了灵气；多了雷同，少了差异；多了范式，少了创新。思想和智慧的灵光荡然无存，作文的本质已异化为对分数的追逐，绝大部分学生数年的作文写作仅是为了应付中考、高考的那一篇作文，以致写作教学多年来高耗低效，陷入困境。

有专家认为，古今中外，最好的文章都是为“生命写作”，而不是为生存的写作。“我的生命写作观强调的是在作文教学中贯注或张扬理想、塑造或改善人格、调动或激发生命潜能，不光表现文章美，而且呈现人格美、人性美。”[①]其实，从记录生命成长、抒发真情实感、留住流金岁月等角度看，写作就是人生。一个没有写作的人生，从某种意义上说是不完整的人生。诚如叶老所说：“写文章不是生活上的一种点缀一种装饰，而就是生活本身。一般人都要认识文字，练习写作，并不是为了给自己捐上一个‘读书人’或者‘文学家’的头衔，而是使自己的生活更见丰富，更见充实。”[②]“去生命化”的写作教学急功近利，漠视生命的存在，丧失了写作的本义；“生命在场”的写作，就是“生活本身”，就是生命的言说，既“立言”又“立人”。这一点叶老也有明示：“尽量运用文字并不是生活上一种奢侈的要求，实在是现代公民具有的一种生活的能力。”[③]

（二）生命言说：写作教学的本真要求

1．作文的源头在于生命的自觉。

写作关乎人的精神、思维、生存，作文的过程就是自我生命丰富与发展的过程。“当写作的时候，自然起一种希望，就是所写的恰正宣示了所要宣示的，或者所写的确然形成了一个完好的定形。谁能够教我们实现这种希望？只有我们自己，我们自己去思索关于作文的法度、技术等等问题，有所解悟，自然每逢写作，无不如愿了。”[④]这里的“自己去思索”“有所领悟”便是写作教学“自觉”的含义，只有生命个体本身的觉悟，才能抵达内心的深处，领悟作文的真谛。

2．作文的价值根植于生命的思考。

文章是反映客观世界现象的，但它不是单纯地反映现象，而是通过对客观现象的叙述、描写或议论，来揭示它的本质意义，并表明作者的看法。文章能否忠实地反映客观世界的真实面貌，正确地揭示它的本质意义，取决于作者的立场观点。叶老说：“无论写什么东西，立场、观点总得正确，思想方法总得对头。”[⑤]训练思想的含义在于，“是要使人有真切的经验来作假设的来源，使人有批评判

①刘贞福：《我的生命写作观》，《语文建设》2008年第6期。

②叶圣陶：《叶圣陶教育论集》，教育科学出版社1980年版，第255页。

③叶圣陶：《叶圣陶教育论集》，教育科学出版社1980年版，第2页。

④叶圣陶：《叶圣陶集》（第九卷），江苏教育出版社1990年版，第204页。

⑤叶圣陶：《叶圣陶教育论集》，教育科学出版社1980年版，第471页。

断种种假设的能力；使人能造出方法来证明假设的是非真假”[①]。

作文强调思考、思辨、思想，“我思故我在”，思想的历练可以拓宽学生的视界，深化思想的深度，领悟生命的真义。

3．作文的动力源于生命的情感。

学生不愿意、甚至害怕写作，没有写作的欲望，把写作看作外加的负担，这种状况的出现多是因为教师指导不得法。“人是生来就怀着情感的核的，果能好好培养，自会抽芽舒叶，开出茂美的花，结得丰实的果。生活永远涵濡于情感之中，就觉得这生活永远是充实的。”[②]

“现在回转去论到作文。假如我们的情感是在那里培养着的，则凡有所写，都属真情实感；不是要表现于人前，便是吐其所不得不吐。”[③]显然，作文的动力源于生命情感的培植，教师要让作文成为自我精神发展的需要，成为自我生命的内在要求，而不是外在于自我生命的不堪承受的重负。

（三）作文指导：关注学生的生命律动

1．观察：给学生一双慧眼学会发现。

罗丹说：“美是到处有的，对于我们的眼睛，不是缺少美，而是缺少发现。”如何让学生拥有一双慧眼，则是需要长期的培育与训练的。叶老对“观察”这样解释：“观察的目标在得其真际，就是要观察所得的恰与事物的本身一样。所以当排除一切成见与偏蔽，平心静气地与事物接触。对于事物的外显的部分固然视而可见，察而可知，并不要多大的能耐，对于内涵的部分也要认识得清楚，了知得明白，就不很容易了。必须审查周遍，致力精密，方得如愿以偿。”[④]观察事物必须“审查周遍”，才能把握其外显与内涵。写作教学致力于生命的开发与提升，首要任务便在于引导学生发现周围世界及自我内心世界，并贯穿到整个学段的写作教学之中。

2．对话：“我们的生活是不是向着充实的路上？”

作文就是对话，是与他人、社会、自然的对话，也是自己与自己的对话，而

---

①叶圣陶：《叶圣陶集》（第九卷），江苏教育出版社1990年版，第214页。

②叶圣陶：《叶圣陶集》（第九卷），江苏教育出版社1990年版，第216页。

③叶圣陶：《叶圣陶集》（第九卷），江苏教育出版社1990年版，第216页。

④叶圣陶：《叶圣陶集》（第九卷），江苏教育出版社1990年版，第224页。

写作教学则是学生与老师、学生之间、学生自我的对话。良好的写作状态，就是师生的生命互动。营造真诚、平等、和谐的氛围是激活学生对话的前提。对话的范围不仅在于课堂，更要关注生活中与他人、自我的对话。

“所以我们必须自问，我们的生活是不是在向着求充实的路上？如果是的，那就可以绝无顾虑，待写作欲望兴起时，便大胆、自信写作。因为欲望的兴起这么自然，原料的来源这么真切，更不用有什么顾虑了。”[①]在叶老看来，作文应引导学生走生活之路，而不应把教学导向放在技法、作法的传授，更不该去刻意“做作”文章，玩弄文字游戏。我们应鼓励学生以“我手写我心”，积淀人生阅历，历练思想情怀。

3．开放：“教学生多写生”“发露中诚”。

在教法、命题、体裁选择等方面，叶老的论述同样强调了作文的开放性。

在教法上，叶老主张：“国文教师似应采取图画一课的教法，教学生多写生，多作小幅素描，如杂感短札之类，无所为而为，才是发露中诚的好机会。”（《论写作教学》）[②]

在文题选择时认为：“文题取材应广博。不特学校中所诵习所闻见可以命题，即家庭社会之事，苟学生能思议及之者，亦无不可命题。事事物物，与学生接触而引起其思想情感者，均可为文题之材料。”（《对于小学作文教授之意见》）[③]

在体裁上主张学生多写随笔，“随笔可以说毫无规模，三言两语也成，从一个大范围抽出小小的一片段来写也成，思想藤蔓一样蔓延开去，直到藤梢和根部都不收拢也成”。

4．创新：追求“独立思考和创意铸语”。

叶老特别强调写作教学的独创意识。在《临摹和写生》一文中，用学画的“临摹”和“写生”这两种通常技法比喻作文，通过比较分析明确提出作文应以“写生为主，临摹为辅”的主张。他并不是绝对不赞成临摹的办法，但是在学生习作过程中从临摹下手可能会产生弊端。临摹的方法只是偏重于训练学生的模仿

①叶圣陶：《叶圣陶集》（第九卷），江苏教育出版社1990年版，第213页。
②叶圣陶：《叶圣陶语文教育论集》，教育科学出版社1980年版，第443页。
③叶圣陶：《叶圣陶语文教育论集》，教育科学出版社1980年版，第347页。

力，没有触及言语主体“独立思考和创意铸语”，即无视了言语主体创造意识的存在。尽管“开始写生的时候，成绩可能比临摹坏得多……但功夫用得多了，看物象的眼光逐渐提高，画物象的手腕逐渐熟练，达到得心应手的地步”[①]。

倡导写生为主，要有鲜活的思想，独到的情致，不要因袭程式，循规蹈矩。作文“不宜求之于辞典”，学生要成为写作的主人，“在形式则要夺回被占的支配权，要绝对自由地驱遣文辞”。

（四）作文评改：丰润学生的生命历程

1. 评改主体：“‘改’的优先权应该属于作文的本人。”

叶老又说：“‘改’与‘作’关系密切，‘改’的优先权应该属于作文的本人，所以我想写作教学要着重培养学生自己改的能力。修改文章绝非雕虫小技，养成习惯也绝非一般认识问题，这是一切学习写作的人修辞立其诚的过程，也是文章去瑕纯玉的过程。在这个过程中，伴随写作能力的提高，观察力、思维力和意志力以及办事认真负责的品质，都将同步获得增长。尤其对正在成长的学生更是如此。”

学生自己修改当然没有教师修改那么完美正确，但训练多了，学生写写改改，改改写写，反复思考，这样迂回曲折的过程，就是提高和进步。从一点一滴修正各个方面的谬误和不足到逐步完善自己的作文，才是真正获得了作文能力。指导学生自改作文，要有层次性。每次练习要有每次的目的和要求，确定重点，有的放矢，由易到难，由部分到整体，循序渐进。

我们还要改变作文评价方式。一是要改变评价标准，不能主观地用一个固定不变的标准去衡量所有学生的作文。先找到学生作文中最富个性的那一点予以肯定，让学生获得成功的心理体验，形成良性循环。二是改变评价方式，变单纯的教师评为师评、自评及学生互评相结合。

2. 批改效率：“能用之于此后之实践，乃为有效。”

关于批改的目的，叶老认为：“至于批改，无论全班改，轮流改，重点改，必须使学生真正明晓老师之用意，且能用之于此后之实践，乃为有效……教师必须兼顾全班，使全班学生均有进益，此是天经地义。我并非反对全班改，我只以

①叶圣陶：《叶圣陶集》（第九卷），江苏教育出版社1990年版，第362页。

为于全班改之外，兼采其他方法，既节教师之劳，不损学生之益，似亦未尝不可试行。”（《语文教育书简》）[①]

他还主张“给学生改作文，最有效的办法是当面改”。理由是：一是让学生自己领悟，二是在异常困惑时听老师改正将会终生难忘。“养成了自己改的能力，这是终身受用的。”（《教师下水》）

叶老指出写作教学的效益不在于作文后的批改，更应关注“课前准备”。“要求本本精批细改，事实上是不可能的。与其事后辛劳，不如事前多作准备。平时不放松口头表达的训练，多注意指导阅读，钻到学生心里出题目，出了题目作一些必要的启发，诸如此类，都是事前准备。作了这些准备，改作文大概不会太费事了，而学生得到的实益可能多些。”（《阅读是写作的基础》）[②]

3．修改的境界：成为生命中的一种习惯。

叶老一直主张：“阅读和写作都是人生的一种行为，凡是行为必须养成习惯才行。”[③]因此，“写完了一篇东西，看几遍，修改修改，然后算数，这是好习惯。工作认真的人，写东西写得比较好的人，大都有这种好习惯。语文老师训练学生作文，也要在这一点上注意，教学生在实践中养成这种好习惯”[④]。这样看来，修改不仅是作文的一个阶段，也是人生的一个好习惯，好的习惯自然可以修炼生命品质，提升人生境界。

二、教师于在春《凉秋》写作教学案例研习

在新课程理念逐步深入的同时，写作教学仍然处于低效无序的状态。作文训练缺少科学有效的体系，随意性较大。教师写作教学研究意识淡薄，对写作的方式方法缺乏有效的指导，在日常写作教学中“不合理”甚至“无理”的现象比较普遍。鉴于此，我们不妨把目光投射到一则写作教学案例上：

1940年年底，上海。扬州中学沪校（抗战时期扬州中学移至上海），高二甲班。于在春老师继续进行“集体习作”实验第三次实践：命题“凉秋”，先做一篇白话文，再把完成后的这篇语体作品，共同翻译成文言文。在多次试验基础

①叶圣陶：《叶圣陶语文教育论集》，教育科学出版社1980年版，第723~724页。
②叶圣陶：《叶圣陶语文教育论集》，教育科学出版社1980年版，第494页。
③叶圣陶：《叶圣陶语文教育论集》，教育科学出版社1980年版，第226页。
④叶圣陶：《叶圣陶语文教育论集》，教育科学出版社1980年版，第467页。

上，他整理成报告《集体习作实践记》和《集体习作实践再记》。

于在春早在1935年写的一篇文章中呼吁："为了所谓国文程度的提高，为了语文本身的前进和改革，我们要求合理的语文教学。"①今天研习这则六十多年前的写作教学案例，对于我们审视课改背景下写作教学"合理"的价值诉求不无裨益。

（一）"合理"的命题：透视命题作文的视界

《义务教育语文课程标准》(2011年）在写作教学中要"为学生的自主写作提供有利条件和广阔空间，减少对学生写作的束缚，鼓励自由表达和有创意的表达"。提倡学生自主拟题，少写命题作文。于是，话题作文成了主流作文形式，高中、初中直至小学，无论学业考试，还是平时习作，都变成了话题作文。但近年来，话题作文的不足之处也日渐表露，命题作文又逐渐受到青睐。目前世界各国的写作教学，命题作文仍然是作文训练的普遍而重要的方式。因为作文训练的主要目的，在于训练学生掌握作文的基础知识和基础技能。

于在春的集体习作试验进行了四次，皆为命题作文，题目为《七楼读书记》(记事散文)、《羝羊之乳》(历史小品)、《凉秋》(抒情散文)、《天目山游记之一》(白话文翻译文言文)。于老师通过实验认为，集体习作的命题，范围和角度越小越新就越好。他说："一些令习作者最感材料枯窘的题目却最能教习作者在发展文思、充裕题材上获得帮助。"②此话虽有些偏颇，但却启发我们在拟定命题作文的题目时，应在开放与封闭、宏大与微观、创新与守成之间求得平衡，一味地开放创新，追求宏大题材，不如在"壶里乾坤"的微观世界求得突破。

孙绍振在《关键词的多义性问题——2007年：命题作文的复兴》一文中指出，命题作文复兴的主要原因，一是命题不提供现成的主题，接近无主题命题；二是关键词语的多义性，为自主立意提供想象的冲击，以经验的召唤和思维的触动为特点。③"凉秋"一词显然具有多义性，既指向于季节，即农历九月，又指向于季节的特征：凉；既关照学生当下的生活情景，也凝聚了文化内涵，联想起

①顾黄初、李杏保：《中国现代语文教育史》，四川教育出版社1997年版，第287~288页。

②顾黄初、李杏保：《中国现代语文教育史》，四川教育出版社1997年版，第290页。文中于在春老师的教学资料均引自于此书。

③孙绍振：《关键词的多义性问题——2007年：命题作文的复兴》，《语文学习》2007年第7~8期。

古人的吟咏“凉秋”的诗文。写作内容具有开放性，可描述凉秋之景，记叙凉秋之事，抒发凉秋之情。而此题的别具匠心之处在于，“凉秋”的写作背景设置在1940年的孤岛上海，意在引导学生关注现实，参与社会，启发学生思考生活中的矛盾与问题，以增强学生的民族责任感。此题目内涵的丰富性、外延的延展性以及立意的挑战性，显然有利于学生写作能力的提升。

（二）“合理”的写作过程指导：增强作前指导的有效性

写作是一项复杂的心智活动过程，鉴于此，目前作文课上的方法指导，存在两种倾向：一种是“过分指导”，教师忙于罗列写作知识，学生等到下笔时仍然一片茫然；另一种是淡化或取消作前指导，布置文题后，学生埋头写作，限时上交文章。“文章无法”，但作文真的不需要方法指导吗？其实关键在于作文指导的方法是否“合理”，合理的指导就是有效的教学。钱理群先生也有类似的看法：“作为一种基础教育，中小学说与写的训练，是应该教给学生基本的‘法（法则、规律）’的，使其有‘法’可依，有‘章’可循。这样的‘法’的教育与训练，应该避免烦琐。”①因此，我们不妨寻求一下本案例透露的作文指导的有效策略。

1．循序渐进：全程系统地进行作文指导。

于在春老师的“集体习作”设计共分八个教学步骤：命题→搜集材料→整理材料→评议材料→选择主题→排列材料→确定大纲→文字形式的写定。“搜集、整理及评议材料”在于指导“写什么”，后四个环节指导“怎么写”，其重点放在材料的搜集和处理。这样扎实有序的训练，是合乎理据的。梁启超在《中学以上写作教学法》中十分注重教师在写作教学中的指导作用，指出教师具体指导主要是指点取材方法，主要是观察方法和取舍方法。即使当下，世界各国广泛接受的也是这种认知指导模式，尽管具体步骤有区别，本质上还是一致的。加拿大某省的语文课程标准如此阐述：“写作是一个复杂的过程，包含了一系列的技巧和艰辛的劳作。”②

①钱理群：《语文教育门外谈》，广西师大出版社2003年版，第16页。

②倪文锦，欧阳汝颖：《语文教育展望》，华东师范大学出版社2002年版，第310页。

2．自主体验：搜集适用的写作材料。

于在春老师根据命题，由全班学生根据他自己的经验（直接的、间接的），书面提出自己打算采用而又认为适用的材料。做“凉秋”一题的试验时，采用的是填表法。于氏设计的表格如下：

集体习作第一回报告		材料的搜集	
题目：凉秋		报告人：	
人：			
地：			
时：			
直接经验	景：	情：	事：
间接经验			

难能可贵的是于老师对学生的经验世界的关注，不仅关注学生的直接经验，同时也关注学生的间接经验。狄尔泰认为：“生活经验之于精神如同呼吸之于身体。”“生活经验如同意义的呼吸，在生命之流中，精神‘吐纳’着意义。”[①]在围绕题目搜集资料的同时，学生在自己的经验世界里巡礼，与之相关的经验会被激活，填写报告文本的同时也是自我与世界对话的过程。

3．合作探究：整理评议写作材料。

有一份调查表明，影响学生语言发展的第一因素是同学之间的相互影响。尽管写作是个人化行为，带有隐秘色彩，但学生写作过程中进行合作交流，显然有助于丰富写作的素材，借鉴结构的技巧，增加思想的深度，也有助于感情的互通、语言的润色以及合作探究的深入化。于老师的具体做法是：

第三步，材料的整理。由教师指定一个必需数目的学生（3~4人），根据全班学生提出的书面报告，对材料进行归纳整理，写出一份材料分类的总报告。

第四步，材料的评议。在课堂上采用集体商讨的形式，根据整理后的分类总报告，把全部材料逐类逐项提付评议，看哪些材料在何种情况下对这一命题是有用的，在何种情况下就未必有用或绝对不能用，如此等等。

①马克斯·范梅南：《生活体验研究》，教育科学出版社2003年版，第46页。

整理材料的工作量大，于老师发挥小助手的作用，既锻炼了学生整理资料、筛选信息的能力，又节省了教师的许多精力，教师直接阅读分类的总报告，思考如何评议材料。课堂评议材料，不仅为了昭示学生应取哪些材料，而且给予学生以取材立意的实际锻炼，学会“掂一掂各种材料的分量、估一估各种材料的用途”的本领，这样也为下面确定主题、排列材料奠定了基础。

由此不禁想到蔡明先生在引导学生自主写作时得到的体会，写作教学要激活学生的思维，挖掘学生的潜能，放飞学生的心智，让他们用自己的灵魂与世界对话，与自然对话，与大师对话；与同辈沟通，与师长沟通，与自己沟通。[①]

4．胸有成竹：确定合理的写作提纲。

于老师认为，习作没有确定的具体的大纲，就好比练习画鬼，像与不像、好与不好一概无从说起。参照各人排列材料的书面报告，在课堂上商讨出一个具体的大纲，留作后面进行文字商讨的根据。《凉秋》一文确定的大纲如下表：

<table>
<tr><td colspan="2">题目：凉秋</td><td colspan="3">主题：借此时此地的秋而不凉的实感来反映畸形的孤岛</td></tr>
<tr><td colspan="2">人：第一人称</td><td>地：上海南京路</td><td colspan="2">时：（泛写）</td></tr>
<tr><td>层次</td><td>要旨</td><td>材料</td><td>处理原则</td><td>备注</td></tr>
<tr><td>1</td><td>秋之应凉</td><td></td><td></td><td rowspan="2">如无必要可以合为一个段落</td></tr>
<tr><td>2</td><td>秋之凉爽</td><td>古人诗文中赞颂秋凉的成句</td><td>直接称引</td></tr>
<tr><td>3</td><td>秋而不凉</td><td>星、月、风、雨、潮、霜、落叶、枫叶、菊、秋虫、蝇、市招、车辆、霓虹灯、投机风潮、难胞</td><td>实际景象的描写</td><td>题之反面文章，本篇之主要部分</td></tr>
<tr><td>4</td><td></td><td>“多事之秋”
果实成熟</td><td>利用此成语总束上文，以慨叹作结</td><td></td></tr>
</table>

上述提纲不仅涉及主题、记叙要素、层次、材料，而且列出各层次要旨、处理原则及写法备注，操作性极强。细读此提纲，文章面目已基本浮现于眼前。目前许多学生普遍缺少的就是写作前对文章“苦心经营”的意识，一方面是因为学生写作时间的限制，另一方面则是因为平时缺少规范有效的训练，这样导致作文时信口开河，不着边际。

①丁帆：《著名特级教师思想录》（中学语文卷），江苏教育出版社2012年版，第135页。

（三）“合理”的作文立意：关注主题的价值取向

于在春老师在选择主题这一环节，通过集体研究从第四步的广泛评议中认定一种题材及其意义为最理想的主题。这种选择具有相对的合理性，目的是突出一个统一的尺度以讨论材料的取舍和组织。“凉秋”一题，学生们提出了多种主题，经过集体讨论和教师的引导，最后确定为“借此时此地的秋而不凉的实感来反映畸形的孤岛”。于老师与学生身处孤岛（20世纪40年代的上海），“凉秋”的主视角定位于繁华喧闹的上海南京路，这样就迥异于历代文人墨客的“凉秋九月”图景。尽管也描写秋天的星月风雨潮霜、落叶秋虫，但其目光更投射到具有时代特征的林立的商业招牌、闪烁的霓虹灯、投机风潮以及街上奔走的难胞，刻画了孤岛特有的“秋而不凉”的“畸形”景象，从而点明这是一个“多事之秋”。

这样的主题定位，启发我们在鼓励学生自主建构主题的同时，不只是抒发一己之情，更要关注广大的世界，扩大他们的胸襟，鼓励他们写出勇于担当民族责任的文章，写出“指点江山”的大气的文章。

（四）“合理”的写作教学：教师写作教学智慧的结晶

写作教学的智慧来自于教师的教学反思与案例探究。于老师总结这个写作试验的基本价值时，曾经作过如下反思：

一、把学习者的习作态度在监督下训练得认真起来；二、使文思枯窘的充沛起来，使文辞芜蔓的谨严起来；三、从实际运用里教学文章作法及修辞学上的诸般实用知识；四、把教师的分散于不受习作者注意的个别订正上的精力集中到写作方法的积极的辅导上面来；五、用实际参加订正的办法使学习者接受每一订正的精义。

有专家这样断言，从某种意义上说，是否重视教学反思和研究，是优秀教师和平庸教师的试金石。写作教学的点滴智慧在于平时的不断反思，而案例研究又是教学反思的一个有效平台。目前，我们需要不断提炼自己的教学案例，以案例的形式促进教学反思，提升我们对写作教学规律的认识，更多地获得写作教学的智慧。

写作教学的智慧还来自于教师的思想高度、思维习惯以及人格修为。在抗日战争的敌占区，整个教育事业呈现出一派萧条、荒芜的景象。于老师在艰苦备尝的境遇中，用十年时间进行了四次“集体习作”的试验，当时并无先进的录音设备，他凭借学生的课堂笔录和自己的教学笔记，将试验时的实况整理成一本专书和一篇专论。这不仅体现了一个语文教师的职业操守，更体现了一个知识分子的人文精神和民族气节。教师思想的高低程度，决定了写作教学的层次级别。于在春老师不走寻常路，不仅在于前卫的思想、变革的勇气，更在于自身崇高的人格修为。如果说，作文即“立人”，那么教作文的人更应是一个大写的立着的人，这也是一个智慧型语文教师追求的人生境界。

三、林语堂写作理论对于写作教学的启示

《义务教育语文课程标准》（2011年）在实施建议部分指出：“写作是运用语言文字进行表达和交流的重要方式，是认识世界、认识自我、进行创造性表述的过程。写作能力是语文素养的综合体现。”如何培养学生的写作能力，提高写作教学的有效性，成为许多语文教师关心的话题。我们不妨借鉴一下“两脚踏东西文化，一心评宇宙文章”的文学大师林语堂先生的一些论述，应该会对当下的写作教学有所启示。

（一）写作指导策略：“文章无法”与“作文六诀”

林语堂认为：“八股有法，文章无法。文章有法，便成八股。”同时描摹了学生作文时的窘态：“作文本极易事，不知如何，在今日似乎很难了。学生拿起笔来，彷徨终日，怎样开题，怎样收束，怎样才可谓得体，都有点玄妙莫测。所以现在一谈到作文六诀，便使人有莫大的奢望，以为文学有莫大的神秘存乎其间。”[①]如何改变学生这种茫然无绪的状态？显然简便科学的写作策略有助于学生写作能力的提高，于是他为学生作文支招：一、表现自己；二、感动读者；三、敬重读者；四、精神爽快，始可执笔；五、随兴所之；六、倦则搁笔。（《作文六诀》）[②]

写作过程是“导向解决问题的一系列操作”，其过程由作者选择写作内容开始，至完成文章结束。“写作过程是教师与学生互动的过程。教师的指导对于学

①林语堂：《林语堂散文经典全编》（第1卷），九州出版社2002年版，第201页。
②林语堂：《林语堂散文经典全编》（第1卷），九州出版社2002年版，第205页。

生作文及其成功具有重要的意义。”[1]因此，我们寻求作文指导的有效策略，应在“有法”与“无法”之间寻求平衡：一方面应该教给学生写作的基本规则和方法，建构写作教学的科学体系，避免重复机械的无序训练；另一方面，不囿于法，鼓励学生自由地表达、有个性地表达、有创意地表达，尽可能减少对写作的束缚，为学生提供广阔的写作空间。

（二）个性化作文特征：真诚、性灵、本色

林语堂澄明了“技巧”与“个性”孰轻孰重的要义：“初学文学的人听见技巧之讨论——小说之技巧、戏剧之技巧、音乐之技巧、舞台表演之技巧——目眩耳乱，莫测高深，哪知道文章之技巧与作家之产生无关，表演之技巧与伟大演员之产生亦无关。他且不知世间有个性，为艺术上文学上一切成功之基础。”（《写作的艺术》）[2]《普通高中语文课程标准》指出：“力求有个性、有创意的表达，根据个人特长和兴趣自主写作。”我们不妨借鉴林语堂的论述个性化作文的基本特征：

1. 真诚。《普通高中语文课程标准》力主学生作文要“以负责的态度陈述自己的看法，表达真情实感”；“不说假话、空话、套话，避免为文造情”。

林语堂则从“德行”的高度论述文章第一要义是“诚”：“文德乃指文人必有的个性，故其第一义是诚，必不愧有我，不愧人之见我真面目，此种文章始有性灵有骨气。”（《说文德》）[3]

其次，主“真”：“今则皆用质直文字，文章即说话，能说话便能做文章。巧话有巧文，陋话有陋文。故今文人所苦者，无话可说而已。无话可说，乃无病呻吟，萎靡纤弱，甚有盈篇累牍，读完仍不见说一句真知灼见的话。尝推其故，塾师教作文，不教说心中要说的话，心中不可不说的话，只教诚得体的话，是摧残性灵的第一步。”[4]其实今天我们不少教师也正重复着“塾师”的经验，按照高考、中考满分作文的套路要求学生做“得体”的文章，殊不知“真诚”的文字方有灵性，“性灵派文学，主‘真’字。发抒性灵，斯得其真，得其真，斯如源泉

①倪文锦，欧阳汝颖：《语文教育展望》，华东师范大学出版社2002年版，第318页。
②林语堂：《林语堂散文》，浙江文艺出版社2000年版，第204页。
③林语堂：《林语堂散文经典全编》（第1卷），九州出版社2002年版，第203页。
④林语堂：《林语堂散文经典全编》（第1卷），九州出版社2002年版，第64页。

滚滚，不舍昼夜，莫能遏之。国事之大，喜怒之微，皆可著之纸墨，句句真切，句句可诵。不故作奇语，而语无不奇，不求其必传，而不得不传”（《论文》）[①]。

2．性灵。“凡人不在思想性灵上下功夫，要来学起承转伏做文人，必是徒劳无补。”（《文章无法》）[②]继而林语堂在将苦心经营的杂志《论语》托付陶亢德时阐述其选文宗旨：“大概有性灵，有骨气，有见解，有闲适气味者必录之；萎靡，疲弱，寒酸，血亏者必弃之。”（《与陶亢德书》）[③]其倡导的性灵派主张有三：其一，主张自抒胸臆，发挥己见，有真喜，有真恶，有奇嗜，有奇忌，悉数出之，即使瑕瑜并见，亦所不顾，即使为世俗所笑，亦所不顾，即使触犯先哲，亦所不顾。其二，所喜文字，于全篇取其最个别之段，于全段取其最个别之句，于造句取其最个别之辞。于写景写情写事，取其自己见到之景，自己心头之情，自己领会之事。其三，主清淡自然，主畅所欲言，不复计较字句之文野，即崇奉孟子“辞达而已”为正宗。（《写作的艺术》）[④]这三点从立意、构思、语言等方面具体阐述了“性灵”的操作要领，颇有启发意义。

3．本色。林语堂十分欣赏袁中郎、李卓吾、徐文长、金圣叹等提倡的“本色之美”。他在《说本色之美》中举例：“金圣叹谓诗者心头之一声而已；心头一声有文学价值（如“悠然见南山”“举头望明月”“衣沾不足惜”之类），念出便是天下第一妙文；心头一声本无文学价值，任汝如何修饰，皆无用也。”他以为“天籁”之文“说而不饰，丢而不修”，因为“有话可讲，何必饰他？无话可讲，何必说他？有话可讲，何必修他？无话可讲，何不丢他？”在《小品文之遗绪》中说明“理想散文”的特质：“乃得语言自然节奏之散文，如在风雨之夕围炉谈天，善拉扯，带情感，亦庄亦谐，深入浅出，如与高僧谈禅，如与名士谈心，似连贯而未尝有痕迹，似散漫而未尝无伏线，欲罢不能，欲删不得，读其文如闻其声，听其语如见其人。”我们要切实关注学生的生命轨迹，要切实把学生放在写作教学的主体地位，让学生自由、自主、自发地写，用自己的心灵写，让

---

①林语堂：《林语堂散文经典全编》（第1卷），九州出版社2002年版，第65页。

②林语堂：《林语堂名著全集》（第14卷），东北师大出版社1994年版，第184页。

③林语堂：《林语堂散文经典全编》（第1卷），九州出版社2002年版，第248页。

④林语堂：《林语堂散文》，浙江文艺出版社2000年版，第203~209页。

作文展示他们的生命活动，表现一个原生态的自我。

（三）写作途径：体会人气，观察毫细

林语堂认为现代散文之特征在于“体会人气，观察毫细”。“体会人气”即贴近人生，贴近社会。他主编《宇宙风》刊物时主张：“以畅谈人生为主旨，以言必近情为戒约；幽默也好，小品也好，不拘定裁；议论则主通俗清新，记述则取夹叙夹议，希望办成一妥于现代文化贴近人生之刊物。”在写作教学中，教师应鼓励学生积极参与生活，体验人生，关注社会热点，不可躲进“象牙塔”，陷入空想，凭空捏造。

“观察毫细”方可拓宽眼界，文思泉涌。“盖诚所谓‘宇宙之大，苍蝇之微’无一不可入我范围矣。此种小品文，可以说理，可以抒情；可以描绘人物，可以评论时事。凡方寸中一种心境、一点佳意、一股牢骚、一把幽情，皆可听其由笔端流露出来，是之谓现代散文之技巧。”（《论小品文笔调》）这里所说的现代散文技巧已透露出“话题作文”的基本特质。我们应引导学生多角度地观察生活，丰富自己的生活经历和情感体验，因为对自然、社会和人生有自己的感受和思考，才能思接千载，心骛八极，妙笔生花。

同时，林语堂强调写作者应持有现代的人生观：“笠翁、子才二人之人生观，又可以说是现代的人生观，是观察的、体会的、怀疑的、同情的人生观，最是现代思想之特征，甚足动摇人心，推翻圣道。”（《再谈小品文之遗绪》）清代李渔（笠翁）、袁枚（子才）的人生观决定了他们为文的格调，他们为文不刻意“载道”，但崇尚“观察”“体会”“同情”，这样更逼近人的内心世界，更容易引起读者内心共鸣。

近年来的高考作文命题一直遵循“关注社会、关注人生”的原则，较多从社会理念出发，注重宏大叙事，凸现政治视角，如2015年的“忘记与铭记”“说‘安’”“双赢的智慧”“纪念”等，2016年则注重学生的“主体发展倾向”，贴近学生，贴近心灵，凸现人性。如上海的“我想握住你的手”，广东的“雕刻心中的天使”，四川的“问”以及对“阅读”的普遍关注。

（四）写作境界：思想、会心

林语堂认为，思想来自于生活，“思想家必须殚精竭虑，直接取材于人生，而以文字为表现其思想之工具而已”。思想需要写作主体的创造，“‘学者’作文时善抄书，抄得越多越是‘学者’。思想家只抄自家肚里文章，越是伟大的思想家，越靠自家肚里的东西”。思想需要“深加工”，“学者如乌鸦，吐出口中食物以饲小鸟。思想家如蚕，所吐出的不是桑叶而是丝”。思想需要历练：“笔如鞋匠之大针，越用越锐利，结果如绣花针之尖利。但一人之思想越久越圆满，如爬上较高之山峰看景物然。”(《写作的艺术》)

加拿大新安大略省的语文课程标准也阐述了思想对于写作的意义：“为了清楚而有效地交流思想，学生们必须成为训练有素的思想家。”“同样更重要的是，学生们以学习者和思想者的双重身份参加的写作活动，将为他们证实：条理清楚的作品来源于清晰的思维和写作习俗的科学运用。”[①]帕思卡尔说得好：“人类的全部尊严，就在于思想！”作文应拒绝浮华、浅薄、庸俗，应以表达思想、充分显示生命活力为本真，这也是对人类尊严的敬重。

思想到形成文字尚有复杂的加工过程，其契机全在“会心”二字。“一人思想既已成熟，斯可为文。然一人一日中之思想万千，其中有可作文者，有不可作文者，何以别之？曰，在会心二字。凡可引起会心之趣者，则可为作文材料，反是则决不可。凡人触景生情，每欲寄言，书之纸上，以达吾此刻心中之一感触，而觉湛然有味，是为会心之顷。他人读之，有同此感，亦觉湛然之味，亦系会心之顷。此种文章最为上乘。”(《论文》)在狭窄的校园空间中，学生作文的情感必然是单一的，缺乏生命的灵动和鲜活的色彩。我们必须拓展学生写作空间，推崇个性化的体验。只有从自己的命运和遭遇出发来感受生活，才有可能获取生活中的有意义有价值的“碎片”；只有交织着自己的情感、个性和对命运的理解的生活的作文，才是一种审美意义上的作文，才能成为塑造人格的关键性力量。

（五）写作动机：表现自己、感动读者、敬重读者

作文是以语言文字表达自己的思想，与他人沟通，发现问题然后解决问题，从而进行创造的语言行为。我们在写作教学中注重发挥个体人格的同时，应关注文本阅读者的体验，这样可以丰富学生的写作经验。林语堂在《作文六诀》中首先强调的是“表现自己”，接着又从读者的角度去阐述写作艺术的两个要点，一

①洪宗礼：《中外母语课程标准》，江苏教育出版社2004年版，第350页。

是“感动读者——读者是喜欢受感动的”。二是“敬重读者”，因为“文字有作者与读者双方关系，读者固然要敬重作者，作者亦应当敬重读者，谁也不可看不起谁，不然使双方无聊，读者掩卷而去了。不要说陈言，不要说烂话，不要说天经地义童叟皆知的话，人人说过的话，读者早已知道你要说的话，及一概不必你说的话”。

新课程理念强调表达的交流意识，即“为不同读者写作”。许多国家的语文课程标准中明确提出了要有“对方意识”的观念，如美国《英语语言艺术课程说明》中针对九年级学生，“根据不同的读者、话题和写作目的恰当措辞”，“针对特定读者完成发言稿”[①]。英国《国家课程大纲》指出：“培养有效的写作者，应指导学生……组织思想与读者交流。”[②]从“读者”视角训练习作的方式，留给我们许多值得探索的空间。

（六）写作体验：痛并快乐着

林语堂曾用幽默的笔调描述写作时的体验：“文人作文，如妇人育子，必先受精。怀胎十月，至肚中剧痛，忍无可忍，然后出之。多读有骨气文章有独见议论，是受精也。……时机未熟，擅自写作，是泻痢腹痛误为分娩，投药打胎，胎亦死。出卖良心，写违心话，是为人工打胎，胎亦死。……及时动奇思妙想，胎活矣大矣，腹内物动矣，母心窃喜。倘有许多话，必欲迸发而后快，是创造之时期到矣。发表之后，又自诵自喜，如母牛舐犊。”（《写作的艺术》）

此隐喻形象叙述了写作的复杂过程：阅读（受精）→奇思妙想（怀胎）→写作发表（母牛舐犊）；其间有构思谋篇的阵痛，也有创作发表的喜悦，更有草草下笔、言不由衷而导致“胎死”的深刻教训。诚如潘新和教授所言，对于一个习作者而言，更需要建立起的写作观念不是表层的“快乐”，而是“痛苦”，或者说是快乐与痛苦同在，由艰苦的劳动中获得的深层的精神愉悦。[③]因此我们在写作教学中要引导学生认识到写作是一项艰辛的精神活动，需要激情和才气，更需要毅力和恒心，同时积极创设多种情境，让学生展示或发表自己的文章，感受成功的喜悦，获得持久的写作动力和崇高的精神体验。

---

①洪家礼：《中外母语课程标准译编》，江苏教育出版社2000年版，第339页。

②吴忠豪：《外国小学语文教学研究》，上海教育出版社2009年版，第36页。

③潘新和：《语文：表现与存在》，福建人民出版社2004年版，第1077页。

第二节　标新立异

一、任务分析在写作教学中的运用

近期，不少教育专家都把目光聚焦于作文过程的指导。他们关注过程指导的前提应是把握了学生的起点能力，并据此展开教学，因为这才是有效的教学。写作教学设计关注教学任务分析，通过任务分析，找到学习的适当条件，进而确定教学内容，选择教学方法，提高写作教学的有效性。

（一）目前写作教学任务分析存在问题

按照学习心理学的理解，任务分析是指“对教学目标中规定的能力或倾向的构成成分及层次关系进行分析，为学习顺序的安排和教学条件的创设提供心理学依据”①。目前，写作教学设计很少涉及任务分析内容，大都集中于教学目标的制订及教学过程的安排，仅是对学情的概括性描述，显得粗疏模糊，价值不大。主要体现在：

1．任务分析手段单一。大都采用经验判断的方式，以“我以为”“学生一贯如此”的主观判断做描述，很少利用问卷调查、观察谈话、作业分析等客观科学的方式，作出准确具体的分析，以确定学习的先行内部条件，并据此展开教学设计。

2．任务分析过程粗疏。教学设计前没有做具体系统的分析过程安排，过程简略，操作随意性大，缺少现代学习论的指导，成为教学设计的“应景式”环节，游离于真实具体的教学情境。这种浅尝辄止式的分析发挥的价值不大，不能在教师的“教”与学生的“学”两者之间搭建联系的桥梁。

3．任务分析深度不够。以印象式描述为主，指向于学生作文的“浅层描述”，缺少具体事实内容的分析，大都没有根据学生的学习状况和具体的教学目标（不少写作教学目标还十分笼统粗略）展开分析，只言片语式的简单描述居

---

①皮连生，刘杰：《现代教学设计》，首都师范大学出版社2010年版，第127页。

多，分析的内容层次不清晰，各种要素混杂，有的虽篇幅较长，但内容冗杂，没有针对性。

（二）任务分析在写作教学中的作用

1．系统观照：任务分析成为生态作文沟通“学”与“教”的纽带。

写作教学生态系统是由各层次的教学结构单元和各种生态因子互相联系、互相作用的一个统一的整体。系统中各组成部分彼此间具有互相调节和制约作用，从而产生整体效应。心理学家加涅将教学定义为为有效学习创设适当条件，或人与物的环境。任务分析即为寻找每类学习的适当条件，进而选择教学内容，设计教学方法。生态作文引入任务分析这个环节的目的就是要求教师根据学生学习的规律进行教学，根据学习类型的学习规律，确定最优的教学方法。

2．生态平衡：任务分析有助于对学生作文学习的困难进行诊断和补救。

有生态学家发现，在两个或多个不同的生物群落的交界处，往往结构复杂，出现不同生物的种类较多，且特别活跃，呈现多样性、活跃性，以强烈的竞争开始，此消彼长，然后趋于稳定、和谐共生。任务分析其实质是对学生的学习任务进行分析，即学生从起点能力出发，如何走到终点目标，其间需要跨过多少“能力台阶”，需要怎样的条件支持。倘若学生出现了学习困难，教师可以凭借学习的“认知地图”对问题进行准确的诊断，利用差异教学资源，关注习作过程中的弱势群体，适当平衡，合理竞争，合作探究，促进学生作文素养的均衡发展。

3．自主写作：任务分析有利于教师树立自主建构的作文学习观。

生态文化观照下的写作观，凸显“人”的价值，关注人与周遭世界的和谐情境，因此，生态写作教学根据各学段的目标，结合学生作文水平的发展状况，通过任务分析，侧重写作的过程与方法的指导，关注情感的体验与态度的培养，激发写作者的兴趣，使其养成良好的习惯。生态写作教学强调自主建构，倡导有创意的表达，这样个性才能得到张扬，生命才会自然成长。相反，教师不具备任务分析理念，因循守旧或盲目照搬现成的教学设计，不可能创造性地设计出符合学情的方案来。

（三）基于任务分析的写作教学策略

生态作文关注每一个写作主体在写作过程中的发展状态。在进行任务分析之前，我们必须要作出思考、判断并决策，如怎样获取学生的起点能力；发现学生的差异怎么处理；尝试了解学生的差异时，你如何考虑学生的感受等，要用系统、进化、平衡等生态观念，结合学习心理学理论考察并实践。下面结合“从生活中提取有价值的写作素材”（苏教版八年级下册第5单元）作文案例做说明。

1. 评估学生原有基础，确定学习内容。

确定学生作文起点能力的方法有很多，如访谈、观察、作业、问卷等都可以用来了解学生的原有知识基础。例如本次围绕训练主题作文，确定以“别样”为题写一篇记叙文。为了全面了解学生提取素材的能力状况，作文前布置学生围绕题目列一个简要的写作提纲，这样教师可以掌握全班学生选材的初步状况。通过分析，18%的学生选材新颖、独特，24%的学生选材有一定新意，58%的学生选材存在陈旧俗套、复述时事、虚假捏造等现象。现将存在问题素材大致列举如下：

序号	素材	所占比例
1	具有顽强生命力的小草、菊花、冬青、高洁的荷花等。	12%
2	汶川大地震中别样的感人故事。	10%
3	考试失利后同学、家长、老师的安慰。	9%
4	钓鱼执法、长江大学学生江边舍己救人等时事。	8%
5	篮球明星、歌坛明星逸事，科学家、政治家故事。	8%
6	公共汽车让座、帮助陌生人做好事。	5%
7	“我”对路边乞丐的同情并表达自己的爱心。	4%
8	疯子舍己救人等离奇故事。	2%

评估学生现有的学习基础，必须注意：一是需要花费时间来说明、提供和分析评估的材料；二是评估学生能力的时候，很难不让学生有负面的感觉；三是找出学生现有的基础，并根据这种发现寻求对策是一件富有挑战的任务；四是评估学生的先备条件，一般倾向于学生的错误信息，忽视了学生的正确信息。①由此看来，首先需要我们教师有足够的信心和耐心去开展任务分析工作，同时要关注

①Stephen L.Yelon：《教学原理》，单文经等译，华东师范大学出版社2003年版，第59~60页。

学生的心理反应，不能因为学情评估而挫伤学生作文的积极性，而应该因势利导，一方面指出起点能力中的共性问题，另一方面，抓住学生起点能力中的闪光点，采用差异教学，平等对话，促进平衡。例如，笔者在上课前根据调查材料也重点梳理了需要展示的优秀素材：①上网淘宝记；②父亲为“我”整理书包；③楼下做风车、学英语的老爷爷；④别样的语文课堂；⑤别样的“90后”等。本课围绕教材训练目标及学生起点能力状况，可以把教学内容集中于选材的新颖性、真实性、深刻性上，进而选择教学方法。

2．分析使能目标，确定学习步骤。

加涅认为，学习结果可分为五种类型：言语信息、智慧技能、认知策略、动作技能和态度。智慧技能的学习存在一种层次发展关系，即低一级智慧技能是高一级智慧技能的先决条件。加涅的智慧技能层次论提示我们，必须按照如下顺序教学：

①从儿童已有生活经验中引出所教形体的正例和反例。

②引导学生观察和比较正、反例的异同。

③抽象概括同类物体的共同本质特征（概念形成）。

④如果所学概念有专门的符号表示，则教师直接将符号告诉学生。

⑤组织游戏检测学生是否掌握所教的概念。①

根据任务分析便能导出教学步骤和方法。例如，下面的图标展示了笔者此课的达成目标与使能目标：

起点能力		使能目标		终点目标
已掌握根据题目的含义选择相应的材料，但58%学生材料的新颖性、独特性不够，立意肤浅、价值不大	→	（1）诊断课前筛选的正、反例素材 （2）学习相应写作知识形成规范概念 （3）借鉴优质素材选择材料的角度 （4）通过小组合作、自我反思，加工调整选材	→	围绕题目选取新颖、真实、深刻的有价值的素材

从起点能力到终点能力，学生还有许多知识、技能尚未掌握，而掌握这些知识、技能又是达到终点目标的前提条件。这些前提性知识、技能被称为子技能，

①皮连生，刘杰：《现代教学设计》，首都师范大学出版社2010年版，第137页。

以它们的掌握为目标被称为使能目标。“从生活中提取有价值的写作素材”的作文学习属于智慧技能学习。上述使能目标即包含这样的层级关系：①辨别（诊断问题素材）→②概念（引入写作知识）→③一般规则（借鉴范文选材角度）→④高级规则（自我反思调整素材）。

3．依据学习条件，确定教学策略。

（1）多样·平衡——据学生的差异选择适当的策略。

生态作文关注生命个体的多样性与丰富性，对于任务分析中出现的差异性，采取平衡策略，一方面，帮助弱势群体认识现状并寻求相应的调整策略；另一方面，充分发挥优势群体的典型作用，注重边缘效应，在双向对话中相互提高认识，促进均衡发展。

如在观察研讨正例与反例时，要注意分寸与方式。对于反例采用匿名的方式做概括的描述，注意委婉得体，保护学生的尊严；对于正例，采用个别展示、集体研讨的方式，放大效应，强化效果。如以下两例：

个案一（反例）：“别样”便是跟其他人不同，仅仅属于自己的思考；要写与众不同的文章，立意要新奇。文章通过记叙大街上的一个疯子模样的人，大家都觉得他讨厌，一天他为了救一个小孩免受汽车的撞击，自己的臂膀被摔断了。后来，人们非常敬重他。

个案二（正例）：通过写身边的小事，表达真情实感。楼下住在车库的年过花甲的马师傅，在门前空地种花，成了社区一道亮丽的风景线；朝阳下，马师傅做的风车给孩子们带来了快乐；闲暇时，老人听《爱的华尔兹》，是一位热爱生活的“别样”的老人。

个案一采用教师叙述的方式，在幽默的笑声中，让学生认识到选材的新颖不是猎奇或编造故事，应该关注材料的真实性；个案二则让学生上台展示材料，并说说自己构思的经过，再与台下的同学互动，这样的和谐氛围有利于学生之间的平等交流、共同提高。

（2）自主·支援——写作教学过程的本质是教与学的统一。

“要使学生形成新的学习就得仔细研究学生已具备的各项前提条件，即拥有何种知识与能力。不考虑学生方面的前提条件，一心只想着教，便会妨碍教与学的统一，不能构成教学。反之，倘若学习领先于教授，即对学生提出的要求过低，也将妨碍教与学的统一。”[①]生态作文倡导学生自主建构写作能力，但同样强调教师的必要支援。

教师支援策略主要体现在帮助学生认识并运用规则。一是充分利用教材中的写作知识资源。为了帮助学生理解有价值的素材，在学习教材中的知识短文的基础上，可以归纳出以下要求：真实新颖、生动典型、有积极意义。二是适当拓展写作理论信息。例如，笔者执教此课时，为了深化学生的认识，通过链接两位作家的文论让学生加以体会：

在写作中，作家必须是真诚的，是认真严肃的，同时又是通情达理和满怀同情和怜悯之心的。（余华）

我认为在日常不如意的小事和琐碎的烦恼里纠缠不休、揣想或者记载一些小矛盾的诗歌，是缺憾，是自杀。（博尔赫斯）

从中我们可以看出，余华强调选材的真诚、深刻，博尔赫斯指出材料的价值观。

三是借鉴范文资源掌握规则。下面我们通过分析两篇课文——刘心武的《错过》和莫怀戚的《散步》，体会两位作家如何选材并挖掘材料的价值。

现代学习理论因学生的个别差异，有5个策略处理学生的个别差异：自我照顾、个别照顾、小组直接学习、全班一起复习、向其他资源咨询。实施时根据学生的知识范围、教学情况、可获得的资源、学生与资源的比例以及教学内容的性质选择相应策略。[②]本课大致采用如下策略：集体研讨（正、反例展示分析）→资源咨询（引入教材、文论等知识信息）→小组学习（辨别材料价值）→自我照顾（自己反思修正写作素材）与个别照顾（教者对个别学困生的个别辅导）。学生通过流程学习，教学效果显著，82%的学生能较好地达到教学目标，其中38%的学生达到优秀标准，部分调整示例如下：

---

①佐藤正夫：《教学原理》，钟启全译，教育科学出版社2001年版，第239页。

②Stephen L. Yelon：《教学原理》，单文经等译，华东师范大学出版社2003年版，第65页。

学生	初稿素材	调整后素材
小雯	胡克发明了显微镜	别样的同学聚会
晓雪	坚强的小草	宿舍三友：老黄牛、小绵羊、多情种
小淼	汶川地震母爱的故事	爷爷奶奶参加社区歌唱比赛
小哲	秋菊傲霜	叛逆的姐姐
小杰	考试失利后老师的鼓励	初到上海的别样感受
小亚	考场里的人生感悟	校园，那一架紫藤萝

由此看来，基于任务分析的写作教学策略在于寻求起点能力基础上实施差异教学，这样可以避免学生学习不完全，在学习的时候感到无聊、迷惑，而使学生学有所得，并有可持续发展的作文学习能力。

二、学案导学的写作教学策略

目前写作教学指导仍然偏重于“教”，缺少学情的预测、学习内容的选择、学习方式的设计、学习过程的指导、学习结果的整体性评价。许多教师写作教学的精力主要放在对作文的批改上，不少学校教学管理评价的焦点也仍然集中于教师批改的精细程度。以“作文本”为中心的教学存在这样一些弊端：一是忽视了作文的过程指导，作文本仅仅呈现了终端成果——习作文本，师生关注的是结果，即作文的等第和评语；二是写作前学习准备的缺失，大部分情况下学生在上课前对本课的学习内容是“不知情”的，教师对学生已有的写作基础以及教学难点的确定，只不过是基于个人的经验判断，有的教师甚至是在对学情不明状况的状态下进行所谓的指导；三是教学沟通的方式单一，大都是教师独白传授写作技法，或者是范文套路的揣摩，缺少教师、学生、文本、生活世界的多向对话。这些都影响了写作教学的有效性。

写作教学中，作文学案取代传统的作文本，在于学案导学的一些有利因素：一是具有针对性，便于教师进行学情预测，并在此基础上设计写作教学方案；二是具有指导性，学案不仅渗透陈述性知识，更侧重过程性知识、策略性知识，便于教师在教学过程中进行学习方法的指导；三是具有交互性，利用学案这个交互式平台，提供了师生之间、师生与文本之间对话的多个通道；四是具有系统性，涵盖了写作前预练、写作中指导、写作后评价的整个流程，构建了每次写作教学的单元系统。下面以笔者的一些案例，就作文学案导学的写作教学的策略做一些探讨。

（一）全程学习：关注写作过程的指导，增强自主性

传统的写作教学仅仅关注作文课堂教学这个环节，对作文“前学习”及作文“后学习”等环节缺少有效的指导。学案的设计编制拓展了写作教学的流程，学习环节向前和向后延伸，增加了预习准备环节和课后评价交流环节。学案包括“导学案”（用于写作前预习和课堂交流）和“反馈案”（用于文稿书写及作文评价交流）两部分，通过学案结构的变化谋求教学功能的增值。

导学案一般包括学习目标、学习内容、学习重点、预习作业、学习过程指导等环节。下面以一则案例作说明。

学习目标：运用联想丰富写作内容，提炼深刻的主题。

学习内容：将题目“校园，有棵_____”补充完整，写一篇托物言志的文章。

学习重点：如何运用联想揭示独到、深刻的主题。

预习作业：1. 研读作文导语，明确写作要求；2. 仔细观察校园的植物，选择你最喜欢的植物做观察记录（记录对象的特点及联想到的品质、精神等）。

学习过程：1. 小组交流预习作业，推选代表发言；2. 全班展示交流，围绕训练重点进行针对性指导；3. 阅读例文《朴树·朴树》，借鉴写作手法；4. 个人修改完善写作提纲，小组评价交流；5. 独立写作文稿。

导学案编制的重点在于预习作业和学习过程的设计。预习作业根据训练内容的特点及训练的重点确定作业的形式，如列提纲、填图表、观察记录、访问记录、材料菜单等。

专题写作过程的指导可以更加具体，例如，围绕“纪念汶川地震一周年媒体特刊”为主题的应用文写作过程的指导包括以下一些环节：

看图拟题：给《华商晨报》“5·12”特刊头版拟一个标题。

品味标题：说说《南方都市报》等媒体特刊标题的妙处。

策划栏目：围绕主标题设置相关栏目，说明栏目名称及主要内容。

写作按语：围绕你选择的主题，写一则编者按语。

现代教学设计认为，“在实施教学之前，依据学习论和教学论原理，用系统论观点和方法对教学的各个环节统筹规划和安排，为学生学习创设最优环境的准备过程”[①]。

首先，基于学案的写作教学便于教师预测学生作文学习的起点状态。教师通过浏览预习作业，可以全面了解学生的优点和存在的问题，这样可以根据学生的难点、疑点调整教学策略。这样课堂上的教学指导能够照顾到全体学生的学习，力求符合每一位学生的需要，适合每一位学生学习的特点，让写作有优势的学生得到充分展示的机会，使写作有困难的学生得到及时有针对性的指导。

其次，基于学案的写作教学切实提供了学生自主学习的机会。预习环节让学生自己独立思考准备素材，或进行综合实践积累素材，在此基础上形成的文字材料已初步渗透了学生的经验思考；课堂学习环节，以小组合作交流展示、自我反思、教师适时适度点拨为主；课后学习环节，安排了学生自改、互改、小结反思等学习任务。整个过程体现了学生自主、合作探究的学习方式，激发了学生参与作文学习的积极性，同时，也促进作文生态环境的优化，提高了写作教学的效率。

（二）全体参与：构建作文学习共同体，注重有机性

学生课堂上进行的写作练习不同于作家的私人写作，要充分发挥教师的指导作用及学生之间的互相学习功能，将个体学习与群体学习结合进行，相互学习，相互提高，充分体现生态的“群聚效应”，达到共赢互利的目的。作文学习共同体的建立，可以改变教师、学生各自学习的单边教学状态，使师生充满激情、和谐相处，共同参与到作文学习的整个流程中去。

作文学习共同体的合作学习包括写作前准备的合作、作文过程中的合作与写作后评价交流的合作三个阶段。下面以“反馈案”为例就写作后合作学习做说明。反馈案包括作文纸稿及写作后修改评价相关栏目，一般安排以下学习任务：

①同学总评：围绕训练目标撰写评语，评价作文总体得失。

②同学旁批：修改病句、错别字，在旁批处写下自己的点评或修改建议。

③教师寄语：对学生习作及同学评价做点评。

---

①皮连生，刘杰：《现代教学设计》，首都师范大学出版社2010年版，第5页。

④自我反评：学生对同学及老师的评价做反思评价。

⑤评讲记录：课堂讲评作文时记录要点。

⑥片段复作：根据讲评及训练重点进行矫正性练习。

⑦习作感悟：对本次作文及学习过程做小结反思。

作文学习共同体的建立给予师生共同发展的机会。如在上述反馈环节，教师不再是作文指导过程中的权威，而是训练过程中的教练；不再担任判官的角色，而是与学生平等的对话者和反思者。作文学习共同体给学生充分的权力，可以评价同学习作的得失，也参与自己习作的修改；针对同学、教师的评价，可以主动接受意见，也可以自我申辩或做学习反思。作文学习共同体关注生态的复杂性，教师在作文指导过程中扮演不同的生态角色，在多元的文本与动态的主体整合过程中选择灵活的方法。“在这种生态关系中，不仅有各种知识之间的对话和交融，还有构成自我的各种要素——感觉、意象、观念（意识和无意识）、感情、生活态度、信仰、知识之间的对话和交融。”[①]这种意义的作文学习与生活已融为一体，即语文学习的外延等于生活的外延，这也是生态写作教学追求的本义。

（三）全息交流：营造开放式立体对话空间，凸显网络性

事实上，不少作文指导课与作文讲评课仍然处于单向的对话状态：教师负责指点方法、批改、讲评等工作；学生负责写作，然后等待分数或等第。这种封闭的写作教学语境，决定了信息的单向传递，这导致信息传递不畅，信息量单薄，也缺少信息的交互、刷新及增容。教学过程中对话环节的稀缺及读者意识的淡化，影响了学生主体作用的发挥，更谈不上写作之于生命意义的关联。

生态文化是有机的、系统的网络性文化。基于学案的生态写作教学，环境是开放的，写作空间得到了拓展，增加了立体对话的生态语境，信息交流更加顺畅，信息量不断扩充，由线性的信息传播转变为交织的网络传播。

首先，作文学习的空间的拓展。作文课不仅关注课堂，也关注课前课后。重视作文指导课与作文讲评课之间的衔接，在“预习—课堂习作—互改评价—讲评—反思小结”这一系列环节中，学生写作主体意识得到唤醒，学生既是作

①滕守尧：《文化的边缘》，南京出版社2006年版，第181页。

者，也是读者；既是文本的生产者，也是文本的评价者。

其次，信息的交流方式趋于多元。生态写作教学倡导教师、学生、文本、生活之间的系统对话，基于学案的写作教学从两个维度进行多向性对话：

一是从教师这个维度来看，不仅有师生之间的对话，更有教师与多性质文本之间的对话，如教师与学案（前文本）、教师与学生作文（生成文本）、教师与学生评语（文本后缀）的对话。

二是从学生这个维度来看，不仅有同学之间、师生之间的对话，也有学生与学案，学生与自己文本、他人文本，学生与教师评语、同学评语之间的对话。

写作教学的过程，既是对话的过程，也是倾听的过程。实践对话的同时，也是师生双方欣赏美、创造美的过程，其间的愉悦感往往会出现难以预料的精彩，例如，笔者在引导学生进行小组互评习作时曾出现过这样的情况：

“写好了吗？我写得一定最差。”A同学挡着自己的作品说。“没事儿，别谦虚了，让我们欣赏欣赏！”B同学说着。于是，小组内大家传看A的“作品”。“不错嘛，语言简洁，通俗易懂。”C同学赞扬道，又顿了顿：“只是不太生动。”“嗯，我觉得加上一些细节描写，更加精彩。”我接着C的话说。A原本有些害羞的脸又恢复了往日的自信。（摘自学生随笔）

又如一位学生在作文讲评以后的小结反思中写道：

说实话，我当初并不知学校这里还有这么一棵朴树，只是经老师介绍才去看的，值得庆幸的是，多亏老师如此留心大自然，时常教我们用笔记录自己的发现。

看到朴树，不得不联想到歌手朴树，之所以喜欢朴树，是因为朴树不会像其他的娱乐圈艺人自大而奢侈，他的音乐底蕴就是朴素，彻头彻尾的朴素，就像穿梭不息的鱼群中的泡泡一样透明，而这种品质正如我眼中的朴树，没有紫藤萝的婀娜娇艳，没有银杏的贵重价值，只有一颗纯净的心灵，这也是我所求的！（该学生作文题为《朴树·朴树》，后来文章发表于《作文》杂志）

“如果教师们能够在自己、学科和学生之间编织起一个复杂的连接的网络，学生们便能学会为他们自己编织一个世界。”[①]基于学案的生态写作教学，在写作

①阿伦·C. 奥恩斯坦等著：《当代课程问题》，浙江教育出版社2004年版，第99页。

教学资源的开发、写作教学内容的选择、写作教学设计的方向、作文课堂结构的变化等方面是相互协调的，倡导自我建构、共享互赢的教学策略，着眼于学生写作素养不断提升的同时，教师的写作教学智慧也会更加丰富。

三、简约中见丰富：兼析写作教学指导过程中教师的“过度作为”

审视当下的写作教学指导过程中教师的行为状态，大概有这样两种状态值得关注：一种是“不作为”状态，出示作文题目和概述作文要求后即让学生动笔，教师作壁上观，清闲自在；另一种是“过度作为”状态，教学环节烦琐，教学内容复杂，要么传授大量的写作知识信息，要么钟情于应试作文独门秘籍的演练，教师滔滔不绝地讲述，学生全盘记录所谓的要领，但实效性不大。如何把握作文指导过程中教师行为的“度”？我们不妨剖析一下教师作文指导过程中的“过度作为”现象，进而寻求解决的对策。

（一）现象透视：写作教学指导过程中教师“过度作为”的几种现象

1．重静态的写作知识传授，挤兑了学生的写作时间与空间。

不少教师以为，作文指导只要把写作的知识点罗列给学生就可以了。有的教师照搬教科书的写作知识短文，有的教师则借助媒体搜集相关的写作知识，在课堂上将知识传授后，运用的任务则交给学生自己解决。例如，在一节题为“细节描写凸现人物个性”的作文指导课上，教师采用下列环节：

①齐读训练目标，了解训练重点为细节描写；②阅读两篇短文，讨论细节描写的重要性；③讨论细节描写的概念，为其下定义；④结合学过的课文，研讨细节描写的内容和作用；⑤归纳细节描写的方法（细化动作、运用修辞、情景交融等）；⑥实践演练，进行细节描写的片段训练。

一堂课多半的时间用于教师讲授细节描写的概念、作用及方式上，而学生真正进行写作的时间几乎没有。学生真正需要指导的是细节描写的方式和注意的问题。要达成这样的目标，须在学生写作实践中寻求相关的案例，有针对性地研讨探究。上述案例中精心传授所谓的知识，显然无助于学生写作能力的提升。

2．重动态的情感活动演练，忽视了过程中的写作能力训练。

作文课容易沉闷，导致一些教师在活跃课堂气氛上动脑筋，如一节“感悟亲情”的话题作文指导课上，教师开展下列活动：

①感悟亲情：讲述故事，并播放韩红歌曲《天亮了》；

②赏析亲情：朗诵相关诗歌《父爱如山》，讨论品味；

③体验亲情：播放视频《妈妈再爱我一次》（电影片段）；

④歌唱亲情：齐唱歌曲《烛光里的妈妈》。

课堂上学生情绪激动，气氛活跃，但最后学生动笔写作时大都一片茫然。有了写作素材，选择怎样的切入角度、什么表达方式，如何安排文章结构，如此实际的方法指导却很少涉及，这样的指导课已异化为班会课、综合实践课。新课程理念注重写作过程中的情感体验和生活积累，有的教材将“写作”与“口语交际”“综合性学习”融合在一起编排，但“写作”不同于“综合性学习”，作文指导的着力点仍然应该在具体的写作能力训练上。

3．重机械的模式化技法学习，束缚了学生写作个性的张扬。

为了提高作文训练的“实效”，不少教师热心于写作技法的研究学习：有的教师归纳考场“满分作文”的诀窍，有的教师探究“创新作文”的亮点，有的教师梳理“情感美文”“文化散文”的招数……然后对学生悉心传授，强化训练。如某位名师在指导学生写好生活美文时，要求学生“亮出你的感悟”，通过练习在四篇短文结尾处加上“道理”，以此证明“感悟”对于作文档次的提升作用；最后建议学生多观察生活现象，多积累富有哲理的语言，并指导学生叙述一个简短而又生动的故事，突显一个道理；而且还提出语言要求：一是要有一点理性色彩，二是要有一点情感抒发，三是要有一点语言特色。教师如此指导只会束缚住学生的手脚，邯郸学步，无法率性为文。

4．重单篇的综合写作技能训练，弱化了单项的写作技能提升。

有些教师认为作文指导应着力于学生综合写作能力的提升，每次训练贪多求全，期望每作一篇文章，学生应该在选材、立意、表达等方面皆有所得。例如，在“怎样凸现作文的闪光点”一课的指导过程中，教师围绕文题讨论“你的作文用什么打动读者的心”。通过师生讨论，归纳出通过“情感”“文采”“构思”“思想”等方面来打动读者的心。接着让学生从上述不同角度展开讨论，学生只能泛泛而谈，不得要领。这种面面俱到的训练，只能是蜻蜓点水。学生懂得一些名词术语，但可操作的技能却没有习得。写作技能具有整体性特点，一方面依靠感悟揣摩练习，另一方面也可以通过有序的单项写作技能的练习得以提升。教师每次指导要选准要点，定点训练，形成系列，自然会收到实效。

（二）应对策略：走简约化道路，提高作文指导的实效

应对写作教学指导过程中教师的“过度作为”，需要教师走简约化路线，精选教学内容，精炼教学环节，精致教学过程。同时，在指导环节中倡导对话与发现，注重体验与感悟，开展思维体操与语言训练，不断积累写作教学的智慧。

1．简约：做一点减法，删繁就简，别有洞天。

“多则惑，少则明”，写作教学的高效不在于环节的多重复杂，而在于如何去芜存菁，在“简笔”处重笔细描，呈现精彩。例如，一位教师在进行“细致地描摹人物动作”这一专题训练时(《动作描写——让人物“活”起来》)，没有在动作描写的概念、作用、方式上下多少功夫，而是采取了现场写作实践的方式，将口语表达与书面表达结合起来训练。在口语表达时，采取了以下几个教学步骤：

①放一段罗纳尔多精彩进球的视频，教师对进球过程做简略解说；

②学生点评教师解说的优劣并阐述理由；

③再指名两个学生尝试解说，但解说效果仍不佳；

④再次播放视频，提醒学生仔细观察罗纳尔多的动作，讨论罗纳尔多进球的动作过程；

⑤第三次播放视频，学生各自随着视频同步解说；

⑥推选二三名学生随视频同步解说，其中一位学生作精彩解说，赢得师生高度评价。

教师在课堂上没有纠缠于写作知识的悉心传授，而是留有足够的时间和空间让学生观察、思考、讨论、交流。视频材料播放三次。第一次播放后，教师呈现错误案例让学生评价领悟方法；第二次播放后，让学生尝试解说抓住过程；第三次播放后让学生自主合作解说。三次播放，三次操练，三次评价，三次合作，这样循序渐进，螺旋式上升，既符合学生的认知规律，也切合写作训练的科学程序，并取得了明显成效。事实上，只要教师学会取舍，抓住学生写作中的一些关键环节进行训练，就一定可以取得写作教学的实效。

2．丰富：做一点加法，关注生成，渐入佳境。

“简约而不简单”，写作指导课需要课前的精心设计，明确目标，突出重点，合理过程，但也应关注学情，对课堂上生成的一些意外“情节”，需要教师“做一些加法”。教师只有处理好这些细节，课堂教学才能获得预期的效果。例如：

在四川汶川大地震后，笔者出了这样一道作文题：“2008年5月12日下午2时28分，四川汶川发生8级大地震，这场地震让数万人失去了生命，昔日的绿水青山变得满目疮痍，安定温馨的家园化为废墟，灾后的许多故事感人肺腑，催人泪下，其间饱含浓浓的真情，引发我们许多思考，请以‘汶川地震，我明白了________的含义’为题作文。”

由于汶川地震一直是学生当时关注的重大时事，文题一下拨动了学生的心弦，他们从“生命、幸福、色彩、草根、承诺、珍重、相思、勇者、存在、携手、天使……”等角度将标题补充完整，接着，笔者将训练重点放在“运用发散思维安排文章结构”上，让学生列出一个简要提纲。学生经过思考，围绕所填的关键词，列出的提纲如下：

“永别”的含义：永别是一种残缺；永别是一种异样的美；永别是重振的力量。

“生命”的含义：生命之素；生命之华；生命之韧。

“天使”的含义：白色天使，生之幸福；红色天使，生之奉献；绿色天使，生之伟力。

“草根”的含义：用草根的力量搭建起生命的桥梁；用亿万草根的力量编织起全人类的团结；用草根的力量编织起爱国的心。

学生编写的提纲显示了思想的深度和结构的严谨性，于是笔者让学生动笔写作。但是，笔者在巡视时发现不少学生虽然拟好了提纲，但不知如何进行表达。于是，笔者决定先进行一个片段练习，让学生运用描写的手法，可穿插抒情、议论的表达方式，写成一个段落。经过一刻钟的练习，学生交流片段习作，然后集体讨论“运用了哪些描写方式刻画场面或者人物”“如何运用抒情、议论的语言突出主题”等话题。这种点（片段练习）面（结构安排）结合式的综合训练，实效更加显著。如一位学生在《汶川地震，我明白了生命的含义》第二个片段“生命之华”的描写：

生命是一场华丽的舞蹈。在废墟上，在烟尘中，我看见那些穿梭的人影，他们舞得那样美，那样华丽。难忘那飞机上满载的伞兵，他们微笑着露出军人特有的洁白的牙齿，眼中却泛着泪光，他们要空降到与外界失去联系的震中汶川。这曾经巍峨雄伟的崇山峻岭，此刻却如同恶魔，令人恐惧。这纵身一跃，生死便都掌握在飘忽不定的风的手中。那个孩子模样的战士噙着泪笑着，告诉父母放心，那一刻，我潸然泪下，这淡淡的话语却有一股力量，激荡着我的心灵。舱门打开，风声呼啸，这是壮士出征的鼓声，是生命的绝响。那毫不犹豫地纵身一跃，成就一批英雄——我们的中国伞兵。我从不知道，生命可以如此壮烈，如此可歌可泣。我不知道他们是否对死亡有过恐惧，但我知道他们就是英雄。当跳伞打开的那一刹那，我看见他们在空中飘飞，他们用责任与勇气舞出了生命的壮烈，舞出了生命的华丽，舞出了生命的绝美。

3．适度：有所为有所不为，积累写作教学的智慧。

“取舍之间，彰显智慧”，写作教学指导过程中教师“何为”“何不为”是一个智慧含量极高的话题。下面结合一位教师调整前后的课例加以思考。

【调整前】

（一）展示数幅2008年奥运图片，导入文题“2008奥运，一道亮丽的风景”。

（二）明确选材的要求，结合投影讲解：

1．得分点概述。

2．得分点策略。

3．失分会诊。（一是司空见惯的“大路货”；二是毫无新意的“陈旧货”；三是简单模仿的“舶来货”）

4．提升要诀。

5．选材的三条标准（小且要典型；真且有意义；新而合情理）。

（三）学生动笔作文。

【调整后】

（一）谈话导入，揭示文题。

（二）指导选择材料。

1．明确选材要求（小且要典型；真且有意义；新而合情理）。

2．结合2008年奥运会，讨论选择一件典型小事，并借这件小事传达某种意义。你选择的视角有何新意？

3．结合两幅图片训练：给两幅图分别拟一个标题；发挥想象，描述画面，抒发情感。

伊拉克运动员的旧跑鞋

刘翔退赛的背影

（三）学生动笔作文。

比较前后两个课例，不难发现，这位教师做了很大的取舍与调整。删去的主要是选材得分点、失分会诊、提升要诀的讲解，增加了如何根据选材要求结合本次作文采取的应对方案；十多幅奥运图片不再是作为引子导入使用，而是精选两幅作为指导“用件”，简明实用。指导第二个环节，同样的时间，调整前教者独霸讲台，学生被动接受；调整后采用对话教学，引导学生围绕训练重点进行选材探究，接着通过片段写作训练习得的写作方法，具体可行，易于操作，成效明显。

四、微型写作课：透视一则美国中学教材写作教学案例

写作教学的可操作性一直是母语教学的难点和焦点，21世纪的写作教学应是植根于现实土壤的、不断更新生成的高效教学，呈现适合个性的、多样化的样式，写作教学的过程也应是自由的、愉悦的、系统的，写作教学的能力训练应是着眼于学生的可持续发展能力的提升，而并非短视的、功利的应试作文技巧的学习。研读《美国语文——美国著名中学课文精选》[①]时，被其中第二部分《国家的诞生》第四课《穷理查德的年鉴》中的微型写作课吸引，书中的这节写作课写作样式多样，指导具体，特别关注信息时代的网络写作，指导学生制作格言网

①张健鹏，胡足青主编：《美国语文》（12~18岁），中国妇女出版社2008年版，第197~203页。

页，重点突出，步骤清晰，细细揣摩，饶有兴味。下面以此为例，笔者进行具体阐述。

（一）网络写作：步入传媒时代写作教学的崭新选择

随着广播、电视、电影以及网络等电子媒介的发展，非线性信息处理方式逐渐替代线性文本阅读，这一切宣告了传媒时代的来临。《美国语文》这本书中对语言运用能力提出了一个新目标，就是媒体能力。如阿肯色州的媒体素养有三条具体标准：一是利用媒体获取信息增进理解；二是将媒体作为个人回应和表现的方式；三是利用媒体做评判性分析和评价。如书中写作课着力于媒体表现方式素养的训练，指导学生制作网页，对象是青少年，内容有两点：

（1）为《穷理查德的年鉴》中的格言写一篇吸引人的介绍；

（2）制作2~3个链接，例如“穷理查德谈友谊”，以便你的用户可以点击这个链接，浏览相关的格言。

《美国语文》指导学生制作网页，将写作练习与阅读理解、媒体能力训练紧密结合在一起，任务具有一定的挑战性，有利于激发学生的创新活力。自然，如何在语文教学中发展学生的媒体能力是我们面临的新问题，针对网络特点，不可一味放任学生沉溺于网络游戏、QQ聊天，应积极引导学生利用网络，同时引导学生注意媒体素养，在张扬个性的同时也应体现健康的人格和高尚的志趣。

（二）组合套餐：活色生香而又营养全面的多种文体写作练习

《美国语文》一书中的微型写作课之前的一个环节为“点子库”，同属于“作品累积”栏目板块。“点子库”包括两个栏目：一是“写作”，二是“项目”。写作任务栏内容如下：

1. 个人叙述。叙述你生活中和富兰克林的某一条格言有关系的一个片段或场景，总结你从这次经历中所学到的经验教训。

2. 杂志文章。写一篇帮助人们获得成功的友谊的文章，包括怎样保持好朋友的建议。使用至少四条富兰克林的格言来支持你的观点。

3. 民间故事。写出一个原创的民间故事或语言，作为支持《穷理查德的年鉴》中的一条格言的例证。

三个任务紧紧围绕富兰克林格言展开，或叙述场景，或引用论证，或着眼原创，涵盖了三种文体："个人叙述"（记叙文），"杂志文章"（议论文），"民间故事"（原创文学）。其中最耐人寻味的是"民间故事"的写作，强调"原创"，区别于一般习作，更致力于文学创作的特殊性和创造性。显然，这样围绕同一个主题进行的组合式训练，有利于学生写作素养的综合提升。

（三）简洁菜单：新颖别致而又步骤清晰的写作过程指导

我们先关注一下《美国语文》这本书中关于这课的写作指导过程。首先关注写作技巧重点，即适合媒体的风格，然后进行具体解说："为了达到为因特网写作的目的，你要考虑到人们怎样从不同的媒体中获得信息，然后为这种媒体选择一种适合的风格。媒体向其听众或观众发布新闻或任何信息的方式决定了它的风格。"接着通过比较广播、电视 、新闻杂志三种媒体的风格，介绍制作网页应该采取的媒体风格："在你制作网页时，记住即将从中获取信息的人们和他们如何获取信息这两方面决定了你的风格。"

接着用简洁的菜单式语言介绍网页制作的具体流程：

构思 根据你对你的观众的了解来决定怎样最好地表现富兰克林的格言。总览全部的格言，确定要包含的链接并为它们命名，然后选择要列入各个链接的格言。

写稿 考虑人们是怎样使用因特网的：他们通过快速的浏览来决定一个网页是否能引起他们的兴趣。制作一个使人感兴趣又包含大量信息的网页。

修改 确保你写作风格的每一个方面都能适应因特网的快速步伐的需要。如果你看到这个网页的话，会有兴趣点击链接吗？对你发现的弱项进行返工。

三个步骤均强调写作要有读者意识："构思"要针对观众的需求选择材料，写稿要考虑人们使用因特网的方式，"修改"则着眼于激发读者的阅读兴趣。这种对于读者意识全流程关注，恰恰是我们的写作教学中的盲点。此课方法指导在关键处，是突出网页特点："构思"环节提醒在总览全书的前提下，为链接材料命名，实际上相当于列提纲；"写稿"时则抓住"网页激发读者兴趣及大信息量"特点；"修改"环节关注网页写作风格并针对弱项进行返工。这样的写作过程指导精要实惠，颇具可操作性。

（四）读写结合：一个值得关注的提高写作教学效益的传统经验

我们再来观察一下《美国语文》的结构，可以发现它体现了“读写一体化”的编写思路：阅读环节设置了“阅读指导”“背景知识”“文学与生活”“文学聚焦”“问题指南”等栏目，“问题指南”相当于我国教材中的“探究练习”，设计了“文学和生活”“阅读理解”“思考·解释·应用”“文学聚焦”等栏目。在阅读的基础上设置了“作品累积”栏目，分为“点子库”“微型写作课”两项，每个环节均围绕阅读主题，指向于写作练习。饶有兴味的是“点子库”中的“项目”，如：

1. **指导手册** 做一本名叫《穷理查德的生活指南》的手册。参考《穷理查德的年鉴》中全部格言，并按不同标题把相关格言分类，例如：“做生意的指导”和“充分利用每一天”。在标题中总结穷理查德的建议，引出每一章。

2. **纸板游戏** 根据《穷理查德的年鉴》创造一种游戏。设计游戏规则和一块游戏纸板。一种可供选择的方式：做出游戏卡片，上面标明主题，例如：“友谊”和“教育”。

这两个项目很有创意。编写“指导手册”，实际上是让学生体验编辑这一角色的工作流程：阅读（整体把握）—分类（整合信息）—总结（写作引言）。“纸板游戏”寓教于乐：先设计规则，再制作卡片（标明主题），将“游戏”贯穿于阅读、写作过程之中，这样的设计教师易于指导，学生更有兴趣实践。

五、读图作文：透视写作教学高效的可能因素

（一）读图时代：是将幼稚进行到底，还是培养有思想的受众？

这个时代是世界被以图像的方式把握的时代。面对纷杂的信息，我们的目光停留的时间越来越短，视觉符号生动的形象、浅显的表意，要比文字和声音更能在短时间内吸引受众。图形、图像逐渐成为当代青少年课外阅读的主体内容。但是，在很多情况下，“读图”影响了学生的阅读品质，使他们的思想趋于简单、幼稚，逐渐丢失了对生命本身的悟性，也影响了他们的价值判断。

其实，“读图”也能表达深刻思想，也可以成为一种视觉思维的方式；从现在社会发展的状况来看，图像可能成为未来非常重要的开掘人的潜能的方式。有专家指出，“以照片为中心的这些图像不仅仅满足于对语言起到一个补充的作

用，而且试图要替代语言诠释、理解和验证现实的功能”[1]。因此，我们需要的是科学训练学生读图的能力，逐步增强学生读图的深度，培养更多高品位、有思想的受众，而读图作文不失为一条比较好的途径。例如，笔者曾出过这样一道作文题：

走进图画的同时，不仅接触图像世界呈现的一切，也能唤起我们内心的体验。读图，读人，读社会，也读自己的内心。面对《读者》的封面（如下），你会有所思、有所感，请用你的笔记录下来，文题自拟，体裁不限，600字以上。

《读者》这幅封面图画原题即为“思想者”，学生在读图作文的同时，在思与诗之间触及生命存在的本义，同时也丰富了我们对于作文本质的认识，并进而探究作文指导过程中的合理因素。

（二）案例剖析：透视作文指导过程的高效因素

1．系列训练，循序渐进。

“读有‘读’法，写有‘写’法，听说有听说的方法，语文教学绝不是无‘法’可依，无‘章’可循，没有规律可言的。因此，这种训练不能是‘多多益善’的机械重复，也不是缺乏序列的盲目训练，而需要有一套符合学生认识规律和汉语文特点的学习方法作指导。”[2]读图作文是一项极富挑战意义的写作活动，首先在于“读图”的难度已大于“读题（作文题）”，其图像的符号意义多元开放。读图作文要确立一个准确合理的观察视角，在把握图像信息的同时，要运用联想、想象甚至是直觉来丰富自己的内心体验，调动生活积累，从而采用恰当的言说方式，这样才能完成这一创造性写作任务。在上述案例中，笔者设计了下列

①尼尔·波兹曼：《娱乐至死》，广西师范大学出版社2004年版，第98~99页。

②钱理群：《语文教育门外谈》，广西师范大学出版社2003年版，第16页。

步骤：

①读图命题（整体感知画面，初步概括画面主题）；

②描述画面（细读画面信息，练习有序描述画面）；

③读图随想（发散思维训练，练习运用议论发表观点）；

④读图赋诗（追求创意表达，练习写作小诗）；

⑤读图技巧（归纳读图技巧，反思读图经验）；

⑥读图作文（提升读图品质，训练综合写作能力）。

上述设计由观察到思考、写作，由分项训练（拟题、描述、说明、议论、写诗）到综合写作，由易到难，学生在螺旋式训练中逐步提升读图写作能力。

2．“思”的孕育，提升品质。

有专家提出，写作是思想者和学习者双重参与的过程。学生的写作活动是学习过程，但不是简单的模仿，也不是被动的学习，而是思想参与的过程。洪宗礼先生指出：“在大多数情况下，学生的创造性思维、非凡的灵感，往往产生于极其细小的一闪念，极为普通的一瞬间。教师要特别留意这‘一闪念’和‘一瞬间’。”[①]“读图作文”的第一要义便是思维品质的提升。

训练的第一步是“拟题”，即根据图画内容命名，并说明命名的缘由。在上述案例中，学生拟题如下：“当物质包围精神时”“我思故我在”“文明因思考而存在”“脑纳万物有思乃多”“思想的芦苇”“沉思中的纷繁”“心灵的桎梏”“迷失的思想者”“累”“灵感——创造的源泉”……这幅图原题为“思想者”，显然学生的标题是富有创意的，展示了思维的广度与深度。

其次，不仅要在写作过程中关注思维训练，还要在写作结束时引导学生反思，进行自我审视，这样不仅可以总结写作技法，更能加深学生的思想认识。如两位学生完成习作后的反思感言：

不同的人看相同的图，会有迥然不同的感受，相同的人看相同的图，也是一样。因为人既有情感泛滥的，也有冰冷坚硬的。欣赏一幅图，我注意的是质感和创意，这幅画没有水墨画的粗犷与简约，也没有油画的细致入微，有的只是思想，这便已经够了。思想是烛照人的火把，思想也是一幅图的最终价值。（刘

①丁帆：《著名特级教师思想录》（中学语文卷），江苏教育出版社2012年版，第28页。

建宇）

读图就是在读文章，就是在读人的灵魂。读文章需要抓住中心句思考文章主题，读图也是如此。但图片的主题更芜杂，更深刻。有时，一幅有内涵的图片，反映的就是人的内心世界。带着思考去细细品味，图片便成了一面能照射到人的灵魂的镜子。（王栗宜）

诚如钱理群先生所言："人正是通过说与写，将自己朦胧、模糊的思想明晰化，对零星、残缺的思想片段进行修正、补充、发展，使其相对完整化与逻辑化，并将纷乱、无序的思想系统化、有序化，总之是将原初的、处于相对粗糙形态的思想外化为精美的语言与结构，呈现为一种'文化'。"①

3．多样表达，"诗"意无限。

如果说"看图"仅仅意味着主体对于图画的静态观照；而"读图"则是主体与图画之间的相互对话。读者"读图"的同时，图画也在审视读图者。"视觉的这种交互性质比口头对话的更为根本。而对话，常常是一种以言语呈现此一交互关系的尝试：试图解释——无论以隐喻还是直白的方式——'你如何看事物的'，并试图发现'他如何看事物的'。"②"言之无文，行之不远。"美丽独特的思想，必须借助丰富的表达方式，才能使文章骨骼匀称，血肉丰满。因此，针对初中学生的写作能力现状，先进行表达方式的单项训练：描述画面（说明、描写）；读图随想（议论）。下面两位学生的随想立意深刻，表述生动精辟：

思想者的困惑更是这一时代的困惑。当我们一味地追求物质丰富的同时，却忽视了思想精神的存在。于是精神财富便被弃于心房的一隅，落满尘土，暗淡无光。面对堆积如山的物质财富，我们会发现人生愈发的空虚……（夏礼炜）

看完了这幅图，感受只有一个"乱"字。各种时代感的物体充满了整个版面，这些东西，带给我们除了物质生活的优越，还有什么？缺了和谐的因素，时代踏上了快速前进的轨道，几乎失去了前进的方向。没有了自然的时代，没有了丰富精神世界的时代，一切都好似违背了生活的规则，人们向着"更高、更快"的目标而努力，何时能够停下前行的脚步？只有那时，思想者才会放下托着腮帮

①钱理群：《语文教育门外谈》，广西师范大学出版社2003年版，第13页。

②约翰·伯格：《观看之道》，广西师范大学出版社2005年版，第2页。

的手，开心地微笑……（袁潇）

为了让学生进行个性化的表达，笔者又尝试让他们围绕图画写小诗，笔者引用了几米绘本中的图画与诗歌《疲惫人生》作为示范，然后让学生创作：

晨曦里，疯狂的大脑在飞转 / 月光下，静默的心灵被囚禁 / 何时，不再…… / 一不小心，卷入思想的大潮中，也落入了深渊 / 等待，那时…… / 当思想在幽深的暗蓝中融化 / 心灵便能挣脱桎梏 / 在月光下歌唱。（夏芸《心灵的桎梏》）

环绕的手臂 / 余温依旧 / 烦琐的思维 / 物欲横流 / 记忆的画面 / 欲说还休 / 梦幻的底色 / 涌动着物质的洪流 / 擎起时代的花蕾 / 沉默地思索 / 意念在伸手……（梁尚文《欲说还休》）

（三）追求高效：探究写作教学指导策略的优化

1．渐悟：写作教学指导高效的基点。

罗兰·巴尔特说："写作本身乃是一种悟，悟是一种强烈的地震，使知识或主体产生摇摆：它创造出一种无言之境。" 言语素养的综合性特点，决定了教师导悟下的学生自悟，是一种"渐悟"，而不是"速悟"。写作教学的高效不在于教师的"金手指"一点即通，而在于学生在写作过程中主体意识的唤醒，写作经验的积极投入。因此，在上述案例中，笔者将课内限时写作与课外自由作文相结合，课内进行单项训练2课时（读图拟题、描述说明、发表议论、创作小诗），课外综合写作，第2周交流评讲，时间为两周。课内习作有利于学生之间交流借鉴，课外写作空间开放，有利于学生展示自我才情。时间的间隔有利于思维的条理化、清晰化和深刻化。

2．精要：写作教学指导高效的关键。

写作是一种最具有个人化特征的精神生产活动，与教学的集体性、规范性和规格性的培养模式相抵触。写作能力须在实践中领悟。写作教学设计不在于过度指导，而在于精要适用。

如在上述案例中，笔者的教学流程大致如下："明确写作目标→分点写作训练→随机交流指导→课后综合写作→批阅交流反思。"无论是课内还是课外，教师都应留有充裕的时间让学生进行充分思考和写作。上述案例整个训练的流程，要点清晰，步骤合理，重点在写作过程中的学生、习作文本、教师之间的多重对话交流，在写中悟，在写中交流，在写中反思。因为写作（尤其是文学写作）是一种直觉的过程，可以促进和刺激而“不能真正教给”。

3. 反思：写作教学指导高效的生长点。

写作的提高须靠“自悟其理法”“自求得之”，不是靠知识的“授受”。因此强调写作实践反思的重要性，可以从学生与教师两个维度去思考：

学生： 读图反思——分点写作——交流评议——课外自主写作——交流评价——作后反思

教师： 作前反思——设计写作教学方案——课堂实施指导——批阅评价习作——教后反思

学生从读图反思（与图画对话、与自我对话）开始，通过历时两周的写作实践，在自己书写的同时，阅读同学的作品，参照读图、写图的体验，然后进行反思。这样的反思，学生收获的不仅仅是写作的技巧，更有许多超出写作之外的感悟；这样的反思往往接近写作的本质，触及生命的内核。

教师的反思基于写作前学情的把握及训练目标的调控，通过课程实施的具体操作，以及学生写作过程及习作文本透露的信息。对于整个流程的系统反思，不仅会刷新教师教学设计前的认识图景，也会生发写作教学机智的火花。这些火花稍纵即逝，只有通过书写记录反思，才能提升语文教师写作教学的智慧，这一点尤为重要，却往往被许多教师忽视。

六、网络写作：面对精彩的世界

随着信息技术的高速发展，自由开放的网络空间文化已向我们走来。《时代周刊》曾引用金黑奇的话说：“电脑网络空间是知识的领地，而且还是心灵和意识的空间。”在这个虚拟的“社会”里，人人都有发言权，这为个性的发展提供了广阔的空间，也为学生提供了自主学习、主动发展的写作教学环境。在网络环境中，取之不竭的写作素材，手段多样的电子写作，修改自如的电子文稿，畅通便捷的发表途径，自主创新的虚拟空间，无疑会激发学生的写作热情，提高学生的写作才能。

（一）全新窗口：拓展学生的生活空间

现代中学生可以“读万卷书”，但不可能“行万里路”。但当他们走进网络世界时，狭窄的生活空间就会变得宽广开阔，单纯的生活阅历就会变得丰富多彩。比尔·盖茨在《未来之路》中指出，计算机提供的信息，可以激发学生的求知欲和想象力，可以让学习变得充满乐趣，让教育环境更富于人性。因此，教师应做有心人，为学生建立写作素材库，如剪辑自然风光、人物素描、异域风情、环球动态等图片或视频信息；也可利用电视资源，储备动态资料，如央视的《东方时空》《动物世界》《文化视点》等栏目，以及许多如电视散文之类的文艺节目。这些都为设计多媒体课件提供了资源。

借助多媒体，我们还可以将各种发生过的或正在发生的生活场景及时展现在学生面前，这样将“生活原生态”直接呈现，有助于培养学生观察事物的能力，也有助于激发学生的想象力和创造力。

（二）超级链接：架设阅读写作一体化的便捷桥梁

读写结合训练一直是提高写作教学的有效途径，但不少教师由于资料限制，很难及时选择相关主题的优秀范文。通过网络就便捷多了，只要到相关网址输入关键词搜索查询，就可以找到一连串的优秀作品，供学生进行选择性阅读，借鉴写作方法。如一位教师以“2008——北京奥运”为话题进行作文训练，在网络“链接”了这样一组文章：《遐想在无眠之夜》（赵丽宏）、《奥林匹克的人文价值》（胡小明）、《感受奥运》（李炳银）、《北京申奥陈述发言三篇》（李岚清、何振梁、杨澜）、《奥林匹克风》。学生分组进行，有选择性地阅读，从中领悟写作方法，并应用到写作中去。

（三）新型编程：创建超文本的立体构思方法

超文本打破了传统文本A-B-C-D的直线式、顺序式的叙述结构，以非线性结构方式使作者可以从一个事物的叙述过程无限地与其他事物相“链接”，形成灵活多变的网络式超文本结构。因此，网络写作的构思，不仅要构思“写什么”，还要考虑怎样运用超链接的方式来组织所要表达的信息。例如，以“瞧，我们这个班”为题作文，传统作文训练只能列出段落的标题，而在计算机的协助下，我们可以把每个句子和段落作为一个独立的语言单位，并使它们相互之间建立起多种联系通道，以不同的顺序提供给读者。如以“老师眼中的我们”“个人风采”“活动剪影”等专题，从不同角度反映班级的立体形象，再通过链接的形式展示出来。

（四）万能编辑：体验多媒体写作的无限乐趣

在网络写作中，文字、图像、声音以及三维动画的出现，无疑会激发起学生的好奇心和创作热情。例如，教师要求学生运用网络介绍“美丽的校园”，学生可以通过抒情性文字展现校园的美丽景色，可以从电子相册中选取适合的校园风光图片做插图，也可以以导游的身份设计一幅校园平面介绍图，还可以下载网上歌曲作为背景音乐。学生写作的过程变成了“导演”的过程，优美的画面、精彩的文字、美妙的音乐，使学生充分领略多媒体与写作结合的魅力。

网络写作还可以使所有学生的文面变得美观整洁，每一个学生可以选择自己喜欢的字体设计版面，配上合适的剪贴画，使作品的内容与形式相得益彰。这种图、文、声、像并茂的多媒体表达形式，使写作成了一项极富趣味性、挑战性、创造性的活动，也使学生的思维处于一种超时空、跨媒体的自由境地。

（五）自由剪切：发挥师生互改文章的能动性

传统作文教学中，批改作文形成的“教师高投入，学生低收效 ”的现状一直难以扭转，如果我们把网络技术引入作文评改之中，师生互评便会十分便捷。例如，通过多媒体技术，评讲优秀习作，将范文显示在屏幕上，教师和学生可以一起修改，既可以对文章的具体词句进行点评，也可以对整篇文章进行综合评价。这样的评讲方式，学生的参与面广，师生互动方式灵活，也能充分调动学生写作的积极性，从而提高写作教学质量。

（六）佳作在线：体味“分享奶酪”的喜悦之情

网络发表的自由性，可以使每一个学生感受到作文被分享的喜悦。文章写完，无须教师推荐，即可与同学“奇文共欣赏”，可通过电子邮件传送给亲朋好友，让他们先睹为快；也可通过微博、朋友圈发表，收获更多读者。

有条件的学校可以建立校园网，以班级为单位，创办WPS小报或编辑作文集。让学生为报刊命名，写序言，编插图，设计封面。还可以组织全校学生上网浏览作文，开展班级竞赛，评选校园网络文学作家。这样就为所有的学生开辟了广阔的文学芳草地，使他们在写作的世界里自由翱翔。

（七）拒绝复制：点燃学生创新思维的火花

“计算机及其网络都只是冰冷的工具，但在这工具之中，除了公式化的程序之外，还可以有丰富的语言、变幻的图像以及隐藏在语言、图像之后的深层的精神。”只有用精神来感召，网络教育才能培养“情感、个性”的完满学生。在网络写作教学中，教师要善于设置情境，引导辨异，启发思考，重视培养学生的发散思维、求异思维、辐合思维等，学生的创新能力就会得到充分挖掘，文章自然会百花齐放、佳作迭出。如围绕清华大学刘海洋同学“伤熊”事件，引导学生通过网络查找新闻报道、背景材料以及图片资料等，然后经过阅读分析，从不同角度确立文章的主题，并写出了多篇体裁多样、文质兼美的好文章，如以下几组：

“高分低德”比“高分低能”更可怕——《“伤熊”事件之我见》（随笔）

动物是我们的朋友——《与熊共舞》（童话）

青少年法制教育刻不容缓——《“法”进校园》（记叙文）

家庭教育应重视学生的全人格发展——《给刘海洋母亲的一封信》（书信）

心理健康教育不容忽视——《老师，请走进学生的心灵》（散文）

让我们记住英特尔总裁克瑞克·贝瑞克博士在《英特尔未来教育》中说的一句话：“计算机并不是什么神奇的魔法，而教师才是真正的魔术师。”让我们成为一名真正的魔术师，引导学生走进网络世界，一次次的亲密接触，定能使学生的写作个性飞扬！

七、说写共进策略

听、说、读、写是语文学习的基本能力，日常教学及研究关注读写结合较多，而说写结合的实践及研究较为薄弱。一方面不少教师以为说写活动是语文教学的常规活动，没有什么研究的价值；另一方面，说写结合的教学成效并不显著，说写没有达成共进的目标，反而“两败俱伤”。因此，探究说写结合训练存在的问题，寻求说写共进的途径以及实施的策略，显得尤为重要。语文教师也只有深入反思，勇于实践，才能提升说写结合教学的品质。

（一）说写结合：一个并不轻松的话题

1．重说轻写：众声聒噪后的集体失语。

许多阅读课上，除了读书声，更多的是教师或者学生的说话声，我们很难看到学生有时间在阅读的间隙进行写的活动，偶尔临近结束有时会仓促写上几句，但只言片语，乏善可陈。而在一些作文课上（主要是观摩课），教师一方面讲解写作知识，一方面围绕话题安排学生交流写作内容，学生写作的时间大大缩水，两节作文课学生连草稿都无法完成。如此训练，既无助于学生口语素养的形成，也对学生的写作素养提升帮助不大。

2．说写分离：忽视语文能力之间的有机联系。

听说读写活动是一个整体，善于倾听才能提升对话的质量，精于阅读方能领悟写作之道；听、读的质量高，才能保证说、写的水平高。在写作文前，师生围绕学习目标及话题展开对话，有利于激发学生的写作兴趣，打开学生的写作思路，丰富学生的写作素材，激活学生的创造性思维。

3．目标模糊：说写结合活动的指向不明。

许多教师以为，“说”的目标就是口头表达能力强，能够滔滔不绝地讲；“写”的目标就是作文能够得高分。这样的片面认识，导致平时说写活动的异化：在阅读课上，脱离文本，自编自唱，诗朗诵、相声、歌曲、小品等纷纷登台；在作文课上，对照满分作文及评分标准，条分缕析，进行格式化的写作训练。“说”与“写”不仅关乎知识与能力，也涉及过程与方法，更关注学生的情感世界、学习态度及价值观。

（二）立足教材：基于教学品质提升的说写共进教学途径

开展说写活动，必须依托教材这个载体，构建说写结合训练的立体空间，这样才能使学习活动目标明确、内容具体、计划合理、评价有据。根据不同的语文学习内容，说写结合训练活动的目标各有侧重。

1．基于阅读教学的说写活动。结合文本开展说写活动，可以增加对文本理解的深度，丰富文本欣赏的厚度，链接生活拓展文本的广度。例如，澳大利亚作家泰格特的小说《窗》的结尾戛然而止，教师可利用结尾指导学生写课堂练笔，要求学生抓住人物的动作、神态、语言、心理活动等展开想象，描写这位病人的状况，切合小说的中心意思。学生练笔结束再安排口头交流。这样“说”“写”与“读”有机结合，书面语素养的提高促进了口语素养的提高，阅读、写作素养同时得到发展。

2. 基于写作教学的说写活动。写作教学的“说”是为了“写”，应着眼于学生习作技能的可持续发展，研究学生（写作主体）、教师、文本、生活世界等元素构成的作文生态系统及其相应效应，让作文展示学生的生命活动，从而提升写作教学的品质。如一节“让心灵走进自然”的作文课，教师设计了系列活动：

一是说：介绍秋游结识的自然之友，交流走进自然的感受；

二是读：阅读罗曼·罗兰《约翰·克利斯朵夫》景物描写片段，领悟写法；

三是听：欣赏音乐《安妮的仙境》，提炼主题；

四是写：课堂练笔，描绘你“心中的美景”。

活动中应充分发挥学生的主体性，营造和谐的对话氛围，让学生说生活、说体验、说思路、说发现，学生群体之间的交流对话，可以拓展写作空间，弥补个体差异，激发创造热情。

3. 基于口语交际教学的说写活动。口语素养的核心是口语语感，口语交际活动中的“写”是为了“说”。口语交际的基本元素包括聆听、表述、复述、应对。通过“写”，不仅可以说得条理清楚、内容具体，也可以丰富“说”的情感，形成“说”的思想，培养良好的表达态度。有专家将口语交际教学的语体分为三种：独白体（讲故事、报告、演说等）、对白体（访谈、谈判、面试等）、辩白体（论文答辩、专题辩论等）。在口语练习中，可以引导学生针对不同语体特点预先写好书面稿件或者拟好发言提纲，这样可以进一步明晰表达思路，增加语言表达的逻辑性、准确性和生动性。

4. 基于综合性学习的说写活动。综合性学习具有跨领域、超时空、多维度的特点，有利于学生语文素养的综合形成。综合性学习中的“说”不仅仅局限于课堂上的发言，还有访问、辩论、报告、咨询等多种方式。“写”的方式也更多，不仅有纸质文本写作，还有网络写作（包括短信、微博、QQ 等）；“写”的文体也多样化，除了日常习作文体外，还有调查报告、采访通讯、广告语写作、小论文等多种文体。例如，围绕“狼”专题开展的综合性学习，教师设计了以下五个栏目：

①王者的魅力：收集狼的图片及生活习性的相关资料；

②历史的背影：介绍狼的历史发展；

③远方的哭泣：有关狼的生态保护以及措施交流；

④野性的呼唤：有关狼的书籍推荐、读后交流；

⑤“我”看狼：畅所欲言，谈谈自己对狼的看法。

这样的设计将课内学习与课外学习连接，将听说读写训练与培养现代媒体素养相结合。

（三）巧妙实施：基于教学品质提升的说写共进教学策略

1. 精心设计——制订说写结合训练的最佳方案。

在语文教学中，如何根据不同教学内容设计科学的说写活动，关键在于针对学情，寻找切入点，整合课程资源，设计合理有序的教学方案。

（1）设置语境，在情境中开展说写活动。

语境是言语活动赖以发生和进行的前提条件，语境为学生提供了说写活动的话题。设置一个语境即提供了一次完整的言语活动，这样就可以实现言语的多种功能。在阅读教学中，学生可以领悟语言在特定语境中具体运用的方式，品味语言运用的精妙所在，同时也有助于深化理解文本的内容、思想和情感。

例如，在学习当代作家沈从文的《端午日》（苏教版七年级上册“民俗风情”单元）时，当完成文本阅读和赏析精彩的场面描写后，学生初步了解了端午节的民俗风情，为了进一步领悟课文的文化内涵，增加言语实践的机会，笔者灵机一动：“同学们，端午节即将到来，我们怎样向远方的亲人传递亲情？”笔者让学生们出出主意，有的说打电话，有的说写封信，于是笔者因势利导：“怎样用最快捷的方式写信呢？”学生齐说：“发短信——” “下面开始编写短信大赛，获特等奖者奖手机——”笔者故意停顿，“用！”学生们哄堂大笑。

在情境中开展说写活动，教师的任务重点不在于教学生说什么、写什么，而在于教学生如何说、怎样写，这样才能实现说写共进的目标。

（2）关注过程，用过程性知识引领说写活动。

说写活动都是在一定的时间链条上展开的，先说后写，或者先写后说，乃至反复交替进行，都应该有一个合理有序的过程。在教学中用程序性知识导引说写活动，可以提高教学的有效性；相反，如果仅仅注重陈述性知识的传授，则收效甚微。例如，《端午日》教学片段：

“下面跟大家交流一下我的朋友发给我的几则短信”，我进一步引导他们把握短信的特点，“请大家想想写短信要注意些什么”。于是我朗读了这样几则短信：“粽子香，香厨房；艾叶香，香满堂；桃枝插在大门上，出门一望麦儿黄；这儿端阳，那儿端阳，处处都端阳……”

顿时各个小组热烈地讨论起来，有的小组边发言边记录，有的小组讨论得热火朝天，有的小组不时传来一阵阵笑声，下面是同学们的讨论记录：

镜头一：“不对！”老师刚一提出问题，同学们立即争论起来。“短信息应该幽默风趣！”我一马当先。“也有例外！”金鑫和耿蕾很不服气，两人几乎同时说出口。“短小精悍是写短信息的关键。”马菲菲胸有成竹，可谓旁观者清。

镜头二：看着别的小组谈得头头是道，可我们四人却说不出一句话来，我脑子一转说道：“短信……写短信……首先要……短”，虽说得不是很完整，却也有几分道理，接下来大家畅所欲言，我和袁非还在一旁用笔记录，以便发言时派上用场，果然我们组效率最高，是我领导有方吧！

镜头三：“我认为有五点：短小，精悍，生动，有趣，传情。”王韦琳的妙语激起快乐池中的涟漪。“我认为王韦琳只说出了三点，我想再加上一点……”另一位同学开了腔。“你快说，你快说！”我们急不可待地催促着，“个性！”她自豪地说着。“好！”我们个个拍手称赞。

在对话的同时，提醒学生记录关键词；让学生自己整理记录信息，再进行小组交流。这样学生的说写活动就会有序、有法、有理。

（3）学会合作，在交际活动中提升说写能力。

人类是社会性动物，人与人之间需要交流和沟通，言语功能只有在交际中才能实现。在小组合作活动中，每一位学生都有参与的机会。积极交流，乐于分享，这些品质可以实现说写共进的目的。例如，《端午日》教学小组活动镜头记录：

镜头一：老师刚布置完任务，大家埋头苦思冥想，“唰唰唰”几笔就写好了。“张媛媛先读！”我们齐声说。她便展开纸不好意思地读起来，我们安静地倾听着她饱含感情的声音：“……缥缈着的梦。”王婧拍着手说：“太美了，像诗一样！”“很有诗意，就是……最后一句得改一改。”张媛媛歪着脑袋沉思着，“那，怎么改呢？”大家不说话了，这时，我提议道：“不如改成‘氤氲’吧，给人一种朦胧感。”“嗯，对！就这样改！”张媛媛兴奋地说。

镜头二：听了老师所朗读的两则短信，充满了诗情画意，给人以美的享受。接下来，我们亲自动手创作了，看着窗外高大葱郁的朴树，灵感油然而生：“坐在树下，我想为你送去葱绿；立在风中，我想为你送去清凉；沉浸在端午的喜悦里，我想为你送去艾叶包起的希望……”最后小组评出最优秀的作品，竟然是我的作品，我自信地站起来……

日本学者佐藤学说：“‘学习’，只能浸润于‘差异’之中才能成立。在‘差异’之中重新编织营生的意义与关系，才是‘学习’的本质所在。”合作学习为学生，特别是学习困难的学生或性格内向、害羞的学生提供了尝试学习和体验成功的机会。通过这样的说写活动，学生在理解信息、解释信息、筛选信息的同时，获得了审美价值及精神意蕴。

（4）加强综合，多能力、多维度进行组合训练。

说写活动离不开听与读。听与读主要是对外在的信息、知识、文化等的吸收，是学生的思维品质和精神生活不断丰厚升华的过程；说与写是表达的过程，也是学生与他者、社会、自我对话的过程。

例如，《端午日》一课结束时的场景：

“接下来我们回到主题，请大家围绕端午节写一条短信，各小组讨论评出一、二、三等奖，好吗？”笔者的话音刚落，同学们便动起笔来，设计自己的短信。

“好，下面请各小组汇报评议结果。”有些诗人气质的尹鸣磊吟诵道：“一片艾叶从我指间滑落，远在他乡的你，请不要忧伤，也无须惆怅，送你一包粽子，那里面有故乡泥土的芳香……”李丛杉妙语连珠，“生日时，我希望你快快乐乐；中秋时，我希望你阖家团圆；端午节——”他故意顿了一下，“我希望你——给我留个粽子！”“啊？哈哈……”全班笑成一锅粥。

笔者顿有所悟，“短信”不就是师生之间的信息交流，心灵的相互呼唤，思想的相互碰撞吗？不就是感情的相互传递，愿望的相互表达，心声的相互吐露吗？

听说读写是一个整体，有机组合，科学规划，才能有助于学生语文素养的提升。同时通过分析、质疑、交流和自我表达等技能的培养来提升学生的语文素养。

2．有机渗透——实施说写结合训练的关键策略。

教师在实施教学时要重点思考：“如何既让学生把握文本内容、感悟文本主旨、体会表达情感，又要关注领悟文本在表达方式上的特点、作用和效果，然后有机渗透说写活动？”如一位教师的《第一次真好》的教学中的教学策略：

认真读一读：作者写了哪些“第一次”？分别“好”在哪里？感知第一次“真好”。

仔细想一想：联系生活实际及个人经历，探究“第一次真好”。

细致品一品：体会课文形象化的语言，品味“第一次真好”。

放胆说一说：体验“第一次真好”。

互相写一写：珍藏自己的“第一次”。

在指导学生进行说写结合训练时，教师采用多媒体教学投影文字：“第一次的经验不一定愉快，但新鲜而刺激，使人回味无穷。生命中的第一次愈多，生命也就愈多姿多彩。愿你珍重第一次。”然后通过音乐和图像唤起学生的生活体验，同时启发学生像书上一样说得有哲理、有韵味。由于教师引导得法，结合得当，学生的生活经历得以用有意味的语言表达出来，课堂自然精彩。

在阅读过程中结合文本进行的说写活动，既能促进学生对文本内容的理解和感悟，又能提高学生的说写能力。例如，学习《从百草园到三味书屋》，学生可以从中领悟到许多表达方法，如从整体到局部的写景方法，使用一系列的动词准确描述活动过程，“不必说……也不必说……单是……”强调句式的运用。文本的表达特点不同，说写结合点自然有别。如《花儿为什么这样红》以说明性的语言文字为主，可以学习生动说明与平实说明的表达方式。《春》是一篇写景的散文，可以学习调动多种感官、运用多种修辞手法写景等方法。

说写结合训练一定要根据不同的教学目标选择适宜的教学内容。在阅读教学中，不可偏离文本，忽视文本的核心价值，或漫无边际，或把文本当成引子，无限拓展说写活动。只有紧扣文本开展说写活动，才能实现听说读写共同发展的目标。如在教学《斜塔上的实验》时，在细读重点片段时，从三个视角走进文本进行对话：一是读者成为文本的在场人物，“我”与同时代人物的对话；二是作为伽利略的父亲，体会文本中人物前后态度的变化；三是让亚里士多德跨越时空，进行古今人物的对话。通过多向度对话，使学生走进伽利略灵魂的深处。

3．聚焦思维——提升说写结合训练的教学品质。

说写结合训练的核心是思维训练。学生通过说与写，将朦胧、模糊的思想明晰，对零星、残缺的思想片段进行修正、补充、发展，将纷乱、无序的思想有序化、系统化。所以钱理群先生说：“人是通过听说读写，脱离原始状态，成为一个有文化、有教养的人的。”说写活动思维水平不高，说的话自然是废话，写的文字也不足观。因此，在说写活动中，培养学生的发散思维、逆向思维、批判性思维、条理性思维等能力，就显得尤其重要。在教学《闻王昌龄左迁龙标遥有此寄》时，为了让学生充分领略诗歌的意境，除了结合注释，整体感知诗意外，笔者还进行了一个创意设计：“如果将此诗拍成MTV，你来做导演，将选择哪些景物，设计怎样的场景表现此诗的意境。”学生写作后，再小组相互交流并推选代表发言，这样不仅训练了学生的形象思维，也显示了学生个体思想的深度。

洪宗礼先生以为：“在语文教学中，学生的听说读写能力的发展，无不有赖于想。想，还涉及人们的立场、观点和方法。总之，想是总枢纽。”在说写结合训练中还可以采用“思维风暴”（“头脑风暴”）的训练方式。如某写作单元设计以下系列训练：一是词语素描簿，用词语在小纸簿上记下自己的观点、梦想、希望和畏惧等；二是从“头脑风暴”到最后完成；三是精制草稿；四是写出思想，如寻访父辈及祖辈的童年生活，写出自己对那个时代的认识、思考和感受。这样的训练，使个体思维与集体思维相碰撞，可以激活学生的创造性思维，使学生成为说写活动的主体，让他们的心灵和情感得到倾诉和释放。

第三节 生态写作

一、基于生态学视域的写作教学理念的辩证思考

生态学以生物的生存条件以及生物与其生存环境之间的相互关系为研究对象，探求有机体与其环境之间相互作用的形势与规律。生态写作教学参照生态学思想及方法论，通过研究学生、教师、写作教学目标、教学内容、教学方法、教学评价和教学环境等构成的教学系统，建构整体、多样、和谐的写作教学范式，促进自主、互动、开放、和谐的可持续发展的写作教学理念的形成，从而培养学生的作文素养，催生教师的写作教学机智，提升写作教学的效益与师生生命的质量。借鉴生态学的联系观，试从辩证的角度对生态写作教学理念做综合阐述。

（一）生态写作教学基点：尊重生命个性，生态系统调节——基于生态系统构建的生命化作文

生态写作教学具有自然生态与文化生态的双重属性。“生态”的基本内涵为“生命”和“关联”，当这种“生命”和“关联”体现在写作教学这个特定的时空，我们可以从下面的两个维度进行考察。

生命的基本特征是多样性的，每一个生命个体都是唯一的，写作教学应尊重每一个个体生命的价值观，尊重个体的愿望与需求，要营造开放民主的写作教学情境，为学生架起一座沟通生活与世界的桥梁，直面生活，感知世界，思考人生，让学生从“失语”状态走出来，以“我手写我心”。

生态的基本特征是关联性的，写作教学中的一切“生态因子”环环相扣、相互联系和互相制约。任何一个要素的改变或缺失，都会影响写作教学的效果，甚至会对学生作文素养的提升与教师写作教学水平的发展起决定作用。

因此，生态写作教学以尊重生命价值为前提，调节学生、教师、文本、生活等构成的作文生态系统，以自然、和谐、效率、互动、民主的教学环境为平台，以师生富有个性、自主、创新、协调、发展为方向，用生态学的整体观、联系

观、生命观来指导写作教学，追求写作教学质量与生命质量的整体提升。

（二）生态写作教学目标：关注当下教学质量，培植未来写作素养——促进师生可持续发展

生态写作教学坚持以人为本，追求生命共生、多样化，通过优化写作教学生态系统，实现写作教学良性动态的平衡发展。写作教学过程也是生命发展的过程，必须处理好“当下目标”与“未来目标”的关系。

目前课堂上的写作教学目标大都指向眼前的短期效应，将作文目标窄化为考卷上作文分数的获得，走入“以考试分数为目标”的作文教学的怪圈。这种以“满分作文”、作文考试评分标准等组织实施、指导评价的写作教学，导致许多学生丧失了写作的兴趣与信心。但如果一味地倡导所谓“原生态作文”，教师完全撒手不管，学生缺乏有效的、必要的指导，不仅当下的作文分数得不到提升，将来也很难对写作产生兴趣，挫败感及失落感会影响到生命的长期发展。

生态写作教学目标既指向于当下教学质量的提升，也关注学生未来写作素养的培植。通过有效的作文教学，在提高学生作文分数的同时，关注写作过程与方法的指导和习得写作的策略性知识，重视写作兴趣的培养、写作态度的指导，引导学生逐步领略写作之于生命的意义——“我写故我在”。“生命在场”的写作，就是“生活本身”，就是生命的言说，既“立言”又“立人”。

生态写作教学在强调学生作文素养可持续发展的同时，也关注教师写作教学能力的提升。“生命系统的基本特点之一便是相互作用。在生命系统中，各组成部分不是以相互孤立而是以相互联系及与系统整体的关系的角度来界定。这是生物学独有的特性之一。”[①]生态系统的整体观提醒我们，任何一个“生态因子”的缺失乃至改变都会对整个系统产生影响。长期以来，写作教学的评价目光总是集中在学生身上，很少将目光折射到教师自身。教师写作教学理念陈旧，缺少新的信息刷新其“内存”，教师要么不作为，要么随意作为，更缺少对写作教学自觉的反思意识。

---

①小威廉姆·E. 多尔：《后现代课程观》，王红宇译，教育科学出版社2000年版，第88页。

（三）生态写作教学内容：挖掘教材资源，开发课外资源——写作教学资源的整合

审视当前写作教学的内容，一是教学内容存在随意性，大部分教师抛开教材中的写作教学内容，根据作文考试趋向，各行其是，随心所欲；二是虽依据教材组织写作教学，教学内容封闭单调，脱离学生生活实际，缺少教学资源的整合。“只有当教学内容可以系统地加以授受时，学生才能根据目标有效地展开学习，获得严整的知识。同时才能开始严密地发展理论思维与明智行为的能力。”①

新课程理念下的写作教学的基本规范即教学沟通，写作教学的过程即学生（写作主体）、教师、文本（已有参照文本、习作生成文本）、生活世界等元素相互沟通、相互对话的过程。

（四）生态写作教学过程：结构与过程互补，整体相关与动态平衡——追求写作教学的高效

目前的写作教学过程普遍存在着教师、学生、文本与生活四者之间相互隔膜乃至脱节、离席缺位的现象，具体体现在：一是教师缺席，教师教学过程中变相“离岗”，无所作为，即使有一些指导也收效甚微；二是学生缺位，学生的主体性没有确认，学生之间的对话甚少，需要针对写作教学的社会性、交互性特点给学生赋权与增能；三是文本脱节，课内文本阅读与作文写作指导相分离，对读写结合的训练很少，指导过程中典范文本与习作文本的互文借鉴功能发挥不够；四是脱离生活，写作教学内容集中于静态的写作知识的传授和写作技法的模仿，既脱离丰富多彩的现实生活世界，也很少关注学生充满青春朝气的精神生活。

生态写作教学强调“生态因子”的整体关联性，在动态平衡中追求写作教学的高效。生态学整体论以为：“部分的性质由整体的动力学性质所确定……结构不再被看成是基本的东西，而是基本过程的表现形式，而且结构与过程最终也是互补关系。”②下面试从写作教学过程中的结构形态中寻求平衡的策略。

①佐藤正夫：《教学原理》，钟启泉译，教育科学出版社2001年版，第212页。
②雷毅：《生态文化的深层建构》，《深圳大学学报》，2007年5月第3期。

1．结构内部平衡策略。

（1）教师：有所作为与有所不为。

写作教学指导过程中教师的行为状态，大概也有“不作为”和“过度作为”两种状态。应对写作教学指导过程中教师的“过度作为”，要求教师能合理安排写作教学的序列，明确每次写作教学的训练重点；在教学设计时，要关注写作前学情的预估，在课堂指导过程中要着力于学生的疑难处、困惑处，在作文评讲过程中应具有针对性；同时还应关注学生的主体意识，只有充分调动学生的参与、体验、表达，才能收到实实在在的效果。当然，教师还须“有所不为”，在课堂上要留给学生广阔的写作空间和充裕的写作时间，因为写作是一项私密性较强的思维活动过程，留一段静寂的时光，让学生沉浸在自我表达的空间里，他们往往能够才思泉涌，妙笔生花。

（2）学生：共同进步与个性发展。

在自然界中，生物具有群居现象，群体各成员之间相互作用和影响会产生群体动力的生态现象。在写作教学中，通过建立作文学习共同体，参与作文活动的学习者，围绕共同的主题活动，在和谐的学习环境中，参与会话、反思、协助、解决问题等活动，建构具有独特文化氛围和文脉的作文学习生态圈，这样可以通过合作分享各自的写作经历与经验，拓宽视野，取长补短，促进全班学生作文素养的均衡发展。

（3）文本：套板效应与深度模仿。

写作教学应关注读写结合训练，但如果一味机械地模仿范文，则会落入“套板效应”，学生只会复制粘贴“套作”，失去了个性与灵性，扼杀了创造的活力。温儒敏教授指出：“文体‘套路’的练习容易束缚个性，但模仿式的作文教学对学会一般的文字表达，也不无好处。大量的阅读能启发心智、活跃思维、积累素材、培养对文字的感觉、掌握各种文体与表达方式，自然也提升了写作能力。”①我们强调“深度模仿”，即通过立体的阅读而非平面化的阅读，由关注“写什么”到探究“怎么写”“为什么这样写”，揣摩语言表达的特色，探究作者思路的运行轨迹，了解各种文体的基本特征，培养学生感受语言的敏感度，学习有创意

①温儒敏：《温儒敏论语文教育》，《语文学习》2010年第1期。

的表达方式。这样，“深度的阅读”才能有机地转化为作文时的“深度模仿”。

（4）生活：客观写实与合理虚构。

从写作教学的目标来看，仅仅“写实”是远远不够的，还要关注“虚构”。一是通过记叙和描写人物、景物、事件，客观地展现事实，加强学生叙事散文、观察笔记、新闻报道等记叙性文章的写作训练。二是通过运用合理的想象，用虚构的人物和故事表达对生活的理解与思考，即对学生也应进行童话、科幻故事、小说等训练。国外的创造性写作训练提倡“打破写作规范与格式的约束，选择自己认为合适的形式，记录下自己的灵感、思想，或者有几个单词联想而撰写成一则短小故事，写作短篇小说、编写广播剧，以及面向未来的故事”[①]。显然，“写实”与“虚构”相结合的写作才能抵达生活世界的本义，也能丰富学生言语生命的表现方式。

2．结构之间平衡策略。

（1）发现与理解——开发提升读写的质量。

学生与生活世界及文本世界不能达成沟通时，就不能发现生活的多样与惊奇，也不能充分感受经典文本的魅力与优秀习作的价值。教师不仅要引导学生发现并理解周遭生活世界及自我内心世界的丰富性与深刻性，还要以“生命阅读”的取向去还原参照文本的原型价值，发现文本的深层意蕴与言语方式并能理解运用。

“理解到底是一项线性的、相继的、不断累积和进化的工作，抑或是一件较复杂的、丛式的东西——不时地爆发出启迪之光，但并不是在任何种类的平面上或按任何特定的方向运作。”[②]生态写作教学注重引导用一双慧眼发现自然、发现社会、发现自我，同时渗透理解，在文本世界与生活世界的视野融合中，提炼思想，激活思维，培养语感，不断丰富个性化的表达方式，在富有创造性地写作的同时，开发提升生命的质量。

（2）对话与倾听——师生生命的互动过程。

“中小学写作教育不同于一般的写作活动，它同时是一个教育活动，具有一

①倪文锦，欧阳汝颖：《语文教育展望》，华东师范大学出版社2002年版，第341页。

②大卫·杰弗里·史密斯：《全球化与后现代教育学》，郭洋生译，教育科学出版社2000年版，第120页。

些不可忽视的特点——既是教师指导下的写作，又是学生群体中的写作；因此，必须重视发挥教师的指导作用与学生群体的作用，使写作成为师生互动的生命过程。”[①]写作是由学生与教师、他人、自然、社会对话的过程，也是学生与同伴、自我、习作生成的文本不断对话的过程。因此，作文不仅是对话的过程，也是倾听的过程。那么如何倾听呢？倾听与写作同行，“倾听之我一面倾听自我心声，一面倾听言语的声音，监察双方的共振程度，发现落差，提醒并要求写作之我努力缩短言语形式和表达意向、意图的差距，从而消除落差，融合视域”[②]。

写作倾听的意义首先在于培养学生自改作文的能力，倾听言语心声，诵读品味，反复推敲，力求言辞声音的准确美妙。要关注每次作文后的自我反思与评价交流，引导学生倾听他人见解，将自己的思想、情感、语言、结构等不断修正、补充和发展。在写作教学中，教师也应学会倾听，留一些“空白”，让学生充分表达。

（五）生态写作教学评价：多向性，系统性——凸显整体性评价的发展功能

教育生态系统是由各层次的教育结构单元和各种“生态因子”互相联系、互相作用的一个统一的整体。系统中各组成部分彼此间具有互相调节和制约作用，从而产生整体效应。写作教学突出语文课程评价的整体性和综合性，应从三个维度进行系统性评价，在注重写作知识的学习和写作能力的评价的同时，更要关注写作过程与方法的评价，写作情感态度与价值观的评价。还要合理安排评价的序列，形成评价系统。写作教学评价不是一次性任务，而是在不断获得写作信息的反馈中，改进教师的教与学生的学，提高写作教学的有效性。在作文训练系列中，总目标被合理分解到分目标中，在写作教学评价过程中，师生通过信息反馈，教师检测并调整教学设计，学生在学习进程中不断进行自我修正。

（六）生态写作教学环境：亲和温情，规范秩序——营造和谐共赢的写作教学情境

现代教学论认为，课堂教学应从“人—人教学系统”转型为“人—环境教学

---

①钱理群：《语文教育门外谈》，广西师范大学出版社2003年版，第398页。

②王尚文：《语文教学对话论》，浙江教育出版社2004年版，第266页。

系统”。生态写作教学追求民主融洽、和谐共生的写作教学环境。一方面重视“人本性”，尊重人的差异性、多样性、独特性，重视学生的独特感受、体验以及潜能的开发，满足学生合理的需求，构建充满温馨、乐于分享的教学环境；另一方面，教师要根据理性规范建立有序的课堂生活，“在一味追求温情氛围的班级里，不会有学力的提升与学习目标的实现”[①]。因为过分宽松的情绪性氛围往往会导致学生的随意和散漫。强调“标准”“规范”“理性”是基于学生可持续发展的目标决定的；否则，打着“生态”的旗号一味迁就纵容学生，只能使写作教学无序、低效甚至无效。

二、生态写作教学设计

目前写作教学设计状况不容乐观，主要表现在几个方面：一是设计观念陈旧，缺乏现代学习论基础，将教学设计等同于教案设计，侧重教法安排，忽视学生的学习活动设计。二是随意性大，训练的系统性差，对教学目标、过程、方法、媒体、教学结果测评等缺乏系统考虑。在实际操作中，语文教材中的作文训练内容许多教师弃而不用，随心所欲。三是教学策略设计不当，把陈述性知识作为主要目标，忽视写作过程的指导，作文指导起不到应有的作用。

“教学设计的目的在于帮助个体的学习。”“教学设计应符合每一个学生的需要，适合每一个学生学习的特点。”“系统的教学设计能极大地影响个人的发展。”[②]将生态观念引入现代写作教学设计过程，要研究学生（写作主体）、教师、文本、生活等元素构成的作文生态系统，揭示其生态关系，了解作文系统内部的结构和规律性，以培养初中生习作素养为宗旨，立足于生命发展，通过多视野、多角度、多层面研究，揭示生态写作教学设计特征，探究生态写作教学设计策略，努力构建生态作文设计操作体系，从而提升写作教学的品质，构建“动态平衡”“系统科学”的写作教学设计新思路。

（一）生态写作教学设计的特征

“生态”指生物在一定的自然环境下生存和发展的状态，也指生物的生理特性和生活习性。“生态作文”即指在宽松、开放、和谐的环境下，参照生态“平

①钟启泉：《学科教学论基础》，华东师范大学出版社2001年版，第381页。

②皮连生，刘杰著：《现代教学设计》，首都师范大学出版社2010年版，第6~7页。

衡”“系统”“多样”等特性，探究科学有序的写作教学思路，着眼于学生习作技能的“可持续发展”，让学生自由地、自主地、自发地写，用自己的心灵写，让作文展示他们的生命活动，从而提升他们的作文素养。生态写作教学设计具有如下特征：

1．生命关怀——生态写作教学设计的原点。

加涅认为：“教学设计的基本原因是确保没有一个人是‘教育上的不利者’，并确保所有学生都有最充分地运用自己的潜能的平等机会。”①写作教学是师生互动对话的生命过程，也是学生与学生之间的对话过程，还是学生与文本、自然、社会对话的过程。在生态写作教学设计过程中，注重引导学生发现自然、发现自我、发现社会，让每一位学生爱上作文，唤醒“我写故我在”的生命意识，开发并提升生命的质量。

2．自主学习——生态写作教学设计的支点。

新课程理念下的写作教学以促进学生的主动发展为根本目的，在提高语言文字表达能力的同时，掌握写作的基本方法，关注写作的情感态度的培养与价值观的树立，激活学生的创新才能。现代教学设计的目的在于帮助每位学生有效地学习，生态写作教学设计尊重生命个体的多样性，为学生的学习预先安排必要的条件，促使学习过程有序进行。

3．系统观照——生态写作教学设计的亮点。

教学设计的系统观认为，教学设计包括许多步骤，“始于需要和目的的评价。每一个教学步骤的决定都要以经验依据为证据”②。写作教学生态系统中各组成部分彼此互相调节和制约。生态写作教学设计强调系统性，不仅要关注短期的教学设计的系统性，也要研究长期的教学设计，即一个学期或一个年级段的写作教学设计，后者往往又是一线教师最容易忽视的。

（二）初中生态写作教学设计的策略

1．系统性：以教学目标为导向统筹规划安排教学过程的设计。

系统的教学设计要有短期的和长期的两种教学设计，前者一般指课堂教学设

①加涅等：《教学设计原理》，皮连生等译，华东师范大学出版社1999年版，第5页。

②加涅等：《教学设计原理》，皮连生等译，华东师范大学出版社1999年版，第6页。

计，后者指一个学期或一个学段的教学设计。[1]长期教学设计要将课程标准中的写作目标分解到各个年级、每个学期，短期教学目标则要落实每个课时阶段的教学目标。

（1）短期（课堂）教学设计。

课堂教学设计的主要任务是根据班级学生的特点和教材内容，将课程目标转化为单元或课时目标，并对这种目标加以分析，然后选择或开发适当的教学策略，最后对照目标检测教学效果。下面以笔者的写作教学设计为例进行探讨。

让心灵走进自然——观察和描写景物特点

①创设情境。欣赏郑板桥的小品文《竹》，引入文题。

②分享体验。交流在“用我的眼睛看校园”“我有一个‘朋友’”社会实践活动中拥抱自然的感受。

③领悟写法。评析罗曼·罗兰小说《约翰·克利斯朵夫》中一段描写，讨论后明确写作方法：抓住景物特点，描绘大自然的美景；借景抒情，抒发自己的真挚的情感；运用多种修辞手法，使描写生动具体。

④欣赏音乐（班得瑞轻音乐《安妮的仙境》），描述想象情境；结合社会现实场景，提炼主题。

⑤课堂练笔，评价总结。

以教学目标为导向进行教学设计必须把握以下要点：

第一，确定并阐述目标。良好陈述的目标的标准是：教学目标陈述的是学生的学习结果；应力求明确具体，可以观察和测量；反映学习结果的层次性。课程标准明确提出，写作要感情真挚，力求表达自己对自然、社会、人生的独特感受和真切体验。结合单元教学目标及学生特点，本课教学目标确定为：

①结合语文实践活动，观察大自然，书面与口头结合表达自己的观察所得，文本在600字以上；②捕捉景物的特征并能做具体描写，运用比喻、拟人、排比等多种修辞手法描写景物；③能分析借鉴范文借景抒情的手法，表达内心的真切感受。

第二，分析学习任务。任务分析是进一步揭示终点目标得以实行的先行条

①皮连生，刘杰：《现代教学设计》，首都师范大学出版社2010年版，第7页。

件。例如，笔者的案例选自七年级上册（苏教版）第四单元，学生是在阅读了《春》《济南的冬天》《夏》等一组写景散文后，学习“感受自然”为主题的综合性学习活动，这项活动为学生提供了接近自然、感受自然的机会，给学生创造了观察的机会，丰富了学生的写作素材，增强了学生的情感体验。初中生已经能够在观察事物的基础上，客观描摹现实世界，但如何将自己的情感融入字里行间，对他们来说还有一些难度，特别是描写想象世界中的景物，难度更大。因此写作前笔者采用了两个辅导策略，一是开展活动，储备材料，利用双休日开展两项活动：“用我的眼睛看校园”“我有一个‘朋友’”，访问一两个自然界的朋友，体悟自然，进行心灵的对话；二是写作前指导，通过交流活动体验，体会描写实景的方法，然后欣赏音乐，设置情境，激发想象，描绘虚景；最后结合现实社会，提炼主题。

第三，选择教学步骤、方法、技术。笔者上述案例的教学设计着眼于三维目标的整合，重视听说读写语文能力的内部关系与协调发展，以阅读单元主题为切入点，指导学生感受自然，交流情感体验，放飞想象，联系社会现实，提炼概括主题。教学步骤可概括为：阅读→生活→交流→立意→作文。从教学方法看，阅读与生活重在体验，交流重在口头表述，这样可以相互促进、相互启发，这些都为学生动笔写作进行了很好的铺垫。教师作为引导者、组织者的作用也体现在具体的教学设计中。在技术层面上，发挥多媒体课件功能，投影显示郑板桥的随笔、罗曼·罗兰的描写、写作知识等文本，链接班得瑞的音乐，营造了良好的作文情境，激活了学生的想象力与创造力。

（2）长期（学期）教学设计。

长期教学设计一般指学期（学段）教学设计，即根据教材安排的写作教学专题内容依次进行设计。现在很多学校缺少系统可行的作文长期教学设计，许多教师则是各行其是，随心所欲。“只有当教学内容可以系统地加以授受时，学生才能根据目标有效地展开学习，获得严整的知识。同时才能开始严密地发展理论思维与明智行为的能力。”①生态文化视域下的现代写作教学设计过程，要研究学生（写作主体）、教师、文本（教材）、生活等元素构成的生态系统，需从三个维度

①佐藤正夫：《教学原理》，教育科学出版社2001年版，第212页。

整合设计：一是教材写作专题系列，包括写作专项练习及综合实践活动；二是生活世界系列，以认识自我、走进集体、发现自然、关注社会等为主题，开展调查、访问、演讲、展示、记录等活动，储备写作资源，结合综合实践活动进行设计；三是主体写作素质系列，如七年级重主体写作习惯养成，八年级重主体写作技能发展，九年级重主体创新素质塑造。例如，以苏教版教材（七年级上册）为例（见下表）：

<table>
<tr><td rowspan="2">维度
年级</td><td>教材写作专题</td><td>学生的生活</td><td rowspan="2">主体写作素质</td></tr>
<tr><td colspan="2">语文实践活动</td></tr>
<tr><td rowspan="2">七年级（上）</td><td>1．有感而发
2．说真话，抒真情
3．从生活中找“米”
4．观察和描写景物特点
5．简单地说明小制作
6．修改文章专题训练
7．想象</td><td>1．生活万花筒（世间万象）
2．信息转播站（时事报道）
3．思想火花台（每日演讲）
4．个人记事簿（点滴速写）</td><td rowspan="2">1．阅读习惯（每月读一本名著）
2．练笔习惯（每周写一篇随笔）
3．摘抄习惯（每周摘抄2篇美文）
4．练字习惯（每天用硬笔临帖80字以上）</td></tr>
<tr><td colspan="2">语文实践活动：1．我爱文学　2．走进图书馆
3．模拟科技新闻发布会</td></tr>
</table>

如何整合以上三个维度进行教学设计呢？可将课内作文（教材写作专题）与课外作文（周记、速写等）相结合，将规范作文（实用文为主）与自由作文（随笔、童话、诗歌等文学作品）相结合，文本写作与网络写作（博客、BBS论坛、QQ空间等）相结合，将作文与语文综合实践相结合（如上表），构建立体的写作网络系统，在螺旋式练习中提高学生写作素养。

2．自主性：以程序性知识为主要目标的教学策略设计。

新课程理念下的写作教学要为学生的自主写作提供有利条件和广阔空间，减少对学生写作的束缚，鼓励他们能够自由表达和有创意的表达。同时强调写作知识的教学要力求精要有用，要抓住取材、构思、起草、加工等环节，让学生在语文实践中学会写作，引导学生在自我修改和相互修改的过程中提高写作能力。

按照学习心理学的观点，陈述性知识学生一般可以自学，而技能性的学习，尤其是智慧技能的学习，则需要教师有目的地安排练习，练习之后还应及时提供反馈与纠正。显然，作文属于智慧技能，写作教学设计应侧重于写作过程中的指导，通过程序性知识的学习获取策略性知识和反省认知知识。在写作教学设计时，为了帮助学生学习程序性知识，我们设计了相应的学案代替了传统的作文稿纸，如下例：

主题作文“四月天，校园那一架紫藤萝”

导语：叙述写作缘由，揭示作文练习目标。

链接阅读：《紫藤萝瀑布》（宗璞）；《幽径悲剧（节选）》（季羡林）。

片段练习：

【紫藤萝档案】——做一回植物学家。

请根据你的仔细观察，用平实说明的方式为紫藤萝写一段说明性文字。（至少运用3种说明方法）

【紫藤萝图画】——做一个美术家。

紫藤萝真的很美，但美在何处呢？借助你的文笔，运用白描的手法描写你的细致的“图画”，按照一定的顺序，注意细节的描摹。

【紫藤萝之歌】——做一个诗人。

立于紫藤萝前，你一定会百感交集，诗兴大发，写一首小诗（歌词、律诗、绝句等），填一阕词，或者写一篇赋，展示你诗人的天赋。

【紫藤萝之思】——做一个哲学家。

一个多星期的观察与写作，我们看紫藤萝，紫藤萝也在看我们，人与花，花与人，息息相通，生命的本质是相似的，这中间引发了你的哪些人生思考？请及时记录。

综合练习：

【紫藤萝作品集】——做一个文学家。

一路风景一路歌，人间四月天，一架紫藤萝，每一个同学都有自己的紫藤萝图景，还有美丽的故事和睿智的思考，请展示你的才华，写一篇文学作品（散文、小说、童话、剧本等）。

学习反思：

【后记】——盘点你的收获。

上面的学案将教学目标加以分析，然后安排适当的步骤、呈现的方法和练习与反馈，学生可以依据学案独立自主地展开学习。作为智慧技能规则的教学策略设计主要依靠变式练习，将陈述性知识转化为程序性知识。心理学研究表明，在多种情境下进行练习，对于学生学会在其他情境应用规则十分重要。结合案例，笔者进行进一步探究：

（1）注意变式练习的相对统一与变化。

教学设计一开始提供的链接阅读材料，展示了两位名家描写紫藤萝的文字，让学生借鉴写作图式获得写作经验，然后通过分散练习四种表达方式："紫藤萝档案"（说明）、"紫藤萝图画"（描写）、"紫藤萝之歌"（抒情）、"紫藤萝之思"（议论），最后进行综合写作训练。在专题写作结束后，让学生以小组为单位，明确分工，发挥自己的特长，编辑文集或小报，给专辑起一个名字，展示所有组员的作品。这样不断变化练习方式，逐步增加难度，学习有效性大大提高。

（2）为学生的练习提供反馈。

教师不仅要为学生设计和呈现变式练习题，还要在学生练习过程中或练习后，对学生的表现进行反馈评价。如在分散进行片段练习后，引导学生互评互改，教师随机批阅后及时讲评，确保学生对反馈的信息进行思考和加工，这样才能为下面的综合写作练习打下基础。在历时半个月的专题作文练习后，通过撰写"后记"的形式，引导学生进行习作反思，交流遇到的困惑和挑战，分享获得的写作经验和技巧，这都有利于学生习得策略性知识。

（3）注意练习的分散与集中。

技能的形成与知识的掌握不一样，知识可以很快习得，但技能的习得需要花很长时间，作文能力属于言语智慧技能，更需要大量的练习时间。如上述主题作文练习，不可能一两节课时就完成，需要分成几个课时进行练习，这样不仅可以减轻练习者的厌倦情绪，而且也能适应初中作文课时的特点。上述案例历时两周，课内4课时，部分练习适当拓展到课外时间，这样将集中练习与分散练习相结合，调控练习节奏，提高练习效率，同时让学生在写作实践过程中获取学习方法，激发审美体验，获得情感熏陶。

3．多样性：以培养思想者和学习者双重身份参与的教学策略和教学评价的设计。

写作活动中，学生通过口头或文字清晰地表达自己的看法。这个过程是学习过程，但不是简单的模仿，也不是被动的学习，而是思想参与的过程。"语文教育应在尊重传统语文教育诗性思维特征的基础上开创理性思维发展的空间和渠道，让学生获得全面的思维训练和心智发展。"[①]生态文化的特征体现为个性化、和谐、开放、共赢和可持续发展，在写作教学设计过程中，注重言语生命潜能的发挥，强调自主、自悟、自觉，尊重生命的多样性、独特性，通过创造性教学活动，关注学习者的个性特征，激活多元思想，为社会培养善于表达、富有思想的现代公民。

关注媒体表情：汶川地震一周年纪念特刊模拟写作练习

拟定标题：给媒体特刊头版一双慧眼；

图文互识：给媒体特刊头版绘一幅蓝图；

策划栏目：给媒体特刊头版勾画肌理；

写作按语：给媒体特刊头版描摹独特的表情。

（1）教学设计关注作文训练方式的多样性。

写作教学训练一般可分为规范性写作训练和创造性写作训练。创造性写作可以采用"头脑风暴"与自由写作等形式训练。规范性写作要想培养"思想者"和"学习者"，同样要设计多样的训练方式。如上述案例在设计时，考虑将具有内隐性特点的策略性知识转换成一套具体可操作的外显的程序，笔者采用三种操作方式，分别如下：

一是示例模仿，如写作按语环节，先出示《问川》（《新京报》编者按），研讨按语的表达特点和写作要求，让学生写作的对象为媒体读者，写作的目的是激发读者的阅读兴趣和帮助读者初步了解特刊内容概要；二是比较辨析，在栏目策划环节，先让学生自主策划栏目，展示交流，再通过赏析《新京报·问川》的栏

①潘庆玉：《语文教育研究的语言哲学路向》，参见《面向多元化的语境：语文教育的反思》，苏州大学出版社2012年版，第4页。

目设置及内容安排，引导学生捕捉事物特征，学会有创意地表达；三是体会迁移，在拟标题这一环节，先让学生欣赏媒体标题的妙处，进而归纳媒体标题的写作要求，然后进行迁移训练，为《华商晨报》头版插图拟题，引导学生多角度地观察生活，思考生活。

（2）教学设计关注写作过程指导模式的多样性。

模式是在一般写作程序基础之上，根据一定的写作理论而形成的稳定而典型的指导写作的途径和方式。目前基本形成共识的指导模式有：观察指导模式（如案例“四月天，校园那一架紫藤萝”）；认知指导模式（如案例“关注媒体表情”）；日常生活指导模式（如案例“让心灵走进自然”）；文学指导模式。由于作文目标、教学内容的不同，针对学生个性设计的教学模式也是多样的，需要教师进行选择并加以设计。

（3）教学设计关注写作教学评价方式的多样性。

在写作教学评价过程中，要充分利用群体效应的积极因素，实施多向性评价。一是指引方法，明确评价标准，引导学生进行自主评价；二是开展同学互评，目标明确，合理分工，有步骤地进行小组合作评价；三是师生互动评价，一起制订评价标准，明确评价内容，以即时性评价为主，相互激励，相互借鉴，取长补短，共享互惠。

三、生态写作教学策略

生态写作教学指在和谐、开放的环境下，参照生态“平衡”“系统”等特性，着眼于学生习作技能的“可持续发展”，研究学生（写作主体）、教师、文本、生活等元素构成的作文生态系统及其相应效应，探究科学有序的写作教学思路，让作文展示学生的生命活动，从而提升写作教学的品质。因此，在生态写作教学中，应充分发挥学生的主体性，营造和谐的对话氛围，学会多向倾听，合作共赢，构建作文学习共同体，促进学生作文素养的全面提高。

（一）利用限制因子定律：激活“微量元素”，培植学生自我话语

有生物学家发现，谷类作物的产量，通常不受它所大量需要的营养元素的限制，反而受那些微量元素的限制，只要稍微加入所缺的微量元素，产量就会明显

提高。在这里，微量元素成了影响作物产量的“限制因子”。[1]在写作教学中，找出“限制因子”，加以改进或消除，显然可以提高教学的有效性。

学生在作文中普遍存在着一种集体有意识的“失语”状态。在阅读学生的习作时，许多教师一面慨叹学生词汇的匮乏、语言的平淡和思想的浅薄，一面又千方百计为“扮靓”学生的习作而巧施“脂粉”，灌输各种写作技巧，堆砌华美辞藻。这种做法只能造成学生“自我话语”的缺失，永远重复“他人话语”。学生的“失语”，不仅是话语权的丧失，更是写作者的主体性的丧失。这就是影响写作教学效益的“限制因子”。激活“微量元素”，培植学生的自我话语的主要途径，便是实践对话，为学生提供锤炼语言、历练思想的机会，这样才能发展学生的“自我话语”。

丰富学生“自我话语”的主要途径，首先要引导学生与自然对话，与社会对话，与自己对话，鼓励学生“以我手写我心”，积淀人生阅历，历练思想情怀。营造真诚、平等、和谐的氛围是激活学生对话的前提。教师幽默风趣的语言、适时适度的赞赏激励、不失时机的点拨引导，都可以催生学生鲜活的语言。

教师还应引导学生练就一双慧眼，关注生活细节，勤于挖掘，学生的作文会变得灵动而多彩，丰富而充盈。有一次开学初，笔者发现教室后的黑板报图案新颖别致，版面匠心独运，选文精练隽永，笔者灵机一动，引导学生围绕黑板报展开讨论，学生们妙语连珠。然后笔者让学生以此为话题进行作文，结果学生佳作迭出。不妨让我们一起回味学生习作中的精彩片段：

一期小小的黑板报，好多同学都发表了观点，同学们思考如此之多，看得如此之细，讲到了考试方法，讲到了生活的道理，真让我们不得不佩服老师的高明！我想，从小事中去发现、挖掘，是我们学习的最大乐趣！

（杨田《处处留心皆学问》）

读完黑板报后，同学们畅所欲言，有的觉得插图配得比较美，有的觉得文章选得很精彩，还有的认为版式设计新颖灵活。总之一个字——美！然而就是这样一个“美”，却常常被我们忽视，常常成为遗憾。一次次的错过，一次次的遗憾，渐渐地认为身边的一切是多么的平淡琐屑，百无聊赖，其实我们“缺少的是

---

①赵龙泉：《教育生态学与语文生态课堂的构建》，《现代语文》2007年第3期。

一双发现美的眼睛"！

（张文静《创造美丽》）

几笔流畅的线条，一幅幅简洁的插图，再加上秀丽的粉笔字，便构成了我们班一道亮丽的风景——黑板报。飞扬的线条，飞扬的汉字，飞扬的花朵，飞扬着一个五彩的青春！

（张莹《一道靓丽的风景》）

（二）促进自我调节功能：学会倾听自我言语心声，引领学生自主作文

"生态系统是一个动态系统，要经历一个从简单到复杂、从不成熟到成熟的发育过程。""生态系统内部具有自我调节能力，其结构越复杂，物种数越多，自我调节能力越强。"[1]由学生（写作主体）、教师、文本、生活等元素构成的作文生态系统，不仅关注系统内部因子的相互对话，更关注写作主体的自主建构，让学生学会多向度倾听，力求自觉、自悟、自己作文。

从写作学来看，作文不仅是对话的过程，同时也在倾听，用耳、用眼、用心去倾听，正如清代张潮所言："春听鸟声，夏听蝉声，秋听虫声，冬听雪声。"在声音中静观自然，俯察宇宙，通晓人情事理，领悟人生真谛。

写作倾听的意义首先在于培养学生的自改作文能力。教师指导学生自改作文，要有层次性。每次练习有每次的目的和要求，确定重点，有的放矢，由易到难，由部分到整体，循序渐进。同时还应注意引导学生倾听言语心声，诵读品味，反复推敲，力求言辞声音的准确美妙。修改不仅是作文的一个阶段，也是人生的一个好习惯，好的习惯自然可以修炼生命品质，提升人生境界。

其次，关注每次作文后的自我反思，引导学生倾听自我心声。例如，笔者要求学生在每篇习作后附上"后记"，一方面可以让学生养成习作完成后的反思习惯，倾听自我心声，明确创作意图，明晰文章思路，总结写作技巧；另一方面，学生在互改作文时，可以借鉴写作方法，批改的针对性更强，同时教师也可以把握学生作文时的心灵轨迹，批语更有指导性。如有一次笔者让学生以窗外的一棵高大葱郁的朴树为话题进行作文，有位学生在"后记"中是这样写的：

我一向不注意观察身边事物，但有一次不经意间从三楼向窗外望去，便发现

①杜亚丽：《关于生态与生态课堂的解读》，《现代教育科学》2009年第1期。

了这一片美丽的风景，朴树、银杏、紫藤萝三者合一，是那样和谐而又美丽，于是把主题确定为“合作才会成功”。写法上我用了三个片段，分别用童话的形式来描述事物，写出了三种植物不同的特点，选用第一人称，使文章更富情感性。我认为文章含蓄为贵，结尾运用抒情，言简意赅。

（张媛《朴树·银杏·紫藤萝》）

（三）关注“群聚效应”：建构作文学习共同体，营造和谐共赢的作文情境

在自然界中，生物具有群居现象，群体各成员之间相互作用和影响会产生群体动力的生态现象。群聚有利于学习，但是，群聚程度太高则会产生社群压力，导致拥挤效应。有生态学家认为，种群的疏密程度随生物的种类和环境条件的变化而变化，存在着群体大小的适度原则。有一份调查表明，影响学生语言发展的第一因素是同学之间的相互影响。生态作文关注群聚效应，根据作文学习内容，学生原有的起点能力，合理分工，充分利用差异教学资源，引领学生通过小组合作、全班交流等方式建立学习共同体，尊重个体的差异性与多样性，促进学生作文水平的均衡发展，培养学生热爱写作的信心。

尽管写作是个人化行为，带有隐秘色彩。但学生写作过程中进行合作交流，显然有助于丰富写作的素材、借鉴结构的技巧、增添思想的深度，也有助于感情的互通、语言的润色以及合作探究的深入化。“写作教学就是通过让学生在语言的运用中其心灵有所成长，其德性不断养成，以语言的手段真诚地与社会交流。”①

（四）警惕“花盆效应”：开放写作生态空间，倡导个性化写作

“花盆效应”又称局部生境效应。花盆作为一个小生境，由于人为地设置出适宜的生存环境。人工控制温度和湿度等主要影响因子，作物在这种环境下生长状态良好；但如果离开这个环境，外界的温度、湿度发生较大变化，作物就会枯萎死亡。在写作教学中，这种“花盆效应”十分明显。在课堂上，学生在教师的指导下，完成的作文往往是有一定质量的；但在课堂外，如果缺少教师的引导，学生进行自由写作的质量就会比较差。即使一些在考试时能够得高分的学生，在

①王尚文：《走进语文教育之门》，上海教育出版社2007年版，第240页。

课外对作文的兴趣也不大浓厚，所以，学生在作文课上仅仅获得了一些“应试作文”的技巧罢了。

写作从来就是为了表达心声，写作从来不局限于课堂，因此为了警惕写作教学中的“花盆效应”，必须把课堂的习作与课后的练笔结合起来，让学生养成写作的习惯——“我写故我在”。课堂上的写作，“习得”必要的写作方法；课堂外的写作，提供了更为广阔的心灵空间，更为从容的思考时间，可以记录心的轨迹、情的脉动。因此，我们与其殚精竭虑批改作文，不如积极引导学生进行课外写作，可以写写日记、书信、演讲稿、随笔等，释放内心情愫，演绎花样年华；也可撰写对联、广告词、座右铭、赠言格言等，在方寸天地锤炼语言，升华内涵……

在学习沈从文的《端午日》后，笔者让学生以“端午”为话题，给远方的亲人朋友发“短信”，学生们才思泉涌：

盛楠：阵阵粽子香，是我送去的串串思念；杯杯雄黄酒，是我递去的深深祝福。

杨华云：夜空中，我为你摘下一颗星星；清风中，我为你留下一丝清凉；蓝天中，我为你采下一片白云……在这粽子飘香的季节，我为你送上一份希望，愿你的人生路永远辉煌。

陈晨：燕尾剪出了翠艾，麦叶托起了粽子。家家户户喜洋洋，老老少少笑满堂。盘子里的粽子，心窝里的祝福，顺着蒲叶尖流淌。端午的喜悦，在水中蒸发，弥漫在金黄的大地上……

课后许多学生围绕此话题写了随笔，体裁多样，构思独特，描写生动，语言清新，时有创新的火花绽放。如以下几组：

合作赢得成功——《我合作・我快乐・我成功》（记叙文）

思念亲人——《又到端午日》（诗歌）

现代化通讯缩短心灵距离——《短信：沟通无极限》（议论文）

民俗文化内涵丰富——《艾叶・粽子・五色丝线》（散文）

在狭窄的校园空间中，学生作文的情感必然是单一的，缺乏生命的灵动和鲜活的色彩。我们必须拓展学生写作空间，丰富他们个性化的体验。学生只有从自己的生活中发出感受，才有可能获取生活中有价值有意义的“碎片”。

四、生态文化视域下的写作教学评价

“生态文化”是生态学与文化学交叉之后形成的新词汇，近年来已成为社会的一个热词。“生态文化学”以“共生并存、自由发展、宽容竞争的多元文化主义为价值标准……将各种文化形态当作互为主体的生存共同体，从而使多元文化得以共存共享、和谐发展”①。新课程理念下教学评价的目的，不仅是考查学生达到学习目标的程度，更是为了检验和改进学生的语文学习和教师的教学，改善课程设计，完善教学过程，从而有效地促进学生的发展。将作文有效教学评价置于生态文化视域，可以帮助我们审视目前写作教学评价的问题，拓展写作教学评价的视野，为作文有效教学评价提供新的路径。

（一）目前写作教学评价存在的误区

1．评价目的功利化——“只为了考试那一篇”。

“学生作文的目的是什么？当然是为了博得考试的高分。”这已成为不少语文教师的共识。平时作文的评价则引入“中考（高考）作文评分标准”，师生对照标准一起评判得失。但这样的评价方式对于学生的作文水平的提升似乎并没有起到作用，学生对于这些条条框框增加的是敬畏感甚至是厌恶感。让学生作文考试得高分的动机并没有错，关键是学生在分数之外还有些什么。学生在获得作文高分的同时，能够真正地热爱写作，把写作当成是生命的存在方式，才是写作教学追求的一种境界。

2．评价主体单向化——“其实你不懂我的心”。

日常写作教学中，评价的主权仍然掌控在教师手中，教师的写作评价一方面表现为对平时习作赋分及写作评语的书面评价，另一方面则是评讲课上教师按照设定的评价标准，作出优劣程度的判定。在整个评价过程中，教师以“判官”的身份成了评价的主体，自订了评价标准，然后操纵了整个过程；习作的主人成了被“审查”的对象，他们最为关心的是教师在等第栏签署的“判决”。很多情况下这样的单向评价挫伤了学生作文的积极性，也很难激发出学生作文的创新活力。

---

①李钧：《生态文化》，《长江师范学院学报》2009年第7期，第1~2页。

3．评价标准一元化——“星星还是那个星星”。

当下写作教学的评价内容仍然聚焦于学生纸质文本的书面评价，无论是教师的书面评语，还是课堂教学中的口头评价，大多围绕“立意”“选材”“表达方式”“语言”等文章学的要素进行评价；很少关注作文的过程与方法以及作文的兴趣、情感、态度等方面的评价。实际上，发挥了三维评价的整体效应，可以让学生养成良好的写作习惯，掌握写作的基本方法，激发写作兴趣，丰富内心体验，提升作文水平。

4．评价方式格式化——“像雾像风又像雨”。

如果我们细心搜集教师关于写作的教学评价用语，会发现有很多的一致性和模糊性。在行文格式上，经常会采用“一分为二”的方式，中间一般用“但是”表示转折点；在评价内容方面，常用短语有“中心突出（混乱）”“选材新颖（陈旧）”“语言生动（枯燥）”“书写认真（马虎）”等；在评价的价值判断方面，关键词为“比较”，例如“中心比较突出”“语言比较生动”“书写比较马虎”等。这种格式化的评价往往发挥不出什么真正的评价功能。

5．评价效应边缘化——“为什么受伤的总是我”。

不少教师在写作教学评价时，往往会落入“套板效应”，作文写得好的总是那么几个学生，写得差的也会集中在几个学生身上，大部分学生写的文章都是中规中矩。这样的作文课上，受表扬的集中于优等生，这些学生喜形于色；等待批判的则是几个后进生，愁云密布；大部分学生则成了“看客”，无喜无忧。这样的写作教学生态，尽管培养了几个作文尖子，但大部分学生的作文水平很难提升，对于一部分写作困难者不仅仅是作文兴趣的丧失，有时是自信心的崩塌。

（二）生态文化视域下的写作教学评价理念

生态文化是以生态价值观为指导的社会意识形态，“以人为本、和谐发展”的生态伦理正成为人们的共识。贾庆林在中国生态文化协会成立大会贺信中说：“生态文化是人与自然和谐相处、协同发展的文化，是伴随着经济社会发展的历史进程形成的新的文化形态。发展生态文化，有利于贯彻落实以人为本、全面协调可持续发展的科学发展观。”[①]《义务教育语文课程标准》（2011年）指出：

①何楷：《中国生态文化协会成立》，《生态文化》2008年4月第5期，第4页。

"在写作教学中，应注重培养观察、思考、表达和创造的能力。"将写作教学评价纳入生态文化语境，可以进一步加深并丰富我们的理念。

1．评价的出发点——为了生命的发展。

日常的写作教学评价通常指向于学生写作的纸质文本的分数（抑或等级）的判定，很少关注文本后面作者的写作动机、状态、情感。其实，学生文本上的鲜红的分数（等第）很多时候是一个可有可无的符号。生态文化观照下的价值观，凸显"人"的价值，关注人与周遭世界的和谐情境，因此，写作教学评价要根据各学段的目标，综合考查学生作文水平的发展状况，应重视对写作的过程与方法、情感与态度的评价，关注写作者的兴趣、良好的习惯和真情实感的表达，倡导有创意的表达，这样学生的个性才能得到张扬，生命才会自然成长。

2．评价的方法观——和谐的整体观。

生态学是研究生物与环境辩证统一关系的科学，也是一种科学的思维方法。生态文化的哲学基础是整体论，重视研究生态内部系统的结构和规律性。写作教学评价的过程也是一个系统的过程，是师生互动对话的生命过程，也是学生之间、学生与文本、学生与自然、学生与社会对话的过程，学生在对话与倾听中发现自然、发现自我、认识社会，开发并提升生命的质量。如果将写作教学评价内容窄化为技巧的习得和谋取分数的工具，只会让学生远离写作的本义，无法享受"我写故我在"的人生理趣。从本质上说，写作关乎人的精神、思维、生存，作文的过程就是自我生命丰富与发展的过程，也是学生身心和谐发展的过程。

3．评价的新维度——自主性、多样性、平衡性。

生态文化的特征体现为个性化、和谐、开放、共赢和可持续发展，从生态视角考察写作教学评价的维度，其立足点是个体生命整体和谐发展基础上的言语生命的成长，在写作教学评价过程中，一方面注重言语生命潜能的发挥，强调自主、自悟、自觉，尊重生命的多样性和独特性；另一方面，还要平衡课堂生态，避免"花盆效应"，关注习作过程中的弱势群体，利用差异的教学资源，适当平衡，合理竞争，合作探究，促进班级全体学生作文水平的提高。

（三）生态文化视域下的作文有效教学评价策略

将生态文化引入写作教学评价过程，要研究学生（写作主体）、教师、文本、生活等元素构成的生态系统，了解生态系统内部的结构和规律性，揭示其生态关系，提高写作教学评价的效益。

1．群体效应：引导立体对话，实施多向性评价。

写作教学评价关注群体效应，一方面可以促进学生群体作文水平的提升；另一方面也可以在评价交流过程中，培养学生的合作、利他、利群、理解、妥协等社会能力，即在作文的同时，也在学习做人。“只有通过学生思考的真实性，才能证实教师思考的真实性”；“真正的思考，即是对现实的思考，不是发生在孤立的象牙塔中，而只能通过交流才能产生”①。

2．整体效应：扩充评价范围，进行整体性评价。

教育生态系统是由各层次的教育结构单元和各种生态因子互相联系、互相作用的一个统一的整体。系统中各组成部分彼此间具有互相调节和制约的作用，从而产生整体效应。②写作教学评价发挥整体效应，首先是评价标准范围的扩充。课程标准指出，要突出语文课程评价的整体性和综合性，要从知识与能力、过程与方法、情感态度与价值观三个维度进行评价，以全面考察学生的语文素养。同样，写作教学评价也应从这三个维度进行评价，在注重写作知识的学习和写作能力的评价的同时，更要关注写作过程与方法的评价、写作情感态度与价值观的评价。

其次是评价材料范围的扩充。根据教育评价的人类学派提出的建议，收集下列三种资料，才能使评价趋于客观化和整体化。

基本资料，有关研究对象的总体及其背景信息；

过程资料，课程实施及其改革中发生的重要信息；

价值信息，评价主体的价值信息。③

由此看来，写作教学评价不仅仅涉及课堂上的作文，也包括学生业余的日记、随笔、阅读笔记、班级日志等，还包括学生利用网络建立的作文空间，如博客、个人主题帖、QQ空间等，将课内习作与课外练笔、指示性写作与自由写作一起纳入评价的范围，这样的评价更具有周密性和整体性，更容易发挥评价

---

①保罗·弗莱雷：《被压迫者教育学》，顾建新等译，华东师范大学出版社2001年版，第28~29页。
②吴鼎福，诸文蔚：《教育生态学》，江苏教育出版社2000年版，第193页。
③倪文锦，欧阳汝颖：《语文教育展望》，华东师范大学出版社2002年版，第356页。

功能。

最后是合理安排评价的序列，形成评价系统。写作教学评价不是一次性任务，而是要在不断获得写作信息的反馈中，改进教师的教与学生的学，提高写作教学的有效性。

3．边缘效应：完善评价功能，进行多元化评价。

有生态学家发现，在两个或多个不同的生物群落的交界处，往往结构复杂，出现不同生物的种类较多，且特别活跃。“边缘效应”体现在生物群落中，其种群交界处往往呈现多样性、活跃性，以强烈的竞争开始，此消彼长，然后趋于稳定、和谐共生。[①]在写作教学评价过程中，要认识班级不同性别的学生、不同能力层级的学生、不同个性的学生之间的“边缘效应”。首先要关注的是一些“另类作文”“创新作文”“问题作文”，允许学生“出格”，还要引导学生“入格”，由此可以看出多元化的评价显得格外重要。

多元化评价要注意一些原则：一是鼓励性原则，不要对学生的习作要求苛刻，要善于捕捉亮点，不断促进每一个学生获得写作的成就感；二是弹性原则，分层评价，对于优秀的写作者可以适当地提高标准，对于写作困难者可以适当降低标准，这样让优秀的写作者有更高的台阶攀登，让写作困难者也能尝到成功的喜悦。

多元化评价的方式也可以多样。在写作教学评价过程中一起建立写作档案，存留有代表性的课内外作文、典型案例分析的记录，以全面反映学生的写作实际情况和发展过程。对学生作文评价结果的呈现方式，根据实际需要，可以是书面的，可以是口头的；可以用等第表示，也可以用评语表示；还可以综合采用推荐发表、张贴展览、上传网络、家长评价等多种方式进行。

4．进化效应：明确评价目的，落实过程性评价。

生态系统内部各因子之间存在着竞争，良性的竞争其长效性后果是协同进化，而恶性的竞争，彼此排斥的后果则具有破坏性。在写作教学评价过程中，帮助学生树立正确的评价观，营造宽容和谐的评价氛围，进一步落实评价过程，才能促进学生作文水平的提高。我们一般把写作教学评价的重点放在作文成品后的

①吴鼎福，诸文蔚：《教育生态学》，江苏教育出版社2000年版，第195页。

结果评价，忽视了准备过程的评价以及作文修改的评价，因此我们必须关注下面两个端点：

一是起始点，重视对写作材料准备过程的评价。这种背景评价，不仅要具体考查学生占有什么材料，更要考察他们占有各种材料的方法。教师要用积极的评价，引导和促使学生通过观察、调查、访谈、阅读、思考等多种途径，运用各种方法搜集生活中的材料。其间教师要把握学生的长处、弱点、问题，这样评价才能集中于学生需要发展的领域。

二是终点的后续评价，即重视对作文修改的评价。不仅要注意考查学生修改作文内容的情况，而且要关注学生修改作文的态度、过程和方法。教师要引导通过学生的自改和互改，取长补短，促进相互了解和合作，共同提高写作水平。

5．潜移效应：提高评价成效，关注评价主体的素质发展。

在生态系统中，存在着迁移与潜移、富集和降衰规律。一般情况下，富集度越高，系统越向高水平发展。写作教学评价过程是一个持续的循环过程，要增强知识的富集过程，避免能力的衰退。

发挥潜移效应，一方面要优化环境、情境、心境这“三境”，就是指要提供科学、民主、友善、宽松的评价环境，在潜移默化中提升学生写作能力。另一方面，要提高写作教学评价的效益，这关键在于评价主体素质的提升。语文教师的知识背景、文学才能、文化视野以及教学机智的差异，决定了写作教学评价收益的多寡。所以有学者呼吁，作为评价主体的语文教师，“应该加强语言、文学、修辞或古文方面的训练和修养，从而对学生作文学习起到积极的影响”[①]。

写作教学评价不仅是针对学生作文的评价，更要重视写作教学案例的反思性评价。教师要对自己的写作教学设计、方案实施及其效果进行评价，这样才能提高评价主体的素质，从而修正教学计划，改进教学策略，提高教学的有效性。同样，如果我们扩大写作教学评价的生态圈，评价的目光不妨从学生身上转移到教师身上，评价教师“教”的艺术和“教”的效果，这样受益的将是师生这个学习共同体。

---

①倪文锦等：《语文教育展望》，华东师范大学出版社2002年版，第355页。

五、有序·有法·有根·有魂：生态作文的追求

下面就这个问题笔者结合自己一堂课的手记来进行分析说明。

【教学源起】

在“5·12”这个特别的日子，笔者打开网页，各大媒体推出的纪念特刊就映入眼帘。一幅幅特刊的首页，就是一张张媒体的面孔。新颖别致的标题，匠心独运的画面，视角独特的栏目设置，隽永深沉的编者按语，尽显各大媒体的表情与智慧。于是我便想利用此资源上一节别具一格的作文课。

【教学设计】

1．拟订标题——“给媒体特刊头版一双慧眼”。

让学生初步了解标题的特点，欣赏下列媒体头版标题的妙处：

《我们站起来了》(《成都商报》)

《一年——重识这片河山》(《华西都市报》)

《走出悲伤　铭记坚强》(《南方都市报》)

《问川——5·12地震周年灾区重建调查报告》(《新京报》)

《祭忆》(《济南时报》)

《汶川！汶川!——我们依然心手相牵》(《三湘都市报》)

《重新活着》(《河南商报》)

学生讨论后，纷纷发言。有学生以为：“‘走出悲伤，铭记坚强’这个标题运用对称的句式，告诉我们灾难原本就是无情的，因此我们应该更加坚强。‘走出悲伤，铭记坚强’这八个字就像一簇火燃烧在每个人的心里。”有学生接着叙述：“‘重新活着’这个标题让我们看到了生命本身就是一个传奇，生命如此坚韧，坚韧的生命执着向前，坚韧的生命不怕磨难，磨难过后，我们会重新更好地活着。”另一个学生慷慨激昂地发言：“‘我们站起来了’中的‘我们’，说明了大家一起合作，让我们看见了一个团结的四川，一个团结的中国！看到了中国人民不屈不挠、永不向灾难低头的决心！”

在学生集体讨论后，笔者引导他们归纳出拟标题的基本要求：一是主题突出；二是语言简明；三是妙用修辞，比如“汶川”与“问川”、“祭忆”与“记忆”是谐音，“汶川！汶川!”是反复，“走出悲伤，铭记坚强”是对偶，“一年——重识这片河山”是化用古诗词；四是关注主标题与副标题的联系：主标题鲜明醒目，具有视觉冲击力，副标题对主标题起补充说明作用。

其次进行迁移训练，让学生结合《华商晨报》（5·12特刊）头版的配图，拟一个标题，说说拟题的理由。（如左图）

有学生拟题为“汶川——绿色的希望”，并叙述理由：“虽然汶川发生了地震，无数人丧失了生命，但是只要我们齐心协力，不言弃，不放弃，这里就会充满绿色，充满希望。”有学生回答：“我拟的题目是‘因为团结，所以重生’，在地震面前，13亿中国人表现出了空前的团结，就如这紧密靠在一起的枝条一样，因为团结给予灾区人民以希望，是团结让他们重生。”还有学生拟题为“绿叶·汶川”，因为汶川虽然发生了地震，但是有那么多的英雄在为四川奋斗，所有的四川人民在奋斗，他们就如绿叶，给四川带来生机，让四川这朵遭受磨难的花感到了温暖。

在此基础上，引导学生欣赏《华商晨报》原标题“重生·成长”，并说说这个标题妙在何处。讨论后进一步明确，该标题一语双关，“枯枝发芽”寓意“重生”，“长出枝条”寓意“成长”，由物喻人，指汶川人民灾后重生并不断成长。

2．图文互释——“给媒体特刊头版绘一幅蓝图”。

为了培养学生的观察能力，笔者引导学生品味下面的图片，从细节上让学生说说媒体头版画面的独特之处。

学生讨论如下："我感受最深的是《我们站起来了》，图上那几只翩翩起舞的蝴蝶，代表着坚强和希望，代表着汶川人民对美好未来的憧憬，勇敢地挑战遇到的挫折。""《祭忆》中的一个细节打动了我，墙面上有裂缝，缝中有一棵小草，顽强地生长着，代表着灾区人民不被灾难打垮，顽强地活着，成长着。""《汶川！汶川!》画面下角有一块巨石，像'心'的形状，石头上有一只白鸽，静静地望着远方，画面给人一种宁静的感觉，让我们看到了希望，只要我们心手相牵，就会把家园建设得更美好!"

接着笔者让学生模拟报纸的美术编辑，围绕所选的主题配一幅图画，简述画面内容。这样，将观察能力、想象能力的培养与语言表达训练紧密结合在一起，收到了较好的效果。

3．策划栏目——"给媒体特刊头版勾画肌理"。

为了训练学生的选材和构思能力，笔者让学生进行栏目策划练习。要求学生从上面各大媒体特刊的标题中任选一个，做具体策划。在学生动手前，笔者引导他们围绕主标题，设置栏目内容；学会选择材料充实栏目内容。学生展示栏目策划内容举例如下：

（1）主题："我们站起来了"。

回顾伤痛——介绍5·12大地震给灾区人们带来的伤痛。

重温感动——介绍震后重建人员与灾区人民心连心的事例。

走出悲伤——摘录全国人民为汶川加油的话语。

重新屹立——刊载四川灾后重建新家园的具体画面。

（2）主题："一年——重识这片河山"。

重识汶川——介绍汶川一年来重建取得的成就。

同舟共济——介绍为了灾区人民各方支援汶川的事迹。

铭记坚强 ——记录地震后汶川人民的生活情况。

星语心愿 ——通过留言的方式，让群众写下祝福语。

在此基础上笔者与同学总结栏目设置的一般要求：主题鲜明、形成系列、角度独特、内容新颖等。

然后让同学们比较《新京报》的栏目设置及内容安排，说说编者策划的独特之处。通过讨论，学生分别从新颖性、广泛性、深刻性、思想性等方面总结了栏目设置的独到之处。

最后笔者简要小结，深化学生的认识：《新京报》从灾后农房、校舍重建、残疾人康复、孤儿安置、失业人员就业、心灵家园安危、灾区治安、捐赠资金使用等多个方面进行调查采访，角度广阔，思考深刻，显示了该媒体报道的深度和力度。

4．写作按语——“给媒体特刊头版描摹独特的表情”。

编者按语的写作是一项富有挑战意义的创造性写作练习。首先笔者让学生阅读下面编者的按语，大概了解写作按语的具体要求。

示例：《问川——5·12地震灾区重建调查报告》（《新京报》）

去年今日，大地撕裂，蜀乡破碎，亲人两隔。

死者长已矣，生者含悲歌。待从头，收拾旧河山。国与民共力，内与外同心，兄与弟相携。重拾希望，重寻温暖，重建家园。

然后引导学生明确写作按语的具体要求，一是写作按语必须紧扣主题展开，语言生动流畅，如上文排比、对偶等修辞手法的运用；二是句式富有变化，长句与短句结合，整句与散句相间。最后让学生围绕标题，写一则编者按语，要求感情真挚，主题鲜明，语言富有感染力，200字以上。下面选录学生的一则编者按语：

我们站起来了

去年今日，山崩地裂；今年今日，重建家园。

去年今日，人们双眼噙泪，用双手埋葬已逝的亲友；今年今日，人们挥去泪水，用双手重寻久违的温暖。

时隔一年，脆弱的汶川卸下黯淡无光的外套，换上了耀眼夺目的新装。一张张洋溢笑意的面孔，一声声盈满自信的祝福，预见了汶川崭新的未来。

地震，埋不了生的希望；地震，遮不住爱的光芒。

地震，掩埋的是过去，成就的是未来。我们重新在汶川——一年前不堪一击的废墟上站起来了！

我们坚信：地震，让我们成长；地震，让我们踩出未来的一片天地。

站立是为了重生。《我们站起来了》为您独家报道震后汶川新建情况。一切，为了汶川的明天；一切，为了祖国的明天！（韩淑君）

目前写作教学缺少科学有效的体系，训练盲目，作文指导有效性低，学生作文水平难以提升。在生态学理论和新课程理念指导下，进行新课程理念下生态作文的理论与实践研究，有助于建立科学有序、可操作性强的写作教学新思路。“生态作文”倡导在宽松、开放、和谐的环境下，参照生态“平衡”“系统”等特性，探究科学有序的写作教学思路，着眼于学生习作技能的“可持续发展”，追求“有序”“有法”“有根”“有魂”，让作文展示他们的生命活力，从而提升写作教学的品质。

1．生态作文整体观——教学内容“有序”，致力于合理的系统构建。

写作教学内容序列的确立首先应基于教材训练系列（预设的理性序列）与学生生活的世界系统（生成的动态资源）的统一。现实中的写作教学大都处于无序的状态，写作教学内容很多情况下是教师的“即兴创作”，学生自然收效甚微。上述案例的教学设计紧贴时代脉搏，倾听学生内在心声，同时结合了教材的单元读写主题——“信息传播”（苏教版教材七年级下册第五单元），这样便将社会生活与课内语文学习紧密连接，既激发学生的写作热情，又切实提高学生的写作能力。

其次，构建每次单元训练的局部系统。写作教学如果仅仅将目光聚焦于“表达”这一环节，往往难以收到实效。写作材料的选择取决于学生的素材积累，文章的立意取决于学生思维的层次高低。在语言表达上既要让学生能够直抒胸臆，不重复别人的话语，又要引导学生善于借鉴表达的技巧。因此，上述课堂案例借“观察·思维·体验·表达”这条写作链，一是通过拟写标题练习，引导学生观察媒体头版显示的图文信息，从而进行筛选信息和概括信息的语言训练；二是通过栏目策划设计，梳理文章的结构，明确文章的选材；三是通过写作“编者按”，进行语言表达综合训练。这样的设计，循序渐进，由易到难，易于操作。事实上在具体实施时确实取得了明显成效。

2．生态作文建构观——训练“有法”，聚焦于写作的策略性知识。

当下不少教师作文的“法”大都集中于陈述性知识的传授，也有教师通过有序的写作训练进行程序性知识的教学，但目前策略性知识的教学则比较少。实际上真正有助于学生写作能力提升的知识应该是策略性知识。试结合《义务教育语文课程标准》中的相关要求梳理如下：

《义务教育语文课程标准》中 7~9年级策略性知识要求	本设计教学内容
写作时考虑不同的目的和对象	以编者的身份为媒体特刊的读者写一则“按语”，紧扣特刊的主题
多角度观察生活，发现生活的丰富多彩	结合《华商晨报》（5·12特刊）头版插图进行多角度拟题训练
运用联想和想象，丰富表达的内容	观察媒体特刊头版图片，抓住细节，运用联想和想象描述画面
能抓住事物特征，表达力求有创意	围绕特刊主题，设置有创意的栏目，并明确栏目的具体内容

具体实施时，如何将具有内隐性特点的策略性知识转换成一套具体可操作的外显的程序，这是写作教学内容的核心环节。

3．生态作文开放观——教学过程“有根”，引来生活世界的源头活水。

写作教学内容应植根于学生的生活环境，因为脱离了学生的生活环境的写作教学，必然失去根基。学生平时写作最大的烦恼是“无米下锅”，而语文教师也有同样的烦恼，不知道“教什么”管用。一方面缺少成系统的作文教材；另一方面，即使教材上有一套写作教学系统，但可用于具体教学实践的少之又少。困境的突围，需要语文教师做有心人，教师要关注社会热点问题，贴近学生生活实际，结合教材训练系列设计有创意的写作教学内容。上述案例就独辟蹊径，在“纪念汶川地震一周年”海量的信息库中，从“媒体头版”写作入手，引导学生关注时事热点，留心媒体信息，向“当下信息”要素材。指导学生获取、加工、整合信息的过程，就是开启学生创造性写作能力的过程。在训练过程中，通过文字和图像，让他们展开想象的翅膀，进入表达的情境，体认并弥补信息的空白点，关注人物的命运和世事的艰辛，这一切会激活他们的生活内存，丰富学生的写作视野。

生态写作教学过程关注源头活水，同时重视观察能力的培养。观察事物必须“审查周遍”，才能把握其外显与内涵。写作教学，首要任务便在于引导学生发现周围世界及自我的内心世界，并贯穿到整个学段的写作教学中去。

4．生态作文发展观——教学目标“有魂”，追求生命写作的崇高价值。

生态作文应基于学生的生命诉求，“失魂”的写作教学急功近利，漠视生命的存在，丧失了写作的本义；“生命在场”的写作就是“生活本身”，就是生命的言说，既“立言”又“立人”。上述课堂案例中，学生在课后写的感言如下：

我明白了人生总会有一次次的“地震”，但是，只要不放弃，希望便永存；我们只要不放弃，就一定会渡过难关；只要不放弃，一切皆有可能。（翟博雅）

回顾那一刻，淡淡的悲痛依旧存在，可更多的是坚强和信心！灾难带不走信念，用微笑证明心中的梦想！有爱就有希望！（徐璐瑶）

过去的总要过去，今年的今日，希望和爱正洒满九州；明年的今日，美好与幸福将遍布华夏。（陈静怡）

上述课堂案例中，教师旨在引导学生与媒体编辑、文本、图片对话；引导学生在课堂上与同学、老师对话；同时课堂上，教师还要引导学生关注倾听，倾听他人见解，倾听自己的心声，感受地震后的人情与故事，认识生命的脆弱与坚韧。学生在对话与倾听中发现自然、发现自我、认识社会，开发并提升生命的质量。从本质上说，写作关乎人的精神、思维、生存，作文的过程就是自我生命丰富与发展的过程，这也是生态作文确立的终极价值。

第四节 课堂传真

一、话题作文“时间都去哪儿了”教学实录

【教学设想】

写作是一段旅程。这段旅程，是文化苦旅，也是幸福之旅，其间有长途跋涉的艰辛和苦痛，也有“凌绝顶”后的喜悦与敞亮。写作教学如果能够引领学生踏上这样的情感之旅和思想之旅，课堂上自然天光云影共徘徊，学生的作文也会如渠水一样清澈、欢悦、灵动。本课围绕热点话题，师生共同回忆时间长河中的生命映像，同时结合歌曲、歌词、视频等艺术元素，获取写作素材，借鉴写作技巧，抒发人生感悟，表达内心情感。

【课堂实录】

第一章：“我”的时间简史

（内容概述）师生回忆自己的生活经历：时间都去哪儿了（关注典型事件及相关细节）

（板书）话题作文：时间都去哪儿了？

师：（PPT展示教师自己的照片）这是我在镇江的一个公园里面，（指着照片上的鸽子）一只调皮的鸽子站在了我的肩上。

（播放下张照片）这是2008年，我工作20年以后回到我的母校（微笑地指着照片）——高邮师范，（指着照片）这两棵高大、茂盛、生机盎然的银杏树给我留下了深刻的印象。所以，我回到了母校，我要站在两棵给我一生留下印记的银杏前留下一个影片。

（播放下张照片，指着上面一张照片）这是差不多25年以前的我，（指着左下角照片）这是6年前的我，（指着自己）这是今天的我。（学生笑声）

师：（走下讲台，面带微笑）亲爱的同学，你发现了什么？你看出什么了？

生：我觉得时间过去了，人都在一年一年地变化。

师：变化？怎么变呢？

生：（小声）变老了。

师：（欢笑）变老了。你怎么看出我变老了？

生：看出了五年前和六年前有一个对比的变化。

师：嗯，对。

生：人都会老的。

师：都会老的。好的，坐下。（微笑指着另一位同学）好，你说。

生：我觉得时间在流逝，人也在长大，比如说十五岁到二十岁的话，过了五年时间，校长您也就经历了可能是青春期（学生哄笑），不，青年期！然后就慢慢地变成熟，会经历做爸爸的时期，然后就会慢慢地变老，从英俊到衰老。

师：从英俊到衰老，说得真好。还有同学要讲吗？好，你说。

生：时间在我们不经意的时候悄然流逝，人也是在这段时间内不经意地变化。从25年前的风发正茂的——

师：风华正茂的一个小伙子，是吧。

生：（目视老师，发现口误）您现在依然是英俊潇洒的象征。（笑声）

师：你这是误会我了，没有英俊潇洒，刚才说了，我已经苍老了。（学生举手）还有同学要说？

生：我看袁校长在25前年头发还很茂盛。（爆发笑声）

师：（面带笑容）你观察得很细致哦。

生：（摸着自己的额头）这里的头发已经都没有了，而且之前的照片和现在比起来已经老了很多。

师：（指着照片）就是和六年前相比要老了许多。对，怎么看出来的？

生：就是面部肌肉下垂了。（传来笑声）

生：（指着左边照片）这张更加洋气点。

师：同学们，这些照片折射出的不仅是我的历程，也反映许多中年人的人生历程，人到中年有许多的感慨。我想请大家看这段视频，看看这位歌手唱出了我们中年人怎样的心声呢。看完以后，说出你的感想。

（播放歌曲《时间都去哪儿了》的视频）

师：看看刚才这段视频，说说有哪些感人的画面或感人的瞬间打动你的心灵。

生：从这些照片里，看见这些孩子一天天长大，自己却一天天地老去，随着时间的过去，人在变化。

生：大萌子和她爸爸的照片中，刚开始她爸爸的笑容还是满面春风的，后来随着大萌子的长大，爸爸也变老了，他的笑容也没有曾经那么灿烂了。最后歌词“时间都去哪儿了，还没好好看你眼睛就花了”，让我感觉时光匆匆不待人。

师：时光匆匆不待人，那么在你的生活经历中，有没有这样的体验呢？

生：（微笑）没有。

师：没有呀，呵呵，我说有。我们来一起看看郭冰洁小时候是什么样子的。

（播放幻灯片）

生：（郭冰洁指着照片）这就是我。这是三年级期末考试时我们班前六名上台领奖的情景。

师：你进入了前六名，是个很优秀的学生。（播放下张照片）

生：这是星期五老师要的艺术照，我去拍的。

生：这是在瑞阳湖里游泳的时候。

师：在游泳的时候，你有没有记忆深刻的情节给大家讲一下呢？

生：那个时候，前面有一个像我爸的人，我就扑上去了，后来发现那个人很茫然地盯着我，然后对我说：“你干吗，小孩子？”我就吓了一跳，然后就灰溜溜地回去了。

师：（微笑）把自己的老爸认错了。（播放下张幻灯片）

生：这是我在弹钢琴。

生：（指着照片）这个是班级优秀毕业生拍的照片。（播放下张照片）

生：这是毕业时老师给我们拍的照片。

师：哪个是你？

生：（指着照片）这个是我。

师：（指着照片上另一个学生）这个同学是每天都跟你在一起？

生：是的，她也在翔宇中学读书。

师：跟你关系好不好？

生：很好。

师：好成什么样？

生：天天黏在一起。

师：你跟她常在一起，这么熟悉，能说说你们的一个故事吗？

生：从幼儿园开始我们就在一起，爸爸妈妈的关系也挺好的。有一次，我们就因为一根棒棒糖闹别扭生气。她妈妈给她买了一箱棒棒糖，然后我嫉妒，跟她说："你不给我，以后我就不跟你玩了。"那时候就是用很幼稚的话语把对方给弄生气了，后来经过家长的交流又好了。

师：你们又和好如初了，是吧?！所以两个人都是灿烂的笑脸。（播放下张照片）

生：这是在北京，2013年12月27日。

生：这是最后一次升旗仪式。

师：在哪里呀？

生：西湖学校，我们小学。

师：小学最后一次升旗。那么，这次升旗仪式给你印象最深的是什么？

生：最后一次升旗，我感觉自己的心是痛着的，因为当了两年的升旗手，最后一次升旗就意味着我要离开这个学校，而且我还要把这六年的时光都珍藏在自己的心中，永远不会忘掉那一辈子的同学。

师：大家看郭冰洁同学的表情，刚才跟她的朋友在一起是灿烂的笑容，而这张照片上，冰洁有一些忧虑，内心里也许有一些伤感。因为离开了生活六年的小学，离开了朝夕相处的同学，所以内心里有一些莫名的伤感，有一种对母校的留恋之情。（播放下张）

师：刚才郭冰洁同学跟我们分享了她成长的故事，谁还想分享她成长的故事？

（叶文清发言，播放她的幻灯片）

生：这是我一年级的时候，学校举行讲故事比赛。那时候还小，动作、说话很不自然，所以嘴型很夸张。

生：这是在武夷泡温泉的时候，刚从里面起来。因为泡温泉时感觉特别热，所以头上都是汗。

生：这是2008年，我和我的表姐还有爸爸妈妈去动物园玩。我觉得特别有意义的是，我们自己烧菜放在保温杯里带过去，在动物园的草地上野餐。

生：这是我小时候过生日，我和我表姐在一起。

师：同学们，你们觉得这张照片最好玩的地方是什么？

（学生做举手状）

生：我觉得她童年是非常开心的。

师：她们面孔上有什么变化？

生：鼻梁上有奶油，很开心，露出了笑意。

生：她表姐的鼻子上有奶油，显然是被他人捉弄才涂上奶油，而且她们的衣服都是同一个款式，表现出她们两个很亲密。

师：观察真仔细。好，你说。

生：她的牙齿上全白了，应该是奶油吧。你看她的那只手放在蛋糕那里，肯定是抢着急了。

师：（欢笑）抢着急了，一看这画面就很欢乐。好，下一张。

生：这个是我和几个朋友在烤番薯。

生：这个是我在一年级的时候，在学校音乐比赛中拉小提琴的照片。

生：这个是长大了一点，三四年级的时候在学校学吹葫芦丝，然后在家里拍的照片。

生：这也是一大帮朋友在野外露营，这次我印象特别深刻。记得那是一个晴朗的早晨，我们在外搭了一个帐篷，从家里还拿了些年糕、香肠来烤，这些东西已经都烤焦了，我们还是把它全吃了。因为是自己烤的，所以觉得特别有意思。那天晚上，我们还举行了篝火晚会。在晚会结束后，下起了大雨，原本打算不回去的，就在帐篷里睡一觉。可他们说，靠近湖边，万一明早起来漂在湖里睡觉怎么办。

师：呵呵，那后来就回去了，是吧?!（播放下张照片）

生：这是在楠溪江，我不适应这帮朋友，就和妈妈在海边挖泥沙，从沙滩挖

向大海里。（下张照片）

生：这是我和朋友去登山，我在吹陶笛。

生：这是在洪甸骑马的时候拍的。

生：这是在北京，是2012年。

生：这个就是现在的我。

师：好。我们分享了叶文清的童年、少年时代的故事，感谢她。（掌声）

第二章：定格时间　生活素描

（内容概述）借鉴歌词，选择典型素材。

师：同学们，我们刚才分享了几位同学童年、少年的故事，下面我们再回到今天的话题作文。你们看看，这支歌曲唱的是谁的时间去哪儿呢？请大家说说看。

（PPT展示歌词）

门前老树长新芽　院里枯木又开花
半生存了好多话　藏进了满头白发
记忆中的小脚丫　肉嘟嘟的小嘴巴
一生把爱交给他　只为那一声爸妈

时间都去哪儿了
还没好好感受年轻就老了
生儿养女一辈子
满脑子都是孩子哭了笑了

时间都去哪了
还没好好看看　你眼睛就花了
柴米油盐半辈子
转眼就只剩下满脸的皱纹了

生：我觉得是爸爸妈妈的时间。

师：你怎么看出来的？

生：歌词中说“一生把爱交给他，只为那一声爸妈”和“还没好好感受年轻就老了”“生儿养女一辈子”，爸爸妈妈的时间在拉扯我们长大的过程中都消失了。

师：写的是父母在拉扯我们长大的过程当中、在抚育我们的过程当中，他们在一天天变老。

其实我们刚才分享了很多的老照片，（指着照片）这个老照片也是我们班上的一位同学——李温迪的，我们看李温迪的妈妈也是一天天在变老。那么李文迪在哪儿？

师：（指着照片）你看妈妈从年轻时的模样再到现在的模样，你心里有什么感受儿？

生：很难受。

师：为什么难受呢？

生：父母养我们一辈子，我却从来都没谢过他们。

师：同学们，今天我们来写这篇作文。从选材的角度来看，我们可以有两种思路：第一个是写自己成长历程中记忆深刻的事件；第二个可以选择写他人，写写我们的父母、爷爷奶奶、外公外婆，写写我们同伴生活历程中印象深刻的事。下面请大家好好想一想，你打算写什么？请你在“时间都去哪儿了”这个标题下面加个副标题，进行交流。

（学生思考讨论）

师：下面我请一个小组展示，说说“我”写什么，“我”选择的理由是什么。

生1：现在由我们第六小组来给大家展示。先说我自己，我想写我奶奶。因为我记得小的时候，奶奶还很健康，还能走路。小时候一直都是她带我成长。现在奶奶连走路都费劲了，每天上下楼梯都需要人扶。

生2：我要写的是我的父亲和母亲。以前我的家境不怎么好，我的父亲非常疼爱我，什么东西都会满足我。每年他回家，我都觉得他变化了好多，有点衰老。我就觉得爸爸和妈妈这一生都在为我努力。虽说我和他们相处的时间并不是很多，但我和他们之间有很多令我感动的事情。

生3：我写的是我的外婆。外婆今年78岁了，她一生都没有离开过她生活的小山村。外婆告诉我，她经历了新中国成立到今天的演变过程。我就觉得五六十年代的小山村条件特别艰苦，她把我妈三姐妹拉扯大，我妈在家最小。外公在我妈十几岁的时候就去世了，那时外婆已经五十几岁了，还要抚养三个小孩和挣钱。我觉得她就是女强人，她会揽下很多活，即使现在爸妈和姨姨自己生活都能独立了，她还是保持着古朴的勤奋。她不愿离开那个山村，即使身体不好，有时会晕倒，她还是会每天上山砍柴，不愿闲着，一辈子都在为儿女着想，自己却吃得很简单。

生4：我说的是我和外公的事。我小时候在上学之前一直都是跟外公一起生活，当时我还不懂事，经常哭闹，把外公弄得非常生气。现在他腿不好了，我想起当年的事，感觉很对不起他。

生5：我想写的是我爷爷。我五岁的时候，爷爷听说去外国可以赚很多的钱，早上起来就去卖香米，赚来的钱就给我爸妈，让他们去国外。那时我听到爷爷和爸妈通话，爸妈说他照顾我太累了，要把我送到幼儿园里。这时我听爷爷说："不用了，让我自己照顾就好了。"

生6：这篇作文我想写两个内容。第一个事情是我五六岁的时候，和我的父母去青岛游玩的事，写童年的美好。第二个片段写如今我与父母再次去寻找那时的场景。虽然那里的风景没有变，但是人都已经变了。

师：很好。风景依旧，但人已经变了。

生7：我写的是我的父母。从小到大，我都是在父母的身边长大，爸妈拉扯我长大不容易。自从来到翔宇中学，我感觉回家后，我爸和我妈就老叮嘱我。

师：我想问你一下，昨天湛老师和郑老师到你家，把你刚刚从乡下接来，那么你到翔宇中学来上学，你妈妈对你是怎样的态度？（这位学生新学期转到乡下读书，后来班主任老师做工作，又返回翔宇中学继续读书）

生7：她叮嘱我，让我在这里好好读书。（哭泣）

生8：我要写的是我和我的爷爷奶奶。我小时候就是和奶奶一起住的，也没有上幼儿园。那时和小朋友一起打架，都是爷爷奶奶替我收拾残局。现在回老家，爷爷已经去世了，就感觉奶奶一个人很孤独。每次我要走了，去坐车时，奶奶都一直跟在后面送我。

师：听了刚才八位同学的叙述，同学们能不能评价一下，为他们提一些建议。

生：我觉得讲得最好的是高湛远。因为高湛远说出了他外婆把他妈妈拉扯大所经历的过程，把故事都讲出来了，很精细。如果再讲讲他外婆送别他们的情景会比较好。

师：你听得很仔细，说得也很准确。

生：我觉得黄瑶瑶构思更好，“风景不变，人在变”，这个更能体现出“时间去哪儿了”的主题。

师：我们也感谢展示的小组。

(掌声)

第三章：雕刻时间　叙事完整

(内容概述) 借鉴歌词，学习写作方法。

师：同学们，我们再来回顾一下，我们在看这段视频的时候，大家内心里都会“咯噔”一下，因为这首歌触动了我们内心当中最柔软的地方。请你说说这首歌好在哪里，有哪些值得我们借鉴的写作方法。

生：歌曲开头“门前老树长新芽，院里枯木又开花”，说明每一年都在反复进行着。

师：那这段开头运用了什么方法?

生：运用了环境描写。

师：有什么作用吗?

生：可以突出主题。

师：突出主题，渲染氛围。你们对这个歌词还有什么发现呢?

生：运用了倒叙，像“记忆中的小脚丫”“满脑子都是孩子哭了笑了”。

师：这有什么好处呢? 从现在追溯到从前，就像黄瑶瑶同学说的两次青岛之行，运用倒叙可以把现在和过去进行对比，这样突出了时光流逝之快，也突出了文章要表达的主题。

还有没有什么发现呢? 这个歌词我们为什么在唱的时候、听的时候、看的时候，脑海里会浮现出生活中的一幅幅画面呢?

生：细节描写很生动，歌词写的就是我们每个人都经历过的事情。

师：有哪些细节？

生：“记忆中的小脚丫”“肉嘟嘟的小嘴巴”，还有第一段。

师：那么我们这次作文训练的重点就是借鉴这个歌词的手法，采用顺叙或倒叙的手法，然后对重要的情节做详细的描写。同时注意开头、结尾与标题的重点相照应。

（展示教师自己的照片）这是我和我的第一届学生的老照片。

（翻下一张照片）这是去年，我的学生已经结婚了，我们在婚宴上拍的照片。

（翻下一张照片）这是2004年，我和我的学生上的一堂课，叫“教育人生”。这张照片后来被上海的《语文学习》杂志作为封面。我还写了一个故事发表在《江苏教育》杂志上，故事的名字叫——“‘教育人生’：心与心的交汇”。亲爱的同学，这“心与心”就是我的心与同学们的心。

（翻下一张照片）这是我和我的女儿。这是上初中的时候在雨花台合影，今年她已经大三了。大二的时候，她在博客上写了一篇文章，题目是“那个夏天你回不去”。我们现在看看她的开头是怎么写的，我请一个同学读一下。

生（读）：那个夏天，天气一如挥汗如雨后喝一瓶冰七喜那般让人爽到爆。早晨凉风习习，中午骄阳似火，夜晚还可以做做仲夏夜之梦。我还在那所城乡交接的学校读着我的高中。你可以骑着一辆单车一路向西，爬过一个坡，看见夕阳下金光闪闪的运河。你也可以把书包扔掉，一个人慢慢走，直到柏油马路变成一条泥土小道，将你自以为个性十足的帆布鞋沾满灰尘，满身带着植物在这个时节发育成熟时散发出的味道。但你更有可能是像我一样坐在教室里，无精打采地听着老师讲课，玩弄着手中的红笔，心里抱怨卷子上的红叉为什么这么多，脑海里却回荡着中午路过那家小唱片店时听到的一首歌：“大步向前走啊，不回头，不回头。”

师：同学们，怎样把我们生活中重要的情节展现在面前呢？我们可以用这样几种方法：首先，有步骤地展现事情发生的过程。刚才展示的是我女儿写的开头，然后写了她补课的事情，还有其他的事情。其次，再现当时的情境，可以通过环境描写、场面描写来展现。然后通过描摹人物的语言、动作、表情、心理等来再现场面。当然，最重要的就是同学们寻找记忆中最深刻的细节，刚才高湛远讲他的外婆怎样抚养他母亲姊妹三人，这些都是他记忆深刻的细节。

第四章：感悟时间　追寻意蕴

【内容概述】重温写作素材，提炼有意义的主题。

师：时间都去哪儿了，我想请同学们总结一下，说说我（教师自己）的时间去哪儿了？

生：时间花在养育儿女和教学生上了。

师：能不能用一个词语提炼一下？

生：教育。

师：同学们，你写的外婆、妈妈或者其他的人，他们的时间去了哪里了呢？高湛远，你说你外婆的时间去哪儿了？

生：我觉得我的外婆长年在拼搏，为儿女拼搏。

师：好，把“拼搏”这个词语写在白板上。

生：我觉得我的爸爸妈妈也是在为我拼搏。

师：我不觉得拼搏这个词好，你能不能换一个词？拼搏用在学生身上合适，作为你的父母，他们养育子女，含辛茹苦，我觉得他们是——

生：我觉得他们是无私奉献。

师：奉献，有这个意思。

师：同学们，时间都去哪儿了呢？人生就像是一场旅行，我们通过写作，能够拾起我们过去记忆中温馨的画面；我们通过写作，可以重温儿时的梦想；我们通过写作，可以感受父母的用心良苦。我希望，本周的作文能读到每一位同学的那颗对时间、对亲人敏感的、悸动的心灵。

好，这节课就到这里，下课。

【教后感悟】

学习写作的途径在于阅读与生活，通过阅读学得他人的写作技巧，借助生活获得自己的写作素材。信息时代，阅读的对象不仅仅是纸质文本，也包括电子文本。读图、读影像，也会有独到的发现。“汝果欲学诗，工夫在诗外”，倾听自然天籁，聆听或高雅或通俗的音乐，也会有别样的收获。本课借助歌曲视频，让学生沿着时间的河流逆流而上，进入逝去的生活场景，关注生活细节，回味人情故事；通过欣赏歌词，借用文本《那个夏天你回不去》，借鉴写作技巧，学会材料的选择与深化。每一个教学环节关注学生思路的引领、思维的激发、思想的深化，这样的写作教学，是师生共享学习的快乐、思想的盛宴。

二、“菁菁校园，抒写诗情”教学实录

【教学设想】

春天到了，行走在校园内，学生很少能驻足欣赏花容草色，更难得用诗歌来表达自己的情感。新学期开学典礼上，团委给每位学生派送了一张校园风光图，让每一位学生给照片配一首小诗。有了这样的契机，笔者将写作课的起点定在诗歌习作兴趣的激发，而意象的选择、描摹与提炼，则需要多下功夫斟酌，这样才能接近诗歌的真貌。

【教学实录】

（一）交流初作，触发诗情

师：又是一年三月，在这样一个春光明媚的三月，我们迎来了春暖花开，也迎来了翔宇校园的“第一届校园十大诗人”的评比，你是不是一个优秀的小诗人呢？其实大家都有做诗人的潜质，每位同学昨天在校园美照上谱写了自己心灵的篇章，我给你们做了初评，满分是10分，8分以上的为优秀，8分以上的同学举手，（同学们纷纷举起手来）。你看，我们有这么多优秀的同学，把掌声送给他们（掌声）。8分以下的同学也不要泄气，因为你也许是未来的诗人，好，我们先来看一看第一位同学的诗歌，请读一读。

（出示幻灯片）

生：翔宇，我们爱你，
　　爱你的风景如画，
　　看——
　　蓝天上云朵飘飘
　　山野间满是绿意。
　　翔宇，我们爱你，
　　爱你的多彩文化。

听——

翔宇大舞台前，歌声悠扬。

师：请同学们评价一下，这首诗写得怎么样？我们来给他一些建议。

生：这首诗他写了翔宇周围的风景，还写了翔宇校园的一些活动。

师：你能不能给他一些建议呢？

生：我感觉结尾没有对仗，“翔宇大舞台前，歌声悠扬”，后面应该接着写一些内容。

生：我觉得他只写了翔宇周边的环境，没有写照片里最主要的翔宇校园的环境。

师：你真聪明，现在我还有一个建议，这首小诗没有标题，即使无题也要把题目写上去。好，同学们，看来一首诗还有许多的空间值得我们去发挥自己的想象，去挥洒我们的诗情，今天我们这节诗歌写作课的要求是，读——

生：诗心的萌动与意象的撷取。(有部分学生将“撷”读成jié)

师：这个字念什么（指着“撷”字)?

生：jié取。

师：红豆生南国，劝君多采——

生：撷xié。

师：其实，一首好诗能给我们带来美的享受，让我们的心灵得到陶冶，让我们的思想得到启迪。

(二) 欣赏佳作，领悟技法

师：我们听听这一首诗。(出示幻灯片，播放配乐朗诵)

面朝大海，春暖花开

海　子

从明天起，做一个幸福的人
喂马，劈柴，周游世界
从明天起，关心粮食和蔬菜
我有一所房子，面朝大海，春暖花开

从明天起，和每一个亲人通信

告诉他们我的幸福
那幸福的闪电告诉我的
我将告诉每一个人

给每一条河每一座山取一个温暖的名字
陌生人，我也为你祝福
愿你有一个灿烂的前程
愿你有情人终成眷属
愿你在尘世获得幸福
我只愿面朝大海，春暖花开

师：同学们，欣赏了海子的这首《面朝大海　春暖花开》，你心里有什么样的感受？你觉得海子这一首诗有哪些值得我们学习的地方？

生：我觉得这首诗读起来感情起伏比较大，语言比较优美。

师：感情起伏比较大，你的内心涌动了一种怎样的情感？

生：讲不出来。

师：讲不出来，你能不能把最后一句读一读，最后一段读一读，然后再说说你的感受。

生：对别人的美好祝福。

生：这首诗运用排比的手法，都有从明天起，怎么样。还有最后一段，愿你怎么样，愿你怎么样。

生：这首诗的情感是层层递进的，第一段开始，他说从明天起要做一个幸福的人，第二段就说到每一个亲人都想告诉你我的幸福，最后一段就直接说陌生人我要为你祝福，他的情感起伏比较大。

师：你的发现很准确。他把自己心中这一份美好的祝福，首先送给自己，接着送给他的亲人，再接着送给陌生人。在他的面前，春暖花开，因为他面朝大海，拥有了广阔、浩瀚的胸怀，所以他的内心有了这样春暖花开、无比美好的景象。海子给我们描绘了这样一个“面朝大海，春暖花开”的意象，表达了内心对自己、对亲人、对陌生人的美好的祝福。其实，在他内心的深处还有一种淡淡的忧伤和无名的孤独，海子在写这首诗之后的两三个月，带着一本圣经，在山海关的铁轨上卧轨自杀了。这首充满了阳光般温暖气息的诗，却隐含着诗人的孤独和内心的凄凉。所以一首诗往往带给我们的不仅仅是美，还有情感的熏陶和思想的启迪。

师：我们一起来把这首诗读一读。（学生齐读）

师：最后一段，这是排比句。海子内心的情感，对陌生人的祝福，达到了一个极点。这是递进的关系，情感逐步向上，再读一遍。

师：（指最后一句）这是一个逗号，停顿一下。朗诵时我们的脑海中要涌现出一幅幅无比美好的温暖的画面。

生：（齐读）“我只愿面朝大海，春暖花开。”

师：这首诗我们从意象撷取的角度来借鉴作者的写作技巧，然后运用到诗歌写作中去。

第一，我们要为这幅图片寻找一个独特的意象，在海子这首诗中，一个独特的意象是什么？是“面朝大海，春暖花开”。第二，全诗多角度描绘这样一个意象，第一段由“我”的活动引出“春暖花开”，结尾再现“春暖花开”，中间这一段“温暖”一词也暗含了春暖花开的意思，所以他有外在景象的描绘，也有内心情感的描绘。第三，我们还要揣摩这个意象生发的情感与思想。

（三）选取意象，传达诗情

师：让我们小试牛刀，来欣赏这一幅图。（出示PPT）如果我们为这幅图配一首小诗、选取一个意象，可以从哪一个角度来写？

生：我觉得可以围绕中心那个地球模型来写。

生：我觉得可以从弘景楼写起。

生：用阳光这个意象来写。

生：可以从翔宇校园周边的环境来写。

生：从草坪上“翔宇温州”的标志来写。

师：其他同学还有发现吗？你看我们的校园，地理位置得天独厚。

生：我觉得翔宇校园是靠着山的。

师：如果我从这座青山的角度来写我们的校园，它在守护我们的校园，俯瞰我们的校园。当然，我还可以从蓝天上的白云来写，我写一首诗，题目叫“我是一片云”，这一片云飘荡在我们校园的上空。

师：我们还要多角度地描绘我们的校园，像开始潘佳航同学的诗歌，他从视觉、听觉等角度来写校园，我们还可以从哪些角度来写一写？

生：嗅觉。

生：触觉。

师：我们不仅可以通过多种感官来写，还可以从不同的时间、空间等角度展开，例如写晴天时我们校园的景象，还可以写一写阴雨天我们校园的景象，春雨绵绵的时候，我写“我是一片云”，一片云化作雨滴，滋润了校园，那“沙沙”的雨声和我们的读书声应和在一起，这样，我们的校园就充满了诗意。

（出示幻灯片小结）

寻找意象：独特的那一个

（观察图片：地球广场图片）角度：蓝天、白云、青山、小草、地球雕塑

刻画意象：多角度描绘，觉、听觉、嗅觉、触觉、第六感官

揣摩意象：生发的情感、思想

重组意象：结构全篇

（注意重复与变化）

师：这是一位同学写昆虫馆的一首小诗。（出示幻灯片）

啊——
昆虫啊昆虫
你们形态各异，多姿多彩
但现在你们却突然地睡在了这儿
永远不能唱歌了，永远失去了自由
但人们却给了你一个让人们认识你们的机会
虽然你们失去了生命
但人们把你们保存得很好
很好——

师：这首诗表达什么样的情感？

生：表达了作者对昆虫悲惨命运的同情。

师：对它悲惨命运的同情？

生：作者的情感是有矛盾的，前面的诗表达了一种深深的同情，但后面却说“但是人们把你们保存得很好”，所以说这首诗的情感是有矛盾的。

师：这首诗的作者是谁？潘琳惠，朗诵一下你的诗歌。（幻灯片展示）

生：

荡

鸣蝉的聒噪
油蛉的低唱
蟋蟀的长鸣
在狭小的空间里回荡

四蹿的蚂蚁
晃悠的蛞蝓
潜伏的斑蝥
在小小的空间里游荡
我在这狭小的空间里晃荡

生龙活虎的虫儿
竞相化为标本
我低头遐想
似在思考
但我的灵魂在昆虫王国游荡

师：你看看这一首诗，好在哪里？小组内讨论一下。

（小组讨论，教师巡视，请一组学生上台展示）

生：这首诗开始时是作者的联想，然后回到现实低头遐想，表达了作者对虫儿悲惨命运的同情。

师：这首诗在语言方面，有值得你们去欣赏的地方吗？

生：前两段都是用排比，每段的最后一个词语——“回荡”“晃荡”“游荡”十分准确，照应了题目“荡”。

生：第一段和第二段在字数上面是一样的，让人感觉很整齐。

师：结构上整齐，他们有重复的地方，但是在重复的时候也有变化。

生：“在小小的空间里晃荡”，我感觉他似乎跟虫儿在这里一起嬉戏。

师：一起嬉戏？我的灵魂在昆虫王国里游荡，我在思考，他们竞相化为标本，这是对昆虫命运的深深的同情。

（四）课堂练笔，挥洒诗意

（幻灯片投影写作提示）

校园，有一棵桂花王（榕树下　柚子飘香） 心中的绿 致海贝 蝴蝶，你的前世今生 鲜花与微笑（首届校园奥运会即景） 世界，并不遥远（中心广场，育人理念） 遇见 一路繁花 （不少于14行，可以分成3~6段来写）

师：同学们，下面我们进行课堂演练，这些题目供大家参考。也可以在你原来的基础上做一些修改，下面开始动笔。（学生写作，教师巡视）

（10分钟后打开投影，将学生作品依次放在投影上）

生1：

一路繁花

沿着小路，/ 一步一步向前走着，/ 鼻间溢满花香，/ 漫延，漫延，/ 我沉醉在或浓或淡的花香中。

抬头凝望，/ 一路繁花，/ 星星点点 / 缀在满丛绿叶中。

我走在满是落叶的路边，/ 辗在枯黄的叶儿上，/ 发出阵阵脆响，/ 伴着 / 一路繁花 / 向前缓缓走着。

师：你写出了花和叶的生命感悟。有一个字写错了，“蔓”延的“蔓”，应该是草字头。

生2：

世界并不遥远

徘徊在现实与憧憬之中，/ 步履轻盈地奔向世界中心，/ 我们在追逐，/ 是一份由心而生的梦想，/ 是一阵由心而生的渴望。

紧紧注视着脚下的道路，/ 这将是走向世界的起点，/ 或许你会认为：/ 你离世界的距离有一丝遥远。/ 但，世界并不遥远。

花尽心思，费尽心血地去勾画，/ 即将面临世界的轮廓，/ 命运抉择的权利握于手中，/ 久久观望着远方的希望之光，/ 看，世界就在前方。

师：你是一个哲学家，也是一个政治家，很有眼光。

生3：

凤鸾翔宇

风吹散流云 / 荡起我们的笑颜 / 云烟染长空 / 扬起青春的裙摆 / 飞扬的旗帜 / 摇曳着年少的疯狂 / 破晓的灵光散落满地 / 零星的誓言 / 娇艳的鲜花捧在手心 / 四溢的馨香 / 在不远的远方 / 记忆化作纤羽 / 袅袅飘散在山间 / 在不近的咫尺 / 泼墨留白的画卷上 / 风起 / 凤鸾翔宇内

师：你写出了翔宇校园的精气神，但是，“不远”与“远方” 前后重复，“不近”与“咫尺”前后矛盾。

最后，把掌声送给这些小诗人。课后请同学们把自己的诗作再修改一下。真正的校园诗人就在我们身边，让我们用自己的慧眼去观察生活，用生花妙笔描绘生活，我们都可以成为小诗人。

【教学感悟】

“夫诗有别材，非关书也；诗有别趣，非关理也”，这是《沧浪诗话》中的名句，道出了“真诗”与“假诗”的区别。诗的内容与书本无关，诗歌的韵外之致与逻辑原理无关。本课诗歌写作的内容贴近学生的生活，校园的花草树木、楼堂馆所皆有生命的气息、文化的芬芳，温州翔宇中学校园背靠树木葱茏的双龙山，面临奔腾不息的瓯江，浸染着永嘉山水的神韵。春光烂漫，我们只需要点燃花季少年的诗情，他们的笔下自然会有斑斓多彩的生活画卷、灵动天真的活性语言以及自出机杼的奇思妙想。

“然非多读书，多穷理，则不能极其至。”严羽提醒我们，要写好诗歌，必须多读书、多穷理。本课借鉴海子的代表作，从意象的选择与描摹等角度把握现代诗写作的基本方法；接着通过比较学生的两首诗歌习作，引导他们表达独特的感悟，生发有见地的思考。同时课堂上留有足够的时间，让他们静静思考、倾情表达，这样自然会有妙词佳句呈现，会有“神来、气来、情来”的佳作诞生，这需要我们教师用心捕捉、悉心培植。

三 “鸟巢的联想”教学实录

【教学设想】

写作就是写生活、写思想。作家如此，学生亦如此。生活中的风花雪月、人情故事，需要慧眼捕捉、慧心领悟。写作教学应当教会学生发现生活，思考人生，体察物外之趣、景中情致。本课的教学目标：一是学习观察与联想，二是懂得发现与思考。前者侧重发散思维的培养，后者侧重创造性思维的激活。课堂上的口头表达与书面表述，意在促进学生写作素养的综合提升。

【教学实录】

（一）观察鸟巢，展开联想

（出示图片1）

师：看图片，说说你们有什么样的发现。

生：这是一个鸟巢，很细腻，花了很长时间做。

师：你从什么地方可以看出做工的细腻？

生：因为这些草很细，而且都是一丝一缕编织起来的，做得十分精细。

师：你怎么看出鸟儿花了很多时间来做了这样一个精致的窝呢？

生：因为这里有很多很多枝叶编织在一起，即使是人在做，也是要花很长时间来完成这样一个工艺品的。

师：像一个工艺品，说得真好。还有同学来说说你的发现吗？

生：我觉得这个鸟窝里面原来是有生命的，但是它现在应该已经飞走了。我感觉很凄凉。

师：凄凉？你为什么会有这样的感觉呢？

生：因为它现在是一个已经被遗弃的鸟窝。曾经里面一定有很多小鸟在叫啊叫，可现在只剩下枯叶了。

师：说得真好啊，他发挥了自己的想象。曾经，这只鸟巢也许有鸟儿在这里面鸣叫，它们在欢快地跳跃，而如今鸟去巢空，只剩下一些零落的枯叶。今天我们就来写一写鸟巢。同学们，你们认为好写吗？

生：我们可以写一个它之前的故事。

师：之前的故事？怎么写一个它之前的故事？

生：比如说，这个巢穴是由什么建成的，还有鸟儿在里面生活的过程，后来鸟儿又为什么离开这个鸟巢。

师：其他同学还有想说的吗？

生：如果写鸟巢的话，可以写自己看到鸟巢，想起以前的事情。

(出示幻灯片2)

观察与联想
·鸟巢的现状 ·鸟巢的过去 ·周边的环境 ·鸟巢的主人（春夏秋冬）

师：同学们，这一节作文课，我们学习的写作方法是观察与联想。刚才我们观察的是一个鸟巢，许多同学表达了自己观察鸟巢时的发现，同时发挥了联想与想象，一起回味了鸟巢的前世今生。我们可以写一写鸟巢的现状，然后去想象它过去是什么样子；我们还可以写一写它周边的环境，想象一下这只鸟巢的主人是谁，曾经又有哪些人在里面住过呢？

生：以前有小鸟住在里面，后来走了又来了新的小鸟。

师：哦，新旧主人在更换，还有没有其他故事呢？好像也不一定是这样，这个鸟巢是怎么来的呢？

师：你可以想一下，春天的时候它的主人是怎样搭建这窝的，它为什么要建这样的窝呢？到了夏天的时候，它这个窝里面有什么？

生：春天的时候小鸟来搭窝，夏天的时候呢，它在里面孵蛋，然后秋天的时候，很多小鸟在叫唤，然后给它们抓食物，到了冬天的时候就没有鸟了。

师：没有鸟了，这只鸟和它的孩子们——

生：飞走了。

师：飞走了，为什么飞走了？

生：因为太冷了。

师：太冷了，还有这个鸟巢已经容不下这样一个大家庭了。

师：同学们知道这个鸟巢是在什么地方发现的吗？

生：草堆里面。

师：草堆在什么地方？校园里面，操场旁边？还是瓯北江边？你说什么地方？（指着学校后面的山）知道那叫什么山吗？

生：不知道。

师：双龙山。这双龙山上面有一个高峰，我们的教学楼将它挡住了。这只鸟巢周边的环境我放给大家看一下，不在我们平原，也不在我们江边，在双龙山的一个高峰上面，有一块相对平坦的地方，长着一片非常茂密的茅草，到冬天便是枯黄一片。这是我傍晚时分拍下的照片，就在这茅草丛中，有一个鸟巢。

（出示图片3）

师：同学们想一想，为什么鸟巢会出现在这种地方？

生：没人打扰，没有天敌，鸟儿可以保证自身安全。

生：这里风景很好，小鸟很喜欢这里。

生：如果在树上的话容易坠下来，就会摔死，而在茅草堆里就不会发生这样的事情。

师：鸟巢的位置很巧妙，很安全。下面请大家围绕一系列的图画写一段文字，5分钟以后，请一个小组上来展示。

（5分钟后小组展示）

生1：大家好，我们是"逆风翱翔"小组，下面是我们的展示。

生2：这是一个败落的鸟巢，历经时间的洗涤，早已没了当年的繁花似锦，有的只是一个枯黄破烂的空壳。周边掺杂着零零落落的几株小草，有的绿如翡翠，有的枯黄不堪，呈现出一片悲凉的景象。我的脑海中冒出许多念头：这鸟巢是如何被荒废的？是他的主人放弃了这个家吗？还是发生意外，主人一去不再复返呢？各种稀奇古怪的念头充斥了我的脑海，望着这片安静、充满凄凉之色的地方，我陷入了沉思，或许它们曾经……

生3：照片上的鸟巢由丝丝缕缕的树根一点一点地编织而成，它的主人可能早在秋天就已经离去了，周围的草丛也都变得十分枯黄，就像在荒野一样。春天到了，这正是万物复苏、生机勃勃的时候，春光明媚的早晨，鸟儿也变得勤奋起来，每只小鸟都衔起树枝，把它堆在一起，随后用那小而锐利的爪子将树枝一根根缠绕在一起，这鸟巢的初状就形成了，可能是鸟儿不愿让自己的……

生4：在一片茂密的茅草堆里，有一只鸟窝。鸟窝造得令人叹为观止。一根根枝藤紧密地连在了一起，宛若天物，看到这儿，我不禁联想到：在万物复苏之际，一只鸟儿，衔着枝条，来回奔波，它用它那尖锐的嘴儿，制造着自己温暖的小窝。我停止了联想，向鸟窝中间扫去，竟没有一只鸟，我不禁又浮想联翩：春天，鸟儿搭好了窝，产下了几枚蛋，它每月幸福地孵蛋，偶尔飞去觅食，日子好不快活；夏季，它迎来了自己的鸟宝宝，母性的光辉笼罩在它身上，为了这几只鸟宝宝，它日夜操劳，为鸟宝宝寻觅食物，经过一个漫长的夏季，鸟宝宝都长大了，窝儿都……

生5：在双龙山的高峰上，在那茂密但已被岁月冲刷的枯黄的草丛深处，集结着一个空鸟巢，这个已被鸟儿丢弃的小窝里，我仿佛又看到了从前的景象。春天，在双龙山上总有那么一只鸟来回地飞往草丛间，走近一看，它正在以精湛的手艺造着它的新家。它嘴里衔着一根树枝，它那灵巧的嘴巴将树枝从几根树枝间绕过……

生6：在茅草堆中有一个鸟巢，曾经这里生活着一群可爱的小鸟。鸟巢，是鸟爸爸、鸟妈妈衔着一根根树枝编制而成的。它虽然不大，但处处洋溢着温暖。每天早晨，鸟妈妈与鸟爸爸早早地起床，趁着孩子们还没醒，出门寻找食物。一找到食物就立刻回家，喂给孩子们。小鸟一家就这样一天天幸福地生活着。突然有一天，鸟爸爸被一阵枪声吵醒，发生什么事了?！它……

生7：无意间发现了鸟巢，草堆已经泛黄了，茅草已经丈把高，一切都显得死气沉沉，但是，唯独这只鸟巢给我带来了无限遐想与疑惑。小鸟为什么要建这鸟巢呢？又为什么要建在这儿？如今的鸟主人又去哪儿了呢？可能是鸟妈妈将巢建在这儿便于隐藏，周边有那么多茅草可以就地取材，十分便利，另外，可能高山地带空气好，也有可能是为了挡一些风寒，你看周边的植物那么高大可能就是为了防冷空气吧！春天，鸟妈妈也不怕辛劳，花费了不少心思……我们小组展示完毕，谢谢大家。

师：下面是我们的点评环节，你认为哪位同学写得最好？或者你有哪些建议，给大家提出来。

生：我认为第一个同学写得很好，要是他能把联想的事情写下来就更好了。

生：我刚刚听到一位同学写到一句，他说有可能在春天这个主人就已经抛弃它了，然后他又写到在春天，一群小鸟是如何建造这个鸟巢的，我感觉有冲突。

师：不是冲突问题，这个地方有问题，不符合生活的真实。春天这个鸟巢造的时候是老鸟和小鸟一起造吗?

生：应该是鸟爸爸和鸟妈妈一起造的。

师：有没有鸟宝宝参与啊?

生：没有。

师：鸟宝宝能不能参加这个浩大的工程啊？不能的，鸟宝宝还没有来到这个世界上，鸟宝宝在当时还是一颗鸟蛋，鸟宝宝还没出世呢！

师（小结）：我来点评一下。第一位同学，开头描绘双龙山的鸟巢的场景，用倒叙的手法来写很精彩。第二位同学，你描写很细致，小鸟筑巢的细节不真实。第三位同学运用了联想，描绘了一年四季鸟巢的变化过程，写得生动形象。第四位同学，我觉得你把环境描写得非常好，特别是筑巢的过程，写得十分详细。第五位同学，她写了鸟的父母养育抚养小鸟的过程，写得特别细腻。那么最后一位女生，她是一位特别会思考的孩子，她重点从人类的角度去思考这个鸟窝为什么会在双龙山的山顶上存在，由鸟窝的现状去思考它存在的原因，思想深刻。把掌声送给他们！

（二）观察老房子，学会思考

（出示图片4）

师：这是我在永嘉山区拍的图片，山区的一幢老房子，四周绿树围合。同学们看这是什么？

生：稻草人。

（出示图片5）。

师：这幅图是我们在永嘉山区偏僻的山村里面随处可见的景色。说说这个场景中有哪些细节令你印象深刻。

生：有鹅卵石修建的道路和墙后的一些植物，给人带来一种生机。

生：路上有一只鸡在走，可以看出人和动物很和谐。

生：我觉得可以看出这个乡村很安静。在城市里，过道上有很多人来来往往很热闹。可是在乡村里，这对他们来说也应该不是偏僻的道路，应该是有很多人走的，可是这个时候，是没有人的，说明乡村的人很少，而且都喜欢待在家里，不喜欢外出。

师：安静、祥和，没有城市的那一份喧嚣。

生：这里的建筑屋顶都是砖瓦，本身也都是砖瓦石块搭建的。

生：我认为这里的石头都是非常古老的，因为发明了混凝土之后，就很少会有人再用石头建筑，还有就是鹅卵石旁边长着青苔。

师：从青苔里你读出了什么？

生：山里面或者比较苍老的地方，才会有青苔。

师：这是一个充满沧桑感的古老的房子。

生：看到这只鸡毫无顾忌地散着步，一切都那么随意。

生：从这些石头，还有鹅卵石铺成的地，还有墙边那些生长的小草，都可以看出这是一个非常淳朴、非常平静、非常恬静的地方。

师：淳朴、平静、恬静，这三个词非常好，概括了这个地方的特点。

生：屋顶在雨水的洗礼中还没倒塌，说明十分坚固。

师：经历了雨水的洗涤，经历了岁月的考验，依然如此坚固。

生：这房子就像我老家，在楠溪江那一带。

师：你家是哪里的？

生：岩头的下面。那边也有这种古村，墙头上面会种一些植物，墙角也会种一些蔬菜，也会摆放一些植物。这样也可以看出一些自然的淳朴。

师：那我们到你家看一看。（出示图片6）

师：这是你家吗？有没有同学家的爷爷奶奶、外公外婆，或者是你的老太爷，或者你的亲戚住在这样地方的？说说你的感觉。

生：首先，那个门看起来很古老，门槛已经失去了原来木头的颜色，现在彻底变成了白色。那个水道给我感觉也是比较老的，我们现在的房子肯定不会在旁边修那样一条沟，不小心就踩进去了。

师：那你估计这个水是干什么用的？

生：洗澡。

师：洗澡？洗澡肯定是不行的，如果你是一只小鸡的话倒是可以。（欢笑声）

生：用来灌溉农田、洗衣服或者洗洗蔬菜。

（出示图片7）

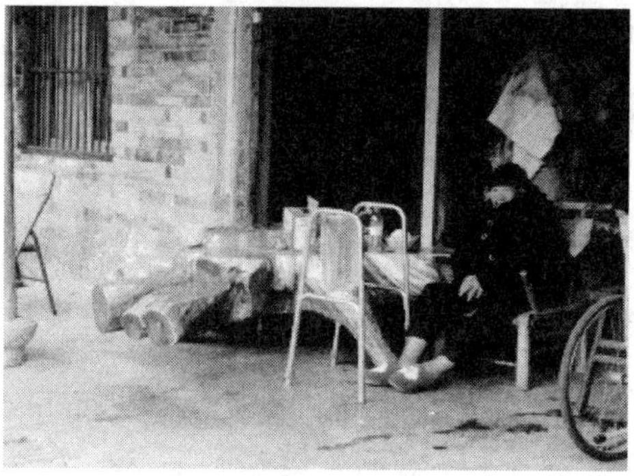

师：这是我在山村里面看到一位老婆婆。看到这幅图，大家想到什么？

生：感觉山村里的老人很孤独，她的儿女可能都在外面打工赚钱，为了给她更好的生活。但是她在情感上，等于说就是空巢老人吧，她过得很孤独，她可能并不想有多少钱，过多好的生活，她仅仅是想和自己的儿女们在一起谈天说地，说说笑笑，这样她就满足了。

师：你读出了她内心的一份寂寞。

生：我觉得那个柱子很古老，还有老奶奶坐的椅子，还有老奶奶穿的鞋子。

生：我在农村里面也看到过这样的房子，有好几所。当时，大门是紧闭着的，里面有人，一个人在里面烧东西吃，当时我感觉心里面有点酸。

师：你心里为什么感觉酸啊？

生：这么大的一所房子，里面就一个老人在里面，就会感觉有点心酸。

师：你觉得这个老婆婆会想些什么呢？

生：希望儿女们可以回家来看看。

生：我觉得，这个老婆婆就像鸟妈妈，她的房子就像鸟巢一样，她把自己的孩子养大了，小鸟刚生出来的时候，鸟妈妈把它养大，等它长成大鸟就可以自己飞走，就像孩子长大了，能自食其力了就离开了。她就像守在那里，等自己的孩子一样。

（板书：鸟巢　老空房子）

（三）读图比较，生发感悟

师：开头我们一起去观察了双龙山山顶的一个被遗弃的鸟巢，接着我们又到永嘉的山区去看了老房子，空荡荡的老房子。孩子们，由被遗弃的冬日里的鸟巢，到一幢永嘉山区的古老的空房子，你知道老师今天为什么要把这两个画面组合在一起了吗？这引发了你的哪些思考？

生：我们会把这两幅图做一个比较，可以产生一些联想，那个鸟巢是空落落的，而这个房子也只有一个老人，给人的感觉也是空落落的。这可以引发我们一系列的想象，想到曾经是怎样的生机勃勃，而如今却是凄凉的。

师：你能不能用一个词语或成语概括一下感想。

生：凄凉、孤独。

师：还能想到什么呢？我们置身于现在的工业社会，物质文明在高速发展，那么面对这样的场景，你还有什么样的感想呢？

生：凄凉、沧桑。时间改变了所有东西。

（以上过程一边讲，一边请学生上来补充板书）

鸟巢

老空房子

凄凉

沧桑、时光的流逝

（出示幻灯片）

我的思考与发现

· 空巢（鸟巢——老房子）

· 鸟（四季）——人（一生）

师：从鸟的四季到人的一生，还要想一想，为什么在我们永嘉这地方会有这样的场景？像上海、北京这样繁华的城市，没有这样空荡荡的街道，也没有那么一位安详的老人在阳光下舒适地回忆自己过去的生活。由此你想到了什么？由我们这双龙山上的环境，和我们永嘉的“长寿之乡”这样的美誉，你还想到了什么？

生：现在都市里的人应该都是忙忙碌碌，整天都沉醉在工作事务研究上，根本就没有时间像这位老房子里的老奶奶一样很悠闲地回望自己过去的生活。

师：你是一个思想家。

生：现在社会上的人是非常忙碌。

师：忙碌，就少了一份宁静和清闲。但是我们希望要多一份宁静，多一份淡泊之心。

生：上海、北京这种大城市里的人生活节奏都很快，没有机会停下来好好体会身边的事情和美景，但是像我们永嘉这地方，有些老人可以留下来过慢生活。

师：这个词用得真好，慢生活。现代人向往的那种慢生活。（出示幻灯片）

我的思考与发现

· 空巢（鸟巢——老房子）
· 鸟（四季）——人（一生）

· 宜居之地——永嘉山水
· 关爱老人——常回家看看
· 心灵家园——精神的栖息地
· 学会适应——寻找下一个家乡

师：同学们，由鸟的四季到人的一生，由现代社会到远古时代，山水永嘉是我们的宜居之地，所以才有了鸟儿的四季欢唱，才有了永嘉“长寿之乡”的美誉，我们来写这篇文章，写一写永嘉的山水，写一写普通的鸟巢，写一写安详的老人。

刚才还有同学提出来，老人是孤独寂寞的，我们也可以倡导现代人在关注经济发展的同时，也要关爱空巢老人，常回家看看。我还在想，这鸟巢是小鸟的家乡，永嘉的老房子也是我们心灵的家园。所以我在夜里两三点钟忽然醒来，想起了我的家乡在江苏，里下河水乡是我的故乡，是我心灵的家园，也是我魂牵梦绕的栖息地。鸟巢，鸟去巢空，老房子，人去房空，现代社会里我们还要学会适应，毕竟岁月在流逝，社会在进步，每一个人都在寻找下一个家乡，所以像我这样一个江苏人，跑到永嘉已经一年半了，永嘉已经是我的第二个故乡，因为这里有美丽的山水，又有你们这么可爱的小朋友。课后同学们写一写有关鸟巢、永嘉山水或老房子这些话题的文章，写出自己的发现与思考。

另附板书

鸟巢 —— 凄凉

沧桑、时光的流逝

宁静、淡泊之心

老空房子 —— 慢生活

【教学感悟】

写作的过程就是“看见”的过程，如何看见？看见什么？也是写作教学急需解决的问题。因为素材选择与立意提炼，一直是写作教学的难点。熟视无睹，是生活中常见的现象，也是学习写作必须挑战的关口。本课的设计意图，旨在教会学生观察的方法，能够发挥联想和多角度观察，同时学会思考，发现自然之景（废弃的鸟巢）与社会之景（山村老宅）之间的联系，生发感悟，抒写性情，表达思想。

写作需要“多情”，“多情自古伤离别”“多情应笑我”之类的佳句，离不开一个“情”字。带着温情、爱心去看风景、看世态，才会领略四时之景、朝暮之景、阴晴之景的妙处与情趣，才能够洞察人心、人情和人性。本课先看冬日山顶暮景，再看山间淳朴老屋。观看的同时，即情感融入的过程，如本课通过“假如我是一只小小鸟”“假如我是山区的孩子”等角色体验，让学生进入写作现场。总之，观察、表达的过程，也是陶冶性情的历程。

第四章　综合性学习

第一节　有效整合：提高语文综合性学习品质

审视当前语文综合性学习状况，由于教师语文教育观念的狭隘、课程资源开发意识的淡薄以及教学内容有效整合意识的缺失等因素，在一定程度上制约了语文综合性学习的有效开展。学生对语文综合性学习的兴趣不浓，突出表现在以下几方面：一是单一化，只进行听说读写的单项训练；二是功利化，追求目标的快速达成；三是拼盘化，与语文之道渐行渐远。

鉴于此，语文综合性学习不能让学生远离实际生活，更不能着眼于为了眼前考试成绩的短期效益，而忽视了语文综合实践活动的实施。我们应让学生走入生活，关注生态，敬畏生命，在“三生”教育中整合课程资源，优化教学策略，实施有效评价，开发创造潜能，提高语文素养。

一、与语文相融，聚焦语文综合性学习的核心元素

据有关调查表明，学生学习语文的兴趣，随年级的增高而呈下降趋势。为什么原本趣味无穷的语文，却让许多学生觉得枯燥无味，甚至产生厌恶、恐惧的感觉呢？这显然与语文教学的封闭化、单一化、机械化分不开。

因此，语文综合性学习丰富了对话的渠道与形式，倡导学生不仅要与文本对话，还要与自我、社会和自然对话，在听说读写实践中感受语言、领悟语言、积累语言、形成语感，进而形成正确理解并运用祖国语言文字的能力。

如在一次“说不尽的桥”综合性学习中，教师充分突出了活动的“语文

味”，把活动主题定为“领略桥文化的魅力”，立足于当地教学资源，发动学生利用网络等多种途径搜集、整理、分析资料，同时开展小组合作探究，自行确定成果汇报形式。汇报课上精彩纷呈，高潮迭起。学生围绕“谈桥说名”“桥与文学”“桥的故事”“桥意新析”四个探究话题展开活动，形式多样，有相声、演讲、故事、配乐朗读等，同时交流收集的谜语、诗歌、对联等，特别是在活动拓展延伸部分，设计了三个活动：①看图给桥配对联；②给校园中的小桥命名；③给南京长江二桥配导游词。整个活动紧紧围绕语言训练这条主线，让学生领略桥文化魅力的同时，提高了听说读写的能力，懂得了学习语文的方法。

语文综合性学习内容的选择，应把握好一个度，如果任意扩展，就会丧失“语文”的学科属性，走向“泛语文”“非语文”的歧途；但也不可过于单一，体现不了“综合”的特点，变成单项的学习。

如专题《广告多棱镜》是苏教版九年级上册中综合性学习的内容之一。笔者查阅相关材料，发现有关本课的设计存在两种倾向：一是过度强化综合性，集中于多种广告（特别是电视广告）的交流欣赏，徜徉于声色鲜活的多媒体之中，这种形式缺少言语实践，弱化了“语文”的学习；另一种则窄化了专题学习的内容，仅仅作为应用文写作课，进行枯燥乏味的语言训练，忽视了广告丰富的文化内涵和社会意义。鉴于此，笔者在教学设计时，安排了“广告文化吧：世界，因有品位的广告而精彩”这个环节，先让学生欣赏世界名牌波司登羽绒服的广告词：

因为你，我爱上这个城市 / 因为你，我爱上这个季节 / 你，让这个城市变得浪漫 / 你，让这个季节变得美丽 / 你，让这个世界变得精彩 / 世界，因你而美丽。

学生朗读诗句，初步感知广告词内容，评析这则广告的妙处。如从语言文字上来看有三美，一是意境美，浓浓的诗意；二是音乐美，整句散句相结合，节奏富有变化；三是语言美，拟人、排比等修辞手法的运用。另外广告词也突出了商品的特点：冬天的浪漫、美丽而精彩。接着欣赏视频广告并体会多媒体广告的妙处（富有磁性的男中音，悠扬舒缓的音乐，唯美浪漫的画面），认识到现代广告运用多种媒体增强表现力，通过声音、画面、音乐、文字的有机组合，让人们身临其境。最后教师做小结。

这样的设计基于广告语写作的实用价值和文化价值的结合，体现了工具性与人文性的融合，有利于学生语文素养的形成。

二、与生活接轨，发挥语文综合性学习的生态效应

语文综合性学习超越课本学习的局限，要求学生深入自然环境、社会背景或社会活动领域，开展探究活动，形成对自然、社会和自我的整体认识，培养良好的情感、态度和价值观。在活动的过程中，关注学生、教师、活动主题与实际生活构成的语文学习情境，发挥生态效应，促进学生之间、小组之间、师生之间的有意义的学习，科学设计课程方案，合理实施，综合评价，才能取得理想的效果。相反，如果采用松散式学习，放任自由，教学目标就无法达成。

例如，在“荷”专题学习时，抓住“中国荷藕之乡”这一地方教育资源，开展了“请到荷藕之乡宝应来”的综合性学习，包括以下几项内容：

◎参观荷塘，欣赏水乡风光　（摄影、写作观察日记）

◎为宝应荷藕产品写广告词，作广告画　（广告策划与创作）

◎走访农民家庭，了解荷藕生长情况和经济效益　（口语交际、写采访稿）

◎采访水仙集团，了解荷藕产品的加工销售情况　（调查访问、小组汇报）

◎幻灯片制作——“请到荷藕之乡宝应来”（发送至“宝应信息港”网站）

这几项内容的实施，单凭某个小组来实施是不大现实的。我们采用“招标会”的形式，各个小组中标以后，再以小组为单位组织实施。我们充分尊重学生的需要和兴趣，让学生自己选择学习目标和内容，自主设计、自主探究解决问题的方法，自己决定活动结果呈现的形式，以培养和发展学生的主体意识和探究能力。每一位学生都有参与活动、展示自我的机会。在整个活动的过程中，培养了学生搜集、筛选、整理资料的能力，锻炼了学生发现问题、分析问题、解决问题的能力。学生在体验与探究中不断成长，在参与和融入中不断成熟。

必须引起重视的是在学生自主合作学习的同时，教师不能作壁上观，应该发挥援助、指导的职能。钱理群教授指出：“所谓语文教育的本质，就是创造优良的语言环境，提供丰富而科学的良性语言刺激，把学生学习语言的潜能激发出来，把他们想象、创造等多方面的智能的潜力开发出来，得到充实、升华与提高，获得健康的优化发展。”

如上述案例中练习商业广告的写作。教师要帮助学生明确学习目标：写作商业广告词，要求主题鲜明、感情真挚、构思新颖、语言简明。接着指导写作商业广告的一般步骤：第一步，熟悉产品的特点和功效，关注消费者的心理和需求；第二步，确定广告主题，进一步了解产品的性能、特点、成分、优势，寻找广告的创意点；第三步，创意构思，写广告语，征询意见，反复修改，选取最富创意的广告语。

接着学生之间交流搜集到的荷藕产品资料，了解宝应荷藕产品的不同特点和功效，寻找广告语的创意点。小组内部交流讨论，互相评价修改。最后学生展示优秀的广告语，解释自己的创作思想，进行集体评价。这样学生的合作学习体现了生态效应，学习过程中就会有广度（跨学科学习）、有深度（语言与思维的同步发展）、有温度（师生之间的情感互动）。

三、与生命相通，引领语文综合性学习的精神走向

语文教学只有具有生命的灵性，才能具有生命的创造力和包容力，才能发挥个人的潜能，丰富人的心灵，从而唤醒对真善美的内在追求。语文综合性学习必须关注形成性评价，让学生在综合性学习的过程中领悟生命的奥秘，体验人生的意义，才能使教育的生命境界得到提升。如“感受自然”综合性学习单元，其中有一项“我有一个‘朋友’”的主题活动。开展这一主题活动，绝不仅仅是为了获得写作题材，也不是通常意义上的“秋游”，而是要关注学生在“投向”“对话”“结交”的具体活动过程中的投入、体验和表现，引导学生以心灵贴近自然，在与自然对话与倾听的过程中，获得自己独特的体验、感悟和遐思。

综合性学习关注生命教育，语文教师不能照搬教参上的教学目标，应根据专题学习的实际情况，设立评价目标体系，并选择相适应的评价指标，然后用具体、简练的语言将其表述出来。如在“《荷》专题”学习时，教参上的参考教学目标为：“学习咏荷的诗文，培养语言的感知能力、想象能力、欣赏能力和对其文化内涵的领悟能力；通过议荷、写荷，从感性认识上升到理性认识，训练思辨能力、口头表达能力和书面表达能力，并培养创新能力。”在具体实施时，笔者结合“中国荷藕之乡”这一地方教育资源，在课内开展“荷诗文”学习的基础上，还在课外开展了调查访问、参观荷塘、广告策划等综合实践活动，师生一起

重新调整了评价目标（如下表）。

三维目标	具体要求
知识与能力	1．学习咏荷的诗文，培养语言的感知能力、想象能力、欣赏能力； 2．围绕专题训练口语交际能力和书面表达能力。
过程与方法	1．从报刊、书籍或其他媒体上获取有关资料，讨论分析问题，独立或合作写出简单的研究报告； 2．调查访问，互相讨论，能用文字、图画、照片、PPT等展示学习成果。
情感态度与价值观	1．感受合作学习的成功和愉快； 2．领悟荷文化内涵，提高审美情趣。

综合性学习拓宽了生命教育的渠道。我们应该以综合实践活动为契机，丰富生命教育的内涵，增加生命教育的深度。我们要注重学生对生活的感受和体验，引导学生学会健康愉悦地、自由而负责任地、智慧而富有创意地生活。例如，在组织“这就是我”这一综合性学习时，把活动目标仅仅定位在“口头作文”训练上，就显得单一肤浅了。实际上，以“这就是我”这一主题作为七年级的第一次综合性学习，至少还应容纳以下几个方面的内容：

1．结合课文学习，反思自己的成长过程，敬畏生命，珍爱生命，进而发现、体悟生命的价值；

2．展现自己的个性特长、兴趣爱好，在寻求别人理解的过程中理解别人，进而学会沟通，学会合作；

3．学会调适自己的角色，学习在各种社会活动情境中发展自己，得体地推荐自己。

陶行知先生指出：“教育没有独立的生命，它是以民族的生命为生命。唯有以民族的生命为生命的教育，才算是我们的教育。”综合性学习在关注学生个体生命的同时，应将个体生命与民族的生命融合在一起，才能提高生活质量，提升生命意义。在人生的道路上，学生可以借过去留在心里的形象、情感、思想，得到一种慰藉、一种动力、一种激励，成为自己人生的一种资本。

四、科学与人文相融，走向语文综合性学习的理想境界

美国自然教育家约瑟夫·克奈尔《与孩子共享自然》中提及：科学的任务是描述事实是什么样子，但人内心深处对自然的感知是科学无法完成的。通过环境游戏和活动，孩子们可以真正地接近自然。因为感觉这个世界远比知道和理解这个世界更重要。当我们对某一种事物有了感情上的联系，我们就会从更深层次上去关心它。语文综合性学习，追求科学与人文融合的意义就在于此。

语文综合性学习跨学科、跨领域的特点，促进了语文综合实践与学科课程、活动课程、地方课程的紧密结合，也渗透了科学与人文融合的机缘。如围绕“莲的魅力”这一活动主题，可开展系列学习活动，如科学研究（莲的历史、品种及用途等），文化研究（搜集描写莲的古诗文），艺术活动（画一幅爱莲图、编一首采莲曲）等，涉及语文、音乐、美术、计算机教育等多门学科，这样不仅促进了学科间的渗透，也使活动充满挑战性，在感受文化魅力的同时，品味探索科学奥秘的乐趣。

五、《广告多棱镜》专题教学设计

【设计思想】

本课设计力求目标集中，内涵丰富，层次清晰。教学目标指向于实用文写作技能的习得和传媒文化意蕴的领悟。广告是传播信息的一种方式，也是一种文化。本课教学重点定位于广告语的欣赏、评价、创作过程的指导。创意广告语往往借助巧妙的修辞手法、叙述方法，用美学与艺术来包装自己，因此了解广告的多种媒介手段及其特点，可以帮助学生提高媒体素养和审美能力。本课安排了“感知—欣赏—评价—创作—反思”等系列环节，循序渐进，通过解读广告语到创作广告语，提升学生搜集信息、分析信息、加工信息的能力，从感性走向理性，从而体现了语文综合性学习的功能。

【教学目标】

1. 了解广告的一般知识，交流欣赏广告语，培养学生的理解能力、赏析能力和口语交际能力。

2. 认识广告语创作的基本要求，尝试运用广告创意的基本原理写作公益广告和商业广告。

3. 辨析广告的优劣，领略广告的文化内涵，提升学生的媒体素养和审美能力。

【课前准备】

1. 收集有关广告的故事。

2. 整理几则自己欣赏的广告语，并说说欣赏它的原因。

3. 请就现实生活中广告语的不规范现象，举例谈谈你对规范广告用语的理解。

【教学过程】

（一）广告知识窗：了解广告的一般知识，探究广告的发展历程

1．认识广告与生活的联系。

法国传媒学者罗培尔·凯兰说过这样一句话：“我们呼吸的空气是由氧气、氮气和广告组成的。”“我们生活在一个符号的王国里，而广告就是这个符号帝国的国王。”说说这两句话对你的启发。

明确：广告与我们的生活密不可分，广告对我们生活的世界产生了重大影响。

2．导入课题。无论我们走到哪里，无论把眼光投向哪里，都无法躲避广告的侵扰。打开电视机、收音机是广告，翻开报纸杂志是广告，挤进地铁与公共汽车是广告，最后竟至于你闭上眼睛或做梦时也还是广告！广告在我们的生活中正在扮演越来越重要的作用。今天就让我们一起进行专题学习——《广告多棱镜》。

3．阅读“广告知识窗”，说说你获取了哪些信息。

学生阅读文本，筛选信息。

了解广告的概念、创作目的、创作过程及形式等。

4．阅读探究：广告的发展历程，你有哪些发现？

（展示PPT）

> 古代广告：实物广告、音响广告、装饰广告、印刷广告等。
>
> 现代广告：印刷广告、广播广告、电视广告、网络广告、橱窗广告、路牌广告、车身广告、包装广告、电话广告等。

明确：随着现代科技的发展，广告形式多样，媒体增多，影响更大。

（二）广告点评台：交流优秀的广告语，认识广告语写作的基本要求

1．交流“我最喜欢的广告语”，并简要说明理由。

小组讨论：这些广告为什么会让人喜爱？学生展示补充。

2．集体讨论。

第一组：下列广告表现了怎样的主题？

热带雨林——地球的肺。

人类的最后一滴水，将是环境破坏后悔恨的泪。

1 + 1 = 2，一棵树 + 一棵树 = 一片树林。

除了相片，什么都不要带走；除了脚印，什么都不要留下。

第二组：下列广告运用了什么修辞手法？有什么作用？

情系中国结，联通四海心。（中国联通）

魔鬼的外在，天使的内涵，还犹豫什么呢？（明基笔记本）

肌肤好像剥了壳的鸡蛋。（玉兰油美容面膜）

美睫飞翘入云霄。（美宝莲摩天翘睫毛膏）

第三组：下列广告突出了商品怎样的特点？

有酸有甜，有“自”有味。（优酸乳）

幸福女人，钻石人生。（钻石）

营养作主，我行我素。（绿色蔬菜）

第四组：说说下列广告如何突出品牌特色。

喝汇源果汁，走健康之路。（汇源果汁）

非常可乐，非常选择。（非常可乐）

新春新意新鲜新趣，可喜可贺可口可乐。（可口可乐）

飘柔，就是这么自信。（飘柔洗发水）

3．师生共同总结归纳好的广告语的标准。

一是主题明确，要起到良好的宣传作用；二是突出宣传事物特点，形象鲜明；三是简练易懂，巧用修辞，增强艺术效果；四是求异创新，幽默且具有吸引力；五是讲究品牌策略，把商品品牌列入重要位置，并强化商品的名称、牌号，以强化公众对其品牌深刻的印象。

（三）广告批评栏：辨析广告语的优劣，掌握广告语写作的原则

1．下列广告有何创意？你如何看待这种现象？

洗衣机——爱不“湿”手

玉石工艺店——“石”全“石”美

胃药——无“胃”不至

蚊香——默默无“蚊”

止咳药——“咳”不容缓

可从正、反两方面认识这种现象。赞成：化用成语，运用谐音手法，富有新意，突出了商品的特点；不赞成：滥用成语，语言不规范，容易对青少年学习规范的汉语造成不良影响。

2．如何对待广告语。

如果没有广告，面对琳琅满目的商品你就会无所适从；请就现实生活中广告语的存在问题，举例谈谈你对规范广告用语的理解。

示例：

立即好神贴，包治各种疑难杂症。

天翔驾校，学费低廉，免收学杂费。

牙好，胃口就好，吃嘛嘛香。

胃病又犯了，快去请四大叔。（斯达舒）

小结：广告语存在的问题很多，如内容虚假、夸大宣传、格调低俗、语言表达错误。在当今传媒时代，广告语撰写应遵守的基本原则是恪守诚信、客观准确、情趣健康、语言规范。

（四）广告创作室：创意写作练习，走进传媒时代的必然选择

1．辨析公益广告与商业广告的区别。

商业广告

目的：追求商业利润。

重点：强化商品特点，诱发购买欲望。

导向：物质消费、娱乐至上。

公益广告

目的：提升公民道德。

重点：聚焦社会公德，强化社会责任。

导向：品德追求、公益情怀。

2．创作练习一：公益广告的写作。

请拟一条以“公民义务献血”为内容的公益广告词。

3．创作练习二：商业广告的写作。

“生态绿洲，荷乡宝应。”请你为宝应荷藕产品写一则商业广告词。要求：主题鲜明，感情真挚，构思新颖，语言简明。

（五）广告文化吧：世界，因有品位的广告而精彩

1．欣赏广告。

小结：现代广告运用多种媒体增强表现力，通过声音、画面、音乐、文字的有机组合，让人们身临其境。

2．反思小结。

通过本课的学习，说说自己的收获。

3．教师小结。

走进传媒时代，让我们的广告少一些商业气息，多一点诗意情怀；少一些夸大其词，多一点社会责任；少一些低俗信息，多一点精神追求。世界，因有品位的广告而精彩！

第二节　现代媒体素养课程资源的开发与实施策略

步入信息时代，电视、电影、网络以及充斥于身边的形形色色的广告媒体，以其声音、图像或声像混播的方式替代了单纯的纸质文本呈现，其声色鲜活的海量信息，或让学生不知所措一片迷茫，或使其深陷其中无所适从。因此，培养学生的媒体素养，是信息时代语文教育的崭新选择，也成为信息时代现代公民的迫切需要。

培养学生的媒体素养，首先有利于学生思维品质的提升。现代媒体信息最大的特点是瞬时性，与传统文本信息相比，信息的接受、编码、储存、分析、转换、输出的速度要求更快，更能培养学生的注意力、理解力、表达力以及批判性思维能力。其次，有利于学生语文素养的综合提升。媒体素养课程将语文课程学习与现代生活连接在一起，拓展了语文学习的空间，激发了学生的学习兴趣，不仅涉及理解信息、解释信息、筛选信息，而且教师和学生一样成为探索和发现的主体，除了进行听说读写等能力训练，还可以进行媒体解读能力训练，激活学生的创新能力。下面结合《一次有意义的集体视听活动》（苏教版八年级上册第5单元）语文实践活动课例，试述媒体素养课程开发的基本要素及实施的基本策略。

一、媒体素养课程开发的基本要素：目标、内容、形式及时效

在传媒事业飞速发展的今天，传播媒介带给人们各种各样的信息，这就给课程内容范围的确定带来一定难度，既不能只关注部分媒介内容，也不能将所有的媒介内容形式都囊括。因此，进入语文教育视域的媒体素养课程，教师必须进行选择和组织合理、有效的课程内容，才能使课程设计更好地实施。媒体素养课程内容的要素可以概括为目标、主题、形式和时效。

首先是目标的确立。课程开发要求确定一般目标，接着将一般目标化为更具体的特殊目标，又将特殊目标用“行为目标”揭示出来。本课教学目标根据媒体

素养目标、教材单元目标以及八年级学生媒体素养现有水平确立如下：

1．掌握视听的一般技巧，提高视听的效率；

2．从视听材料中析取信息，学会记录并交流汇报；

3．通过视听活动，培养表达能力及媒体解读能力；

4．利用媒体激发思考，丰富生活体验，激发审美情感。

其次在内容的选择上，主要采用融入式。所选定的主题和所融入的课程的教育内容紧密联系。本次活动的主题是“一次有意义的视听活动”，课程选择的内容必须突显“有意义”，并区别于一般视听活动的“无意义”。一是挑选有利于个人和社会发展的重要主题，而并非娱乐八卦之类的题材；二是要贴近学生的生活实际和认识水平，选取新颖别致的媒介话题和材料来调动和增强学生的兴趣，以此来提高教学效果。所以本课围绕主题，以“走近钱学森”为媒体学习素材。一方面，钱老刚刚逝世是一个热点话题，另一方面，本册教材上有一篇人物通讯《始终眷恋着祖国》，记叙了钱学森克服重重阻挠归国的感人事迹。通过学习不仅可以让学生立体地感知钱学森的科学成就和崇高人格，还可以培养学生的媒体解读能力。

再次，选择的内容在表现形式上要丰富全面。既有传统的纸质媒介，如教材上的知识短文，也要有新型的媒介形式，诸如音乐、电影和网络视频等，本课选择的媒体素材如下：

《著名科学家钱学森今日逝世》(陕西电视台《新闻快报》，短消息)

《各地群众悼念钱学森》(北京电视台《新闻综合报道》，消息穿插人物采访)

《感动中国十大人物之钱学森》(中央电视台的节目，颁奖词、获奖感言等)

《钱学森十大经典画面》(网友制作MTV、图片及音乐)

不同形式的媒体文本，既可以增强学生对各种媒体形式的认识，又可以活跃课堂气氛，激发学生的学习热情。

最后，在时效性方面，应把最新或最近的媒介信息作为课堂的教学文本和材料。热点媒介信息最能引起学生兴趣。同时，面对当今瞬息万变的社会，掌握最前沿的信息和资讯，了解各种最新的新闻报道，也成为判断一位公民的媒体素养程度的标准之一。

上述媒体素材均根据教学目标的需要以及教学时间的限制，截取了各电视台及网络视频的相关材料编辑而成。

二、媒体素养培养的基本策略

1．析取信息：媒体素养教学内容的主要取向。

“电子媒介的属性是非线性的、重复性的、非连续的、直觉性的，是靠类比推理去展开的，而不是靠序列论辩展开的。”①在语文教学中，媒体素养教育的目标主要是培养和提升学生获取、识别、分析和制作媒体信息的能力，即以课堂为主要平台，锻炼学生运用媒介工具来获取、分析和制作媒体信息的能力。本课笔者主要安排了以下教学环节：

环节一，导入播放视频《著名科学家钱学森今日逝世》（1分钟），请用一句话概括视频传递的主要信息。学习知识短文《一次有意义的视听活动》，了解文本信息。

环节二，观看视频《各地群众悼念钱学森》（3分钟），这段新闻报道依次传递了哪些信息？请及时记录要点。从图像中你还发现了哪些信息？

环节三，播放视频《感动中国十大人物之钱学森》（4分钟），这则视频传递了哪些信息？分要点列出。视频中让你最感动的一个细节是什么？

环节四，播放视频《钱学森的十个经典瞬间》（2分钟），观看视频，给画面配解说词。

上面的四个环节，大致包括这样一些处理信息能力的训练：概括信息（用一句话概括）→梳理信息（记录信息要点）→筛选信息（抓住信息细节）→制作信息（根据画面配解说词）。同时，通过分析、质疑、交流和自我表达等技能的培养来提升学生的自主学习能力。如在环节二，先让学生观看视频，然后让学生自己整理，最后再进行小组交流。交流时引导学生梳理内容要点：北航学生冒雪来到钱学森铜像前献花；各地网友网上发帖吊唁；家乡杭州人民来到钱学森故居哀悼。然后让学生用一句话概括新闻的主要内容，即各地群众采用独特的方式悼念钱学森。接着研讨图像信息的细节内容：哪些图像信息表明了北航学生对钱老逝世的哀悼之情？学生纷纷回答，有“雪地铜像周围献上的一朵朵菊花，雪地上留

①马歇尔·麦克卢汉：《理解媒介——论人的延伸》，何道宽译，商务印书馆2000年版，第4页。

下的学生前来哀悼的足迹"，"接受采访的两位学生表情肃穆，语气哽咽"，"一位学生轻轻拂去钱学森铜像头顶的积雪，为钱老戴上红绒线帽子"，"还有一位学生在雪中将雨伞丢在一边，向钱老雕像三鞠躬"……通过这样的训练，学生在理解信息、解释信息、筛选信息的同时，获得审美价值及精神意蕴。

2. 知识梳理：媒体素养培养的必要支援。

媒体素养的提高需要相关知识的介入，在学生获得陈述性知识的基础上，教师应侧重学生策略性知识、过程性知识的习得。例如，上述案例中，课堂上先引导学生学习教材上的知识短文《一次有意义的集体视听活动》，了解怎样提高视听的效率。学生通过研读文本获取相关信息，一是准备充分，明确视听的目的；二是态度端正，集中精力；三是方法科学，要抓住重点，理清要点，抓住主要情节、人物，关键语句、段落，准确把握信息。在此基础上，教师结合引导归纳板书（如下图）。

四到
- 眼到（目不转睛）
- 耳到（聚精会神）
- 手到（记录重点、要点、关键词）
- 心到（体验思考）

当然，仅仅了解这些静态的知识是远远不够的，因为知识的习得关键在于在训练过程中引导学生不断运用、总结。视听练习时最难的是多种感官的综合调度。本课通过多种方式加强训练，如在观看视频之前，提醒学生复述问题并做记录；在播放视频的同时，提醒学生记录关键词；看完让学生自己整理记录的信息，再进行小组交流。为了让学生"入心"，走进人物的内心世界，设置了两组情景对话：第一组，看了这则视频，如果让你在网上留言，你会写些什么？第二组，如果你就是那献花的学生，你会对蒋英奶奶说些什么？课堂小结环节，让学生围绕学习目标总结。学生的总结全面而深刻：

我明白了视听时应该抓住内容要点、画面的细节，及时做好记录，决不能三心二意。视听结束后应该整理出一个大概的顺序来。（高旭）

在观看收听节目时，我们应该认真地看，仔细地听，抓住重点记好笔记，并用心思考，才能提高效率。（翟博雅）

观看视听材料时要做到四到，这样对材料理解更透彻，同时注意视听材料的

重点，并作适当记录，另外对于新闻材料要有自己的理解……（汪洋）

显然，在学习的过程中渗透策略性知识的指导，只有不断练习、矫正、总结、归纳，才可以让学生真正受用，并转化为实实在在的能力，达到提升媒体素养的目的。

3．综合训练：媒体素养培养的基本途径。

媒体素养的训练不同于以语言（主要是纸质文本呈现的书面语言）习得为主的学习活动，作为一种综合性的学习方式，它还涉及音乐、图像和声像符号等形式，因此不仅可以进行听说读写等能力训练，还可以进行媒体解读能力训练。如本课其中的两个环节：

环节三，播放视频《感动中国十大人物之钱学森》。

（1）这则视频传递了哪些信息？分要点列出。

（2）其中让你最感动的一个细节是什么？

（3）如果你就是那献花的学生，你会对蒋英奶奶说些什么？

环节四，播放视频《钱学森的十个经典瞬间》。

（1）观看视频，给画面配解说词。

（2）学生写作。

（3）小组交流展示。

环节三主要进行视听、说话、记录等训练，其中梳理视频信息以及交流视频中的细节，涉及媒体解读能力，如交流细节时不仅要关注人物讲话的神态，还要观察舞台、音乐等。环节四给画面配解说词，将视听与写作训练结合起来，涉及媒体解读及创作能力，如解读画面内容，观察钱学森归国后的十个经典画面；关注画面色彩特点，黑白老照片显得庄严肃穆；聆听配乐，基调舒缓感伤。把握了媒体的特点之后，学生创作的解说词就不是一般意义上的写作训练，而是富有创意的超文本写作。当学生配乐朗读自己的作品时，已经是参与到媒体的创作过程，并感受到媒体的魅力，提高了学习的效率。

听说读写与媒体解读能力是互相渗透、紧密联系的；听读属于理解的范畴，说写属于表达的范畴，而媒体解读能力将理解、表达紧密结合在一起，引起学生的联想和想象，让学生感受美、欣赏美、创造美，使学习目标在智力活动、表现与娱乐的多种活动中轻松实现。“语言的进步是在学生相互作用、彼此合作、与教师的合作、与其他成人的合作情境中产生的。这种交互作用让学生探索自己的观点，获得反馈，以他人的洞察力为基础合作地构建知识。”[①]在学习过程中，小组合作交流形式为媒体交际学习提供了各种各样的学习情境和机会。在丰富的学习环境中，激活了学生的思维，陶冶了他们的审美情趣。

4．媒体文化：媒体素养培养的理性追求。

有传媒教育学者认为，媒介所衍生的大众文化借由快速传布的过程与深入意识的洗脑作用，导致传统文化的节节败退；为对抗媒介的大众化“会腐化新生代的品位与习惯”，应积极采取免疫式的观点进行媒体教育。语文课程承担着文化传承的重要使命，从接触媒体到媒体素养的养成，进而形成媒体文化，是每位语文教师应该积极承担的责任。

媒体文化观照生活，是当下生活的认识与提升，引领学生在消费文化面前不至于迷失方向；媒体文化关注生态，在消费文化与传统文化之间，营造一片绿色的精神领地；媒体文化注重生成，关注社会热点，通过分析、质疑、交流和自我表达等技能的培养来提升学生的媒体素养；媒体文化润泽生命，“媒体是人的延伸”，充满生命关怀的媒体文化，可以引领学生具有担当意识。本课最后环节安排了学生结合视频朗诵解说词。在舒缓哀婉的音乐声中，全班同学走进钱学森的精神世界，领略了媒体文化的精髓。现节录学生的两段解说词如下：

在雪花纷飞的冬季，钱学森爷爷离开了我们，但他对国家的贡献，人民是不会忘记的。五年归国路，他冲破重重困难，决然回到祖国母亲的怀抱。在戈壁荒滩，他不辞劳苦，不懈研究，“两弹一星”工程他有着卓越的贡献。被国家领导人接见，与高级知识分子交流，他一如既往地笑着。现在，他走了，我们依然怀念着……钱老，一路走好！（陈静仪）

钱老去世了，他留给我们一个个精彩的瞬间，那一张张画面印在我们的心中！看，国家主席去医院问候他，身处病榻的他同样用热情的微笑回应；看，钱老抱着比他小一点的奖杯，可表情只是那种谦虚的笑；看，他与海伦交流谈笑风生……在一张张黑白照片中，他不仅留给我们别样的精神，也留给我们那永恒的

①钟启泉：《国际普通高中基础学科解析》，华东师范大学出版社2003年版，第496页。

热情和谦逊的微笑……（谢蓉）

目前，教育中存在的应试教育倾向、课业压力大等难题，向媒体素养教育提出了不少挑战。有专家以为，媒介素养教育“教程”的编写难度较大。同时，“媒介素养教育应该贯穿于学生成长的全过程，不同年龄层的教材编写应符合学生的身心特点与认知水平，这都使媒介素养教育的教材开发者面临挑战”[①]。在语文课程中开展媒介素养教育，需要从课程目标、课程内容、课程组织与实施以及课程评价四个方面展开探讨，还需要根据课程设置、教材内容和学生情况等现实因素来确定和实施。对教师来说，除了自己需要尽可能接触大量新近的媒体信息、学习多种媒体操作技能、提高自身媒体素养以外，还需要了解学生的媒体接触情况，对学生做出适当的引导。这样开发的课程资源才会实用，学生的媒体素养才会切实得到提高。

①俞水：《小学教学的一种尝试：媒介素养教育的本土实验》，《中国教育报》2009年7月26日。

第三节　从“习字”到“书法”：提升写字教学的品质

课改十年以来，初中写字教学一直处于被淡忘的角落。初中有“写字”无“教学”，学生大都在自然状态下习字，有点悟性的学生会有些进步，而大部分初中生的书写水平仍然停留在小学高年级水平。语文教师在写字教学方面大都没有作为：一是限于自身书法水平无法为之；二是语文教材上的写字教学内容也没有引起足够的重视，大部分初中语文教师没有认认真真上过一节写字课。这些因素导致初中写字教学处于困窘的境地。

一、新课标初中写字教学透视：提高学生书写素质与体会书法审美价值并重

有学者提出“文化书法”的概念，“书法是文化的指纹”“从中国书法的本意来看，它应该是一种文化、一种修为”①。为贯彻《国家中长期教育改革和发展规划纲要（2010~2020年）》精神，教育部为了全面实施素质教育，继承与弘扬中华民族优秀文化，制定《关于中小学开展书法教育的意见》。《义务教育语文课程标准（2011版）》也进一步明确了初中阶段的教学目标与内容，主要包括：在使用硬笔熟练地书写正楷字的基础上，学写规范、通行的行楷字，提高书写的速度；临摹名家书法，体会书法的审美价值；写字姿势正确，有良好的书写习惯。

在“实施建议”中指导更为具体，一是周期加长，写字是“贯串整个义务教育阶段的重要教学内容”，每个学段都要指导学生写好汉字；二是注重过程与方法的指导，要求“写字姿势正确，指导学生掌握基本的书写技能，养成良好的书写习惯，提高书写质量”，“在日常书写中增强练字意识，讲究练字效果”；三是将“习字”上升为“书法”的层次，引导学生“按照规范要求认真写好汉字”，因为“练字的过程也是学生性情、态度、审美趣味养成的过程”。自然，专家也明确指出，中小学开展书法教育不是为了直接培养书法家，而是为了培养国民的

①王岳川：《中外书法名家演讲录》，北京大学出版社2008年版，第228~233页。

汉字识认和书写水平，当然也为培养书法家打好基础。[①]

第四学段教学评价中明确，要“关注学生基本行楷字的书写和对名家书法作品的临摹”，还要“关注学生写字的姿势与习惯，引导学生提高书写质量”。同时强调，“评价要有利于激发学生识字、写字的兴趣，帮助学生养成写规范字的习惯，减少错别字”。由此看来，初中阶段写字教学的着力点在于提高学生写字素质和培养学生的书法审美能力。

二、现行教材写字单元教学内容审议：以人教版、苏教版、语文版教材为例

版本 年级	人教版	苏教版	语文版
	硬笔书法与书法作品赏析	名家书法赏析	行楷字书写
七（上）	写好硬笔行楷字（丁永康、司马彦硬笔书法作品）	王羲之(《兰亭序》《乐毅论》) 颜真卿(《多宝塔碑》《颜勤礼碑》《祭侄文稿》)	楷书与行楷 行楷字的笔画组合
七（下）	行楷字的笔画组合	无	常用独体字的书写训练 常用偏旁及隶字的书写
八（上）	欣赏王羲之书法(《兰亭集序》《丧乱帖》)	米芾(《苕溪诗帖》《蜀素帖》) 赵孟頫(《花山淮云院记》《汲黯传》《赤壁赋》)	行楷字的书写原则（一） 行楷字的书写原则（二）
八（下）	欣赏唐人草书	无	行楷字书写布局的基本排列形式 行楷字书写布局的幅式
九（上）	无	庞中华(《唐诗楷书》《钢笔尖下情思》) 孙晓云(《王博滕王阁序诗》《柳亚子初至玄武湖有作》)	无

通过观察我们发现，三个版本的教材在教学目标、编排体系及学段要求上各异，主要体现在以下三个方面：

①刘潇：《专访柳斌——书法课程要鼓励学生多练习》，《语言文字报》2012年5月11日。

一是教学目标与内容不同。人教版兼顾硬笔行楷字书写及书法作品赏析，苏教版仅有“名家书法赏析”，语文版侧重“行楷字书写”。

二是编排体系不同。人教版及苏教版均将相关内容安排在“附录”中，语文版则穿插在各单元。人教版按照从硬笔到毛笔、从临摹到赏析的顺序编排，赏析字体从楷书、行书到草书；苏教版“名家书法赏析”按年代顺序，由晋唐到当代，涉及楷书、行书及硬笔书法；语文版以汉字书法练习规律为序，从笔画、结构、布局等要素进行系列指导。

三是各版本教材年级要求不同。人教版及语文版在7~8年级安排了相关内容，苏教版在7~9年级上学期附录中设置相关内容。苏教版3讲，人教版4讲，教材内容比较单薄；语文版教学内容相对较丰富，计8讲。

针对现行三种版本教材写字教学内容的利弊，启发我们思考教材编写的改进之路。

1．规范写字教学目标与内容。苏教版仅有书法赏析，语文版只安排行楷字书写，人教版虽兼顾上述两点，但硬笔行楷字书写仅有1讲，很难达成教学目标。依据《义务教育语文课程标准》（2011年）要求，第四学段写字教学主要集中在两点：一是“在使用硬笔熟练地书写正楷字的基础上，学写规范、通行的行楷字”；二是“临摹名家书法，体会书法的审美价值”。教材编写应兼及两方面内容，并进一步细化形成体系。

2．写字教材内容必须摆脱处于教材的“附庸”地位。不能将写字教学内容编排在“附录”中，成为教学的“鸡肋”；应该学习语文版教材的做法，变“选修”为“必修”，将写字与阅读、口语交际、写作、综合性学习相并列，穿插在各单元的语文教学系统之内。当然，更不能因为市场上有写字教学的选修教材，就将“写字教学”从语文教材中删除。

3．初中各年级均应编排写字教学内容。识字、写字是贯穿义务教育阶段的重要教学内容，不能因为九年级中考前的学习任务重，就取消了写字教学。实际上，中考时学生书写马虎、不规范的现象相当普遍。每个年级可以安排6~8讲写字专题内容，初中三年可共计18~24讲。

三、师范·自习·善评：提升初中写字教学的品质

（一）形神兼修，提升教师书法内功，陶冶高雅情操

提升写字教学品质的第一要义便是语文教师对书法内功进行修炼。可以想象，一个书写水平不高的教师，怎能让学生写得一手好字？一个对于中国书法一知半解乃至毫无审美眼光的教师，又怎能让学生热爱书法并感受书法无穷的魅力？因此，一名初中语文教师不仅要能写好规范、美观的硬笔楷书和行楷字，还要对中国书法的历史、书法名家的风格、名家代表性碑帖等有一定的鉴赏水平，这样才能完成课标写字教学的目标。

教学生写行楷字，教师必须懂得行楷字的笔画特征、结构规律、谋篇布局的一般常识，同时能够写好规范字，对学生习字中的优缺点，能够辨别评价并作出相应示范指导，这样学生才会有法可依，有章可循。

同样，上书法作品欣赏课，如果教师仅仅照本宣科，将教材文字材料读上一通，学生根本无法领会名家书法的妙处。相反，一位精通书法的教师，不仅能够讲透书法的精髓，还能适当地作出示范，这样才能让学生更加形象、直观地领悟书法之道。如欣赏王羲之的《兰亭集序》，为了了解该帖笔画的起止、转换、顿挫，教师可以用毛笔示范书写“映带左右”的“带”、“茂林修竹”的“茂”，笔画的轻重变化、游丝连绵，自然显现在学生眼中；为了体会结体的变化多端，教师可以书写开篇的六行中的三个“之”字，全篇的二十多个“之”字，各具情态。

当然，写字教学效率的提高，教师要具有一定的书法内功外，还要善于进行教学设计，关注学情，确立适切的教学目标；根据教材开发教学资源，选择适宜的教学内容；设计科学的教学方法，善于运用多媒体辅助教学，激发学生的写字热情，写字课才会从日常的习字上升为书法的学习。

下面是一位教师“行楷字书写布局的幅式”（语文版教材八年级下册）教学设计。

【教学目标】

1．结合范作欣赏，介绍幅式的种类。

2．通过观察、临摹和尝试创写，使学生掌握幅式的大小比例和落款字体大小。

3．引导学生在书写过程中体会书法的艺术魅力。

【教学过程】

1．由一则书法家故事，激趣导入。

2．点击多媒体，了解幅式的种类；议一议示例作品采用了哪种幅式来表现，说说作品的幅式特点。

3．点击多媒体，观察课本中作品落款有什么特点，说说课本中作品的落款属于哪种形式。

4．任选书本中一例进行临摹，体会书写的幅式和落款的要求。

5．学生临摹练习，教师指导点拨。

6．当堂反馈，选择其中的一种幅式创作一幅行楷字作品。

上述设计大致包括这样五个环节：①情境导入，激发兴趣；②提问引领，自主探究；③指导归纳，合作讨论；④异步指导，自练自评；⑤拓展延伸，当堂反馈。写字课教学设计应遵循学生自主学习与教师点拨引导相结合的原则，注重师生之间、学生之间的互动对话，引导学生自我探究、自主发现、自我评价。

写字课教学要充分发挥多媒体展台的功能。一是利用课件展示名家作品，介绍书法常识，总结习字规律等；二是利用投影仪，展示学生的习作，评优讲劣，直观便捷，收效明显。事实上，语文教师一学期能精心上好几节像样的写字课，学生就会受益终身。

（二）法趣皆备，提高学生书写质量，培养审美趣味

书法有“法”。“学习笔法，首先得学会‘鉴’，仅凭自己观看不得要领，须由师指点，方鉴笔法之妙处、之弊端。”[①]学生习字只有得法，才会有长进；如无法可依，即使反复练习多遍，收效也不明显。如何让初中生习得书法的入门之道呢？

1．软硬兼施。首先，软笔书法与硬笔书法道理相通，“钢笔书法的结字审美标准和结字方法和毛笔书法完全相同”，“学习钢笔书法无论如何离不开毛笔书

①孙晓云：《书法有法》，江苏美术出版社2010年版，第149页。

法”[①]，初中生在小学阶段一般都有毛笔字练习的功底，初步了解基本笔画、基本结构的书写规律，懂得临帖的一般步骤。因此，用硬笔书写汉字不仅仅要求写端正规范，还要美观高雅，这就必须借鉴毛笔的书写原理，并将其运用到硬笔书法中来。其次，可以用硬笔临摹毛笔书法作品，如学习正楷字，可以临摹王羲之的《乐毅论》、赵孟頫的《汲黯传》；学习行楷字可以临摹王羲之的《兰亭集序》、赵孟頫的《赤壁赋》。如果能把《兰亭集序》临摹十多遍，基本就能把握行书的运笔、结构和章法的基本规律。

2．赏练相济，欣赏与训练相结合。欣赏名家碑帖，不仅能激发学生的兴趣，拓宽学生的眼界，还能提升学生的书法审美水平。但光看不练不行，只有在自身实践中才能切实提高书写水平。所以，我们努力培养学生读帖与临帖的良好习惯。“正规学习的起步阶段，首先遇到的并不是手上的功夫即一般意义上的技巧动作的不足，而主要的倒是在于观察力的不足。”[②]“读帖”强调观察的精细程度，“察之愈精，拟之愈似”；“临帖”则要揣摩对照，反思得失。这样，书写能力才能不断取得进步。

3．集中练习与分散练习相结合。有研究表明，在写字教学中，学生练习的时间相对分散一些，其效果要好于集中的练习。[③]因此写字教学应贯穿在学生的学习生活过程中。首先要重视作业书写的规范，从写字姿势到写字基本技法的训练，应在平常课堂上予以观照。其次，在写作教学中，渗透写字教学。写作教学评价重视学生书写质量的高低，利用学生书写作文的机会，强调书写规范及美观的意义与要求，更容易促进学生良好写字习惯的养成。再次，在古诗文教学中，融合写字教学。建议学生选购古诗文硬笔书法字帖，学生在临摹古诗文字帖的过程中，一边领略经典的文化之美，一边感悟硬笔书法的形式之美。

习字的过程既是一项技能训练，也是聚精会神、陶冶性情、情趣迭生的历程。书法之趣源于教师的精彩讲解与展示，源于学生面晤书法精品的惊讶与叹服，源于学生临摹创作过程中不断尝到进步的喜悦。

---

①骆恒光：《钢笔书法应以结字为上》，《中国钢笔书法》1994年第3期。

②陈振濂：《准确的临摹——观察力的培养》，《青少年书法》1993年第3期。

③袁彬：《中小学写字教学实验报告》，《上海教育科研》2011年第11期。

(三) 多元评价，规范书写汉字，领悟中国书法之美

教育部《关于中小学开展书法教育的意见》中明确指出，“通过书法教育对中小学生进行书写基本技能的培养和书法艺术欣赏，是传承中华民族优秀文化，培养爱国情怀的重要途径；是提高学生汉字书写能力，培养审美情趣，陶冶情操，提高文化修养，促进全面发展的重要举措”。因此写字教学评价主要涉及两个方面，一是书写基本技能，二是书法艺术欣赏水平。

多元评价的目标首先是三维的，从知识与能力、过程与方法、情感态度价值观三方面进行整体评价。以2012中考试题为例，江苏、山西等地均将写字纳入考卷当中，且考查方式灵活多样。

山西省中考第一题考查三种字体的临摹书写：

隶书蚕头雁尾、楷书方直端庄、行书流水行云。请选择“翰墨”的其中一种字体，临摹在方格里。

南京市在综合性学习项目里设置试题如下：

①感受书法魅力，推敲欣赏感言。下面感言中画线处不够满意，请你修改。

楷书、行书、草书是最常见的书法字体，它们给人别样的审美感受。打个比方，楷书如人端正站立，行书如人悠然行走，草书如人刚劲大气。三种字体各具情态，令人赏心悦目。

②利用下列材料，开展主题研究。

从“形似”到“神似”	大书法家颜真卿	起笔与收笔	兰亭集序
行云流水的笔墨舞蹈	多宝塔碑	王羲之的故事	飞云泼墨话草书

汪淳将研究的主题定为“临摹的方法”，挑选了材料《起笔与收笔》和《从“形似”到“神似”》。你将研究的主题定为“________________”，挑选了材料《______________》《______________》。

第一题考查书法风格的辨识，同时附录了《颜卿礼碑》《兰亭集序》《古诗四帖》碑帖图片，直观形象，以便学生用自己的语言表达对草书风格的理解。第二题是主题研究，涉及临摹方法、书法家故事、书法家与其相应代表的碑帖及草书的相关知识，将书法知识的学习、书法风格的体认与书法学习的方法等结合起

来，进行综合性考查。如果语文教师没有认认真真地将教材上的写字课上好，学生是很难正确地完成上述任务的。

写字教学评价方式也是多元的。一是要将定性评价与定量评价相结合，二是要将形成性评价与终结性评价相结合。

《上海市九年义务教育写字等级标准》提出，一级、二级考试均由硬笔书写和毛笔书写两大类组成。考试由硬笔书写和毛笔书写组成，评分硬笔占60%，毛笔占40%，成绩记入《上海市学生成长记录册》。语文考试时，写字将单列评分，初中占总分的2%。上海市的定量评价与九年级进行的终结性评价所起的作用是不可低估的。

评价方法除了纸笔测试外，还要采用观察记录、问卷调查、面批交流等方法。书法学习不仅是技能习得的过程，也是审美体验的过程。因此，过程性评价关注学生的学习过程，如建立学生个体写字档案，将学生不同时期的代表性作品、写字达标证书、书法获奖证书等归档存放，让学生看到成长的足迹，增加学习书法的信心。另外，还要关注评价主体的多元与互动。写字教学要将师评、学生自评与学生之间的相互评价结合起来，促进学生的自我反思与互动激励。同时，教师的激励性评价更易激发学生学习书法的热情，尊重学生的个体差异，让每位学生尝到写字进步的快乐，享受书法审美的愉悦之情。

第五章　在思与诗之间

第一节　品书·悟道

一、语文人生：在沉思与言说之间——读《李海林讲语文》有感

初识“李海林”，是因为十年前在扬州大学上研究生课程班配发了一套自学用书，其中一本即他的《言语教学论》，书的封底内衬印着“知识青年”李海林的黑白照片，他站在书籍林立的书橱前，眼镜片后的目光专注，一副沉思状；十年后，他的又一本专著《李海林讲语文》在语文出版社出版了，打开封面内页，一幅彩照及作者简介告诉我，李海林已是知名学者，目光依旧那么专注。

李海林从一名普通的农村中学的语文教师到高校任教，又回到中学任校长；从岳阳到浙江金华、上海浦东，这样的人生轨迹留给我们无限的思考。李海林在书中谈“我的语文人生”，为我的许多疑团找到了答案。说来惭愧，李海林的那本《言语教学论》，我仅读了序言和后记等不多的篇目，但那长长的参考书目清单令我难以忘怀：参考书籍65种，引用论文76篇。开始筹备写作这本书时，李海林31岁，五年以后这本书正式出版。书的封底上写着这样一段话：“五年来，对语文的种种思考缠绕着我，折磨着我，使我殚精竭虑、欲罢不能。当我沿波讨源，逐层推进达于理论的核心时，我发现自己站在一个巨大的挑战面前。”

行者无疆，思者有悟。

“你把思考作为一种生活方式，它也便成为快乐的源泉。我思考，我存在。

我思考着，也便快乐着。”

李海林一路行走，一路沉思，一路言说。近十年来，只要看到杂志上署名“李海林”的论文，笔者都会仔细研读。报刊上关于语文教育的学理精辟的文章少之又少，李海林却以“批判性、严谨性、逻辑性”独领风骚。从学科性质的争辩到新课程改革语文教学面临的种种难题，他皆有独到、清醒、正确的认识。这本书中的《我的语文理念》一节，精选了他的各个时期的代表性论文，浓缩了他的语文教育主张。从《椭圆形——语文教育研究形态描述》开始的关于语文教育研究的研究，到“语感教学论”“言语教学论”“语文新课程评论”，我们看到的是李海林的“我主张”，不人云亦云，不因袭陈言。

读这本书，我不仅关注李海林睿智的思考和深刻的言说，更关注他对语文教育的情怀。“是的，二十余年来，我从未中断过对语文的真义的探寻，我与你朝夕相伴，我与你耳鬓厮磨。”语文成了他心中的“伊人”，他用“所谓伊人，在水一方”来描述对语文教育理想的追求：执着而多情，敏感且幸福。

笔者也试着为李海林的成长路径寻找节点，尝试着反观自己的专业成长步伐。

20岁。李海林师范大学毕业，在乡村中学度过他的激情岁月，不颓唐，不退缩，有理想，有作为。20岁的笔者已中师毕业，在乡村小学任教，在进修取得本科学历后碌碌无为。

30岁，而立之年。李海林赴高校任教，开启了他的“理性时代”，发表了一系列有影响的论文。而30岁笔者仅在市级刊物上发表了一篇教学论文。那一年，笔者结识了“李海林”，第一次知道原来语文教师也可以这样写论文！

40岁，不惑之年。李海林在《我的教学语录》中这样写道：“必须过了四十，人才能在‘惑’中醒悟过来，‘悟’到人生的境界其实就是‘回到自己的内心’：幸福来自于自己心灵的深处，而不是来自心灵以外的任何地方。”我在40岁这一年，读到了《李海林讲语文》，“语文人生、语文理念、语文实践、语文语录”四个章节，一个个细节变得鲜活起来，一系列思想的火花再次碰撞绽放，语文人生原来可以如此描摹！

季羡林先生曾引用王国维《人间词话》中的词的三境界来形容求学的历程：

“衣带渐宽终不悔，为伊消得人憔悴”为第一境界；“昨夜西风凋碧树，梦断天涯路”为第二境界；“蓦然回首，那人却在灯火阑珊处”为第三境界。我想，李海林是深知其三昧的。把“沉思”和“言说”作为生活的基本方式，是一种痛并快乐着的人生状态。

去年在某杂志上读到一组他人与李海林合作写的关于写作教学的文章，笔者发现其中的观点前后有不一致的地方，且没有多少新意，于是写了一封信寄往他现在所任教的学校。一日在邮箱中收到他的回信：“感谢你的批评。当时在网上聊的时候也没有想到会发表，所以也没有认真考虑过。今后凡发表的东西，当要慎重。”治学严谨如此令人钦佩！

近两年先后听了李海林的几场报告，他有着湖南口音的普通话听起来很有个性：精练、干脆，却不乏幽默，会场上总会不时响起会心的笑声。讲语文教学，讲教学管理，讲教师专业发展，每一个领域他都有独到深刻的见解。

笔者曾去过岳阳。岳阳是李海林的家乡。笔者私下猜度，“岳阳楼”与“洞庭湖”给了他语文人生的高度与广度，八百里烟波浩渺的洞庭湖扩充了他的文化胸襟，范仲淹“不以己悲，不以物喜”“先忧后乐”的淡泊与豁达提升了他的人生境界。于是读这本书，一个个文字符号的背后便也充溢了水汽云烟、诗情画意……

二、荡漾着优越感的语文——读董桥《文字是肉做的》

初识董桥是从他的散文《给后花园点灯》开始的：

“大厦一扇铁门一开，走出两位小说里的少女：扁扁的黑鞋，扁扁的胸部，扁扁的国语，扁扁的《爱眉小札》，扁扁的初恋，像夹在书里的一片扁扁的枯叶。台北是中国文学的后花园：商业大厦里电脑键盘的噼啪声掩不住中文系荷塘残叶丛中的蛙鸣；裕隆汽车的废气喷不死满树痴情的知了……”遥远的台北后花园，荷塘残叶，痴情知了，蛙鸣，还有与你我擦肩而过的扁扁的少女……在董桥先生的生花妙笔的点染下，鲜活而灵动，于是我相信原来“文字是肉做的”。

《文字是肉做的》是文汇出版社出版的一本董桥先生的随笔集，收集了20世纪90年代中期董桥先生的文化思想评论及文学散文100多篇。作为作家、翻译家、资深编辑的董桥先生，在散文、译著等方面著述颇丰，他喜欢也善于观察古今带有文化趣味的事情，领会个中寓意，然后回过头来斟酌眼前的文化现象以及现象背后的语文课题。《文字是肉做的》这本书有智慧，有真情，有笑声，有泪影，诚如先生所言："人心是肉做的。我相信文字也是。"

其实我们也在寻找有意味的文字。随着董桥先生逡巡于"文化之林"，从媒体上找"字虱"，领悟其间微言大义以及语文之道。"张三闹穷，故此要向李四借钱。"他认为"故此"应改为"因此"或甚至都不用；"他自小便聪明过人""那个女孩长大便更美了"，他认为"'便'字前头配'大'配'小'都不雅，中外皆忌讳"。不用最好。

阅读本书可以让我们触摸到董桥先生捍卫母语尊严的良苦用心。第一辑写于香港回归前，他提出"善待母语，维系尊严"。不妨读读《先求达意》《带点威严的文字》《文字受洗》《不要经典要经读》《语文神游太虚幻境》等篇章，我们从中不但可以领略作文之道，更会对母语产生深深的敬意。

董桥对文字的敬意，还体现在努力修炼自身的学养、情趣、见识。他精于文物收藏，字画、竹雕、玉器、古籍……多年的玩赏使他领略了中国文化的精髓。他习惯娓娓道来，文字如陈年老酒，醇厚绵长；行文如行云流水，洁净、自然；结构如苏州园林，束放自如。他的文章连标题也玲珑剔透，雅韵逸致，雅致者如"桂花巷里桂花香""鸣凤款步走出月亮门""浅尝那杯女儿红"；蕴藉者如"密密缝，早早归""听那桨声，看那灯影""古道西风鞭瘦马"；幽默者如"猪小姐叫巧克力蛋糕""在黑暗中的抛媚眼"；时尚者如"莎朗·史东写小说""陈冲也读Kundera""关注温碧霞的姿色"……每一个标题就是一句诗。在跳跃的诗行间，我们感受着文字的温度，触摸到文字的质地，领略着文字的神韵。

华灯初上，夜色阑珊。翻开这本有着烫金封面的书页，"在中国情怀下亲一亲脸"，让"文章不长皱纹"，我们心中自然"荡漾着优越感的语文"……

三、文字的品格，教育的真意——读叶圣陶随笔《生活教育》

北大出版社在叶圣陶先生逝世20周年之际推出的《生活教育》这本随笔，为我们打开一扇窗，从"生活美文""人与教育""人生修养"三个角度，辑录了60多篇随笔。信手翻来，一位平实纯朴的长者便活生生地站在我们面前——

生活美文：过一种“值得”的生活

“从此我不再仰眼看青天，/ 不再低头看白水，/ 只谨慎着我双双的脚步；/ 我要一步步踏在泥土上，/ 打上深深的脚印。”这是《双双的脚步》一文中叶老引用朱自清先生的诗句，也表明了自己一生的行走方式：脚踏实地，过一种“值得”的生活。1921年10月27日，他在《生活》中描绘了旧中国茶馆、茶社、上海马路上各种人的生活，慨叹道：“他们的生活就是这样了”“一切事情用时兴的话总希望它‘经济’，用普通的话说起来就是‘值得’”。让我们在叶老的“生活美文”中看看他的日常生活渗透的价值所在。

“但兴趣并不专在看花，种了这小东西，庭中就成为系人心情的所在。”城市的水泥地面无法种花，他便在十来个瓦盆里种上牵牛花，从墙头垂下十条麻线，然后每日静观藤蔓回旋向上的轨迹，悟出“生之力”的默契。(《牵牛花》)住在上海的弄堂里，“一·二八”停战后，他又在天井里种了柳树、夹竹桃、绿梅、紫藤、蔷薇……(《天井里的种植》)

不仅情系花草，叶老交往人物也一往而深情。他觉得朱自清“并非玩世，是认真处事”，故与他交往尤为密切，上海火车站送别时“佩弦的米通长衫的背影就消失在站台的昏茫里了”。(《记佩弦来沪》)朱自清去世一周年时，他写下《佩弦周年祭》，惋惜“你为什么不迟死半年”，因为这样就可以亲眼看到北平的解放，还可以学别人的样子扭秧歌。我们还可以在他的文章中认识到弘一法师静默中透露的难言的美，还有“只把教育认作他的终身事业”的夏丏尊先生，具有“自学精神、组织能力、博爱思想、友爱情谊”的胡愈之先生……

人与教育：成为独立不倚的人

读“人与教育”一章所辑的一组文章，可以丰富我们对于教育的理解。

关于教育的目标，叶老赞同陶行知的“生活教育”，即教育是“为己”，发展知能，一辈子真实受用，成为“独立不倚的人，不比任何人卑微浅陋的人”。而今，我们教育的短视行为比比皆是，一味关注分数的高低，漠视学生独立人格的培养，回避精神追求，教育目标日趋功利化、粗鄙化。

关于教育与人生的关系，叶老归纳为三点：认识自己，革新自己，成就自己。叶老本意是针对中学生而言的，其实究其本质，已涉及“终身教育”的要义。在信息社会，这三点可以理解为完善人生的三部曲：不断认识自己，准确定位；不断革新自己，刷新角色；反思学习，铸就成功人生。

关于教育的方式，不妨学习叶老换位思考的方式：“亲爱的弟弟，我的话很幼稚，又很不具体……”（《假如我有一个弟弟》）“我如果当小学教师，决不将投到学校里来的儿童认作讨厌的小家伙、惹人心烦的小魔王……”（《如果我当老师》）85岁高龄的叶老听到《来自中学生的呼声》中反映的“片面追求高考升学率”现象，呼吁“解救他们已经是当前急不容缓的事”。（《我呼吁》）

人生修养：“自觉”得来的方能灵心彻悟

本书的第3辑“人生修养”，不仅可以了解叶老修身的途径，也可以让我们澄清专业成长的许多模糊认识。“教育事业原是教师自己做的，教师不能只等旁人来‘觉我’。要靠自己觉悟。”细心浏览一下当下许多教师业务培训活动，培训内容可谓丰富多彩，担任培训的讲师或是专家学者，或是名师骨干，但往往收效甚微。原因何在？扫描培训现场可略知一二，台上报告，台下闲聊，看报纸者有之，玩手机者有之，更有打瞌睡休息者。“凡是人生的一切，从‘外铄’得来的，虽言表名理，行合正谊，也不过是被动的；若是从‘自觉’得来的，便灵心彻悟，即知即行。”这是1919年2月27日叶圣陶在《今日中国的小学教育》结尾的一段话，这时他才25岁，身份是一个小学教师！也许正是他的高度“自觉”，才促进了他的专业成长，成为一个教育家，成为现代文学史上的杰出作家。

荣宝斋的彩色木刻画，弘一法师的书法，丰子恺的漫画，俞曲园先生的曲园，朱佩弦的一首诗……这些温润了叶圣陶“文字的品格”，也铸就了他人生的光辉，也许叶老的人生轨迹便是“生活教育”的绝好例证。“檐外蛛丝网落花，也要留春住。”这是丰子恺画集扉页背面的题词，叶老特别欣赏，大概是为了留住一些刹那间的感受，我们是否有所觉察呢！

四、教育悖论：知其不可为而为之

——读丹尼尔·科顿姆《教育为何是无用的》

今天如果有人宣称“教育无用”，人们肯定会认为他是愚昧狂妄的；如果他还能说出“教育为何是无用”的理由，无疑是需要一定学识和勇气的；如果又能将“教育为何无用”条分缕析著书立说，自然会引人侧目而视。美国学者丹尼尔·科顿姆，便是这样一个人。

笔者前不久来到华东最大的图书批发集散地南京长三角图书市场，在文街墨巷中游走时，便惊诧于这一摞摞书本之间所透露出的玄机。经过两三个小时的扫描式阅读后，笔者在“唐人书店”的一排新书架上巧遇了这本带有“蛊惑”意味的译著——《教育为何是无用的》。

丹尼尔·科顿姆认为不能简单地将对教育的敌视视为一种野蛮、愚蠢和虚无主义的反应，他从全新的角度阐述了自己独到的观点。他在序言中列举了教育无用的一连串理由：打破常识，脱离实用，脱离理想，难以沟通，心灵麻木，意志消沉，身体虚弱，自命不凡，个性沉闷，沦为奴仆，变得叛逆，变得贫穷，变得骄纵……然后，从人性、爱、美、身份、生存和功用几个方面系统论证了教育的无用性。不要以为这种菜单式的说明仅是作者炫耀自己学识的简单罗列，其中不乏充满智慧的隽永语句：

教育是一种奢侈品。

教育服务于精英阶层，而非真理。

当代学生对名利的追求，大学转而成为“知识工厂”。

教育是权力的伪装，权力的机构，也是掌握权力的方式；除此之外，教育无任何意义而言。

教育让我们变得娇生惯养，变得软弱，让我们认为在世间的生活就像一页一页地翻阅学术杂志一样安然无恙……

这些关于教育本质平实而又崭新的叙述，时时触动着阅读者的神经末梢，如“当头棒喝”，引发我们对许多司空见惯的教育现象进行思考。当不少学府不惜举债包装豪华门面修建高楼大厦时，我们还记得梅贻琦先生所谓大学不在于“大楼”而在于“大师”的忠告吗？当贫困生大学毕业难以就业反而不如小学毕业的“打工仔”时，我们能说知识一定能改变命运吗？当中小学生诉说“起得最早的人是我，睡得最晚的人是我”时，我们又能对于这样的现状做多少改观呢？现代教育教给学生的是如何在竞争的阶梯上获得自己的利益，如何迎接现代社会的实实在在的身份分配规则。它显性或隐性地提示我们每个人：你不必为什么真理而认真，你不必为理想而烦恼。因为，生活不存在善的价值的高低，而在于你在教育与社会的阶梯上爬了多高。

教育的“世俗化”已变得如此亲切，面对严峻的生活不在于坚守精神的良善，而在于如何占有和成功。当我们极力宣扬“爱的奉献”的同时，是否触动了受教育者的“恻隐之心”；当我们忙于许多应景式的德育活动时，是否思考过真正有效的成分又有多少；当我们的教育在倡导“以人为本”的同时，是否真正关注到人性的价值引导。正如本书作者所说，如果我们打算全面彻底地思考教育的本质，那么，我们就必须想想教育的无用性。他坚信：绝望之中潜藏着对人类每一次努力的期待，教育是无用的，人类会以正视这种绝望而不是在绝望面前屈服的方式展开。因此，阅读此书我们不仅不会对教育绝望，而会以另一个视角洞彻教育的真谛。

不少教育理论著作或晦涩艰深，令人难以卒读；或平淡如白开水，充斥着许多永远正确的“废话”。此书独辟蹊径，语言鲜活幽默，资料翔实生动。作者视野开阔，旁征博引，涉及文学、哲学、艺术、电影等诸多领域。思想家从亚里士多德到蒙田、培根、尼采；文学家从阿里斯托芬、拉伯雷到哈代、福柯、乔伊斯……因此，阅读此书如登山探险，极具挑战性。这种富有挑战性的阅读，往往能够提升我们的阅读品位。在与作者及其文本对话的过程中，穿越语言的丛林，有思想的闪电激活我们已钝化的思维，也有视界敞亮后的欢欣与鼓舞。

教育在我们的个人意志、我们的社会生存和人性观念的夹缝中艰难立足，因而它更容易成为让我们发泄不满的现成目标，但我们不能回避这些或善意或恶意的指责。王尔德曾说：“如果教育要有所成就，那么它就立志成为一种艺术。”在教育的朝圣路上，让我们不妨与“唱反调”的丹尼尔·科顿姆结伴前行，且行且思考……

五、童心的图解与言说——读范曾《十翼童心》

读一位画家的散文集是一个看似容易却无比艰辛的过程，尤其是对于范曾这样的大家。

书的封面上是范曾的一幅水墨人物画：卧着的巨石上，书童与一猴争抢一水果。书童圆脸盘细眼睛，嬉笑着；猴子神情凝重，高举左臂奋力相争；中间的水果儿各用一线相牵，一来一去，得失之间，洋溢着童心猴趣，似乎暗合了右边的题签——“十翼童心”。

随手翻开书页，不急着读里面的文字，看着作者的一幅幅人物画，一片灿烂的童心扑面而来：

《童子与老人》一章中的《春风初沐》，画一老翁与小孙子坐于飘拂的柳枝下，老翁手执烟袋闭目养神，童子正与三只雏鸡嬉戏；而《有事田畴》《岁岁丰稔村翁自乐》等幅图画，皆描绘一派闲适自在的田园生活。范曾画得最多的还是老子与童子，《老子演易》《老子出关》等画作中的老子颜面和悦，背略弯，须发飘逸，童子憨厚纯朴，活泼可爱；老子紧贴着童子，童子紧随着老子，老子与童子合二为一，这大概就是其中透露的玄机。

《童子与动物》中的一组画似乎染上了一些漫画色彩，《童子与鱼》《童子与猿》《童叟戏鼠》《青牛童子》《饲兔童子》等图画中，猿猴、老牛、蟾蜍、蜻蜓、小鸟、仙鹤、布老虎等一旦与童子结缘，其演绎的故事人情定会让你忍俊不禁。如《小童与猪倒立图》描绘稚童与小猪练武——比赛倒立，画家的题字更让阅者捧腹大笑：“美利坚之宠物无奇不有，竟有妇人某饲一大猪，甘之以食，美之以服，同卧牙床，谓猪之智在犬以上。今写稚童与小猪比武，非虚构也。”

读到这里，不要以为这是一本美术普及读物，细品范曾先生的文字，方知其笔如椽，激情澎湃，哲思飞扬，文采斐然。例如首篇的《童心论》，作者概括了李贽的《童心说》中敏锐而智慧的创见：“童子者，人之初也；童心者，心之初也。”童心是会遽而丢失的，当此之时，“童心既障，于是发而为言语，则言语不由衷；见而为政事，则政事无根柢；著而为文辞，则文辞不能达”。

接着阐释荀子、老子的“童心”，乃大人之心，圣人之心；进而论及宋明理学家张载、朱熹和王阳明的有关见解，并结合王国维“词人者不失赤子之心者也”的论断，引发涉及历史、哲学和整体文化的大议论。

“童心”已作为天地大美的存在渗透到一切领域，它和年龄无关，只和宇宙间一切美的、真实不欺的存在有关。它是光明的所在。当人类整体失去童心的那一天到来的时候，地球将会走在宇宙的坍塌之前，掉进永夜的、万劫不复的黑洞。

范曾先生的言论振聋发聩，令人警醒。我们暂时撇开这种洞彻宇宙的宏论，回到教育学的角度去审视“童心”，也会有许多启发。

童心在于“一切皆有可能”。加拿大著名学者马克斯·范梅兰教授这样为“儿童”定义：“何谓儿童？看待儿童其实就是看待可能性，一个正在成长过程中的人。”范曾一小品画题为“小沙弥诵经心不在焉”，并介绍故事背景：小和尚不热心诵读佛经，被方丈缚柱上，用足尖蘸泪水画一小鼠，方丈感动，不再阻拦。后来这位小和尚成为一代画圣，他的名字叫雪舟。我们对于读书心不在焉的学生又是如何处理的呢？是呵斥训诫，还是针对学生个性因材施教？在许多时候，需要我们教师换一把尺子待孩子，每个孩子都有发展的可能性。

童心在于坚守“本真”。我们倡导本真教育，是因为我们的教育许多时候失去了“本”，违背了“真”，离“本真”渐行渐远。流于形式的教育活动层出不穷。范曾以为，心灵的事只有用心灵的方法去解决。我们更多的是用政治的、军事的、商业的方法处理心灵的事务，结果导致孩子的心里充斥着对抗、仇恨、市侩的因子，童心也渐渐一天天地丧失殆尽。

童心还在于呵护孩子的“好奇心”。“好奇心是一切科学技术探索的原动力，我们鼓励人类的好奇心，因为有了好奇心，才有一个生机勃勃的人类，才有‘苟日新，日日新，又日新’的科学世界。”这是范曾于20世纪末写的《警示钟》一文中的语句。只有呵护好孩子的“好奇心”，才会有课堂上的大胆质疑、激烈争辩，才会激发孩子的灵性，绽放创造性思维的火花；扼杀了“好奇心”，也就将专制种植在幼稚的心田，使他们只能墨守成规，战战兢兢度日，庸庸碌碌一辈子。

童心之于教师，不仅仅在于以儿童之心理解儿童，还在于教师自身常怀“敬畏之心”。范曾认为，一个人常具敬畏之心，就可以与天地无障地来往，无敬畏则有拒绝之心，无敬畏者无怀抱、无包容，童心会丧失殆尽。有敬畏之心则会身心收敛，于商品经济社会恪守教师操守，重视自身人格修为，如曾子“日三省吾身”，变化气质，少烟酒味，少市侩气，这样自会养成一段高逸儒雅之气。

孔子在《易乾凿度》中说：“仲尼五十究易，作十翼。”范曾也有自评：“痴于绘画，能书。偶为辞章，颇抒己怀。好读书史，略通古今之变。”显然，范曾取“十翼”为字，寓“通古今之变，成一家之言”之意。“十翼童心”是说作为画家的范曾的一片童心，还是蘸墨挥毫偶为辞章的范曾的“童心论”？抑或还有其他深意，只有留给细心的读者辨别了。

六、孔子：在雨中歌唱的行吟者——读林语堂先生的《孔子的智慧》

“而最为我喜爱的，是孔子真个在雨中歌唱。”这是林语堂先生在《孔子的智慧》一书中的妙语。“两脚踏东西文化，一心评宇宙文章”的林语堂先生向西方推介这本书，不仅可以让西方人了解中国古代先贤的智慧，也可以让我们对格式化的孔子印象得以刷新，从而走近孔子，走进《论语》，与孔夫子谈心，与《论语》对话。

跟随林语堂先生读《论语》，首先在于读书方法的启迪。他不纠缠于具体语句的阐释，而重在方法的引导。林语堂先生以为，《论语》属于零星片断而飞跳飘忽的风格，阅读自然需要读者的凝神苦思。同时可以参照两位宋代大儒的意见。朱熹读《论语》如此提醒：“明白原文的字面是一回事，体会其意义又是另一件事。读书的正当方法是费苦心思索。”而程伊川的意见颇有当代阐释学的意味：“把《论语》中发问者的问题，当作你自己的问题，把孔子的答话当作对你而发，如此，必得到实在的益处。”

通过《孔子的智慧》走进《论语》，既见树木，又见森林。研读林语堂先生的《导言》，可以了解孔子思想的特性和品格的特点；读附录的司马迁的《孔子传》及林氏的译文，可以知人解文；再读《中庸》《大学》，了解儒学的基础、伦理与政治观点；接着解读《论语》，渐入佳境。林语堂独辟蹊径，节选《论语》，透过选文展现在我们面前的孔子，已是一个脱尽层层伪装的真实的、立体的、可敬可亲的学者形象。他不是把孔子的“仁”“礼”放在首位，而是先选编“夫子自述，旁人描写”，感知孔子的外在形象，接着走进孔子的感情与艺术生活，领略孔子的谈话风格。尤为奇特的是林语堂先生以为《论语》的一些篇章透露了孔老夫子的“霸气”：

子贡问曰：“今之从政者何如？”“子曰：噫！斗筲之人，何足算也。”

原壤夷俟，子曰：“幼而不逊悌，长而无述焉，老而不死，是为贼。”以杖叩其胫。

同林语堂先生一起细读《论语》，没有理学的玄奥莫测，没有集注的烦琐求证，一切都是那么亲切可感、温润和煦。

我们可以看到容易流泪的孔子。得意弟子颜回早逝，老先生哭得浑身抽搐颤动；偶遇老相识的葬礼，一边痛哭，一边让弟子解下鞍韉的一个配件作为丧礼送去……

我们可以领略充满谐趣的孔子。当郑国有人看见逃亡的孔子描述其为“累累若丧家之犬”，他老人家居然欣然笑曰：“形状未也。而谓似丧家之犬，然哉！然哉！”

我们可以察觉孔子的坚韧。公元前491年，孔子带领弟子们到处漂泊，在陈、蔡两国之间的旷野荒郊，彷徨踯躅，饱经艰险，如一群兽在旷野中流浪。当他们“不得行，绝粮，从者病，莫能兴”之时，孔子却“讲诵弦歌不衰”。

……

司马迁说：“《诗》有之：‘高山仰止，景行行止。’虽不能至，心向往之。”让我们跟随林语堂先生读《论语》，读《孔子的智慧》，也许可以找到一条文化的脉络，触及圣人的脉搏，引起心灵的悸动……

第二节　闲情·雅致

一、经典，人生永远的风景

经典是时间淘洗后留存的精品，它们是人性的画像，是人性的注解。在转瞬即逝的时空里，在人生无以反复的过程中，经典是打败了时间的文字、声音和表情。那些坦诚的语句，那些无畏的呐喊，那些对人类精神的思考，唤醒了我们曾经的期望，鼓舞了面对现实的勇气，不再虚空浮华，怀疑未来。

林语堂这样说："人如无一个心爱的作家，则是迷失的灵魂。他依旧是一个未受胎的卵，一个未得花粉的雌蕊。一人的心爱作家或'文学情人'就是其灵魂的花粉。"生活于不同时代的文人，相距多年，然而他们思想情感却那么相似。正如罗曼·罗兰在谈到他喜欢的音乐大师时说："现在我有我的贝多芬了，犹如已经有了我的莫扎特一样。一个人对他所爱的历史人物都应该这样做。"

在高邮县城读师范时，经常读汪曾祺的散文。高邮是汪曾祺先生的故乡，他的乡土小说大都描绘里下河一带的风俗人情。他笔下幽长的小巷、斑驳的古墙、摇曳的芦苇、浩渺的湖面……读这些文字，仿佛这些画面就浮现在眼前，与笔者的生活如此贴近。他笔下描绘的药店的伙计、庙里的小和尚、小学的教员、骑着白马"接生"的男妇产医生陈小手，好像一个个老乡，读来是如此的亲切。当时同学们纷纷模仿汪老先生的笔法，有几位竟然得其神韵，创作的几篇作品，完全可以加入汪氏乡土小说系列，让老师都难辨真伪。

也许过了几年之后，我们会喜新厌旧，会寻找更新鲜的"文学情人"。但这些刻骨铭心的"恋爱"，会成为人生永远的风景，定格在我们记忆的时空坐标上。

与经典交流需要宁静的心态。面对喧嚣与浮躁，永远不能搭建沟通的桥梁，永远不能走进心灵的圣地。经典中的字字句句，都要由自己的心灵去默默感应，方能"心有灵犀一点通"。余秋雨说："解读经典必须用自己的生命线索来续接，而细若游丝的生命线索是要小心翼翼地抽理和维护的。"

寻找经典多半还要随缘。茫茫书海，何处觅知音？除了图书馆，不妨到书店走走。热闹的宣传，繁忙的销售，崭新的纸页，亮丽的封面，沸腾的商业气息，会唤醒一个人对精神食粮的些许渴求，更何况是我们这些“书痴”！漫步其间，处处让你感到怦然心动，浑身通畅。我们可以关注一下畅销书排行榜，了解热门书刊；也可独处一隅，静心澄滤，思接千载，神游八方。有时找到一本心仪已久的好书，那份欣喜正如“众里寻他千百度，蓦然回首，那人却在灯火阑珊处”。

暑期班上一位叫许咏的学生发了一封电子邮件，向笔者求教应该读些什么书，于是笔者劝她到书店走走，或许会遇到“知己”。后来她选了一本周国平的《各自的朝圣路》。于是笔者当时心想，一个13岁的小女孩读如此艰深甚至有些晦涩的哲理散文，合适吗？能理解吗？没想到二十多天后，她在网上给我发了两篇读后感：《做个快乐的读书人》《尼采与几米的邂逅》。看了题目我有些纳闷，由周国平读到尼采还可以理解，怎么又扯上几米呢？一读才恍然大悟，她这样说：“尼采与几米，生于不同的时代，但他们相遇了。他们的相遇并不尴尬，因为批评世俗，因为个性四射，他们相遇。当然，这一切也在我的脑子里相遇。”更没想到，过了一周她又发来一封邮件，告诉笔者她的习作《做个快乐的读书人》发表在《扬子晚报》上了，并附上了报纸的样张。可以料想，这位小姑娘定会伴着经典成长，一路风景，一路欢歌！

在当今的时代，电视、网络充斥着我们的生活，微博、鸡汤文围绕在我们的周围，经典似乎已经淡出我们的视线，那厚重的图书已经被许多人束之高阁。但笔者依然觉得只有经典才能让人驻足。在阳光下，拿起经典，细细品味，这种景象令人神往。

二、书店，教师的心灵驿站

尽管实体书店呈衰微态势，作为教师，还是应该把书店作为自己休闲的驿站，特别是在商业气息不断膨胀的今天。

出差时只要一有机会，笔者就忙着去书店。这些或大或小的书店，或位居繁华闹市，或藏于陋巷僻壤，或栖于高楼大厦，或隐居于地下。望着书橱中的一列列书籍，一段段故事萦绕心头——

校园外的风景线

从高邮县城的师范学校毕业，笔者在业余攻读五六载，通过了江苏省自学考试专科、本科的25门课程的考试。本以为已告别了求学生涯，但几年以后，闲淡的工作生活又多了几许无聊和失落，为了体验完整的大学生活，笔者报名参加了扬州大学人文学院语文课程论研究生课程班的学习。两年的学习生活，感受了些许大学的氛围，聆听了学者的一些或高深或陈腐的报告，但更多的时候是去逛书店。

去得最多的当然便是校门口的那家书店——大学城书店。三四十平方米的店面，三面书橱一直堆到屋顶，中间又摆放了一个长条书摊，只留一人通过的窄小过道。人居其中，如入书巢。书店虽小，书籍品位却很高，人文、学术类图书颇为丰富，许多书籍连市区最大的新华书店都很难见到。

经常光顾书店的自然是大学生或大学老师。在这里笔者购买过《语文教育展望》和《语文教育沉思录》两本书，也正是这两本书，让笔者走上了语文教学研究之路。特别是前者，成了笔者写作语文教学论文的必备参考资料，或引用作为论据，或借鉴生发观点，受益无限。

只要到扬州开会，有个空闲，便去大学城书店寻几本宝书。一日到扬州开会，中午骄阳似火，因为心里惦念着想找几本好书，于是决定出行。由宾馆向西不远，拐弯向北，沿着一条绿柳依依的砖砌小路，行五百多米拐弯向西即到。在教育、文艺、哲学等类专柜中浏览片刻，发现了李泽厚的三本美学专著：《美的历程》《华夏美学》《美学四讲》。三本书均是铜版纸彩色印刷，打了九五折还须付180多元，颇踌躇了一会儿，终于买下。会议闲暇之余，展读再三，自得其乐。

前年春天又来到此街，左右寻觅不见书店踪迹，问及旁边服装店门市的领班，已不知此书店的去处。在这样日进千金的闹市，坚守这样一家高端的学术书店，真的很难！

笔者也庆幸，大学城书店为笔者的教学研究之旅打开了一扇扇醒豁的窗户，让笔者眺望校园外的知识和学术演绎的风景，开阔了视域，也丰富了胸襟，怎能不怀念呢？

共度好时光

有许多日子下班后不急于回家，是为了到学校附近的人民书店，与书籍相厮守，度过一段难忘的时光。

在学校吃完晚饭，沿着学校门前马路向西踱步，不到200米便可到人民书店。这家书店是2002年上半年开张的，租用县城最大影院的门厅改造而成，足有200多平方米，十分开阔，书架皆用黑胡桃面板装饰，颇有古色古香之气。小县城的大多书店专营学生学习资料，偶尔摆几本杂志装点门面，即使新华书店也难得见到几本让人满意的书，但人民书店经营理念有独特之处，畅销书、专业书几乎与大城市同步，另外两小间辟有旧书专柜，价格低廉得很。笔者时不时可以淘到几本好书，手头的那本精装的《浮生六记》，花了4元便到手了！记得那天下班淘到这本书后，在普浴里洗了把澡，便在氤氲着烟草味、脚气味的浴室中小憩片刻，与沈三白“偷得浮生半日闲”，共享闲情之趣，品尝人生坎坷的忧愁，浪游天涯的快慰；艳羡其妻芸的聪颖贤惠，也为这对伉俪后半生的辛酸生活掬一把同情之泪。直到浴室跑堂的老伙计再三催促，方知浴室即将打烊，只好合起书回家再读。

在书店读书有一绝佳位置，靠着幕墙玻璃有一长条木椅，椅旁放一热带鱼鱼缸，在晶莹的灯光掩映下，水草摇曳，数条小热带鱼自由游弋，自得其乐。耳畔响起低沉悠扬的音乐，有瑞士班得瑞的仙乐，有用古筝、萨克斯演奏的流行歌曲，有时放蔡琴的抒情歌曲，舒缓绵长，极尽雅致。有一次，放了一盘诗歌朗诵的CD，皆为现当代诗歌名作，朗诵者水准颇高，将诗歌意境演绎得淋漓尽致。于是在这样的氛围中笔者开始了一次次的阅读之旅。

第一次走进周国平的哲理散文世界，从《各自的朝圣路》到《安静》《守望的距离》，在《岁月与性情》中读懂了岁月流逝的沧桑巨变、性情的执着与叛离……

第一次认识了台湾绘本画家几米，他的绘本不像是送给儿童的“精神快餐”，更像是给成年人精心煨炖的“心灵鸡汤”，《向左走，向右走》叙述的不仅是两人世界爱情的失之交臂，更有人生的怅惘与无奈的叹息；《听几米唱歌》每一幅漫画的线条与色彩，每一首诗歌的标题与词句，甚至是字号的大小，都可以让你玩味再三……

又一次重新认识了尼采、叔本华，《悲剧的诞生》虽是哲学名著，其诗意的表述，意韵丰厚而又隽永凝练；《风景中的人类》精选的片段，让人掩卷深思，哲人一百四十多年前的沉思，关于人格、金钱、荣誉、意志、仁爱、理性等关键词的阐述，精辟深邃……

许多时候，就是因为其中的一个篇章、一段话，甚至是一个词，就毅然决然地买下一本书。其实，买书也是一段情缘，在茫茫书海中，为什么就选择了这一本，有浅尝辄止，有一见钟情，也有因阅读后日久弥香；有失之交臂的遗憾，也有蓦然回首，那书却在"灯火阑珊处"的惊喜！记得2002年参加江苏省"师陶杯"论文大赛时，笔者准备写"网络写作教学"专题论文，在整理写作思路时，突然想起南师大朱小蔓教授写过的《教育的挑战与回应》中有这方面的论述，可惜当时没有购买。于是下班后到书店翻阅，因为时隔大半年，书店内部已调整书籍摆放位置，问营业员也不知去向，只得埋头翻找。最后花了半个多小时，终于找到一本，当时的欣喜无法言表。

在如今信息爆炸、资讯畅达的时代，不少书籍刚刚印刷，到了第二年便打折出售或锁进仓库当作废纸。由此看来，我们需要的是在浩如烟海的书籍中慧眼识珠，并能以宁静的心情来对待这些经典，方能与灵魂对话，丰富我们贫瘠的生活，使心灵变得充盈而富有。纪伯伦如是说："我是一个旅行者，也是一个航海者，我每天在自己的灵魂中发现一个新王国。"

大地上的异乡者

古城南京仲春。正在公交站台候车，突然瞥见街对面一家小书店门面前醒目地印着书籍打折的广告，于是径直小跑过去。书店不大，一大半是打折的书，凭着读书人的直觉扫视了几眼，发现可淘的书极少。门口的两排书架倒有些新书，驻足观望，一排排书脊仿佛一张张名片，那些或熟悉或陌生的书名、作者就是一个个故交新友，他们端坐在书架上等待着知音。滕守尧先生的《文化的边缘》就在这时闯入了笔者的视线，打开书页来不及细读具体章节，只浏览了目录便毫不犹豫地照书价买下了这本书。笔者已知道，有些书是可遇而不可求的，就如知己，有时稍一犹豫，便会失之交臂，怅恨良久。

面前的这几十本书本来是分散在各地的书店的。远的相遇在湖南岳阳。2007

年暑假在岳阳听课时，从某教育书店的展台上选了两本书：《规训与教化》与《语文科课程论基础》，前者是笔者在好几本专著中的参考文献中见到的，自然含金量颇高；后者是上海师大王荣生教授的力作，是目前语文学科难得的一本学理清晰的书。

“书店对待他们的热情并不虚情假意，兜售的不是廉价的没有价值的垃圾……书店在世俗利益的压力下，保持了自我内心的纯洁，书店应当办得纯洁而神圣，像自然中的万物一样，在大地上的阳光照耀下成长，人们在书店像书籍一样兄弟般地活着，活下来……心灵在这里敞开，灵魂疯狂起来吧，忘却生活中的烦恼和伤痕，该是多么美好的每一天，生命才有其伟大意义。”

先锋书店是南京的文化名片，如果来到南京，没有到先锋书店，总是会留下很多遗憾。暑期到南师大培训，刚好去了附近的先锋书店。报告听完已近中午，烈日当头，沿着广州路的一侧前行，一路或有树荫楼影，或是热辣辣的阳光伴随。为了节约时间，在五台山体育场门口的高尔夫练习场旁边的小店里，吃了一碗地道的云南米线，便一头转入开在地下防空洞里的先锋书店。

书店门首设置一个画廊，抽烟的洋帅哥，宽嘴唇的性感女，京剧的脸谱，满墙的大杂烩堆在一起，竟没有显出俗气，而是有一种另类的多元，就像吃着四川无数种调料混合在一起的绝味火锅。画廊的前方和后方，遥遥相望着一对十字架，以漆黑的眼睛直逼着来来往往的人群，让读者静悄悄保持着一种优雅沉稳的姿态。

书店正堂，3000平方米的店堂排列着无数精神产品。陈设与摆放都十分的讲究，大气典雅不落俗套。穿行在其中，停下来翻翻书，“嗤嗤”的声响发出一种和谐之音，呼吸的节奏也清晰可辨。抬起头来，只见读者络绎不绝，大概都是老客户了，竟听不见彼此之间发出的任何声响，即便寒暄，也是用眼神交流。在书海中穿行，突见几弯沙发如波浪似的横亘在中间，许多读者彼此互不理会地捧着书本，享受着自己精神里的极乐世界。在茫茫书海中，有几本书跃入笔者的眼帘，尽管是萍水相逢，随手翻上几页，便可了解作者的思路和才情智慧。

出书店结账时，才注意到墙上的一句话：“大地上的异乡者。”店主用这句海德格尔的言语透露着一种怎样的哲学意味呢？回来以后，便带着一种探询的目光到网上了解这句话及其叙述者的背景：

“每个城市都有一个路标：地铁、博物馆、歌剧院、教堂、图书馆、火葬场。书店及异乡及路标，它是我生活的全部，也是读书人生活的全部，是起点也是终点，是异乡人在旅途中找到的居所，也是异乡人精神死亡的坟墓。”

小结

在声色鲜活、娱乐至上的今天，以特立独行的方式捍卫尊严的书店又有多少？我们在内心里向这些“大地上的异乡者”致敬的同时，不要忘了做一个好读者。阿根廷诗人博尔赫斯以为，好读者是珍禽，比好作家还稀罕。对于我们，也许当不成作家更是一种幸运，因为这样可以做一个好读者。

结缘书店，游走在文衔墨巷，共度美好时光……

三、翰墨缘·千千结

走进2008，迎来新春的第一场雪。看着窗外雪花漫天飞舞，闲来无事，于是铺纸磨墨，抄录一段张岱的《湖心亭看雪》。窗外雪色映入室内，虽久未捻管挥墨，今日却心手相应，墨色浓淡自如，笔法娴熟，仿佛与陶庵先生泛舟西湖，在湖心亭小憩对饮，心旷神怡。回想起从懵懂少年一路走来的许多岁月，如果缺少了湖笔，缺少了一得阁墨汁，缺少了一本本或薄或厚或简装或精致的字帖，那些空闲的时日该是多么的黯淡和苍白！

1985年入高邮师范，始学书法。遵从古训，从“颜柳”入手，初以《中学生字帖》（柳体）入门，视察运笔基本方法，如横画“逆起回收”之法，说起来容易，当笔锋触纸，回转运笔并非易事，况且蘸墨过多易成“墨猪”，墨少则运笔滞涩，笔画单薄枯瘠，更无可观之处。一年余运笔稍自如，结构间架已趋合理，开始临摹碑帖。从《多宝塔碑》《颜勤礼碑》学得运笔结构之道后，在《麻姑仙坛记》上用工最勤，有三五年之久。此帖气势开张，用笔浑厚稚拙，尤写大字，字愈大愈有气魄。20世纪80年代末的暑天，有很多时日是与这本上海书店影印的三四十页的薄薄的《麻姑仙坛记》为伴的。烈日炎炎，即使身处里下河水乡的乡村一隅，蒸腾的暑气容不得你做任何事情，当时的经济状况更让你无法产生游山玩水的念头，于是便与这本字帖为伴。早晨喝完稀粥，便搬一张桌子放在邻居的东山墙后，铺开二尺见方的暗黄的毛边纸，握着熟悉的江都产的“泉声斋湖笔”（中锋羊毫，价廉物美），一天的书写生活便开始了。中午小憩一两个钟头，将桌子移到西边邻居的山墙一侧，继续沿着1000多年前颜鲁公运笔的轨迹，一遍遍走着。写了三四十通之后，自以为有些颜公的神韵，至于麻姑的仪态风姿却是模糊不清不甚了了。多年以后，翻起这本纸页泛黄的字帖，书角已被墨迹浸渍得斑驳迷离，翻到底页，当年（戊辰年）题跋映入眼帘：“神光炳峙，朴逸致远。”字迹颇有些飘逸之势。

后转学行书，临王羲之《兰亭序》十余通，悟得笔势穿插映带之理，觉察王书有媚俗气，转学米芾《苕溪诗卷》《蜀素帖》，笔法多变，潇洒飘逸。于是沿着此路又学王铎行草，渐得己意。

出差在外，常去书店，特别是古籍书店。南京夫子庙、扬州古籍书店、扬州天宁寺（博物馆）都是经常流连之处。书橱中的两三摞字帖，一半是从北京、天津、武汉、上海等古籍刻印店邮购而得，另一半则是千辛万苦，从书店的各个角落寻找而得，偶尔翻开字帖，一本字帖就是一段故事，一份情缘，一种心绪。还记得2000年初春于县城新华书店折价书中，淘得一本《王羲之小楷字帖》和一本《宋人楷书选字帖》，价格分别为0.24元和0.30元，2毛钱就能早晚晤对王羲之王献之父子，与《乐毅论》《黄庭经》《洛神赋》这些一流影印碑帖为伴，岂不美哉！

屈指数来，与翰墨结缘整二十年。第一次发表的还是一副钢笔书法作品，抄录了宋代周孚的一首《过宝应诗》，刊登在1998年6月的《宝应日报》上。这位诗人这样写道：

鸡声犬吠远相望，社酒登漕唤客尝。

清晓日晴陂更阔，风吹荞麦蜜花香。

尽管笔者的行书还有些清秀飘逸之气，但更让人神往的大概还是诗人笔下的里下河一带野趣十足的田园风光。

如果说还要寻找些印记的，应该还有这些或发表或展览的对联：

春节将至，以属相赋联：“兔跃千里传春信龙腾九霄壮国威”“龙归晚洞云霞翠蛇到青山草木香”；

香港、澳门回归之际：“庆祖国百年梦圆，迎香港七月回归”“荆花吐艳港欣喜，莲蕊飘香澳逢春”；

建国五十周年用隶书书“龙门对”：“神州鼎盛万物欣荣国庆五十周年，九州歌舞人欢三五佳夕”；

欣逢第20个教师节撰联自勉：“两袖清风琴棋书画陶情冶性，一身正气德智体美教书育人”；

女儿学校百年校庆之际，写副对联以贺，陈列于校史馆：“百年银杏逢盛世枝繁叶茂，四海学子归母校春华秋实”。

……

读帖、临帖，写字、阅人。因翰墨而结识了县城的老书法家尤公（有3幅作品与尤老同在《对联》上发表）。尤公字寿昌，韦镇人，与笔者算是老乡。早年参军，文职军人兼习书法，转业后在县法院任办公室主任。笔者结识他时，老人已退休在家，言谈随和，谈及交往的名书法家的逸事趣闻，趣味盎然。去年冬天，笔者请他给书房写个横幅，尤老爽然应许，后却拖了半个多月才写成。原来是尤老身体出现问题，站立不可太久。笔者听闻，心生愧疚。

于是每晚坐在书房，抬头看见横幅中落款的最后一行字：“甲申冬寿昌书于安宜”，笔者便仿佛见到，在凌寒的日子，一缕冬日的阳光斜射在书桌前，尤老带着他的那副黑框的老花镜，展纸磨墨，挥毫书写了辛弃疾的《清玉案·元夕词》。

在以后的许多个夜晚，读书、写字或网络畅游后疲惫的时刻，便与横幅上的这些经典诗句心领神会……

四、行走中国三章

岳阳楼映像

来到岳阳，必登岳阳楼。

沿着“南极潇湘”的牌坊拾级而上，便可来到平台，凭栏远眺，八百里洞庭尽在眼底。岳阳楼虽不及黄鹤楼高大雄伟，但颇有气势。这气势一半靠的是浩渺的洞庭湖，另一半则是来自范仲淹的豪迈文气。有些惊讶的是范仲淹的这篇名作居然是虚构的，作此文时他远在陕西守边，“塞下秋来风景异，衡阳雁去无留意。四面边声连角起，长烟落日孤城闭”。去了湖南笔者才明白衡阳距离延安的距离之遥远，而范仲淹居然于塞外孤城中描绘了心目中江南湖光山色的写真图卷。于是让每位读书人一边吟咏，一边在心中描摹岳阳楼的雄伟景色。登上岳阳楼的文人墨客都留下了自己的心声，宋朝时滕子京重修岳阳楼时已刻“唐贤今人辞赋于其上”，但范仲淹却后来居上，他的高明在于胸襟的博大：

先天下之忧而忧，后天下之乐而乐。

这样朴实的语句发自肺腑，不是留恋于风花雪月的文人墨客的虚妄之言，也不是政客幕僚的施政纲领。范仲淹也正是因远在千里之遥的塞外，才将现实与理想交织在一起。

但历史却往往喜欢开玩笑。清朝时重修岳阳楼，大儒张照书写了《岳阳楼记》，然后用12块紫檀木精心刻制，悬挂在岳阳楼上，成为珠联璧合的绝作。但清末一官绅乘战乱之际将此木刻占为己有，运至洞庭湖时遭巨浪倾覆，此木刻遂沉入湖底。后人遂根据拓本复制了另一幅悬挂在一楼，后来这12块紫檀木刻被渔民打捞上来，捐献给政府。如今的岳阳楼一楼二楼的正墙上分别悬挂着两块木刻中堂，辨清真品赝品还得需要些书法家的眼力。

沿着窄窄的木板楼梯登上岳阳楼的三楼，便到了顶层。楼层高不过三米，正墙两边悬挂李太白的一副对联：“水天一色，风月无边。”中间是毛泽东手书的杜甫的《登岳阳楼》：

昔闻洞庭水，今上岳阳楼。吴楚东南圻，乾坤日夜浮。

亲朋无一字，老病有孤舟。戎马关山北，凭轩涕泗流。

沿着外窗眺望洞庭湖，天色灰茫，水天相接，浩渺无边。遥想杜甫当年风尘仆仆来到此地，一叶孤舟，老病交加，无依无靠，凭栏远眺，何处能容身呢？唯有涕泗横流，悲哉悲哉！

从北面书有“北通巫峡”的石牌坊下来，转弯绕下城墙，来到岳阳楼的正门，前面平台向下即是码头，古人沿洞庭湖水路至岳阳，然后由此西门进岳阳城。

立于高高的古城墙下，树木荫翳，凉风习习，虽是盛夏，却有些凄凉之感；如果是深秋，“洞庭波兮木叶下”，笔者怕是经受不了这番寒意的。于是，笔者也做回古人，沿着斑驳的石阶拾级而上，由岳阳城的古城门进入这湖湘繁华的都市，瞅个究竟……

驻足岳麓

对于岳麓书院的神往，源于一本书上的一幅黑白照片以及其演绎的故事。

1999年7月11日，暴雨如注，岳麓书院的千年庭院中，石榴树生机盎然。一群人穿着雨衣，打着雨伞，坐在长条木椅上，聆听着学者余秋雨在千年学府的精彩演讲。同年秋日，余光中先生也来到了这座千年庭院，同样，秋风挟着冷雨不期而至，如注的檐水的奏鸣声，竟然成了美妙的背景音乐，余先生舒缓睿智的演讲，令坐在雨中的观众寒意顿消。当心如水一般澄澈时，这种境界该是多么令人神往啊！这样的画面，只是笔者面对湖南大学出版的《智者的声音》一书的封面生发的想象。笔者极力从封面的黑白照片中，复活演讲场面的每一个细节，捕捉岳麓书院空气里的每一粒文化分子。

去年盛夏的一个中午，笔者踏进了岳麓书院这座千年庭院，一边验证着照片以及诗文里描述的讲学盛况，一边感受着千年学府的神圣气息和浓郁的书香。

迎面便是赫曦台。当年，朱熹应著名理学大师张栻的邀请，千里迢迢从福建省的崇安来到长沙岳麓书院讲学，在长沙停留了两个多月。清晨的时候，朱熹常常和张栻一起登上岳麓山顶看日出，经常见到旭日腾空、霞光万丈的景象，感觉山川市井、万物一切都沐浴在朝阳中，后来在此修筑一戏台名曰“赫曦台”，以示纪念。戏台左右檐壁上刻有《拾玉镯》《秋胡戏妻》等戏曲故事雕塑，栩栩如生，情趣盎然。

书院正门两侧“惟楚有才，于斯为盛”的楹联牌额并不宽大，甚至有些局促，字体规整有余，不见豪放潇洒之气，也许这也应了书院“实事求是”的讲学风气。但这些并不影响任何一位在这里读书讲学或者由此走向四面八方的岳麓学子的胸怀，他们既有岳麓学子求实严谨的一面，也不乏大度宽广的胸襟，更不囿于书本的平面世界。近现代历史星空里许多耀眼的星星，曾经在这里驻足听讲：“师夷长技以制夷”的魏源，首倡洋务的曾国藩、左宗棠，培养出毛泽东、蔡和森等一代英才的杨昌济……

二门至讲堂左右为教学斋与半学斋。“教学斋”斋名出自《礼记·学记》：“玉不琢，不成器；人不学，不知道。是故，古之王者，建国居民，教学为先。”这是古代学生居住的地方。“半学斋”是古代教师居住的地方，斋名源出《尚书》，含有教学相长的意思。

走近讲堂，堂檐悬有“实事求是”的匾额。青年时代的毛泽东在此求学时，也许这四个字就在他的脑海里烙上了深深的印迹。立于讲坛后的两张梨木椅，是否就是八百多年前朱熹与张栻辩论的讲席？

前些时日在网上看到岳麓书院刚刚躲过一劫。政府欲在岳麓山上投巨资重建赫曦台，并且要扩大规模，将此台建成岳麓山的标志性建筑，要与武汉黄鹤楼一比高低。幸运的是，工程刚刚启动，只是山上的几百株树木遭殃便被叫停了。如果真的建成，岳麓书院“纳于大麓，藏之名山”的古雅情致又会丧失多少呢?!

不敢想象。

兰亭惠风

对于兰亭，笔者有过太多的向往和景仰。作为一名书法爱好者，曾经上百次地晤对唐朝冯承素的《兰亭集序》摹本，一笔一画，几处笔误的涂改，乃至钤盖在上面的数枚印章，都生发出笔者的许多想象。迎首旧题“唐摹兰亭”下的“神品”，当是“天下第一行书”的说明；“乾隆御览之宝”“三希堂精鉴玺”，则是此帖入藏故宫的佐证；“天籁阁”一印，大概收藏者已悟得天机，而“宜子孙”一印，似乎意味更加深远了。让笔者琢磨的还有末句“有感于斯文”后的一方篆章，名曰“绍兴”，后查资料才知道，此摹本南宋初曾入高宗内府。想不到这卷唐人的摹本曾经有过那么多目光的凝视，有帝王将相，也有文人墨客、私人藏家，而在这卷摹本主人辗转变迁的背后，又隐藏了多少悲欢离合、曲折离奇的人情故事呢！

于是来到绍兴，来不及乘乌篷船领略江南水乡的秀色，笔者便乘车直奔南郊的兰亭。

车还没到兰亭，窗外就能隐隐约约地看见绵延起伏的会稽山，郁郁葱葱，蔚然深秀。到站后，路西的屏风式巨幅“兰亭集序”标牌提示我们，这里就是书法的圣地。

走进景区，曲径通幽，翠竹摇曳，绿意盎然，清风拂面，亲切而凉爽。不多远便见一高冈，坡上一巨石刻有“兰亭”二字。相传春秋时越王勾践曾在此植兰，汉时设驿亭，故名兰亭。如今越王所植之兰已不见，但景色依旧。聆听着风吹竹叶的沙沙声，渐渐走到一开阔处，便见一池春水，池中白鹅游弋。向西有一亭，亭内石碑上刻“鹅池”二字。据传说，“鹅”字铁划银钩，传为王羲之所书，“池”字则是其子王献之补写。

继续前行可见一四角碑亭，内有康熙帝御笔“兰亭”大字石碑。“文化大革命”期间，此碑“获罪”被砸断丢入池中，后被捞起、修补，才得以重新立于此处。可惜碑上“兰”字的下部和“亭”字的上部至今无法找到。

向东即为流觞亭，是兰亭的中心。亭内有“曲水邀观处”一匾，正下悬是唐朝名画家李公麟的《兰亭修禊图》。亭前有“崇山峻岭茂林修竹”，又有“清流急湍映带左右”，只不过“急湍”已被“涓涓细流”代替，溪畔一石刻有“曲水流觞”四字，大概这就是永和九年（353）暮春群贤盛会的场所。1600年前的这次修禊盛会，尽管只有42人，却注定成为文化史上的经典盛会。在今天看来，是书法家、文学家、社会名流的一次盛会，但在当时仅是亲朋好友的文学沙龙。是日“天朗气清，惠风和畅”，面对大好春光，“虽无丝竹管弦之盛”，“但一觞一咏，亦足以畅叙幽情”。众名士乘兴赋诗，王羲之、谢安等出口成章，而王献之等少年，一时才情不济，各罚酒数觥。吟咏诗句声、罚酒嬉笑声、淙淙溪水声，一时流淌在竹林曲水之间，“信可乐也”！这场欢乐盛会的会议记录，便留在了王羲之记下的《兰亭集序》中。作为书写者，游于艺的同时，则是对于人生的深切体悟，有“极视听之娱”的“乐”，有感于“死生亦大矣”的“痛”，更有“后之视今亦由今之视昔”的“悲”，其间透露着魏晋名士的一片深情。感受敏锐、细腻而深刻，饱含人生的热爱和执着。

从流觞亭往东，过石板平桥，便见一幢粉墙黛瓦、素雅端庄的建筑，就是王右军祠。祠周围是荷花池，祠如船舫。进入祠大门，可见山、水、廊、桥、亭。山即兰渚山，进门见山，颇得借景之妙；水是墨池水，出自右军临池学书池水尽墨的典故；廊是四周回廊，廊内墙上嵌有历代名家临兰亭序的各种版本，可驻足欣赏；桥为墨池上通向墨华亭的弧形石板桥，此桥简洁流畅，应是桥中逸品；墨池中建有一亭，名曰“墨华亭”，翼角飞翘，优雅别致，在亭中挥毫，颇得右军遗风。

出祠堂后门向西，高台上立有八角形“御碑亭”，亭内为一巨型御碑，高6.8米，宽2.6米，重18吨，正面刻有康熙临摹的《兰亭集序》全文，背面刻有乾隆帝《兰亭即事》七律诗：

向慕山阴镜里行，清游得胜惬平生。风华自昔称佳地，觞咏于今纪胜名。

竹重春烟偏淡荡，花迟禊日尚敷荣。临池留得龙跳法，聚讼千古不易评。

据导游说，“文化大革命”时期，几位当时驻扎在兰亭附近的医疗队员深知此碑之价值，连夜用石灰粉涂于碑的两面，上书歌颂领袖标语，该御碑才得以完好保存。如此看来，细考有关兰亭的掌故，会有许多信息值得玩味反省。

踏上归程，立于绍兴市中心的市民广场。林立的高楼大厦已使不少古迹退隐于陋巷，法国罗浮宫入口的玻璃金字塔也已复制到这文化古城中心，熙熙攘攘的人群中已难找长衫客和毡帽朋友，不知今天还有几人能够沐浴江南惠风，仰观宇宙，俯察品类，畅叙幽情，放浪形骸……

五、人生非麋鹿

新年冬晚，温州银泰广场，一组爱心状的霓虹灯廊前，“2015”四个数字组成的半人高的霓虹灯柱立在面前，2014离我们远去了。晚上归来乘轮渡，瓯江两岸灯火璀璨，一江冬水依旧东流去，一年中有哪些事情能够留下？细思之中，竟有些恍惚。

一

瓯北镇西有山曰麻山。朱自清先生来此游览，留有《白水漈》一文，后人将这篇短文刻于石壁。每次登山笔者都会看一眼这块石碑，文字浅显，一读就懂。对白水漈瀑布也甚为留意，雨量大的时候，此景颇为壮观，瀑声雄浑，比朱自清先生当年观看的如烟如丝的细流强多了。上午晴天的时候，还能看见彩虹悬挂在山涧中，水雾迷离，阳光斜射，神清气爽。

登到半山腰，有禅寺建于西麓。新建的寺庙，香火不旺，清静得很。去年冬日来此，偶遇一老人，精神矍铄，就住在禅寺东面。闲聊几句，老人邀笔者上楼。两层小楼直对着水库，满山翠绿，一湖碧波，阳光朗照，门前翠竹掩映，菜畦成行，有几只鸡在湖畔悠闲散步，几棵高大的香樟，细碎的叶子，幽幽的绿意。

老人用毛边纸练字，行楷大字，有些古意。有副对联甚合我意，于是求来收藏。对联曰：

穷唯识日月风云有情扮演，究玄义四时山谷无心清音。

2014年元旦，学校举行庆祝晚会，我用八尺瓦当对联书写此联。转眼间，又是一个冬日的夜晚，过去的云烟中哪些人是“有情扮演”，又有几人能够物我两忘，作“无心清音”？

二

2014年11月8日，南京奥体中心，蔡琴演唱会。

一个多月前，笔者得知此消息，在醉醺醺的状态下便订了票。忙碌中，从温州到南京，匆匆成行。深秋的古城，降温了，寒意逼人。万人体育馆，多是上了年纪的人，看这一场演出，也看看这个不老的女人，听一听不老的声音。依旧沧桑，依然痴情，还有那份幽默，一个旷达的女人的人生情怀。她恋的那个人已经远走了，她唱邓丽君的歌，唱梅艳芳的歌，这些逝去的歌者的心灵密码，只有蔡琴知晓。她说，现在的演出，不是为了自己，也不是为了观众，是为了与她一起演出的团队，编曲的，灯光的，伴奏的，这些伴随她艺术生命和日常生活的伙伴亲人。

问我心中的梦
最想要的是什么
当然希望这次别看错
谁说有爱就没有愁
你不能怪我想了太多
毕竟这是我最在乎的梦
最初到最后都愿与你共有
我的灵魂只交付给你守候

这是梅艳芳的《亲密爱人》，蔡琴的内心交与谁守候？体育馆外，邓紫棋演唱会，5万多观众，霓虹灯的海洋，年轻的战场。这边的馆内，蔡琴高呼：“我们不会输给邓紫棋——”

其实，即使场子只有几百人，蔡琴又会输给谁呢？

2014年春天，温州大剧院的一个小剧场，就是几百人的场子，五人组成的人声乐团，票价低廉。笔者在想，这五个年轻人从上海过来，这一趟又能赚多少钱。五个人，分别是生在70年代、80年代、90年代，小年轻与老年轻，为了共同的音乐之声，走到了一起，合作了五年多，有离开的，有加盟的。演出上下两个半场，服装都没有变化，只是曲目在变换，没有任何乐器伴奏，仅是各自的原声。

为了音乐之梦，他们坚持了上千个日日夜夜。他们不仅做音乐，还有自己的另一份工作，做指挥、编导，或做教师，只是为了那在空中弥散的天籁之音，属于自己的音乐之声。

他们的乐队叫AHA人声乐团。

三

看见王开岭。一个精神明亮的人。

长发，面容清瘦，灰色线衫，不像作家，也不像央视的大牌编导。后来才知道他做过将近十年的政治教师，这之后才做了作家、编导，再然后是父亲。

他离这个世界很近，也很远。

因为媒体人的需要，他会在第一时间到达第一现场，这样才能看见真相，看见遮蔽着的与发展着的纷繁的世界。他会独居于繁华都市的一隅，与自己对话，与古代的、外国的那些特别有想法的人交流，还会去研读图谱，了解草木姓名。

跳得出来，又深入进去。所有的职场人，都不容易达到的一个境界。

一年来，教书，上课。上得最多的是作文课。《时间都去哪儿了》《蝴蝶的前世今生》《雁荡山之旅》，是在看风景，也是在看自己。

每次坐动车，一路上经过温岭、台州、宁波，看连绵的群山，看退潮的海田，有晨曦微露，也有暮色苍茫。每次行色匆匆，从何处来，向何处去，与谁相遇，又与谁别离？为俗事、为亲情，为公忙为私忙，且沏杯茶去。

六、追寻语文教育的审美境界

每一棵树都是一首诗

笔者对校园的怀念离不开一棵棵树。

读初中时，乡村中学一堵画有伟大领袖的照壁两旁，各栽种着一株银杏，仿佛卫兵笔直地站立着。在高邮读师范时，校园里的几株银杏上百年了，枝繁叶茂，春华秋实。入学作文竞赛，题为“校园，有棵银杏”，当时笔者刚进入师范，居然获得了二等奖，且有了参加文学社的资质，于是成了文学爱好者。毕业以后，从文学青年变为语文教师，这样的身份转变再自然不过了。工作以后，校园里也一直有银杏驻足。初春，嫩绿的叶子在枝头招摇，和煦的春光在叶片上跳跃；深秋，一阵风吹过，金黄的扇形叶片打着旋儿，落满一地。每到此时，笔者都会停下匆匆的步伐，细细打量。

因为这份银杏情缘，笔者的作文课也离不开那一棵棵树。

宝应的老校园名曰“纵棹园”，这晚清园林的遗存，就是那十来株古树。除了银杏、圆柏，还有一株朴树，是校园内最美的树。夏天，树冠繁茂，绿荫遮地；冬天，树叶落尽，嶙峋盘曲的枝干映衬着湛蓝的天空，仿佛一首凝固的音乐。笔者的每届学生都会写写这一株朴树。即使毕业多年以后，回到母校，他们也会来到树下抚摸一下沧桑的树干，仰望那具有美学意味的树冠。每到四月，笔者和学生还会关注那一架紫藤萝，从星星点点的花苞探出头来，到紫藤萝瀑布倾泻，花谢叶茂，满架绿荫，阴晴雨晦，我们观察、拍照，讨论、笔谈，一篇篇散文、诗歌、小说、童话，都浸染了紫色的气息，沉淀着青春的梦呓。

到了温州瓯北的新校园，“树”不仅成了作文的素材，也开发成了作文、美术、音乐、科学的课程。从“树”课程到景观课程、场馆课程，语文学习始终紧随。香樟大道、金桂大道、银杏大道、香柚大道，每一条路都朝向盎然的生意；樱花园、梅花园、榕树林，每一处丛林皆是诗意的栖居地。柚子树移植到校园的第二个秋天便硕果累累，硕大金黄的柚子从仲秋到隆冬一直悬挂在枝头，那一份份沉甸甸的喜悦与期盼，谁忍心采摘？在昆虫馆，我们进行“蝴蝶与文学”专题学习；在海洋贝类馆，一枚海贝开启了神秘的海洋之旅；在王羲之书法教育馆，可欣赏名家书法，也可泼墨挥毫，以抒胸臆。“舌尖上的美味”综合性学习时，学生浏览饮食文化节展板，发现信息；走进厨房，了解菜肴的烹制过程；采访厨师，切磋厨艺，更知一粥一饭来之不易。

顾黄初先生一生研究语文教育，最后归结为“三生”，即生活、生命、生态。当我们追问语文学习的真意时，笔者以为，只有构建高品质的阅读生活、写作生活，才能促进语文素养的提升，才会有生命的表现与存在。肖培东老师以为，校园，每一片叶子都该是语文。如果一个学生在校园里生活了三年，不识草木姓名，不留意花开花谢、树木荣枯，不知晓大自然的语言，其阅读必然了无情趣，其写作也会“捉襟见肘”。正因如此，笔者的每一届学生的第一节作文课，都是从结识“树”开始的；笔者身边的老师也会站在桂花树下，上诗歌读写课。每到一处和老师们交流写作教学，笔者的教学案例离不开那些曾经让学生踏上读写之旅启迪情思的一草一木……

当师生的读写生活，能够看见文字背后的旖旎风光，能够看见被遮蔽和忽略的人情故事，定会竖起脊梁，撑开慧眼，笔者憧憬这样的语文学习。

站在学生的身后，足矣

“窗外，寒雨阑珊，而教室里却是春风骀荡，师生们其乐融融。学生们陶醉在读书的乐趣中，似乎忘记了老师的存在；而这位教师，不见居高临下，不见喋喋不休……只是捧着书静静地站在学生们的身后，微笑地望着这群幸福的孩子。”

这是谷定珍老师在我校上课后笔者写下的随笔。这节课先由学生独立批注，再品读批注展示交流。谷先生30多年倾情“批注法教学”，倡导自主学习，因材施教，读写结合。这样的课堂，少了教师的聒噪，多了静谧的默读时光；少了烦琐的问题解答，多了个性化的解读阐释；少了不着边际的盲目拓展，留给学生更多的时间晤对文本。

王昌龄曰：“诗有三境，物境、情境、意境。”理想的语文课堂亦如此。

语文课之“物”指向何处，当是语文学习。教师踏踏实实教语文，用语文的手段教语文；学生实实在在学语文，用语文的方法学语文。课堂上，师生身处语文之境，目标指向明确，方法运用合理，听说读写思，都是为了语言文字的理解与运用。用非语文的手段学语文，会杂乱无章；不指向于语言文字，旁逸斜出，花团锦簇，只能模糊了语文的面目，而南辕北辙。语文课堂能得“物境”，还须洁净。得一“净”字，须守语文本色；着一“洁”字，则有清简之美。

语文课的场效应来自于情境。阅读课上，师生之间、师生与文本作者之间的对话能否深入，需要教师设身处地，既要成为文本作者的知音，也要成为学生探究文本的向导。写作课上，情绪之感染，情感之激发，情境之营造，乃是学生热爱写作的要义。书香需要陶冶，文脉需要传递。我们开展“爱阅读”活动，启动333读书工程，一本好书读3遍，至少与3位同伴共读，写一则3000字以上的读书笔记，这样的阅读，读得透，也读得有滋味。

有意境的语文课堂，有留白之妙，有情智融合，有意趣，入高格，这样的语文课可遇也可以追求。当年脂砚斋重评《石头记》，研读黛玉《葬花吟》，“阅其凄楚感慨，令人身世两忘，举笔再四，不能加批”，因为“先生想身宝玉，何得而下笔”。阅读文本需要虚心体验，切己体察，方能走进文本，写作课上同样也需要静悄悄的氛围，才会触发学生的情思。“作文要得解悟。时文不在学，只在悟。平日须体认一番，才有妙悟。”语文学习需要凝神静虑，意在笔前，文向思后。我们开展学案教学，注重学生的渐悟与顿悟，留给他们独立思考的空间，既有群体的互动对话，也有个体的静思冥想，可以直抒己见，也可静静倾听，有所思即有所得。

追寻语文教育的审美境界

按照一般的境界理论，境界是分层次的，有欲求境界、功利境界、道德境界、审美境界。道德境界有“应该”的意味，审美境界则是“甘愿”，更体现了主体的自由精神。当下的语文教育，更多的是满足欲求，追求功利，缺少道德的指引，审美的熏陶。语文学习境界的提升，来自于语文教师的文人气质、道德风范和精神品味的修炼。杨九俊先生以为，一位语文教师对于语文教学确实是心甘情愿为之，才能超越功利化的目标，求知求真，向善向美。如果教师只是迫不得已，勉强从业，其语文教学必然每况愈下。

我们鼓励语文教师一专多能，读书养气，以文会友，旅游看世界，运动练体魄。“相约星期三”语文沙龙，分享阅读感悟，交流写作体验；节假日，徜徉楠溪江畔，相聚天涯海角，寻访谢灵运山水遗踪，共享蓝天碧水。爱好书法，可以举办个展，翰墨传情；喜爱摄影，可以捕捉人间万象，美图再现；热爱写作的老师，可以在网络上写博文、建空间，也可出文学专辑、教学专著。有了这样学识广泛的教师，才会开设“灯谜趣谈”“山水永嘉”“文物鉴赏”“作文三十六计”“动漫电影欣赏”等深受学生喜爱的选修课。我们邀请名家与教师对话，钱梦龙老师畅谈语文教师的文化素养，教育前辈傅国涌先生、叶圣陶先生提醒我们汲取语文教育的传统财富，分享国内最大的互联网学习平台的浦江网CEO阿诺的创业故事，让蜗居书斋的语文教师敞亮视界，刷新内存。

第三节　诗画·诗话

一、菊花台：满城尽带黄金甲——关于《菊》的三首“避题诗”的解读

“菊花残／满地伤／你的笑容已泛黄／花落人断肠／我心事静静淌／北风乱／夜未央/你的影子剪不断／徒留我孤单在湖面／成双……”当周杰伦的这首《菊花台》的旋律回荡于耳畔，大片《满城尽带黄金甲》的浮华场面又浮现在眼前：金碧辉煌的宫殿，满铺了菊花的皇宫庭院，如潮水般涌来的披着黄金甲的士兵，一场血腥的宫廷屠戮，一曲爱恨情仇交织的浪漫叙事。影像的盛宴褪去光怪陆离的声色之后，笔者不禁暗自猜度张艺谋执导此片灵感的由来，大概源于“黄金甲”这一意象的蛊惑。我们不妨沿着“黄金甲”这一意象，探究一下“菊花”的文化意蕴。

菊之冲天豪气：满城尽带黄金甲

文人落第大都黯然神伤，满腹愁郁，如诗人张继夜泊于枫桥，与江枫渔火相对，静听寒山寺夜半钟声悠然响起。而黄巢落第后却豪气满怀，试作一诗，题为“菊花”：

待到秋来九月八，我花开尽百花杀。

冲天香阵透长安，满城尽带黄金甲。

（黄巢《菊花》）

这首菊花诗，其实并非泛咏菊花，而是遥庆菊花节。“待到”那一天又怎样呢？照一般人的想象，无非是菊花盛开，清香袭人。作者却接以石破天惊的奇句——“我花开后百花杀”。菊花开时，百花都已凋零，这本是自然界的规律，也是人们习以为常的自然现象。这里特意将菊花之“开”与百花之“杀”（凋零）并列在一起，构成鲜明的对照。作者亲切地称菊花为“我花”，不仅表达了喜爱之情，也包含自喻之意。三、四句写菊花盛开的壮丽情景：整个长安城，都开满了像带着黄金盔甲的菊花，它们散发出的阵阵浓郁香气，直冲云天，浸透全

城。这是菊花的天下、菊花的王国，也是菊花的盛大节日。

这首诗想象奇特，设喻新颖，辞采壮伟，意境瑰丽，可谓前无古人。在文人笔下，菊花大都作为劲节之士的化身，赞美其傲霜的品格。这里却赋予菊花战斗的风貌与性格，把黄色的花瓣设想成战士的盔甲，使它从幽人高士之花成为战士之花。正因为这样，作者笔下的菊花也就一变过去那种幽独淡雅的静态美，显现出一种豪迈粗犷、充满战斗气息的动态美，它既非“孤标”，也不止“丛菊”，而是花开满城，占尽秋光，散发出阵阵浓郁的战斗芳香。“冲”“透”二字，分别写出其气势之盛与浸染之深。

唐末诗人林宽有这样两句诗：“莫言马上得天下，自古英雄皆解诗。”古往今来，确有不少能“解诗”的英雄，唐末农民起义领袖黄巢就是其中突出的一个。黄巢的菊花诗独树一帜，脱尽窠臼，才有“我花开后百花杀”这样的奇语和“满城尽带黄金甲”这样的奇想，读来不禁令人拍案叫绝。

菊之清幽高洁：露湿秋香满池岸

自从陶渊明“采菊东篱下，悠然见南山”的名句一出，菊花就和孤标傲世的高士、隐者结下了不解之缘，几乎成了封建文人孤高绝俗精神的一种象征。

王孙莫把比蓬蒿，九日枝枝近鬓毛。

露湿秋香满池岸，由来不羡瓦松高。

（郑谷《菊》）

同为唐代诗人的郑谷也写了一首咏物诗《菊》。作者咏菊，通篇不着一菊字，但句句均未离开菊，从菊的貌不惊人，写到人们爱菊，进而写菊花的高尚品格，点出主旨。很明显，这首咏菊诗诗人运用了托物言志的手法。

“王孙莫把比蓬蒿”，蓬蒿是一种野生杂草，王孙不识菊误比作蓬蒿，此间透露出对王孙公子的鄙夷之情。“九日枝枝近鬓毛”，紧承首句点题。每年阴历九月九日，是人所共知的重阳节。古人在这一天，有登高和赏菊的习惯，饮菊花酒，佩茱萸囊，还采撷菊花插戴于鬓上。诗人提起这古老的传统风习，就是暗点一个“菊”字，同时照应首句，说明人们与王孙公子不一样，对于菊是非常喜爱尊重的。

三、四两句集中地写了菊的高洁气质和高尚品格。“露湿秋香满池岸”写秋天早晨的景象：太阳初升，丛丛秀菊，饱含露水，湿润晶莹，明艳可爱；缕缕幽香，飘满池岸，令人心旷神怡，菊花独具的神韵风采，跃然纸上。“湿”字让人想见那片片花瓣缀满露珠，分外滋润，分外明丽。“满”字形象贴切，表现出那清香是沁人心脾的。

诗人在描写了菊的气质以后，很自然地归结到咏菊的主旨：“由来不羡瓦松高。”瓦松，是一种寄生在高大建筑物瓦檐处的植物。作者以池岸边的菊花与高屋上的瓦松做对比，意在说明菊花虽生长在沼泽低洼之地，却高洁、清幽，毫不吝惜地把它的芳香献给人们；而瓦松虽踞高位，却无价值。作者赋予菊以不求高位、不慕荣利的思想品质。

菊之特立独行：不随黄叶舞秋风

咏物诗不能没有物，但亦不能为写物而写物。纯粹写物，即使逼真，也不过是“袭貌遗神”，毫无生气。而诗人言其志，亦应独辟蹊径，一如菊之品性：

土花能白又能红，晚节由能爱此工。

宁可抱香枝上老，不随黄叶舞秋风。

（朱淑真《黄花》）

菊花（土花即菊花，因土为黄色故又叫黄花）的颜色五彩缤纷，有白的又有红的，虽然已是深秋时节还爱如此精心地打扮自己。宁可抱留有芳香的枝头老去，也不跟着枯黄的树叶在秋风中飘舞。此诗句句切合一菊字，句句寄寓着作者的思想感情。菊，简直就是诗人自己的象征。《菊花》这首诗既表达了诗人喜爱菊花的深情，也赞美了菊花傲霜斗寒的高洁品质。

“落花无言，人淡如菊”，这是文人所推崇和追求的境界和品格。“人淡如菊”是一种平和执着、拒绝霸气的心境。人淡如菊，要的是菊的淡定和执着，它是“宁可抱香枝上老，不随黄叶舞秋风”的坚贞和执着。这样的淡，淡在荣辱之外，淡在名利之外，淡在诱惑之外，却淡在骨气之内。这样的淡，能够让我们在物欲横流的滚滚红尘中，特立独行，看破纷扰，洞察世事，谢绝繁华，回归简朴，达到“心素如简”的境界。

上述三首写“菊”的诗歌，诗行中没有一个“菊”字，但句句紧扣“菊”的形象特征，这种有意避开题目中的字（不犯题）的诗叫作“避题诗”。我们也可以把它看为“谜语诗”，其诗句可看作“谜面”，诗题就是“谜底”。一边读诗，一边猜谜，情趣盎然，岂不快哉！

二、飘雪：最浪漫的事——关于“雪”的三首唐诗的解读

“假如我是一朵雪花，/翩翩的在半空里潇洒，/我一定认清我的方向——/飞扬，飞扬，飞扬，——/这地面上有我的方向。”这是诗人徐志摩化作一朵雪花的快乐。让我们沿着诗歌的河流上溯到一千多年前唐诗的海洋中，看看唐朝的天空飘舞的雪花惹起了多少诗人的思绪，谱写了怎样的心曲——

终南望余雪：未完的五言排律

唐朝开元十二年，祖咏参加朝廷的考试，考试的诗题是“终南望余雪”。祖咏再三推敲，只写了下面四句诗：

终南阴岭秀，积雪浮云端。

林表明霁色，城中增暮寒。

按照规定，应该写成一首六韵十二句的五言排律，可祖咏写了两韵四句就交了卷。主考官问他为什么不接着写，他说：“意尽。”此事在《唐诗纪事》中有记载。

我们不妨细读一下此诗。“终南阴岭秀，积雪浮云端”，两句已经把题目的“终南望雪”四字都写到了。剩下“余”字还有待发挥。于是作者再下十个字极力写出“余雪”：“林表明霁色，城中增暮寒。”也就是说，在傍晚的时候，雪已经停了，天色开霁，树林顶上反射出明亮的阳光。句中的“霁色”“暮寒”，正好从眼前景色和人的感觉两方面烘托出“余”字的精神。全诗紧扣“望”字，前三句写“望”中所见：终南岭秀、云端积雪、林表霁色，末句写“望”中所感。全诗二十字便意境全出，言简意丰。

也就是这一年，祖咏凭着这首写了三分之一的20字的小诗考中了进士。尽管中了进士之后的祖咏的生活状况并没有多少改善，但这段文坛逸事却也透露出诗人率性而为的风度。

苏东坡《自评文》这样叙述自己的写作体会：“吾文如万斛泉涌，不择地而出。在平地滔滔汩汩，虽一日千里无难。及其与山石曲折，随物赋形而不可知也。所可知者，常行于所当行，常止于其不可不止。”祖咏的这首未完的五言排

律，即“止于其不可不止”。作文的繁简起止应自然有度，掌握了其间的分寸便是大家风范。

夜雪：内心的真情告白

在令人目不暇接的咏雪篇章中，白居易这首《夜雪》便显得极其平凡，既没有色彩的刻画，也不做姿态的描摹，初看简直毫不起眼，但细细品味，便会发现它凝重古朴，清新淡雅，是一朵别具风采的小花。

已讶衾枕冷，复见窗户明。

夜深知雪重，时闻折竹声。

这首诗新颖别致，立意不俗。咏雪诗写夜雪的不多，乐于创新的白居易正是从这一特殊情况出发，避开人们通常使用的正面描写的手法，全用侧面烘托，从而生动传神地写出一场夜雪来。

“已讶衾枕冷”，先从人的感觉写起，通过“冷”不仅点出有雪，而且暗示雪大。这里已感衾冷，可见落雪已多时。不仅“冷”是写雪，“讶”也是在写雪，人之所以起初浑然不觉，待寒冷袭来才忽然醒悟，皆因雪落地无声，这就于“寒”之外写出雪的又一特点。此句扣题很紧，感到“衾枕冷”正说明夜来人已拥衾而卧，从而点出是“夜雪”。“复见窗户明”，从视觉的角度进一步写夜雪。夜深却见窗明，正说明雪下得大、积得深，是积雪的强烈反光给暗夜带来了亮光。以上全用侧写，句句写人，却处处点出夜雪。

“夜深知雪重，时闻折竹声”，这里仍用侧面描写，却变换角度从听觉写出。传来的积雪压折竹枝的声音，可知雪势有增无减。诗人有意选取“折竹”这一细节，托出“重”字，别有情致。“折竹声”于“夜深”而“时闻”，显示了冬夜的寂静，更主要的是写出了诗人的彻夜无眠；这不只为了“衾枕冷”而已，同时也透露出诗人谪居江州时心情的孤寂。其实，“雪重”岂止是“折枝”，它也沉甸甸地压在沦落天涯的诗人的心头……

春雪：春天的第一支圆舞曲

“飞雪迎春到，风雨送春归”，这是毛泽东书写的冬天的最后一场雪，雪过天晴，大地回春。一千多年前有一位诗人在新年来临的日子，站在庭院里期盼春天绽放于枝头，但迎接他的不是桃花杏花，而是晶莹飞舞的雪花，于是便有了这首韩愈的《春雪》：

新年都未有芳华，二月初惊见草芽。

白雪却嫌春色晚，故穿庭树作飞花。

新年都还没有芬芳的鲜花，就使得漫漫寒冬中久盼春色的人们分外焦急。一个“都”字，透露出这种急切的心情。第二句“二月初惊见草芽”，“惊”字最宜玩味。“惊”一字不是说诗人为二月刚见草芽而吃惊、失望，而是表明诗人在焦急的期待中终于见到“春色”的萌芽而惊喜。“初”字有春来过晚、花开太迟的遗憾、惋惜和不满的情绪，然而这种淡淡的情绪藏在诗句背后，显得十分蕴藉。

三、四两句写白雪却等不住了，竟然纷纷扬扬，穿树飞花，自己装点出了一派春色。真正的春色未来，固然不免令人感到有些遗憾，但这穿树飞花的春雪不也照样给人以春的气息吗！诗人对春雪飞花的感情主要不是怅惘、遗憾，而是欣喜。一个盼望着春天的诗人，如果自然界还没有春色，他就可以幻化出一片春色来。“却嫌”“故穿”，把春雪描绘得多么美好而有灵性，饶富情趣。“作飞花”三字，让静态变为动态，把初春的冷落翻成仲春的热闹，让人浮想联翩，美不胜收。

可以想象，韩愈此时的心情是愉悦恬淡的，片片白雪飘，若有一支圆舞曲奏起，他老人家也会在晶莹的世界中随性起舞……

三、遭遇孤独：直抵心灵的旅行——解读王维的三首绝句

不知是孤独会产生诗歌，还是诗人总是喜欢与孤独共舞，孤独始终在诗人的心田流淌。陈子昂登幽州台，“念天地之悠悠，独怆然而涕下”；柳宗元孤舟蓑笠，于潇水之上“独钓寒江雪”；更有现代诗人冯至于20世纪初写的令人战栗的诗句：“我的寂寞是一条长蛇，冷冷的没有言语”……也许这条寂寞的“长蛇”也曾驻足于唐代诗人王维的心灵深处，他信手拈来数首孤独之歌，让后人细细琢磨，慢慢品味。

独坐幽篁：隐者的绿色姿态

心仪佛门的王维更多的是以一个隐者的姿态，出现在他诗歌的字里行间：

独坐幽篁里，弹琴复长啸。

深林人不知，明月来相照。

（王维《竹里馆》）

这是一首写隐者的闲适生活情趣的诗。诗的用字造语、写景（幽篁、深林、明月），写人（独坐、弹琴、长啸）都极平淡无奇，然而它的妙处也就在于以自然平淡的笔调，描绘出清新诱人的月夜幽林的意境，融情景为一体，使其成为千古佳品。诗中写到景物，只用六个字组成三个词，就是“幽篁”“深林”“明月”。对普照大地的月亮，用一个“明”字来形容其皎洁，并无新意巧思可言，是人人惯用的陈词。诗中写人物活动，也只用六个字组成三个词，就是“独坐”“弹琴”“长啸”。对人物，既没有描绘其弹奏舒啸之状，也没有表达其喜怒哀乐之情；对琴音与啸声，更没有花任何笔墨写出其音调与声情。这首诗从表面看来，用字造句都是平平无奇的，但四句诗合起来，却妙谛自成，境界自出，蕴含着一种特殊的艺术魅力。

以弹琴长啸反衬月夜竹林的幽静，以明月的光影反衬“深林”的昏暗，表面看来平平淡淡，似乎信手拈来，随意写去，其实却是匠心独运、妙手回天的大手笔。它不以字句取胜，而从整体见美。它的美在神不在貌，领略和欣赏它的美，也应当遗貌取神，而其神是包孕在意境之中的。这一月夜幽林之景是如此空明澄净，在其间弹琴长啸之人是如此安闲自得，尘虑皆空，外景与内情融为一体。在语言上则从自然中见至味、从平淡中见高韵。它这种以自然、平淡为特征的风格美又与它的意境美起了相辅相成的作用。

开落深涧：辛夷的落寞恋歌

寂静的山涧里，辛夷花自开自落，自生自灭，不假外物，不关世事，也无人知晓。这是一个远离尘嚣的世界，也是一位诗人心境的写照。

木末芙蓉花，山中发红萼。

涧户寂无人，纷纷开且落。

（王维《辛夷坞》）

全诗描绘了木末芙蓉花（即辛夷花）花开花谢的全过程及它的境遇。诗的前两句着重写花的“发”。当春天来到人间，辛夷花在生命力的催动下，欣欣然地绽开神秘的蓓蕾，是那样的灿烂，好似云蒸霞蔚，显示出一派春光。诗的后两句写花的“落”。这山中的红萼艳丽烂漫，点缀着寂寞的涧户，没有人来采撷，没有人来观赏，随着时间的推移，最后纷纷扬扬地向人间撒下片片落英，了结了它一年的花期。全诗由花开写到花落，而以一句环境描写插入其中，前后境况迥异，由秀发转为零落。尽管画面上似乎不着痕迹，却能让人体会到诗人有一种对时代环境的寂寞感。

《辛夷坞》在写景的同时也就不免带有寄托。屈原把辛夷作为香木，多次写进自己的诗篇，人们对它并不陌生。它每年迎着料峭的春寒，在那高高的枝条上绽葩吐芬。“木末芙蓉花，山中发红萼。”这个形象给人带来的正是迎春而发的一派生机和展望。但这一树芳华所面对的却是“涧户寂无人”的环境，纷纷开落，自在逍遥的同时，更有无限的落寞情怀。

如果说独坐幽篁的王维月夜弹琴复长啸的情态，展示的是一个隐士高蹈超脱的形象，而在深涧中的辛夷，却在独自演绎生命的绝唱，华丽恣意地展示自己的璀璨红颜，无人欣赏，无人喝彩，在寂寞的舞台盛放以后，零落成泥。这样华美而孤寂的生命历程，不也值得凡夫俗子艳羡吗?

婆娑树枝：微官的隐秘情怀

“诗佛”王维隐居于陕西蓝田的辋川，流连于青山绿水之间，并非不谙人情世故，寂寞的时候也会制造一些幽默，拿“古人”开涮：

古人非傲吏，自阙经世务。

偶寄一微官，婆娑数株树。

（王维《漆园》）

这是王维《辋川集》中的一首。漆园是辋川二十景之一。不过这首诗的着眼点不在于描绘漆园的景物，而是通过跟漆园有关的典故，表明诗人的生活态度。

诗的前两句，反用郭璞《游仙诗》“漆园有傲吏”的诗意。据《史记·老庄申韩列传》载，庄子曾为漆园吏，楚威王遣使聘他为相，他不干，反而对使者说：“子亟去，无污我!”这就是后世所称道的庄子啸傲王侯的故事。郭璞称庄子为“傲吏”，其实是赞美他。王维在这里反其意而用之，说庄子并不是傲吏，他所以不求仕进，是因为自觉缺少经国济世的本领。这也是一种赞美，不过换了个角度罢了。“微官”既指庄子任职“漆园吏”这一小官，也有诗人对自己身份的认证。婆娑的树枝，留住了钟情“逍遥游”的庄子，也让王维找到了归宿地。显然，王维是借古人以自喻，表白自己的隐居，也决无傲世之意，颇有点看穿悟透的味道。诗的用典自然贴切，且与作者的思想感情、环境经历融为一体，以致分不清是咏古人还是写自己，深蕴哲理，耐人寻味。

王维的身份是复杂的，既是朝廷的官吏，也是一个隐士，且心向佛门，还是个名副其实的艺术家，作诗弹琴绘画，无所不精。坎坷的人生经历，复杂的多重身份，并没有让他迷失自己，相反的是，他在寂寞孤独中寻求到人生的真谛，有所为有所不为。在官场他基本上没有作为，但在艺术世界里却创造了无比珍贵的财富，让每位读书人流连于他的山水田园诗，给自己的心灵寻找一方栖息地。

小结

进入网络时代的我们，似乎与孤独无缘。害怕孤独，拒绝孤独，一有空闲就上网聊天游戏，或是约上三两朋友喝茶唱歌，哪怕是片刻的孤独也要塞上耳机听一段音乐，这种貌似充实的生活能给我们的心灵带来真正的欢歌吗？有时我们不妨撑一支孤独的长篙，在先人诗歌的海洋中漫溯，浅吟低酌，直抵天籁……

四、小夜曲：香山居士的如歌行板——解读白居易的三首诗歌

研读香山居士的年谱，首先关注的是他的官宦经历，从左拾遗到江州司马，转任杭州刺史、苏州刺史，后官至刑部尚书，宦海沉浮，酸甜苦辣，个中滋味，谁能知晓？一曲《琵琶行》，沾湿了江州司马的衣襟；一曲《长恨歌》，道不尽缠绵悱恻的人情故事；一首《卖炭翁》，揭露了宫市掠夺百姓的可耻行径。杭州西湖畔，留下了诗人春行的足迹；大林寺盛开的桃花，四月芳菲尽的时刻等来了香山居士的青睐。其实，诗人的隐秘情怀更多地透露在其从容自得的休闲时光以及退隐后闲适恬淡的起居之中。

花如雪：乡村月夜的纯朴牧歌

久居官场的白居易并不留恋纸醉金迷的豪门生活，因为田园生活才是诗人的最爱，就如诗人秋夜乡村田野的信步，给我们留下了一首田园牧歌：

霜草苍苍虫切切，村南村北行人绝。

独出门前望野田，月明荞麦花如雪。

（白居易《村夜》）

皓月当空，秋霜给衰草染上苍苍的色彩，秋虫窃窃私语，诗人独自行走在乡村小径，一路走来，行人绝迹，只有诗人的身影陪伴左右，月光倾泻在一望无际

的荞麦上，荞麦花如晶莹的白雪，茫茫无际。可以想象，曾经宦海的香山居士彳亍于乡村野田的明澈心境：沧桑世事如过眼烟云，聆听自然天籁方是接近本真的唯一途径。诗人“独出”，所以能够聆听秋虫呢喃，更有如雪的荞麦花铺陈于天地，等待他观赏。此情此景，久居乡村的凡夫俗子无福消受，而身居闹市的达官贵人更没有机缘领略这人间仙境。诗人只用白描手法，信笔写来，不露痕迹，如一则夜晚散步归来随手写就的日记。后两句描写的奇丽壮观的景象与前面两句的描写形成强烈鲜明的对比。诗人匠心独运地借自然景物的变换写出人物感情变化，朴实无华，浑然天成，读来亲切动人，余味无穷。《唐宋诗醇》称赞它“一味真朴，不假妆点，自具苍老之致，七绝中之近古者”。

这首诗明白如话，接近口语，一千多年以后的我们读来一点儿语言障碍都没有。语言平易中见匠心，“苍苍”“切切”两个叠词可见秋色浸润至深，“切”“绝”“雪”三个字押尾韵，读来凄切之感油然而生。

霜叶红：秋雨夜眠的恬淡心曲

大和六年（832）秋，白居易任河南尹，这时他已六十多岁，体衰多病，官务清闲，加上亲密的诗友元稹已经谢世，心情寂寞冷淡，秋雨敲窗，也叩击诗人的心扉。

凉冷三秋夜，安闲一老翁。
卧迟灯灭后，睡美雨声中。
灰宿温瓶火，香添暖被笼。
晓晴寒未起，霜叶满阶红。

（白居易《秋雨夜眠》）

三秋夜未见风雨，尚且如此凉冷，加上秋风秋雨的袭击，自然更感到寒气逼人。次句点明人物，“安闲”二字勾画出“老翁”喜静厌动、恬淡寡欲的形象。“卧迟灯灭后，睡美雨声中”，“卧迟”写出老翁的特性。以“灯灭后”三字说明“卧迟”这个时间点，耐人玩味。窗外秋雨淅沥，屋内“老翁”安然“睡美”，正说明他心无所虑，具有闲淡的情怀。“灰宿温瓶火，香添暖被笼”，以烘瓶里的燃料经夜已化为灰烬，照应老翁的“睡美”。才三秋之夜已经要烤火，突出老翁的怕冷。夜已经过去，按理说老翁应该起床了，却还要“香添暖被笼”，打算继续躺着，生动地描绘出体衰闲散的老翁形象。诗的末句最为奇绝，上文层层渲染“凉”“寒”，末句满阶红叶，色彩绚丽，与前文阴冷画面形成强烈对比，仿佛一个特写镜头，视觉冲击力极强。全诗紧紧把握老翁秋雨之夜安眠的特征，写得生动逼真，亲切感人，富有生活气息。诗中多少反映了诗人暮年政治上心灰意懒、生活上孤寂闲散的状况。

秋夜秋雨秋霜，天冷心寒叶红，人生如梦，似水流年，兴衰沉浮，老翁安闲面对。任凭红叶飘零，我自坦然走一生……

绿蚁酒：寒冬雪夜的温暖邀请

读白居易《问刘十九》这首诗的题目时，笔者有些纳闷，一是白居易的这位朋友为何叫“刘十九”？是在家排行十九，还是另有原因？但不管个中缘由，笔者还是羡慕这位朋友的，因为这首20个字的小诗能够流芳千古；二是题目中的这个“问”字，诗人是要请教这位朋友什么问题呢？细读小诗，原来是——

绿蚁新醅酒，红泥小火炉。
晚来天欲雪，能饮一杯无？

（白居易《问刘十九》）

绿蚁酒不是如今所说的保健酒、药酒一类的，而是新酿的酒，未滤清时，酒面浮起酒渣，色微绿，细如蚁，故名“绿蚁”。“绿酒”“红火”色彩如此鲜艳，显然诗人的心境也是温暖如春的。酒是如此吸引人，但备下这酒与炉火，却又与天气有关。“晚来天欲雪”，一场暮雪眼看就要飘洒下来。可以想见，当时森森的寒意阵阵向人袭来，自然免不了引起人们对酒的渴望。而且天色已晚，有闲可乘，除了围炉对酒，还有什么更适合于消度这欲雪的黄昏呢？酒和朋友在生活中似乎是结了缘的。所谓“酒逢知己千杯少”，所谓“独酌无相亲”，说明酒还要加上知己，才能使生活更富有情味。

白居易于是向刘十九发问：“能饮一杯无？”请帖写得很有诱惑力，对于刘十九来说，除了那泥炉、新酒和天气之外，白居易的那种深情，那种渴望把酒共饮所表现出的友谊，当是更令人神往和心醉的。可以想象，刘十九在接到白居易的诗之后，一定会立刻欣然前往。于是，两位朋友围着火炉，斟起新酿的酒。室外白雪飞舞，但室内却是那样温暖、明亮。生活在这一刹那间泛起了玫瑰色，响起甜美和谐的旋律……

诗作从日常生活中的一个侧面落笔，以如叙家常的语气，朴素亲切的语言，富于生活气息的情趣，不加雕琢地写出了朋友间恳诚亲密的关系。《唐诗三百首》评价说："信手拈来，都成妙谛。诗家三昧，如是如是。"

小结

从乡村秋夜、凉秋雨夜，到寒冬雪夜，遍野如雪的荞麦花，满阶的霜染红叶，红泥火炉映照下绿蚁新酒，这一系列意象如一个个音符时时跳跃在唐诗的卷册之中，也在每位读者的心头奏起一首首小夜曲，让我们在千年以后，重温诗人秋夜冬晚的每一个心动的场景中隐秘的心思，沉思冥想……

五、谁念幽寒："少年心事当拿云"——李贺诗两首赏析

"大漠沙如雪，燕山月似钩。"一匹快马，在秋高气爽的日子里驰骋于塞外疆场，还有诗人矫健的身姿。但这只是李贺的幻想，一个怀有壮志凌云的少年的梦中呓语。命运同这位少年开了一个不大不小的玩笑。元和初年，当他踌躇满志迎接进士科考时，不料竟以避父"晋肃"名讳为由，被剥夺了考试资格。于是，中唐少了一位政客，却多了一位诗人，一个特立独行的浪漫诗人——"诗鬼"李贺。

一

黑云压城城欲摧，甲光向日金鳞开。
角色满天秋色里，塞上燕脂凝夜紫。
半卷红旗临易水，霜重鼓寒声不起。
报君黄金台上意，提携玉龙为君死。

（李贺《雁门太守行》）

读李贺的诗就如看一场电影，这首诗给我们播放的是一部关于塞外风云的战争大片。

大场面，大制作，是这位浪漫主义"导演"的拿手好戏。且看战事的紧急，首句既是写景，也是写事，成功地渲染了敌军兵临城下的紧张气氛和危急形势。"黑云压城城欲摧"，一个"压"字，把敌军人马众多，来势凶猛，以及交战双方力量悬殊、守军将士处境艰难等，都淋漓尽致地展现出来。次句写城内的守军，

忽然风云变幻，一缕日光从云缝里透射下来，映照在守城将士的甲衣上，只见金光闪闪，耀人眼目。此刻他们正披坚执锐，严阵以待。三、四句分别从听觉和视觉两方面铺写阴寒惨痛的战地气氛。时值深秋，万木摇落，在一片死寂之中，那角声呜呜咽咽地鸣响起来。显然，一场惊心动魄的战斗正在进行。“角声满地”勾画出战争的规模。敌军依仗人多势众，鼓噪而前，步步紧逼。战争从白天进行到夜晚，晚霞映照着战场，那大块的胭脂般鲜红的血迹，透过夜雾凝结在大地上呈现出一片紫色。这种黯然凝重的氛围，衬托出战地的悲壮场面，暗示攻守双方都有大量伤亡，守城将士依然处于不利的地位，为下面写友军的援救做了必要的铺垫。

剧情紧凑，情节动人。后四句写驰援部队的活动，“半卷红旗临易水”，“半卷”二字含义极为丰富，黑夜行军，偃旗息鼓，为的是“出其不意，攻其不备”；“临易水”既表明交战的地点，又暗示将士们具有“风萧萧兮易水寒，壮士一去兮不复还”那样一种壮怀激烈的豪情。接着描写苦战的场面：驰援部队一迫近敌军的营垒，便击鼓助威，投入战斗；无奈夜寒霜重，连战鼓也擂不响。面对重重困难，将士们毫不气馁，“报君黄金台上意，提携玉龙为君死”。黄金台是战国时燕昭王在易水东南修筑的，传说他曾把大量黄金放在台上，表示不惜以重金招揽天下志士。诗人引用这个故事，写出将士们报效朝廷的决心。

意象新奇，设色鲜明，造型新颖，想象丰富而奇特，这是李贺这位“导演”的最大特色。“黑云”“金鳞”“燕脂”“夜紫”“红旗”一系列意象中浓艳色彩的描绘，渲染了战争的残酷氛围。如最后两句写主将为报君主的知遇之恩，誓死决战，通过造型、设色，突出主将的外在形象和内心活动。黄金、白玉，其质地和色泽都为世人所重。“黄金台”是求贤若渴的象征。诗人选用“玉龙”和“黄金台”造型设色，创造出一位神采奕奕的不惜为国捐躯的主将形象。

看一部电影需要我们全神贯注，才能与剧中的人物一起呼吸，一起哭笑；读诗同样需要我们全身心地投入，细细感受每个文字的温度，嗅出每个词语的气息，这样你就会走进词语的丛林，接近诗人的内心世界，聆听他的叹息和高歌，分享他的才情与智慧。

二

幽兰露，如啼眼。

无物结同心，烟花不堪剪。

草如茵，松如盖，

风为裳，水为佩。

油壁车，夕相待。

冷翠烛，劳光彩。

西陵下，风吹雨。

（李贺《苏小小墓》）

李贺现在给我们执导的是一部言情片，一部以江南为背景的关于爱情或命运的影片。

杭州西子湖畔，碧波，绿草，青松，微风，细雨。

主人公苏小小出场了——

那兰花上坠着的露珠，多像是她当年含泪凝眸的眼睛，一个“幽“字，不仅准确地传达出墓地的阴森冷落，而且通过她的眼睛，我们看到在九泉之下的这位美女，孤独无依，用她那双饱含着知己难求的眼睛凝视着人间。墓上的绿草，像是她当年用过的茵褥；墓旁的松树，像是她车上的车盖；清风吹拂，像是她美丽的衣裳在飘动；山涧的流水叮咚，像是她身上的玉佩在鸣响。她身前坐过的油壁车，好像依旧苦苦地在西陵等待着前来幽会的情郎。

苏小小是南齐时的钱塘名妓，她以百金助一个穷困潦倒的书生去应考，痴情地等待着书生归来迎娶，哪知书生一去不返。她又不甘心做他人的小妾，19岁便香消玉殒。古乐府中有《苏小小歌》，相传是她留下的作品。

妾乘油壁车，郎骑青骢马。何处结同心？西陵松柏下。

苏小小面对死亡，恬然自适，她对情的坚贞，对美的执着，给后人留下一个永恒的凄美的印象。当李贺写下这首诗歌的时候，几个世纪以前的如花美人苏小小早已风化成坟墓中的沃土，但在李贺的这首诗歌中，我们仿佛又隐约听到了苏小小的歌声。

诗的前面几句用比喻手法，既是在写景，也是在叙事和抒情，把我们带进了苏小小当年的生活场景之中。她的美丽和才情虽灿若烟花，却无人怜惜、珍视，转眼就消逝了。她只有发出“无物结同心”的慨叹，这里的“无物”，其实是无人，整个世界找不到一个可以托身的良人，可见她绝望到了极点。诗的最后四句，描绘了一幅更加凄清冷艳的景象：翠烛本是为和情人的相会而设，着一个“冷”字，点明了有光而无焰火，这里实指墓地的鬼火，所以那光彩也是徒劳的，“劳”字传神地表现了苏小小的无可奈何之状和哀怨之情。在昔日和情郎相会的西陵，如今只剩下一片凄风苦雨，任风吹雨打，始终熄灭不了她爱情的火焰；任岁月流逝，始终模糊不了她凄美的身影。

读到这里，如果我们仅仅以为李贺是在为我们演绎一则凄惋迷离的爱情故事，恐怕就辜负了这位“鬼才”的良苦用心。

诗人表面上是在哀悼亡者，实际上是借亡者来自悼自己，借墓地景物的阴森来表达自己内心世界的冷寂。苏小小的形象，正是他自己的寂寞、感伤心理的曲折体现。在异常华丽的外衣下透出一股逼人心魂的阴森，如“幽兰露”般的那双眼睛，是苏小小的，也是李贺的，向后来的人哭诉着一段真情和一曲唯美的千古绝唱，可以跨越生死的阻隔。苏小小的不幸在于她的真情和唯美，真情被抛掷，美丽无人怜。李贺的不幸在于他仅仅因避讳就被阻断了前程。名妓的才情必须有赖于通达之人的赏识，才能有圆满的结局。士人之才须遇名主，才有施展的机会。

李贺因自身的不幸和苏小小发生了共鸣，所以能够穿越时空的隧道，与亡者做一次相知相怜的情感对话。从这个角度看，这首诗是以诗歌的形式作为对生命的追问方式，借一曲古老的爱情歌谣，谱写出了苍凉的生命悲歌。

小结

“少年心事当拿云，谁念幽寒坐呜呃”，这是李贺《致酒行》中的两句诗，其中流露出来的既有少年的凌云壮志，又有怀才不遇的感慨。因为早衰与多病，李贺在他短暂的人生之旅中，敏锐地感受到那一份生存的焦虑与困惑。理想与现实，梦想与生活，是每个人必须面对的选择。生命就像那摇曳在风中的烛光，在风雨中、在荒原上燃烧……

六、栀子花开："一枝一叶总关情"——王建绝句两首赏析

王建（约766—约830），这位与张籍齐名的诗人，现在我们已无法准确知晓他的活动轨迹和人生经历，尽管他留下了上百首脍炙人口的诗篇。王建出身寒微，年届不惑初为小吏，一生坎坷，生活拮据。

一

雨里鸡鸣一两家，竹溪村路板桥斜。

妇姑相唤浴蚕去，闲着中庭栀子花。

（王建《雨过山村》）

一千多年前，这首诗也许只是诗人在雨中路过一个山村时随手写在一页毛边纸上，但以后却以"文物"的方式保存在唐诗的卷帙中，也留存在许多文人墨客的文学记忆中。

让我们随诗人一起漫步在雨中，"鸡鸣一两家"，恰到好处地写出山村的特殊风味，首句已显出山村之"幽"，那么，次句就由曲径通幽的过程描写，显出山居的"深"来，并让读者随诗句的向导，体验了山行的趣味。在霏霏小雨中沿着斗折蛇行的小路行走，道旁翠竹依依，小溪潺潺，不觉来到一座小桥前——这是一座"板桥"。竹溪村路配上一座板桥，正是山村天然和谐的景致。"雨过山村"四字，至此已和盘托出，诗人还有何妙笔接着书写呢？

下面的镜头如电影的蒙太奇手法，展现了乡土风情。"妇姑相唤浴蚕去"，"浴蚕"指古时用盐水选蚕种。在这淳朴的山村里，妇姑相唤而行，显得多么亲切。但就在此时，突然情节一转，别急着浴蚕去，庭院中的栀子花开了，摘一朵戴着。如果写成剧本大致如下：

村妇：小姑子，我们浴蚕去！

小姑：嫂子，我就来！（两人捧蚕种上场）

远镜头：姑嫂急忙走出庭院，竹溪村路上两人的身影渐渐远去……

切换特写镜头：春雨潇潇，山村庭院中栀子花盛开，雨中的花瓣娇嫩淡雅，雨珠落在花瓣上，庭院中一片寂静。

当笔者将场景用数行文字描述下来的时候，诧异于诗人王建用字的精妙，我花了如此多的笔墨却无法表现一个"闲"字，而诗人仅仅用了14个字！栀子花

开了，急匆匆忙着料理农事的姑嫂俩，却顾不上停下脚步，任院中盛开的栀子花，寂寞地开放在蒙蒙的雨中……

绝句的精妙之处，在于用简短的文字唤起我们的联想和想象，我们不仅要透过文字去还原场景，还要填补其间的空白，揣摩人物的心理，感知诗人的情怀，这样才能领略诗句三昧，然后会心一笑惊叹：妙绝！

二

中庭地白树栖鸦，冷露无声湿桂花。

今夜月明人尽望，不知秋思落谁家？

（王建《十五夜望月》）

这首中秋咏月的绝句与学生一起读过不知多少遍了，字面的意思以及表达的感情并不复杂。

如果静心品味，还需调动我们的多种感觉器官，如："白地""栖鸦""明月"等是视觉形象，"栖息的乌鸦""无声的秋露"等是听觉形象，"冷露"是触觉形象，桂花盛开后有嗅觉的加入，也许"秋思之情"还需要第六感官参与。然后我们再随诗人一起步入中庭——

"中庭地白树栖鸦"写赏月环境。夜深了，诗人偕客步出厅堂来到庭院，低头但见地上月华如水，一片白色。庭树的影子枝叶扶疏，如一幅水墨画。循声望去，树冠间影影绰绰有宿在枝头的几只乌鸦。

冷露。无声。

有暗香袭来，原来桂花已盛开。冰冷的秋露湿润了桂花的花瓣，也湿润了诗人的心房，那月宫的桂花树是否也被这秋露浸湿，举头望一轮皓月，这秋思寄落于谁呢？这样的问询我们似曾相识：

"江畔何人初见月？江月何年初照人？人生代代无穷已，江月年年只相似。"这是张若虚《春江花月夜》中生发的人生感慨。永恒的历史长河，不变的月色风情。

"今夜福州月，闺中只独看。遥怜小儿女，未解忆长安。"杜甫只身在外，战乱不断，《月夜》"独看"，凄凉之境，悲苦之情，孩子们怎能理解？

"海上生明月，天涯共此时。情人怨遥夜，竟夕起相思。"张九龄的《望月怀远》寄托了情人相思，勾起了一帘幽梦，延伸了许多痴情……

“不知秋思落谁家?”莫非王建是真的不知吗？这轻声的问询，也在叩问每一位望月者的心扉。每个中国人的内心深处都珍藏着关于月亮的情愫，或深或浅，或远或近。

三

读了王建的两首描写春花秋月的绝句，也许我们会认为他只是一个吟咏风花雪月的抒情诗人。但细心的读者只要留意他的生平，就会知道这位诗人饱尝了人世间的甘苦冷暖，艰辛酸涩！他的笔触描写了许多常人不易表达的领域：

《望夫石》是一首根据古老的民间传说写成的抒情小诗，“望夫处，江悠悠，化为石，不回头。山头日日风复雨，行人归来石应语”。悠悠江水，流不尽相思泪；山头风雨，见证了爱的传奇！

“树头树底觅残红，一片西飞一片东。自是桃花贪结子，错教人恨五更风。”王建的《宫词》写了百首，描写了宫女的生活，流畅的口语似乎就是宫女心声的吐露！

“苦哉生长当驿边，官家使我牵驿船。辛苦日多乐日少，水宿沙行如海鸟。”(《水夫谣》)这是一个水边纤夫的内心独白，半夜雨雪交加，夜寒衣湿，辛苦无处诉说……

清朝的郑板桥在山东做县令时，曾画一幅竹图并题诗送给巡抚，诗中写道：“衙斋卧听萧萧竹，疑是民间疾苦声。些小吾曹州县吏，一枝一叶总关情。”每个关心民间疾苦的诗人都不会沉湎于个人的沉浮得失，正如王建，栀子花开时流露的是乡间村妇生活的美好情趣，中秋之夜的桂花寄托了离人的相思，皇宫中的桃花飘零紧紧牵动着宫女的心弦……

七、稻花香：豪华落尽见真淳——辛弃疾词两首赏析

提到辛弃疾，我们总是将他的形象与“豪放”一词联想在一起：“金戈铁马，气吞万里如虎”，描绘的是将军叱咤疆场一往无前的气概；“醉里挑灯看剑，梦回吹角连营”，叙述的是英雄归退后魂牵沙场渴望杀敌的真切愿望；“千古兴亡多少事？悠悠，不尽长江滚滚流”，流露的是豪杰壮志难酬早生华发的落寞和慨叹……

辛弃疾作为南宋杰出的豪放派词人，他的风格以沉雄激越著称，但国事兴衰、人生沉浮让诗人饱尝了更多的酸甜苦辣，承受了更重的道义责任和苦难艰辛。当从尽忠报国浴血奋战的疆场转身退居到僻远秀丽的乡村，也让辛弃疾在慷慨纵横之外，多了一份淡泊宁静，也多了一点闲适从容。

当诗人放下刀剑解下盔甲回到江西带湖家里，很快完成了自己的角色转换，过起了投闲置散的退隐生活。他在罢官闲居以前就说："人生在勤，当以力田为先。"遂以"稼轩"为名，自号"稼轩居士"。长期的农村闲居生活，使他更接近农村，所以一幅幅清秀隽永的山水图画，一件件情趣盎然的农家小事，乃至田畔老农、村头儿童、溪边荠菜，皆走进了诗人的词卷笔端，也为我们多了一叠八百多年前中国乡村的黑白影像——

一

明月别枝惊鹊，清风半夜鸣蝉。稻花香里说丰年，听取蛙声一片。

七八个星天外，两三点雨山前。旧时茅店社林边，路转溪头忽见。

（辛弃疾《西江月·夜行黄沙道中》）

这首词是辛弃疾贬官闲居江西上饶时的作品。对于一个内心丰富、热爱世界的人，即使命运不公路途坎坷，也改变不了他对这个月朗风清的世界的一片深情，于是一个夏日夜晚月下漫步的画面便再次在我们的眼前浮现。

这是一个晴朗的夜晚。诗人借"明月""清风""稻花""蛙声"，描绘了一个清朗、幽静、丰收在望的夜晚。词人从视觉上以"惊鹊""别枝"突出月光之明亮；从听觉上以"半夜鸣蝉"反衬夜半清风之煦暖，以"说丰年"渲染"蛙声"之浑厚雄壮热闹；从嗅觉上以"稻花"飘来的芳香给人以丰收的想象。简短的四句话，寥寥几种事物的勾画，一个清朗、幽静、温馨、恬淡、悦耳、丰收在望的喜人景象就呈现在我们面前了。

下阕由写景到叙事，颇有戏剧色彩。由远及近地叙写眼前之景、心头惊喜，"七八个"说明月光明亮，只有几颗大而亮的星星在闪烁，可见夜之明朗。"两三点"说明雨点稀疏，一走而过，可见是随风而来的阵雨。然而，那也得避一避呀，于是想起原来这里曾经有一个茅舍小店，此时却看不见它，正在这"山重水复疑无路"之际，却"路转溪头忽见"，拐过一道弯路，走上小溪桥头，那座茅舍小店忽然展现在词人面前，诗人欣喜若狂的程度仿佛就在我们眼前。

这首词充分反映了词人对丰收所怀有的喜悦和对农村生活的热爱之情。明月清风，疏星稀雨，鹊惊蝉鸣，稻花飘香，蛙声喧闹，从视觉、听觉、嗅觉等多种感官抒写了夏夜村野风光的幽美。全词笔调灵活生动，亲切轻快，情景交融，优美如画，恬静自然，生动逼真。

二

茅檐低小，溪上青青草。醉里吴音相媚好，白发谁家翁媪？

大儿锄豆溪东，中儿正织鸡笼，最喜小儿无赖，溪头卧剥莲蓬。

（辛弃疾《清平乐·村居》）

上阕前两句设置了舞台背景，一所矮小的茅草房屋，紧靠着房屋有一条流水淙淙、清澈照人的小溪。溪边长满了碧绿的青草。在这里，作者只用了淡淡的两笔，就把由茅屋、小溪、青草组成的清新秀丽的环境勾画出来了。接着人物出场，一对满头白发的老翁阿婆，亲热地坐在一起，一边喝酒，一边聊天，悠闲自得，彼此“媚好”，亲密无间。那种和谐、温暖、惬意的老年夫妻的幸福生活，形象地再现出来了。

如果我们可以为这幅画面配上一段音乐，那就是这首《最浪漫的事》：“一路上收藏点点滴滴的欢笑，留到以后，坐着摇椅慢慢聊，我能想到最浪漫的事，就是和你一起慢慢变老……”

下阕采用白描手法，三个儿子各自出场。大儿子是家中的主要劳力，担负着溪东豆地里锄草的重担；二儿子年纪尚小，只能在家里编织鸡笼；三儿子不懂世事，只知任意地调皮玩耍，看他躺卧在溪边剥莲蓬。词句虽然极为通俗易懂，但却刻画出鲜明的人物形象，描绘出耐人寻味的意境。尤其是小儿无拘无束地剥莲蓬的那种天真活泼的神情状貌，“卧”字用得极妙，小儿天真、活泼、顽皮的劲儿跃然纸上。当代画家范曾若是用水墨画描绘这一场景，当会情趣盎然！

元好问评陶渊明诗说道：“一语天然万古新，豪华落尽见真淳。”一首短短的小词，它的题材内容不过是一些看起来极其平凡的景物，语言没有任何雕饰，没有用上一个典故，层次安排也完全是听其自然。这样的构思和描绘，可以说是辛词平淡风格中最典型的了，但淡泊中的淳厚却更见功夫。

八、清气入骨："便引诗情到碧霄"——刘禹锡《秋词两首》赏析

"遥望洞庭山水色，白银盘里一青螺"，这是"诗豪"刘禹锡在洞庭湖畔写下的诗句，我们吟咏的时候，一边惊讶于诗人惊人的想象力，一边慨叹诗人高旷清逸的胸怀，这样的图景须在高空俯视下才见得，凡夫俗子只能是"见山是山，见水是水"。

刘禹锡是一位在风雨中行吟的歌手。流落乡村，他唱起了民间小调："东边日出西边雨，道是无晴却有晴"；回到京都，他潇洒地宣布："种桃道士归何处？前度刘郎今又来。"其实此时诗人已被贬谪十四年，饱受政治打击之苦。路过石头城，清冷的夜晚，诗人察觉"淮水东边旧时月，夜深还过女墙来"；来到乌衣巷口，抬头看见"旧时王谢堂前燕，飞入寻常百姓家"；驻足台城，不禁慨叹"万户千门成野草，只缘一曲后庭花"。面对寂寥的秋色，诗人又写下了这样的两首《秋词》：

（一）

自古逢秋悲寂寥，我言秋日胜春朝。
晴空一鹤排云上，便引诗情到碧霄。

（二）

山明水净夜来霜，数树深红出浅黄。
试上高楼清入骨，岂如春色嗾人狂。

这两首写秋的诗篇，直抒胸臆，明白如话。第一首诗先抒发热爱秋日的情感，再借"晴空一鹤"表达志趣；后一首则先描绘秋色，再抒发对秋日清气风骨的赞美之情。这两首"秋"的诗篇，奇在何处呢？

一是立意奇特。秋天到了，西风渐紧，落叶飘零，细雨纷飞。"一场秋雨一场寒"，怎能不让人伤怀呢！"西风愁起绿波间"，摇曳着李后主亡国的悲痛；"无边落木萧萧下"，触动的是杜甫感伤的情怀；"淮南秋雨夜，高斋闻雁来"，绵绵秋雨，牵来了诗人的思乡情。面对秋之悲情，刘禹锡却坚决地说"不"！甚至认为秋日胜过春朝。原来诗人已化身一鹤，翱翔在高远的蓝天，诗歌的音符在云端跳跃。第二首秋词以春色使人发狂，反衬秋日的清澈之气，秋色令人心胸开阔，

荡涤尘埃，不染一丝俗气，更不会有狂躁之气。很难想象一个困顿多年的一介书生，竟然有如此胸怀，如此气魄。这两首诗，都采用了对比的手法，“秋日”与“春朝”对比，秋色与春色对比，褒贬之意，尽在言中。

二是意境奇特。四季之中，春日之缤纷，夏日之繁华，总让人留恋；而秋风秋雨则使人惆怅，于是，落叶枯藤，秋虫冷月，成了秋日黯淡图画中描绘的主角。刘禹锡却劈空飞来“晴空一鹤”，着实令人惊讶！一鹤冲天，排云而上，随着升腾的还有诗人的豪情壮志。尽管世间的险恶人心让他屡遭贬谪，历经坎坷曲折，但诗人的赤子之心、满腔热情却始终没有改变。

“山明水净夜来霜，数树深红出浅黄”，这样的图景让笔者想起一幅有关江西婺源的摄影作品。山色明丽，涧水清澈，一夜秋霜的洗礼，山上层林尽染，深红中夹杂着些许浅黄。这样洋溢着生命气息的画面，也让许多水墨画家迷恋驻足。“停车坐爱枫林晚，枫叶红于二月花”，这样的画面虽红得热闹，但毕竟单调了些。更难能可贵的是，刘禹锡并非如一般隐士，他是在颠沛流离的贬居途中书写不屈的灵魂，他的内心柔软而坚硬。

三是语言奇特。首先，语言奇在清新之美。刘禹锡长期处于民间，他不但学会了唱民歌，还受民歌的启发，写出了《竹枝词》《杨柳枝词》等耐人吟咏的好诗。他的许多诗歌出自口语，明白如话，朴实浅易中不乏情趣和意蕴。“自古逢秋悲寂寥，我言秋日胜春朝”，好像是在和好友聊天，一吐心中之快；“试上高楼清入骨，岂如春色嗾人狂”，这是对读者下的请帖，如果你应约登楼，恐怕也赞同诗人的见解。

其次，此诗体现用词精当之美。平白的语言并不意味着作者遣词造句随意草率，其匠心体现在不经意间。“晴空一鹤排云上”中一个“排”字，描绘了蔚蓝的天空上一鹤直冲云霄展翅高飞的情景，表达了诗人的豪情壮志。“岂如春色嗾人狂”一句中的“嗾”字，原指“发出声音指使狗”，引申为“教唆”的意思。一个“嗾”，写出了春色的浅薄虚妄，由此反衬秋色的清澈，让人心灵澄澈。

再次，奇在音韵和谐之美。此诗第一首尾字“寥”“朝”“霄”押“ao”韵，第二首尾字“霜”“黄”“狂”押“ang”韵，读来激越昂扬，铿锵有力，也与诗句的内在情感协调。

这样瑰丽奇特的诗句，大概也只有刘禹锡这样的奇人才能写出。

公元826年。刘禹锡罢和州刺史任返回洛阳，白居易也从苏州回洛阳。两人在扬州相逢，他们同龄，这一年都是54岁。白居易为好友的命运嗟叹：“亦知合被才名折，二十三年折太多。”当年刘禹锡因参与王叔文革新运动被贬放湖南湘江一带，后又因一首《戏赠看花诸君子》（“玄都观里桃千树，尽是刘郎去后栽”）触怒权贵，远放岭南蛮荒之地。面对好友的悯惜，诗人却描绘了这样的愿景：“沉舟侧畔千帆过，病树前头万木春。”正是有这样的视野和宽广的胸怀，面对萧瑟的秋天，刘禹锡的命运交响曲始终回响着激越的旋律，不是“秋日的私语”，而是秋日如歌的行板，昂扬豪迈，激动人心。

在时间的长河中，每个人都在与命运拔河。有的一蹶不振，消沉低落；有的却与命运抗争，笑对人生。鲁迅先生曾说：“我觉得坦途在前，人又何必因了一点小障碍而不走路呢?”在人生的旅途中，面对冷雨寒风，如有一身清气，再借得诗人的侠骨柔情，我们的心中也会流淌出铿锵的音符。但愿如此。

九、棹歌何处：“报与西湖风月知”——解读关于西湖的两首诗

走近西湖，撑一把油纸伞，任一袭烟雨与你交谈，这是每个诗人心之神往的境界；西湖给杭州冠以“天堂”的名号，当是莺歌燕舞，桃红柳绿，湖光山色，欢声笑语。我们从小对西湖的印象是从唐诗宋词中捕捉到的流光碎影：“水光潋滟晴方好，山色空蒙雨亦奇”，这是苏轼“淡妆浓抹总相宜”的西子湖；“接天莲叶无穷碧，映日荷花别样红”，这是杨万里“风光不与四时同”的夏日西湖；欧阳修泛舟西湖，“轻舟短棹西湖好。绿水逶迤，芳草长堤，隐隐笙歌处处随”……

白居易“官历二十政，宦游三十秋。江山与风月，最忆是杭州”，西湖更是他的流连之处。且看这幅春日行吟图：

孤山寺北贾亭西，水面初平云脚低。
几处早莺争暖树，谁家新燕啄春泥。
乱花渐欲迷人眼，浅草才能没马蹄。
最爱湖东行不足，绿杨阴里白沙堤。

（白居易《钱塘湖春行》）

诗人如一个导游，从孤山寺北出发，驻足贾亭，西望湖面景色。湖面春水刚

与堤平，朵朵白云同湖面上的微澜连成一片。几处早出的黄莺争着飞向向阳的树木，谁家新来的燕子衔着春泥在筑巢？缤纷繁多的春花渐渐要迷住人的眼睛，浅浅的春草刚刚能够遮没马蹄。诗人一路来到西湖东边的白沙堤，在绿色杨柳荫下流连忘返。全诗紧扣“春行”，娓娓道来，如数家珍。事实也是如此，西湖的一草一木，一笑一颦，总是让人怜惜。

诗人的内心总是敏感而多情的，对初春西湖的每一点细微的变化都了然于胸。那西湖水面涨起来了，连云儿也忍不住要贴近西湖的面颊。莺是“早莺”，春天的第一个音乐使者；燕是“新燕”，西湖上空的舞蹈精灵。一个“渐”字，道出“乱花”逐渐茂密浓郁的过程；一个“才”字，描绘出小草萌发生命活力的青春状态；尤其值得玩味的是一个“浅”字，“浅”多指水浅，此处言“浅草”，不仅指小草初生长，但又不是“草色遥看近却无”的状态，而是绿草如茵生意盎然的景象。“争”“啄”赋予画面以动态感，“迷”“没”则将读者带入现场，亲身体验这西湖迷人的春光。

一个“最爱”，是爱西湖，也是爱杭州，这人间的天堂。

当诗人即将离别杭州时，西湖在他的心中留下了烙印，“湖上春来似画图，乱峰围绕水平铺”，“未能抛得杭州去，一半勾留是此湖”（《春题湖上》）；当真告别的那一天来临时，心中又有说不尽的遗憾，“翠黛不须留五马，皇恩只许住三年”，白居易在杭州任刺史不到三年时间，“处处回头尽堪恋，就中难别是湖边”（《西湖留别》）。而西湖的身影只在梦中重温时，诗人的风雅兴致也锐减，“自别钱塘山水后，不多饮酒懒吟诗”，于是“欲将此意凭回棹，报与西湖风月知”（《杭州回舫》）。

如果说白居易的《钱塘湖春行》是一首如歌的行板，宋代孙锐的《平湖秋月》应是清幽激越的江南丝竹——

月冷寒泉凝不流，棹歌何处泛归舟？

白蘋红蓼西风里，一色湖光万顷秋。

这首诗构思奇巧，首句写景，仰望天空；第二句叙事，回归人间，引起下文；后两句写景，有色泽“白苹”“红蓼”“湖光”；有气度，面临西风，却道“一色湖光万顷秋”！诗人的情感也是跌宕起伏的，仰首观月，寒意顿起，心中凄然；近望白苹、红蓼，孤独寂寞，站立在秋风中；远望万顷湖面，心胸开阔敞亮，豪气满怀。

“平湖秋月”为西湖十景之一，三面临水，背倚孤山，所面临的湖面最开阔。沿湖建筑亭楼厅榭，错落有致，古风犹存。康熙游江南，品题西湖十景，在白堤西端与孤山交界处，立“平湖秋月”石碑。当然，在明清之前，“平湖秋月”的美景就早已走入文人墨客的视线。

白居易的春行西湖，是平民的西湖；孙锐的秋夜西湖，则是诗人的西湖，一个人的西湖。

月光清冷，诗人泛舟归岸，那吱呀吱呀的划桨声应和着流水的哗哗声，是写给秋夜的乐谱。西风渐起，月色下的白浮萍、红水蓼，禁受得住秋夜的风寒吗？万顷湖面，月光跳跃浮动，快意人生，人间天堂！

如今的“平湖秋月”景点有一楹联：“万顷湖平长似镜，四时月好最宜秋。”如果是秋日造访西湖，大概选择一个月夜前行最得个中滋味。

有人把西湖比作江南胸前的一块老玉，晶莹雅致又不失沧桑感。西湖不仅将她的花容欢颜留在了历代的歌赋中，也将她的悲歌凄楚印在了史册上。南宋的林升慨叹：“西湖歌舞几时休？”只因“暖风熏得游人醉，直把杭州作汴州”！元代赵子昂经过湖边的岳鄂王墓，一洒亡国之泪，“莫向西湖歌此曲，水光山色不胜悲”；明代的张煌言徜徉于梦里梦外的西湖，“梦里相逢西子湖，谁知梦醒却模糊”；晚清康有为“梦入西湖数六桥”，发出了“绝好江山谁看取？涛声怒断浙江潮”的感叹。

流年似水，红尘如梦。若要领略西湖的诗情画意，需要像明朝的张岱那样，在月影婆娑或在大雪封湖的寂寥时刻去用心拜访。如果如今人在黄金周假期蜂拥而至，西湖的雅致又到哪里去寻找呢？

十、登高望远：飘飘天地一沙鸥——解读杜甫《望岳》《水槛遣心二首（其一）》

钱钟书先生曾把中国文学自古以来的主题，归结为：登高望远、在水一方、暝色起愁。诗人，作为大地上诗意的栖居者，他们的行踪和心迹往往异于凡夫俗子。奇山高塔，大漠荒原必有诗人捷足先登；大江大河，小溪清泉，总有诗人的清影；暮色苍茫，倦鸟归林，最先触动的总是诗人的情弦。翻开唐诗画卷，“望”字随处可见。有野望，有春望，望五岳三江，望平川高原。登高一望，拓展了诗人的视野，扩充了他们的胸襟，也丰富了那一颗颗敏感悸动的心灵。

公元736年，贵为五岳之尊的泰山迎来了一位24岁的年轻人，他“七龄思即壮，开口咏凤凰。九龄书大字，有作成一囊”。尽管参加科举考试失利，但他壮游之情未改。读万卷书，与古人交谈；行万里路，与大地对话。面对这东方平野上的一座山，他写下了这一首《望岳》。

岱宗夫如何？齐鲁青未了。
造化钟神秀，阴阳割昏晓。
荡胸生层云，决眦入归鸟。
会当凌绝顶，一览众山小。

因为这首诗，我们开始认识了一个不朽的名字——杜甫。因为他的这首诗，泰山的五岳之长的地位也烙印在后世的每一位读者的心中。《风俗通》一书中说：“泰山，山之尊者，一曰岱宗。岱，始也。宗，长也。”让我们随着诗人一起拜谒一下这位东方的长者——

立于齐鲁大地上，泰山山南山北峰峦连绵不断，青青翠色一望无际。大自然将神奇秀美给予了这座山；因其高峻，山南山北晦明变化，好似清晓与黄昏。山中层层云生，舒展飘拂，心胸像经过洗涤一般，凝神远望，山中的飞鸟已归树林。此情此景，诗人油然而生壮志豪情，应当一登泰山之巅，俯瞰众山皆小矣！

清代学者如此分析：“诗用四层写意。首联远望之色，次联近望之势，三联细望之景，末联极望之情。上六实叙，下二虚摹。”本诗前六句实写泰山，后两句是想象之境。作者借歌颂泰山之雄伟，抒发自己的阔达胸怀，自信终能攀越顶峰有所成就。所以古人以为此诗“四十字气势，欲与岱岳争雄”。

公元761年，饱经战乱的杜甫定居成都草堂。“草堂”并非富丽堂皇的建筑，杜甫诗中描述“柴门古道旁”“江涨柴门外”，连木门都做不起，简陋至极。但诗人大半生颠沛流离，现在终于有了安居的空间，茅屋虽陋，环境却得树木清幽之致，内心喜不自胜，幽树繁花，细雨微风，游鱼飞燕。这一切，怎能不让诗人坚硬困苦的心灵赢得些许宁静闲适呢！《水槛遣心二首（其一）》为我们描绘了一幅蜀中乡村图景：

去郭轩楹敞，无村眺望赊。
澄江平少岸，幽树晚多花。
细雨鱼儿出，微风燕子斜。
城中十万户，此地两三家。

首联远望，突出一个“敞”字，草堂离城郭很远，庭园开阔宽敞，旁无村落，因而诗人能够远眺。中间四句写眺望之景，远近结合，动静相宜。“澄江平少岸”，诗人凭槛远望，澄澈清明的一江春水，似乎和江岸齐平，这是远景；“幽树晚多花”则写近景，春日黄昏，草堂四周树木蓊蓊郁郁，那枝头的花朵如一个个音符跳动，这是人生难得的一刻欢愉。

五、六两句赋予画面以动感，鱼儿在细雨中，欢快地跃出水面；燕子在微风的吹拂下，倾斜着飞舞，在空中划出一道弧线。“出”写出了鱼的欢欣，“斜”写出了燕子的轻盈。因为雨细，鱼儿才跃出；因为风和，燕子方是斜飞。“细雨微风”与“鱼跃燕舞”相互映衬，各得其妙。尾联以“城中十万户”与“此地两三家”对比，同时照应开头远离城郭旁无村落的幽美环境，更显草堂的闲适幽静。

林语堂先生曾经说过：“人生读来几乎像一首诗。它有自己的韵律和节奏，也有生长和腐坏的内在周期。”这位曾经“一览众山小”的英雄，53岁带着家人离开成都草堂，乘舟东下，漂泊岷江、长江，在《旅游书怀》中心生感慨：“飘飘何所似，天地一沙鸥。”水天空阔，沙鸥飘零；人似沙鸥，辗转江湖。山河寥落，贫病交加的诗人在长江之滨登高，“无边落木萧萧下，不尽长江滚滚来”，万里悲秋，艰难苦恨涌心头；晚年漂泊西南天地间，登岳阳楼，“亲朋无一字”“凭轩涕泗流”……岁月变迁，江山易代，杜甫的一生都在远远遥望而徒生叹息，虽有凌云之志，却一直没有飞翔的机会；纵有老骥伏枥的壮心，却始终无法施展才华。

“为什么我的眼里常含泪水，因为我对这土地爱得深沉”，今天，我们读杜甫的诗歌，不仅在读唐朝由盛转衰的那段历史，也在品读那历经艰难苦痛却始终热爱那土地那人民的高贵的灵魂。

后记

思与诗的对话旨在把语言的本质召唤出来，以便终有一死的人能重新学会在语言中栖居。

——海德格尔《诗歌中的语言》

专业写作：源于生命的恐慌

写作本是一件富有挑战性的精神活动，专业写作之于教师，不是一次次应景的写作，而是一辈子的精神马拉松。行走校园，立于讲台，每天都有教育故事发生，但要使这些故事或者经验形成文字，需要我们寻找属于自己的句子。专业写作，创造了教师与语言相遇的机缘，而当下的社会泛滥着碎片般的信息，漂流着图片符号，我们如何寻找适切的语言进行教育叙事？如何将生命叙事演绎为生命传奇？如何在理想与现实之间保持适度的张力，养成思考的习惯？这些都应该成为每位教师自觉的思考。

一

在深山里，有一种特别的蛤蟆，它长得很丑。人们在抓到它之后，会把它放到镜子前，蛤蟆看到镜子里自己丑陋的样子，会被吓出一身油，而这种油是治疗烫伤很珍贵的药材。这是日本的一个民间故事。日本电影巨匠黑泽明，就是以这个传说作为自己的自传书名——《蛤蟆的油》。

初读这个故事，我也确实吓了一跳，这跟我30岁时的感觉何其相似。18岁中师毕业，在芦村小学、芦村中学工作，参加自学考试5年，24岁获得中文本科证书，于是别无所求，浑浑噩噩工作12年，除了教书居然没有发表一个铅字。1999年岁末已近三十岁，一种世纪末的惆怅油然而生，圣人所谓“三十而立”，于我则无所建树。这样了无痕迹地从教一辈子，岂不遗憾！

2000年夏，在扬州市教研室刚创办的《扬州教研》杂志上发表了第一篇教学论文——《“追本溯源”与“拦腰爆破”——激活阅读教学课堂结构二例》。这篇不到2000字的文章，花费了我一个多月的心血。首先是论文的选题。当时正流行创新教学，各个学科的教学研究集中于一个关键词“创新”，我力求回避这一热词而采用了“激活”一词，其实着眼点仍然是语文阅读教学结构的创新。当时网络还没有遍及农村，为了收集关于阅读教学的理论文章，我翻阅了学校征订的少得可怜的两三种语文教学刊物（20世纪末农村初中经费奇缺），找到了一些相关研究论文作为参考，然后结合自己的教学实践撰写论文。文章写好后用方格稿纸工工整整地誊写清楚，也不敢向大刊物投稿，正好《扬州教研》创刊不久，决定先投投看。于是跑到邮局，小心翼翼地将稿件封好。当信封“扑通”一声投到邮箱底部的时候，期待的旅程便开始了。三个月以后，竟然收到了样刊，这可是件大事！当时全校教师多年来没有一篇文章在正规刊物上发表，校长在教职工大会上特地赞扬了我一番。

二

当同事们都将精力投放于班级分数的提升时，当你无意于各种骨干教师的评审时，当你的教师职称已经达到预期的目标时……我们的心中不免疑惑：

教师为何需要写作？专业写作究竟离我们有多远？

2003年初夏，朱永新老师来到翔宇教育集团讲学，推荐他的“教育家成功保险计划”：一位教师每天千字，一月3万6千字，一年36万字，十年后一定会成为一个出色的教师，甚至会成为一个教育家。“只要行动就有收获！”这是新教育的行动宣言。“我写故我在”，我时时这样提醒自己。

我努力积累属于自己的教学案例，这种个案有“专利权”，鲜活而准确。登上山顶，我发现了一个废弃的鸟巢，于是上了一节作文课《鸟巢的联想》，由山顶的鸟巢到山村的旧民居展开联想，生发感悟，这样也就形成了《写作：学会看见的过程》教学案例。我上电影写作课，看美国大片《金刚》，看伊朗电影《天堂的孩子》，引导学生借鉴电影的叙事技巧；在读图写作课上，读《读者》的封面和插图，读媒体的头版图文，都会有惊喜的发现和独特的视角。校园里的一架紫藤、几株古树，成为我每一届学生必须应对的写作课；教室里的花草盆景的枯荣兴衰，黑板报上的一图一文，都会成为作文的素材和思想的源泉。

现代文学史、语文教育史上的许多名家为我们留下了弥足珍贵的语文教育智慧，需要我们悉心研读，贴心体察。阅读《林语堂全集》，我联系新课程的写作教学理念进行互文性阅读，于是有了《林语堂写作理论对于新课程写作教学的启示》；阅读季羡林的随笔，撰写《融入血液的记忆——季羡林中学写作经历对于写作教学的启示》；研习于在春老师1940年在扬州中学上海分校（抗战时期扬州中学移至上海）一节作文课《凉秋》，针对课改后写作教学仍然处于低效无序的状态，撰写了《合理：作文有效教学的必然诉求》。重读叶圣陶语文教育文集，针对当下写作教学“去生命化”现象，撰写《自觉：写作教学的生命之维》，从生命写作的维度探究新课程写作教学的真义。

专业写作不是功利写作，也不是应差写作，是一种源于内心觉醒的智慧写作。从案例的设计开始，到课堂教学的全身心投入，课后反思的及时跟进，需要教师全程精心实施，然后才会有自己的一个念头的产生、一束思想火花的闪现。教学案例的搜集整理，论文观点的逐步形成，结构提纲的层层谋划，相关研究理论的梳理辨析，乃至成文后的推敲斟酌，这些工作不亚于一场马拉松比赛。

专业写作不是一时之举，当养成一种习惯，成为教育生活的一部分时，确实是痛并快乐着！从在《扬州教研》上发表第一篇教学论文迄今，一路汗水一路歌，150多篇论文在专业期刊发表，其中50多篇发表于中文核心期刊，10多篇被中国人大复印资料《初中语文教与学》全文转载。

每一次写作都是一段焦虑、紧张的思想之旅，每一篇文章都要经历孕育、诞生的阵痛与惊喜。因此，每每一册样刊在手，摩挲再三，反复阅读。看着自己的姓名与那一列列作者并列而排，无论是熟悉的，还是陌生的，皆是故人，情同手足，视为知己。也正因为经常投稿，与很多杂志社的编辑成了同道。每年的“长三角语文教育论坛”，都会与《语文学习》的何勇先生聊聊语文与生活的外延；去北京，《中学语文教学》的史有为、张蕾女士，带领我们参观首都师大博物馆，如数家珍；也曾与《语文教学通讯》的刘远先生、《新作文》的张水鱼女士把酒话语文。还有许多未曾谋面的编辑老师，在我的论文选题、审稿、修改的过程中，提出了许多中肯的建议，让我受益匪浅。更因为这些编辑的约稿“逼债”，使我在繁忙的工作中笔耕不辍。

三

各种正规的论文赛事是提升专业写作水平的竞技舞台。因为要评奖，且教坛各路精英也会参加，所以必须拿出精品力作。各级教科研部门以及各类核心期刊，都会根据当前研究的重点、难点开展专题研讨活动。关注这些研究主题，选择有质量的语文活动积极参与，长期跟踪，不仅可以了解最新的研究成果，也对主动参与而开展的专题研究更加专注深入。

2012年第一次参加江苏省“师陶杯”论文大赛，当时我校刚刚加盟翔宇教育集团，为了个人及集体的荣耀，我的目标就定位于一等奖。选题与结构提纲的形成煞费苦心，在考场监考时反复思考，在睡梦中也琢磨再三。有一次夜里忽然记起几个小标题的模样，半夜里爬起来用女儿的铅笔记录下来，生怕第二天忘了。这篇论文《网络写作：面对精彩的世界》不仅让我到南京领了大奖，还在《语文学习》杂志发表了，且被人大复印资料全文转载。

扬州市新课程学术论坛自举办以来，我每年必定参与。围绕新课程理念下有效的教学理念、设计、策略、评价等，撰写的系列论文，每次均获一等奖。近三年“长三角中学语文教学论坛”主题分别为：“语文教学内容的确定”“文学作品教学内容的确定”“散文教学内容的确定”。我撰写了三篇论文《立主脑·简头绪·密针脚：教学内容的确定策略》《观看之道：基于剧本视角的教学内容的选择》《“不散”与“散”：散文教学内容的规定性与开放性的统一》，连续荣获一等奖。近年来，在“五四杯”等省级论文大赛中获得一等奖15次的成绩，这些文章自然也成了编辑眼中有分量的文章。

为了形成自己的研究特色，必须围绕课题研究进行专业写作。否则，写作内容便会凌乱、泛化，难以深入，事倍功半。“十一五”期间，我主持了江苏省教育规划立项课题“新课程理念下初中生态作文理论与实践研究”。其实，“生态作文”的口号早就有许多语文教师在呼喊，也在实践，但真正形成有质量的成果却极少。我为了将课题研究深入，一是进行作文课题的关联性研究，借鉴“生态学”“生态文化”的研究成果，吸收其理论精华。研究中国近代写作教学经验及外国写作教学案例及理论，并结合新课程写作教学理念，形成生态写作教学理论。二是开展课堂教学研究，开展课例研讨活动，构建生态写作教学系统，力求成果的丰富性与个性化，同时撰写了系列论文，这些论文陆续发表于核心期刊，2013年该项成果荣获了江苏省基础教育优秀成果一等奖。

四

提升专业写作的质量关键在于思想的深度，而新锐的思想更是稀缺资源。思想从哪里来？从阅读中来，从阅读反思中来，从专业阅读中来。海量阅读可以开阔视野，自出机杼，不盲从；专业阅读则会管中窥豹，从知性阅读走向智慧阅读。

我不仅阅读《语文教育展望》《语文教学对话论》等学科教学专著，也研读《教学机智——教育智慧的意蕴》《学习的快乐——走向对话》等大部头外国教育理论书籍。《语文教学通讯》《语文建设》等专业期刊的每一个板块，每一篇有分量的文章，都会仔细阅读，圈画批注。我曾经跟一位已经退休的老校长淘得一批20世纪80年代的《中学语文教学》杂志，有五六十本，不成套，书页已泛黄，字还是铅印的。读这些语文教学的先行研究者的文章，似乎是在读这些作者的思想轨迹，在读语文教育史，在那个物资贫乏、思想贫瘠的年代，难得有这样痴情、执着的语文人。

在致力于专业阅读的同时，还会要读一些“闲书”，如《书法》《读库》，甚至是与专业无关的书籍。读影像是另一种有意味的阅读。夜雨阑珊之时，看王家卫的《花样年华》《2046》，写了随笔《烙印时光》；看伊朗电影《一次别离》，直抵心灵的叙事风格让我领略了导演的匠心独运；走进影院看3D电影《狼图腾》，真切体验科技的力量，电影主题的沉重与深刻。

专业阅读与非专业阅读相结合，不断刷新我的内存信息，思想不断升级，同时积累了许多精辟的、崭新的、鲜活的论据与语言，有时是一句话，甚至是一个词，都能使思想敞亮，或者成为写作的由头。

撰写书评也是深化阅读的绝佳途径。只要是有趣的、有深度的书籍，读完了有所感、有所思，便会写下自己的体会。读几米绘本，写了《听几米唱歌》；读于丹的《游园惊梦》，写了《不到园林，怎知春色如许》；读范曾《十翼童心》，萌发童心意趣，写了《童心的图解与言说》……关于语文，关于教育，关于生活，我追求个性化表达，我手写我心，不媚俗，不投机。撰写教学论文力求在理性的论述中透露一点情趣，语言严谨而不失活泼；撰写教育随笔在感性的描述中彰显思辨的意蕴，语言诗化又不失深刻。

“我写小说的理由，归根结底只有一个，就是让个人灵魂的尊严浮上水面，沐浴光照。”这是《高墙与鸡蛋》里的一句话。

何谓人生？村上和妻子、小猫，开一个卖唱片的小店，没有稳定的收入，贫穷寂寞的日子里，风的呼吸与音调，他们一清二楚。闲暇之余，村上以写作自娱人生，于是有了《且听风吟》，这是他的处女作，后来《挪威的森林》出版，一上市日文版销量达1000万册。他与诺贝尔文学奖几次失之交臂，我知道，村上君一点都不介意。因为他有爵士乐为伴，他懂得什么是郑重的写作。那一段百感交集的旅程，带给他的以及读者的温暖，这是上苍最好的奖赏。

专业写作不是生活的全部，却是教育生活的必需。幸福完整的教育生活，需要专业阅读，也需要专业写作。自然，一位教师仅有专业写作，功利之心会时刻悬于心头，得失之间，生命难以承受如此之重。如果不为什么而写，把写作当作生活的一部分，爱好文学的写写散文诗歌，如果有了大把的时间，写一部长篇小说也未尝不可。或者仅仅在网络博客或者QQ空间里，记录流水账，倾吐牢骚话，率性而为，适可而止，也会其乐融融。

五

专业写作，丰富了我的语文教学的表情，也历练了我对语文教育的眼光。我坚持厚积薄发，力行“阅读即生活”；专注课堂教学，力求每一节课都是崭新的；热爱写作，努力做一枝会思想的芦苇。我做教学设计、教学案例、教学实录，同时也在反思我的教学实践，总结教学理论，生成教学主张。

近年来，一直在语言与思维之间寻求语文学习的本义。在阅读教学研究方面，从高效阅读教学到阅读教学品质的关注，探究阅读教学过程中的审美情感、渐悟与顿悟、深度学习以及言语生命的唤醒；在写作教学方面，对个性化写作教学、高效写作教学到生态写作教学进行了持久探索；在专题学习、口语交际、写字教学等领域均有深入细致的研究。2010年10月在《语文建设》“学习《纲要》，深化语文教学改革之我见”专题讨论中，我撰写《境界：语文教学品质的价值追求》一文，第一次提出了“境界语文”的教学主张，认为语文教学的价值应追求教学品质的提升，在于对语文境界的追寻。2013年10月，“基于教学品质提升的‘境界语文’的理论与实践研究”，被评为江苏省教育科学“十二五”规划普教重点资助课题。近日又传佳音，该课题荣获江苏省第四届教育科学成果二等奖。

我很庆幸，生活在运河畔，辗转于瓯江北岸，定居于长江之滨，与水为邻，有水相伴。水的澄澈，让我懂得了什么叫通达；水的灵动流转，让我在纷繁的工作与事务中，能够有自己的追求。在运河畔的宝应县城和扬州古城，有一批有思想、肯作为的语文人一路同行。宝应实验初中校长沈寿鸿治校有方，同时在语文教学实践及研究上用功颇勤，十多年来一直是我的专业导师。另外，作为同事的陈万清、陈连林、戚成林、李惊梅、沈宗银、陈美彬等老师以及杨权应、张爱军、徐连书、潘瑞祥、李慧等青年教师，一直结伴同行，且行且思。

扬州市教科院的辜伟节院长、夏心军主任，在我的课题研究道路上一直热情相助；扬州市名师工作室总导师黄正瑶，市教研室陈玲玲、王安琪老师，扬州中学蒋念祖、方钧鹤老师，在我的课堂教学、论文写作以及进修培训等方面，悉心关怀，无微不至。在温州，谷定珍老师的批注教学法，肖培东老师的诗意课堂，让我领略了语文教育的本义。江苏省教师培训中心的严华银主任、江苏师大的魏本亚教授、扬州大学徐林祥教授等专家，帮助我越过专业发展的高原区。

2013年加入江苏省中学语文特级教师联盟，“带头大哥”张悦群老师，不断推出新的专题引领团队深入探究；许昌良校长的“沉静语文”，董旭午老师的“生活化语文”，李仁甫老师的“生成课堂”，叶映峰老师的“三自教学”，张五芳老师的“自育教学”，张一山老师的“境界作文”，程振理老师的自觉教学智慧等等，不仅让我们看到了语文课堂的多样风景，也明晰了语文的边界。苏南的张春华、沈庆九老师与我同龄，彼此每有新作发表，点赞的同时，还要探讨未解的问题。

当我将近年来语文的思考与实践结集完稿时，得到了许多师友的关照。钱梦龙先生为我的书名题字，江苏省教育学会的杨九俊会长在百忙中阅读书稿撰写了序言，并在《江苏教育研究》杂志上推介我的教学主张。作家王开岭与我有一面之缘，了解了我的语文教学的理念与实践后，写了深刻且富有诗性的文字进行总结。语文教育专家王尚文先生，治学严谨，就“境界语文”与“教学品质”等关键词提出了指导性意见。浙江省教研室主任缪水娟女士在长三角语文教育论坛临安会议上，赞赏了我的“境界语文”教学主张；2014年“苏派语文”教育论坛上，我执教了龙应台的《目送》，江苏省教研室朱芒芒老师以为体现了语文的思与诗的特质。博尔赫斯说过，作者最重要之处是他的语调，一本书的最重要之处是作者的声音，这个声音能打动我们。我能保证，这本书确实是自己的声音，能否打动读者也许还要继续努力。

因为专业写作，我的专业成长也不断加速，收获教育幸福的同时，多了一份文人的情怀，有追求有担当，也有闲情逸致。每当放学以后，我会在办公室逗留一段时间，或泼墨挥毫，或晤对经典，也可以上一个人的电影课。偶有所悟，写上一段文字，为生活留影，也为心灵定格。到了永嘉，看山水，寻遗踪。楠溪江清可见底的江水，石桅岩奇秀葱郁的山峰，苍坡古村文房四宝样式的布局，白水漈闪耀着彩虹的瀑布，这一切告诉我，这是谢灵运走过的山水，是陶弘景隐居的岩洞，是朱自清驻足的古道。如今在长江之畔，大桥直北，东眺宝塔山，西有泰山寺香火缭绕，江风徐来，文思不断。读万卷书，行万里路，写千字文，不亦乐乎！

黑泽明在完成《罗生门》的拍摄以后，已成为享誉全球的电影大师。可他晚年回忆往事，仍说自己只是一只站在镜前的蛤蟆，发现自己的种种不堪，吓出一身油……我想，自己是不是也该常常照照镜子呢？

丙申初夏于江北新区阳光帝景一得斋